Arbeitszeitgestaltung in Krankenhäusern und Pflegeeinrichtungen

Rechtskonforme
Bereitschaftsdienstmodelle

Von

Dr. Christian Schlottfeldt
Rechtsanwalt, ARBEITS*ZEIT*KANZLEI

Lars Herrmann
Partner der Herrmann · Kutscher · Weidinger
Arbeitszeit und Organisation im Krankenhaus

2., neu bearbeitete Auflage

ERICH SCHMIDT VERLAG

Bibliografische Information der Deutschen Nationalbibliothek
Die Deutsche Nationalbibliothek verzeichnet diese Publikation
in der Deutschen Nationalbibliografie; detaillierte bibliografische Daten
sind im Internet über http://dnb.d-nb.de abrufbar.

Weitere Informationen zu diesem Titel finden Sie im Internet unter
ESV.info/978 3 503 13867 8

1. Auflage 2008
2. Auflage 2014

Gedrucktes Werk: ISBN 978 3 503 13867 8
eBook: 978 3 503 15626 9

Alle Rechte vorbehalten
© Erich Schmidt Verlag GmbH & Co. KG, Berlin 2014
www.ESV.info

Dieses Papier erfüllt die Frankfurter Forderungen
der Deutschen Nationalbibliothek und der Gesellschaft
für das Buch bezüglich der Alterungsbeständigkeit und
entspricht sowohl den strengen Bestimmungen der US Norm
Ansi/Niso Z 39.48-1992 als auch der ISO-Norm 9706.

Satz: multitext, Berlin
Druck und Bindung: Hubert & Co., Göttingen

Vorwort zur 2. Auflage

Die „Arbeitszeitlandschaft" in Krankenhäusern, Pflege- und Betreuungseinrichtungen befindet sich weiterhin im Umbruch. Die traditionellen Eckpfeiler der Arbeits(zeit)organisation dieser Einrichtungen sind – insbesondere im Krankenhausbereich – durch ein starres Regeldienstschema mit fester Arbeitszeit Montag-Freitag und langen Bereitschaftsdiensten als „Auffangbecken" für unerledigte Aufgaben des „Tagesgeschäfts" gekennzeichnet. Diese überkommenen Arbeitszeitstrukturen werden weder den juristischen noch den organisatorischen Anforderungen gerecht: Denn spätestens mit der rechtlichen Neubewertung des Bereitschaftsdienstes als Arbeits(schutz)zeit tritt die Frage der Zulässigkeit und Sinnhaftigkeit (über)langer Dienste auf die Tagesordnung. Darüber hinaus verstärkt die Einführung marktwirtschaftlicher Anreizstrukturen im Gesundheits- und Betreuungsbereich den Druck auf einen bedarfsgerechten Einsatz des Kostenfaktors Arbeitszeit – und damit auch auf eine stärkere Flexibilisierung der Arbeitszeit. Und nicht zuletzt fordern auch die Mitarbeiterinnen und Mitarbeiter verstärkt Arbeitszeitmodelle ein, die im Interesse einer Vereinbarkeit von beruflichen und privaten Zielen und Interessen einen bewussteren Umgang mit der Ressource Arbeitszeit fordern. Diese Interessenlage findet nicht zuletzt ihren Ausdruck in der inzwischen weitgehend vollzogenen Tarifierung der Arbeitsbedingungen der Ärztinnen und Ärzte in Krankenhäusern.

Mit dem vorliegenden Buch wollen die Autoren einen Überblick sowohl über die rechtlichen Rahmenbedingungen der Arbeitszeitgestaltung (Kapitel 1) geben als auch die Grundmuster innovativer und bedarfsgerechter Arbeitszeitmodelle vermitteln (Kapitel 2). Gegenüber der Erstauflage wurden dabei – der Anregung vieler Leser folgend – insbesondere die Einzelfragen der zulässigen Abweichung von Grundnormen des Arbeitszeitgesetzes noch ausführlicher dargestellt. Aber auch grundsätzlichen Fragen – etwa die Abgrenzung von freiberuflicher Tätigkeit und abhängiger Beschäftigung – wurde größerer Raum eingeräumt. Da zunehmend Fragen der flexiblen Gestaltung der Arbeitszeit (z. B. im Rahmen von Zeitkontenmodellen) in den Blickpunkt der Einrichtungen rücken, wird die Verzahnung von Arbeitszeitmodellen des Bereitschaftsdienstes mit Arbeitszeitmodellen des Regeldienstes eingehender beleuchtet.

Erfolgreiche Arbeitszeitinnovation ist stets das Ergebnis eines breit angelegten betrieblichen Veränderungsprozesses. Den Leserinnen und Lesern wird daher auch aufgezeigt, mit welchen Schritten der Weg zum richtigen Arbeitszeitmodell gelingen kann (Kapitel 3). Da die Komplexität des Rechtsrahmens für Arbeitszeitmodelle in Krankenhäusern, Pflege- und Betreuungseinrichtungen erheblich zugenommen hat und diese Regelungen teilweise nur schwer zugänglich sind, werden die wichtigsten diesbezüglichen gesetzlichen, tarifvertraglichen und kirchenrechtlichen Bestimmungen im Wortlaut wiedergegeben (Kapitel 4). Gegenüber der Vorauflage wurde die Auswahl der tarifvertraglichen und kirchenrechtlichen Bestimmungen stärker auf die arbeitszeitschutzrechtlichen Aspekte konzentriert.

Die Autoren sind weiterhin allen zu Dank verpflichtet, die zur Entstehung der Erstauflage dieses Buches beigetragen haben. Ergänzend gilt unserer besonderer Dank Herrn Dr. Julian Zado und Herrn Rechtsreferendar Konstantin Nitze für die Unterstützung der Redaktionsarbeiten dieser Auflage.

Berlin, im Oktober 2013   Christian Schlottfeldt und Lars Herrmann

Inhaltsverzeichnis

Vorwort zur 2. Auflage 5
Abkürzungsverzeichnis 13

KAPITEL 1
Rechtliche Rahmenbedingungen der Arbeitszeitgestaltung

1.	Überblick	19
1.1	Geltungsbereich des gesetzlichen Arbeitszeitschutzes	19
1.1.1	Geltungsbereich des Arbeitszeitgesetzes – Anknüpfung des Arbeitszeitschutzes an den Arbeitnehmerstatus	19
1.1.2	Oberärzte und leitende Ärzte	20
1.1.3	Honorarärzte	20
1.1.4	Arbeitnehmer in häuslicher Gemeinschaft	23
1.1.5	Nebentätigkeiten	24
1.1.6	Freiberufliche und selbständige Nebentätigkeiten	25
1.1.7	Keine Regelung vergütungsrechtlicher Fragen durch das ArbZG ...	26
1.2	Überblick der arbeitszeitgesetzlichen Optionen zur Abweichung von den Grundnormen des Arbeitszeitgesetzes	27
1.2.1	Abgrenzung der Arbeits(zeit)formen: Vollarbeitszeit, Arbeitsbereitschaft, Bereitschaftsdienst und Rufbereitschaft	27
1.2.2	Grundstrukturen der Abweichung von Grundnormen des Arbeitszeitschutzes	28
1.3	Verlängerung der werktäglichen Höchstarbeitszeit auf bis zu 10 Stunden mit Zeitausgleich (§ 3 Satz 2 und § 6 Abs. 2 Satz 2 ArbZG)	29
1.3.1	Berechnung der werktäglichen Höchstarbeitszeit innerhalb des „individuellen Werktages"	30
1.3.2	Berechnung des höchstzulässigen Arbeitszeitvolumens innerhalb des gesetzlichen Ausgleichszeitraums (Vollarbeitszeitmodelle)	31
1.3.3	Bewertung von Urlaubs- und Krankheitstagen innerhalb des Ausgleichszeitraums nach § 3 Satz 2 ArbZG	32
1.3.4	Individuelle Betrachtung des arbeitszeitgesetzlichen Ausgleichszeitraums	36
1.3.5	Wöchentliche Höchstarbeitszeit als Spitzenwert?	36
1.4	Verlängerung der werktäglichen Arbeitszeit durch Bereitschaftsdienst und Arbeitsbereitschaft	36
1.4.1	Begriff der „Bereitschaft" in Abgrenzung zur (Voll-) „Arbeit"	37

1.4.2	Vorliegen von Arbeitsbereitschaft oder Bereitschaftsdienst „regelmäßig und in erheblichem Umfang"	39
1.4.3	Grundmodelle der Verlängerung der werktäglichen Arbeitszeit durch Bereitschaftsdienst gemäß tarifvertraglichen und kirchenrechtlichen Regelungen	40
1.4.4	„Erweiterungsmodelle" der werktäglichen Arbeitszeit auf bis zu 24 Stunden	42
1.4.5	Bestimmung einer „Bereitschaftsdienstschwelle" als beanspruchungsbegrenzendes Kriterium	45
1.4.6	Abgrenzung von Vollarbeit und Rufbereitschaft	50
1.4.7	Dreistufige Arbeitszeitschutzprüfung als Voraussetzung der Arbeitszeitverlängerung durch Bereitschaftsdienst	51
1.4.8	Checkliste für die arbeitsschutzrechtliche Bewertung von Bereitschaftsdienstmodellen	56
1.4.9	Verlängerung der werktäglichen Arbeitszeit durch Arbeitsbereitschaft	58
1.5	Tarifvertragliche Abweichung von Grundnormen des Arbeitszeitgesetzes zur Anpassung der Arbeitszeit bei der Behandlung, Pflege und Betreuung von Personen an die Eigenart der Tätigkeit und das Wohl dieser Personen (§ 7 Abs. 2 Nr. 3 ArbZG)	58
1.5.1	Verlängerung der Arbeitszeit im Schichtdienst (ärztlicher Dienst)	59
1.5.2	Verlängerung der werktäglichen Arbeitszeit durch Inanspruchnahmen im Rufbereitschaftsdienst	60
1.5.3	Sonstige Abweichungen im Rahmen des § 7 Abs. 2 Nr. 3 ArbZG	61
1.6	Verlängerung der werktäglichen Arbeitszeit zur Erreichung zusätzlicher Freizeit an Sonn- und Feiertagen (§ 12 Nr. 4 ArbZG)	62
1.7	Verlängerung der durchschnittlichen wöchentlichen Höchstarbeitszeit durch Bereitschaftsdienst und Arbeitsbereitschaft („opt-out")	63
1.7.1	Arbeitszeitmodelle mit tarifvertraglich verlängerten Arbeitszeiten mit und ohne Zeitausgleich	63
1.7.2	Berechnung des höchstzulässigen Arbeitszeitvolumens ohne „opt-out"-Regelung	64
1.7.3	Berechnung des höchstzulässigen Arbeitszeitvolumens mit „opt-out"-Regelung	66
1.7.4	Überschreitung der 48-Stunden-Grenze nur durch Arbeitsbereitschaft und/oder Bereitschaftsdienst	67
1.7.5	Individuelle schriftliche Zustimmung des Arbeitnehmers als Voraussetzung der Wirksamkeit des „opt-out"	69
1.7.6	Kein „opt-out" für Rufbereitschaftsdienst	69
1.8	Verkürzung der werktäglichen Ruhezeit	70
1.8.1	Elfstündige Ruhezeit gemäß § 5 Abs. 1 ArbZG	70
1.8.2	Verkürzung der Ruhezeit auf 10 Stunden mit Zeitausgleich (§ 5 Abs. 2 ArbZG)	71

1.8.3	Verkürzung der Ruhezeit auf 9 Stunden mit Zeitausgleich (§ 7 Abs. 1 Nr. 3 ArbZG)	71
1.8.4	Verkürzung der Ruhezeit bei Rufbereitschaft gemäß § 5 Abs. 3 ArbZG	71
1.8.5	Elfstündige Ruhezeit nach verlängerter Arbeitszeit von mehr als 12 Stunden Dauer (§ 7 Abs. 9 ArbZG)	73
1.8.6	Sonstige Abweichungen der Ruhezeiten bei der Behandlung, Pflege und Betreuung von Personen (§ 7 Abs. 2 Nr. 3, 3. Alt. ArbZG)	74
1.9	Gewährung gesetzlicher Ruhepausen	74
1.9.1	Ruhepausen gemäß § 4 ArbZG	74
1.9.2	Ruhepause im Bereitschaftsdienst	75
1.9.3	Ruhepause in einzeln besetzten Diensten	75
1.9.4	Aufteilung der Pausen auf Kurzpausen (§ 7 Abs. 1 Nr. 2 ArbZG)	77
1.9.5	Sonstige Abweichungen der Pausengestaltung bei der Behandlung, Pflege und Betreuung von Personen (§ 7 Abs. 2 Nr. 3, 2. Alt. ArbZG)	77
1.10	Übernahme tarifvertraglicher Abweichungsregelungen in nicht tarifgebundenen Einrichtungen (§ 7 Abs. 3 ArbZG)	78
1.10.1	Übernahme tarifvertraglicher Regelungen durch Betriebsvereinbarung im Geltungsbereich eines Tarifvertrages	79
1.10.2	Übernahme tarifvertraglicher Regelungen durch Einzelvereinbarung mit dem Arbeitnehmer	79
1.11	Verlängerung der werktäglichen Arbeitszeit aufgrund behördlicher Bewilligung	80
1.11.1	Bewilligung der Abweichung vom Arbeitszeitgesetz in tariffreien Bereichen (§ 7 Abs. 5 ArbZG)	80
1.11.2	Verlängerung der Arbeitszeit zur Erreichung zusätzlicher Freischichten im kontinuierlichen Schichtbetrieb (§ 15 Abs. 1 Nr. 1a) ArbZG)	80
1.11.3	Bewilligung der Verlängerung der werktäglichen Arbeitszeit bei dringender Notwendigkeit im öffentlichen Interesse (§ 15 Abs. 2 ArbZG)	81
1.12	Überschreitung des Arbeitszeitgesetzes in Notfällen und außergewöhnlichen Fällen (§ 14 Abs. 1 ArbZG)	82
1.12.1	Vorübergehende Arbeiten in Notfällen und außergewöhnlichen Fällen, die unabhängig vom Willen der Betroffenen eintreten (§ 14 Abs. 1 ArbZG)	82
1.12.2	Vorübergehende Arbeiten zur Schadensverhütung bei Fehlen zumutbarer Alternativen (§ 14 Abs. 2 Nr. 2 ArbZG)	83
1.12.3	Überschreitung des Arbeitszeitgesetzes bei der Behandlung, Pflege und Betreuung von Personen an einzelnen Tagen bei Fehlen zumutbarer Alternativen (§ 14 Abs. 2 Nr. 2 ArbZG)	84

1.13	Verantwortlichkeit, Haftung und Aufsichtspflichten des Arbeitgebers	85
1.13.1	Begriff des „Arbeitgebers" im bußgeld- und strafrechtlichen Sinn	85
1.13.2	Verpflichtung zur Arbeitszeitaufzeichnung gemäß § 16 Abs. 2 ArbZG	87
1.13.3	Verfahrens- und Sanktionspraxis der Aufsichtsbehörden	89
1.13.4	Allgemeine haftungsrechtliche Problematik bei Arbeitszeitüberschreitungen	91
1.14	Betriebliche Mitbestimmung bei der Umsetzung neuer Arbeitszeitmodelle	92
1.14.1	Mitbestimmung über Beginn und Ende der Arbeitszeit sowie Verteilung der Arbeitszeit auf die Wochentage	92
1.14.2	Direktionsrecht des Arbeitgebers in Arbeitszeitfragen	93
1.14.3	Grenzen der Mitbestimmung	93
1.14.4	Exkurs: Tendenzschutz gemäß § 118 BetrVG und betriebliche Mitbestimmung in Arbeitszeitfragen	94
1.15	Vergütungsrechtliche Fragen	97
1.15.1	Trennung der arbeitszeitschutzrechtlichen und vergütungsrechtlichen Betrachtung	97
1.15.2	Vergütung des Bereitschaftsdienstes durch zusätzliches Entgelt oder Freizeitausgleich	98
1.15.3	Vergütungsrechtliche Fragen des (Wechsel-)Schichtdienstes	101
1.15.4	Vergütung von Rufbereitschaftszeiten und Inanspruchnahmen	101
1.16	Exkurs: Fachübergreifender Bereitschaftsdienst	102
1.16.1	Begriff des „fachübergreifenden Bereitschaftsdienstes"	102
1.16.2	Vorteile fachübergreifender Bereitschaftsdienste	103
1.16.3	Die Bedeutung des „Facharztstandards" für die Bereitschaftsdienstorganisation	103
1.16.4	Aktueller Stand der Rechtsprechung	105
1.16.5	Die Rolle fachmedizinischer Empfehlungen	106
1.16.6	Organisatorische Maßnahmen bei fachübergreifenden Bereitschaftsdiensten	107

KAPITEL 2
Arbeitszeitmodelle

2.	Überblick	111
2.1	Bereitschaftsdienstmodelle	111
2.1.1	Anforderungen und Rahmenbedingungen	111
2.1.2	Die Bereitschaftsdienst-Grundmodelle	115
2.1.3	Grundmodell „RB" – Regeldienst mit anschließendem Bereitschaftsdienst	117
2.1.4	Exkurs: Bereitschaftsdienst am Wochenende	122
2.1.5	Grundmodell „SB"	126
2.1.6	Grundmodell „NB"	135

2.1.7	Grundmodell Geteilter Dienst „K+NB" bzw. „K+NB+R"	152
2.1.8	Dienstmodelle im Rahmen notärztlicher Versorgung (NAW/NEF)	155
2.1.9	Umwandlung von Bereitschaftsdienstteilen in Rufbereitschaft und umgekehrt	156
2.2	Arbeitszeitmodelle im Schichtdienst (ohne Bereitschaftsdienstanteile)	159
2.2.1	Überblick	159
2.2.2	Schichtmodelle bei durchgehend hohem Besetzungsbedarf	160
2.2.3	Schichtmodelle aufgrund von Abrechnungsvorgaben	161
2.3	Modelle zur Flexibilisierung des Tagesdienstes	166
2.3.1	Herausforderungen im Tagesdienst	166
2.3.2	Servicezeit-Modelle	168
2.3.3	Flexi-Spielregeln	172

KAPITEL 3
Der Weg zum neuen Arbeitszeitmodell

3.	Überblick	187
3.1	Bildung einer Projektgruppe	187
3.2	Bestimmung des Projektziels	187
3.3	Festlegung eines Projektfahrplans	188
3.4	Erhebung der erforderlichen Basisdaten	188
3.5	Bestimmung der „Bereitschaftsdienstschwellen"	189
3.6	Optimierung der Regeldienstbesetzung und Ermittlung des Personalbedarfs	193
3.7	Erarbeitung einer Dienstplansimulation	196
3.8	Einholung erforderlicher Bewilligungen	201
3.9	Abschluss einer Dienst-/Betriebsvereinbarung	205
3.10	Personaleinsatzplanung	216

KAPITEL 4
Anhang: Gesetzliche, tarifvertragliche und kirchenrechtliche Regelungen

4.	Überblick	219
4.1	EU-Richtlinie über bestimmte Aspekte der Arbeitszeitgestaltung (2003/88 EG)	219
4.2	Arbeitszeitgesetz	231
4.3	Tarifvertragliche Regelungen für Einrichtungen der Länder	241
4.3.1	Tarifvertrag für den öffentlichen Dienst der Länder (TV-L) vom 12. Oktober 2006 in der Fassung des Änderungstarifvertrages Nr. 6 vom 12. Dezember 2012	241
4.3.2	TV Ärzte/UK	255

4.4	Tarifvertragliche Regelungen für kommunale Einrichtungen	259
4.4.1	TVöD-K (Durchgeschriebene Fassung des TVöD für den Dienstleistungsbereich Krankenhäuser im Bereich der Vereinigung der kommunalen Arbeitgeberverbände für den öffentlichen Dienst (TVöD-K) v. 1. August 2006 (in der Fassung vom 1. März 2012)...	259
4.4.2	TVöD-B für Pflege und Betreuungseinrichtungen	266
4.4.3	TV Ärzte/VKA	271
4.5	Regelungen für kirchliche Einrichtungen.......................	276
4.5.1	AVR Caritas	276
4.5.2	Arbeitsvertragsrichtlinien des Diakonischen Werkes der Evangelischen Kirche in Deutschland (AVR DW EKD)	276
4.5.3	Kirchlich-Diakonische Arbeitsvertragsordnung (KDAVO)	280
4.5.4	Bundes-Angestellten-Tarifvertrag in kirchlicher Fassung (BAT-KF).	285

Literaturverzeichnis... 291
Stichwortverzeichnis.. 293

Abkürzungsverzeichnis

Abs.	Absatz
AHB	Anschlussheilbehandlung
Anm.	Anmerkung
ArbG	Arbeitsgericht
ArbSchG	Arbeitsschutzgesetz
ArbZG	Arbeitszeitgesetz
AVR	Arbeitsvertragsrichtlinien
Ass.	Assistenzarzt/Assistenzärztin
AZO	Arbeitszeitordnung
BAG	Bundesarbeitsgericht
BAGE	Entscheidungssammlung des Bundesarbeitsgerichts
BayObLG	Bayerisches Oberstes Landesgericht
BB	Betriebsberater
BD	Bereitschaftsdienst
Beschl.	Beschluss
BetrVG	Betriebsverfassungsgesetz
BGH	Bundesgerichtshof
BR	Betriebsrat
BT-Drs.	Bundestags-Drucksache
BVerfG	Bundesverfassungsgericht
BVerwG	Bundesverwaltungsgericht
bzw.	beziehungsweise
CA	Chefarzt/Chefärztin
DB	Der Betrieb
DI	Dienstag
DM	Deutsche Mark
DO	Donnerstag
Dr.	Doktor
DRG	Diagnosis Related Group
DW	Diakonisches Werk
ebd.	ebenda
EFZ	Entgeltfortzahlung
EKD	Evangelische Kirche in Deutschland
EU	Europäische Union
EuGH	Europäischer Gerichtshof
EUR	Euro

EuZW	Europäische Zeitschrift für Wirtschaftsrecht
f.	folgende
FA	Facharzt/Fachärztin
ff.	fortfolgende
FR	Freitag
GewArch	Gewerbe-Archiv
h	Stunde
Halbs.	Halbsatz
K	Kurzdienst
LAG	Landesarbeitsgericht
Leits.	Leitsatz
LG	Landgericht
MA	Mitarbeiter/in/nen
MAV	Mitarbeitervertretung
MDR	Monatsschrift des Deutschen Rechts
MI	Mittwoch
min	Minuten
MO	Montag
NAW	Notarzt-Wagen
NB	Nachtdienst mit Bereitschaftsdienst
NEF	Notarzt-Einsatzfahrzeug
NZA	Neue Zeitschrift für Arbeitsrecht
OA	Oberarzt/Oberärztin
ÖPNV	Öffentlicher Personen-Nahverkehr
OLG	Oberlandesgericht
OP	Operation
OVG	Oberverwaltungsgericht
OWiG	Ordnungswidrigkeitengesetz
PR	Personalrat
R	Regeldienst
RB	Regeldienst mit Bereitschaftsdienst
RBD	Rufbereitschaftsdienst
Reha	Rehabilitation
Rn.	Randnummer
S.	Satz

SA	Samstag
SAB	Samstag-Bereitschaftsdienst
SB	Spätdienst mit Bereitschaftsdienst
SGB IV	Viertes Buch Sozialgesetzbuch – Gemeinsame Vorschriften für die Sozialversicherung
SO	Sonntag
SOB	Sonntag-Bereitschaftsdienst
SONB	Sonntag-Nachtbereitschaftsdienst
SOTB	Sonntag-Tagbereitschaftsdienst
StGB	Strafgesetzbuch
TB	Tagdienst mit Bereitschaftsdienst
TdL	Tarifgemeinschaft deutscher Länder
TV-Ä/UK	Tarifvertrag für Ärztinnen und Ärzte an Universitätskliniken
TV-Ä/VKA	Tarifvertrag für Ärztinnen und Ärzte an kommunalen Krankenhäusern im Bereich der Vereinigung der kommunalen Arbeitgeberverbände
TV-L	Tarifvertrag für den öffentlichen Dienst der Länder
TVöD	Tarifvertrag für den öffentlichen Dienst
TVöD-B	Durchgeschriebene Fassung des TVöD für den Dienstleistungsbereich Pflege- und Betreuungseinrichtungen im Bereich der Vereinigung der kommunalen Arbeitgeberverbände.
TVöD/BT-B	Tarifvertrag für den öffentlichen Dienst – Besonderer Teil Pflege- und Betreuungseinrichtungen
TVöD/BT-K	Tarifvertrag für den öffentlichen Dienst – Besonderer Teil Krankenhäuser
TVöD-K	Durchgeschriebene Fassung des TVöD für den Dienstleistungsbereich Krankenhäuser im Bereich der Vereinigung der kommunalen Arbeitgeberverbände.
Urt.	Urteil
VG	Verwaltungsgericht
VKA	Vereinigung der kommunalen Arbeitgeberverbände
w	Woche
Z	Zwischendienst
z.B.	zum Beispiel
ZESAR	Zeitschrift für Europäisches Sozial- und Arbeitsrecht

KAPITEL 1
Rechtliche Rahmenbedingungen der Arbeitszeitgestaltung

1. Überblick

Die Notwendigkeit der Entwicklung neuer Arbeitszeitmodelle für Krankenhäuser und Pflege- und Betreuungseinrichtungen ist wesentlich durch die arbeitszeitschutzrechtliche Bewertung des Bereitschaftsdienstes als Arbeitszeit im Sinne der EU-Richtlinie über bestimmte Aspekte der Arbeitszeitgestaltung[1] durch den Europäischen Gerichtshof[2] angestoßen worden. Nachdem die diesbezüglichen Vorgaben der europäischen Rechtsprechung zwischenzeitlich in Arbeitszeitgesetz[3], Tarifrecht[4] und nationaler Rechtsprechung „angekommen" sind, rücken nunmehr Detailfragen neuer Arbeitszeitmodelle in den Blick, etwa die arbeits(zeit)schutzrechtliche Bewertung regelhafter Inanspruchnahmen in Bereitschaftsdienst und Rufbereitschaft, der vergütungsrechtliche Ausgleich von Bereitschaftsdiensten und nicht zuletzt deliktshaftungsrechtliche Konsequenzen (z. B. im Arzthaftungsrecht) beim Einsatz von Personal außerhalb rechtlich definierter Grenzen der Beanspruchung von Arbeitnehmern.

Nachstehend werden die für die Erarbeitung maßgeblichen rechtlichen Rahmenbedingungen der Entwicklung neuer Arbeitszeitmodelle dargestellt. Dabei werden auch die Voraussetzungen für den Gebrauch tarifvertraglicher und kirchenrechtlicher Regelungen zur Abweichung von den Grundnormen des Arbeitszeitgesetzes genannt. Die wichtigsten gesetzlichen, tarifvertraglichen und kirchenrechtlichen Regelungen sind in Kapitel 4 abgedruckt.

1.1 Geltungsbereich des gesetzlichen Arbeitszeitschutzes

1.1.1 Geltungsbereich des Arbeitszeitgesetzes – Anknüpfung des Arbeitszeitschutzes an den Arbeitnehmerstatus

Das Arbeitszeitgesetz gilt nur für Arbeitnehmer. § 2 Abs. 2 ArbZG definiert Arbeitnehmer als Arbeiter und Angestellte sowie die zu ihrer Berufsbildung Beschäftigten. Das ArbZG enthält Ausnahmeregelungen u.a. für folgende Personengruppen:
- Leitende Angestellte im Sinne des § 5 Abs. 3 BetrVG und Chefärzte;[5]
- Arbeitnehmer des öffentlichen Dienstes mit Personalentscheidungsbefugnis;[6]
- Arbeitnehmer, die in häuslicher Gemeinschaft mit den ihnen anvertrauten Personen zusammenleben und sie eigenverantwortlich erziehen, pflegen oder betreuen.[7]

---

1 EGRL 2003/88 v. 4.11.2003.
2 EuGH, Urt. v. 3.10.2000 – C-308/98 – SIMAP; EuGH, Urt. v. 9.9.2003 – C 151/02 – Jaeger; EuGH, Urt. v. 5.10.2004 – C-397/01 – Pfeiffer u.a.; EuGH, Urt. v. 25.11.2010 – C-429/09 – Fuß.
3 Vgl. insb. § 7 Abs. 1 Nr. 1a) u. 4a) ArbZG.
4 Vgl. etwa § 10 Abs. 2 ff. des Tarifvertrags für Ärztinnen und Ärzte (an kommunalen Krankenhäusern im Bereich der Vereinigung der kommunalen Arbeitgeberverbände) v. 17.8.2006 (TV-Ä/VKA).
5 § 18 Abs. 1 Nr. 1 ArbZG.
6 § 18 Abs. 1 Nr. 2 ArbZG.
7 § 18 Abs. 1 Nr. 3 ArbZG.

Zu den leitenden Angestellten gehören nicht die sog. außer- oder übertariflichen Angestellten, die keine besondere Leitungsfunktion ausüben, sondern „nur" als besonders qualifizierte Fach- oder Führungskraft einen Arbeitsvertrag außerhalb der tarifvertraglich geregelten Arbeitsbedingungen abgeschlossen haben. Unabhängig von der Höhe des im Arbeitsvertrag geregelten Entgelts handelt es sich hier um Arbeitnehmer, die in vollem Umfang dem Arbeitszeitgesetz unterliegen.

1.1.2 Oberärzte und leitende Ärzte

In diesem Zusammenhang ist in neuerer Zeit des Öfteren die Frage der Geltung des ArbZG für Oberärzte oder leitende Ärzte (ohne Chefarzt-Vertrag) aufgeworfen worden. Dabei sind Oberärzte in aller Regel nicht als leitende Angestellte im Sinne des § 5 Abs. 3 BetrVG anzusehen, da es bei ihnen meist an der Übertragung unternehmerischer Entscheidungskompetenzen mangelt, die „im Wesentlichen frei von Weisungen" (§ 5 Abs. 3 Nr. 2 BetrVG) wahrgenommen werden. Je nach Übertragung organisatorischer und personeller Leitungsverantwortung ist es aber nicht ausgeschlossen, dass insbesondere leitende Oberärzte in Universitäts- und Großkliniken den Status als leitende Angestellte im Sinne des § 5 Abs. 3 BetrVG haben können. Die Übertragung entsprechender Befugnisse sollte dabei aber klar nachweisbar sein, etwa durch eine entsprechende Stellenbeschreibung oder die schriftliche Übertragung der selbständigen Leitung eines eigenständigen Funktionsbereiches im Rahmen einer Nebenabrede zum Arbeitsvertrag. Die Einräumung einer Liquidationsberechtigung für Privatpatienten mag dabei ein Indiz für eine herausgehobene organisatorische Stellung sein; sie reicht allein jedoch nicht aus, um den Ausschluss aus dem Geltungsbereich des Arbeitszeitgesetzes zu begründen. Sofern ein Oberarzt oder leitender Arzt sich im Geltungsbereich des Arbeitszeitgesetzes befindet, muss der Arbeitgeber die Arbeitszeiten in dem von § 16 Abs. 2 ArbZG vorgesehenen Umfang erfassen.

1.1.3 Honorarärzte

Der in den vergangenen Jahren vielfach zu beobachtende Arbeitskräftemangel im ärztlichen Dienst der Krankenhäuser hat zu einem verstärkten Einsatz sog. Honorarärzte geführt. Dabei handelt es sich um Fach- oder Assistenzärzte, die auf der Grundlage eines freiberuflichen Honorarvertrages auf Basis von Tages- oder Stundensätzen in ambulanten (Notaufnahme, Sprechstunden) und/oder stationären Bereichen der Krankenhäuser Dienste übernehmen. Dabei werden in vielen Krankenhäusern insbesondere Nacht- und Wochenenddienste an Honorarärzte vergeben. Auch im pflegerischen Bereich kommen – wenngleich in geringerem Umfang – Honorarkräfte insbesondere für Vertretungszwecke zum Einsatz.

Der Einsatz von Honorarkräften wirft zunächst in arbeits(zeit)rechtlicher Hinsicht die Frage auf, ob es sich bei diesen Ärzten um „Arbeitnehmer" im Sinne des Arbeitszeitgesetzes handelt oder ob sie als freiberuflich tätige Mitarbeiter nicht den Bestimmungen des Arbeitszeitschutzes unterliegen. Gemäß § 2 Abs. 2 ArbZG sind Arbeitnehmer die „Arbeiter und Angestellten sowie die zu ihrer Berufsbildung Beschäftigten". Das Arbeitszeitgesetz enthält damit keinen eigenen Arbeitnehmerbegriff; es ist insoweit auf die allgemeinen Abgrenzungskriterien des Arbeitsrechts abzustellen. Darüber hinaus stellt sich die Frage, unter welchen Voraussetzungen ärztliche oder pflegerische Honorarkräfte als abhängig Beschäftigte im Sinne des § 7 Abs. 1 SGB IV anzusehen sind und deshalb den sozialversicherungsrechtlichen Beitragspflichten unterliegen. Die insoweit maßgeblichen Kriterien sind nicht zwangsläufig mit denen des Arbeitsrechts identisch, da es insoweit keinen zwingenden „Gleichlauf" von (Individual-)Arbeitsrecht einerseits und Sozialversicherungsrecht andererseits gibt. Mit Blick auf die hier vor allem interessierende Frage der arbeitszeitgesetzlichen Bewertung von Beschäftigten als „Arbeitnehmer" im Sinne des § 2 ArbZG wird nachstehend auf die arbeitsrechtliche Perspektive abgestellt. Die insoweit einschlägigen Kriterien können aber grundsätzlich auch für die Frage des Vorliegens einer abhängigen Beschäftigung im Sinne des Sozialversicherungsrechts herangezogen werden.

Arbeitnehmer ist, wer aufgrund eines privatrechtlichen Vertrags im Dienste eines anderen zur Leistung weisungsgebundener, fremdbestimmter Arbeit in persönlicher Abhängigkeit verpflichtet ist. Das Weisungsrecht kann Inhalt, Durchführung, Zeit, Dauer und Ort der Tätigkeit betreffen. Arbeitnehmer ist derjenige Mitarbeiter, der nicht im Wesentlichen frei seine Tätigkeit gestalten und seine Arbeitszeit bestimmen kann. Dabei sind alle Umstände des Einzelfalls in Betracht zu ziehen und in ihrer Gesamtheit zu würdigen. Der jeweilige Vertragstyp ergibt sich aus dem wirklichen Geschäftsinhalt. Die zwingenden gesetzlichen Regelungen für Arbeitsverhältnisse können nicht dadurch abbedungen werden, dass die Parteien ihrem Arbeitsverhältnis eine andere Bezeichnung geben. Der objektive Geschäftsinhalt ist den ausdrücklich getroffenen Vereinbarungen und der praktischen Durchführung des Vertrags zu entnehmen. Widersprechen sich Vereinbarung und tatsächliche Durchführung, ist letztere maßgebend.[8]

Der Grad der persönlichen Abhängigkeit hängt auch von der Eigenart der jeweiligen Tätigkeit ab. Abstrakte, für alle Arbeitsverhältnisse geltende Kriterien lassen sich nicht aufstellen. Manche Tätigkeiten können sowohl im Rahmen eines Arbeitsverhältnisses als auch im Rahmen eines freien Dienstverhältnisses (freien Mitarbeiterverhältnisses) erbracht werden. Insoweit gibt es keinen „Formenzwang" des Arbeitsrechts, der etwa ab einer bestimmten Häufigkeit des Einsatzes eines Mitarbeiters den Abschluss von Arbeitsverträgen vorschreiben würde.[9] Für ärztliche Tätigkeiten haben das Thüringer LAG und das LAG Hamm ausdrücklich festgestellt, dass eine Honorararzt-Tätigkeit auch für Krankenhausärzte in Betracht kommen kann.[10]

Die Erbringung der ärztlichem Leistung aufgrund dienstplanmäßiger Einteilung oder der örtlichen Bindung an das Krankenhaus, die seitens der Aufsichtsbehörden oft als Kriterium einer ‚arbeitnehmermäßigen' Einbindung des Mitarbeiters angese-

---

8 St. Rspr., vgl. etwa BAG, Urt. v. 20.1.2010 – 5 AZR 106/09, 2. Leits. u. Rn. 18.; BAG, Urt. v. 25.5.2005 – 5 AZR 347/04.
9 Vgl. BAG, Urt. v. 16.7.1997 – 5 AZR 312/96, Rn. 21.
10 LAG Hamm, Urt. v. 7.2.2011 – 2 Ta 505/10, Rn. 42; Thüringer LAG, Beschl. v. 29.4.2010 – 1 Ta 29/10, Rn. 19 u. 24. Grundsätzlich ablehnend gegenüber Honorararzttätigkeit im Krankenhaus jedoch LAG Baden-Württemberg, Urt. v. 17.4.2013 – L 5 R 3733/11 Rn. 90 ff.

hen wird, spielt dabei nach Auffassung des Gerichts keine ausschlaggebende Rolle. Die zeitliche Gestaltung honorarärztlicher Tätigkeit beinhalte keinen entscheidenden Gesichtspunkt für die Abgrenzung von Arbeitsvertrag und freiem Dienstvertrag. Es hänge vielmehr von der Ausgestaltung im Einzelnen ab, ob eine abhängige Beschäftigung vorliege oder nicht. Die Einbindung in die Organisation der Klinik allein könne dabei nicht ausschlaggebend sein, kann doch innerhalb der betrieblichen Abläufe die Leistung auf die eine oder die andere Weise erbracht werden. Damit gebe auch das Zeitregime keinen ausschlaggebenden Hinweis.[11] Eine ähnliche Sichtweise hat – für die Frage des Vorliegens einer sozialversicherungspflichtigen Beschäftigung – auch das Sozialgericht Köln vertreten und die dienstplanmäßige Arbeitseinteilung eines freiberuflichen Intensivpflegers für unschädlich gehalten. Die Arbeit in festen Schichten sei lediglich dem Umstand der Tätigkeit auf der Intensivstation geschuldet, die keine freie Zeiteinteilung zulasse.[12]

Im Ergebnis ist für die Abgrenzung von Arbeitnehmer und freiberuflich Tätigen eher auf das Vorliegen eines tatsächlichen unternehmerischen Risikos und die organisatorische Einbindung abzustellen als auf die Frage einer räumlichen und/oder zeitlichen Einbindung. Gerade im Bereich der Akutmedizin können sich bestimmte Rahmenbedingungen einer sinnvollen Zusammenarbeit aus der Natur der Sache heraus ergeben, etwa die Übernahme zeitlich im Vorhinein bestimmter Dienste in der Notfallmedizin. Die im Interesse einer effektiven Patientenversorgung notwendige Koordination der handelnden Personen erfordert es beispielsweise, für den öffentlichen Rettungsdienst Dienstpläne aufzustellen, die eine verbindliche Übernahme der Dienste durch einzelne Ärzte regeln. Eine Tätigkeit „auf Zuruf" kommt hier naturgemäß nicht in Frage.

Entscheidend ist daher nicht die Frage, ob ‚dienstplanmäßig' gearbeitet wird, sondern das Verfahren der Einteilung der betroffenen Mitarbeiter. An einem echten unternehmerischen Risiko fehlt es, wenn der Dienstberechtigte (z. B. das Krankenhaus) sich verpflichtet, die Leistungen des Dienstverpflichteten regelmäßig abzunehmen und den Mitarbeiter per (vereinbartem oder faktisch ausgeübtem) Direktionsrecht einteilt. Anders liegt es dagegen, wenn die Übernahme einzelner Dienste jeweils zwischen den Vertragsparteien abgesprochen wird.

Als weiteres Kriterium der Arbeitnehmerstellung wird häufig die Weisungsgebundenheit des Beschäftigten genannt. Dabei ist richtiger Auffassung nach zwischen der fachlichen und disziplinarischen Weisungsgebundenheit zu unterscheiden. Eine auf beiden Ebenen weisungsfreie Tätigkeit dürfte in der Regel ein Indiz für einen freiberuflichen bzw. selbständigen Status sein. Eine fachlich und organisatorisch weisungsfreie Tätigkeit liegt beispielsweise häufig bei Notarztdiensten im Rettungsdienst oder der Übernahme einzelner Nacht- und Wochenenddienste durch Fachärzte außerhalb der üblichen Betriebszeiten des Krankenhauses vor. Denn bei diesen Diensten handelt der eingesetzte Arzt fachlich völlig weisungsfrei und es bestehen insbesondere im Rettungsdienst in organisatorischer Hinsicht nur geringe Schnittstellen zum (Klinik-)Betrieb (Dokumentationspflichten, Dienstübergabe). Bei Not-

---

11 Thüringer LAG, Beschl. v. 29.4.2010 – 1 Ta 29/10, Rn. 19.
12 SG Köln, Urt. v. 6.6.2012 – S37 R 1155/10, S. 5 f.

diensten innerhalb der Klinik bestehen mit der Inanspruchnahme von Personal und Gerät des Klinikums zwar zusätzliche und weitergehende Berührungspunkte in organisatorischer Hinsicht. Allerdings sind diese nicht durch eine Weisungsunterworfenheit des (ärztlichen) Mitarbeiters gekennzeichnet; im Gegenteil ist es eher der Arzt, der im Rahmen der Patientenbehandlung Weisungen erteilt.

Anders kann es dagegen zu bewerten sein, wenn die Tätigkeit der Honorarkraft über das sich aus der Natur dieser Tätigkeit ergebende Maß hinaus mit dem Betrieb des Krankenhauses verzahnt ist. Ein Indiz dafür ist etwa die regelmäßige Teilnahme an Dienstbesprechungen oder die (nicht nur aus Hygienegründen bestehende) Verpflichtung, Dienstkleidung des Krankenhauses zu tragen, die für eine disziplinarische Einbindung spricht. Liegt zusätzlich auch eine fachliche Weisungsgebundenheit vor, spricht dies stark für eine (ggf. faktische) Arbeitnehmerstellung). Allein die fachliche Weisungsgebundenheit ohne weitere Einbindung in die Betriebsorganisation und bei Bestehen eines unternehmerischen Risikos reicht wiederum nicht aus, eine Arbeitnehmerstellung bzw. abhängige Beschäftigung anzunehmen.[13] Die dauerhafte Beschäftigung von Honorarkräften auf Vollzeitbasis zur Schließung der durch nicht besetzte Stellen entstandenen Personallücken dürfte jedoch regelmäßig den Charakter einer abhängigen Beschäftigung im Sinne des § 7 SGB IV aufweisen.[14]

Rechtsfolge einer zulässigen freiberuflichen Tätigkeit ist der Wegfall der arbeitszeitrechtlichen Beschränkungen des Arbeitszeitgesetzes, also insbesondere der Bestimmungen über werktägliche Höchstarbeitszeiten und Ruhepausen und werktägliche und wöchentliche (Ersatz-)Ruhezeiten. Allerdings bedeutet dies in der betrieblichen Praxis nicht, dass damit ein zeitlich grenzenloser Einsatz von Honorarärzten rechtlich unbedenklich ist. Unter dem Gesichtspunkt der Patientenhaftung bleibt es unabhängig von der Art der Vertragsbeziehungen zwischen Krankenhaus und Arzt dabei, dass der Krankenhausträger bei der Einteilung des Personals die Leistungsfähigkeit der jeweils eingesetzten Mitarbeiter zu beachten hat; bei eingeschränkter oder fehlender Leistungsfähigkeit kann ein Organisationsverschulden gegeben sein. In der Praxis empfiehlt es sich daher, beim Einsatz von Honorarkräften zumindest die für Arbeitnehmer geltenden Ruhezeit- und Ruhepausenbestimmungen als den Kernnormen des Arbeitszeitschutzes auch beim Einsatz von Honorarärzten zu beachten.

1.1.4 Arbeitnehmer in häuslicher Gemeinschaft
Ein vom Arbeitszeitgesetz nicht unmittelbar erfasster Fall sind Einsätze von Mitarbeitern von Betreuungseinrichtungen (insb. in der Jugendhilfe- und Behindertenbetreuung), die vorübergehend für einen Zeitraum von mehreren Tagen oder Wochen, aber nicht dauerhaft, mit den zu betreuenden Personen zusammenleben, etwa auf gemeinsamen Fahrten oder im Zuge pädagogischer Krisenintervention in Familien. Die vom ArbZG vorgesehene Ausnahme für Arbeitnehmer, die in häuslicher Gemeinschaft mit ihnen anvertrauten Personen leben, ist ursprünglich für Einrich-

---
13 SG Köln, Urt. v. 6.6.2012 – S 37 R 1155/10, S. 7.
14 Vgl. SG Kassel, Urt. v. 20.2.2013 – S 12 KR 69/12.

tungen nach Art der SOS-Kinderdörfer vorgesehen worden. Eine entsprechende Anwendung für nur vorübergehende Einsätze in häuslicher Gemeinschaft und gemeinsame Fahrten erscheint jedoch sinnvoll, da diese ein „Minus" gegenüber der dauerhaften Gemeinschaft darstellen. Im Übrigen bestehen in diesem Bereich auf tarifvertraglicher Grundlage im Rahmen des § 7 Abs. 2 Nr. 3 ArbZG weitreichende Möglichkeiten der Anpassung der Grundnormen des Arbeitszeitschutzes an die Eigenart der Tätigkeit und das Wohl der betreuten Personen.

1.1.5 Nebentätigkeiten

Die vom Arbeitszeitgesetz festgelegten Höchstarbeitszeiten, Ruhepausen und Ruhezeiten sind für jeden einzelnen Arbeitnehmer einzuhalten. Arbeitszeiten bei mehreren Arbeitgebern sind daher zusammenzurechnen, so dass bei Teilzeitbeschäftigten mit mehreren Arbeitsstellen und Vollzeitarbeitnehmern mit einem Nebenjob zu prüfen ist, ob die für die werktägliche Höchstarbeitszeit und Ruhezeit geltenden Bestimmungen bei Zusammenrechnung aller Arbeitszeiten eingehalten werden können. Der Arbeitnehmer ist zur Erteilung entsprechender Auskünfte verpflichtet.[15] In diesem Zusammenhang stellt sich die Frage, welche Prüfungs- und Erkundigungspflichten den Arbeitgeber im laufenden Dienstbetrieb treffen. Da der Arbeitnehmer nur beschäftigt werden darf, wenn die Grenzen des Arbeitszeitgesetzes eingehalten sind, besteht insoweit grundsätzlich eine permanente Verantwortlichkeit des Arbeitgebers.

Dabei ist zweifelhaft, ob sich der Arbeitgeber durch einen pauschalen Vorbehalt in der Nebentätigkeitsbewilligung hinsichtlich der einzuhaltenden Bestimmungen des Arbeitszeitschutzes von der arbeitszeitgesetzlichen Haftung für Überschreitungen freizeichnen kann. Denn dies setzt voraus, dass der Arbeitnehmer alle Bestimmungen des Arbeitszeitschutzes richtig anwendet. Dies dürfte allein im Hinblick auf den „individuellen Werktag"[16] nicht ohne Weiteres anzunehmen sein. Man wird insoweit zumindest eine eingehende Belehrung des Arbeitnehmers und eine regelmäßige Wirksamkeitskontrolle (Abgleich der tatsächlichen Arbeitszeiten aus allen Arbeitsverhältnissen) vornehmen müssen. Dies gilt insbesondere dann, wenn die Aufnahme einer Nebentätigkeit bei flexibler Einteilung der Arbeitszeit (z. B. Schicht- oder Wechselschichtarbeit im Rahmen von Monatsdienstplänen) im Haupt- oder Nebenarbeitsverhältnis arbeitszeitrechtlich von vornherein „kollisionsgeneigt" ist.

In der betrieblichen Praxis empfiehlt es sich aus Sicht des Arbeitgebers, vor (!) Aufnahme der Nebentätigkeit die Frage der arbeitszeitschutzrechtlichen Vereinbarkeit zu prüfen und mit dem Arbeitnehmer zu erörtern. Je flexibler die Einteilung der Arbeitszeit erfolgt und desto eher arbeitszeitschutzrechtliche Gestaltungsspielräume „ausgereizt" werden, desto eher kommen Auflagen (etwa hinsichtlich des zeitlichen Umfangs der Nebentätigkeit oder der möglichen Arbeitstage) oder sogar der Hinweis auf die völlige Unvereinbarkeit mit dem bestehenden Arbeitsverhältnis in Betracht. Als praktischer Ausweg, der sowohl den Interessen des Arbeitnehmers

---

15 BAG, BAGE 100, 70 ff.; BB 2002, 2447 ff.
16 Näher dazu Kapitel 1.3.1.

an der Ausnutzung seiner Arbeitskraft zur Sicherung seines Lebensunterhalts als auch dem Interesse des Arbeitgebers an der Vermeidung von Dokumentations- und Prüfungsaufwand Rechnung trägt, bietet sich folgendes Verfahren bei Anzeige einer beabsichtigten Nebentätigkeit an:

- Der Arbeitgeber prüft zunächst, ob die Nebentätigkeit in den Geltungsbereich des Arbeitszeitgesetzes fällt oder ob es sich um eine freiberufliche, selbständige oder ehrenamtliche Tätigkeit handelt.
- Fällt die Nebentätigkeit in den Geltungsbereich des Arbeitszeitgesetzes, so teilt der Arbeitnehmer dem Arbeitgeber den Umfang (durchschnittliches wöchentliches Stundenvolumen) und die zeitliche Lage der Nebentätigkeit (wöchentliche Arbeitstage und Arbeitszeiten) schriftlich mit. Steht die Arbeitszeit innerhalb der Nebentätigkeit nicht genau fest, sind zumindest die möglichen Zeitspannen zu beschreiben. Der Arbeitnehmer sichert außerdem zu, dass er eventuelle Änderungen des beschriebenen Arbeitszeitmodells unverzüglich und unaufgefordert schriftlich mitteilt.
- Der Arbeitgeber prüft die Vereinbarkeit des mitgeteilten Arbeitszeitmodells mit dem bestehenden Arbeitszeitmodell und weist gegenüber dem Arbeitnehmer in einer Erklärung der Zustimmung zur Nebentätigkeit schriftlich auf potenzielle Unvereinbarkeiten mit dem Arbeitsverhältnis (Auflagen) unter Androhung arbeitsrechtlicher Konsequenzen hin.
- Der Arbeitgeber fordert den Arbeitnehmer in unregelmäßigen Abständen zur Vorlage von Arbeitszeitnachweisen über die im Rahmen der Nebentätigkeit geleisteten Arbeitszeiten auf und prüft die Vereinbarkeit mit arbeitszeitgesetzlichen Bestimmungen bzw. den im Rahmen der Erklärung der Zustimmung zur Nebentätigkeit erteilten Auflagen.

Leisten Arbeitnehmer Bereitschaftsdienst, so führt die Zusammenrechnung aller Arbeitszeiten aus Haupt- und Nebentätigkeit dazu, dass Mitarbeiter, die regelmäßig in Bereitschaftsdienstmodellen mit verlängerten Arbeitszeiten eingesetzt werden, nur noch in sehr engen Grenzen oder gar nicht die Möglichkeit zur Ausübung von Nebentätigkeiten haben, da das zur Verfügung stehende Gesamtarbeitszeitvolumen von 48 Stunden pro Woche im Durchschnitt von 12 Kalendermonaten (bei „opt-out"- Modellen ggf. etwas mehr) hier meist nur noch wenig „Luft" lässt. Vor diesem Hintergrund muss der Arbeitgeber in der Vergangenheit erteilte Zustimmungen zu Nebentätigkeiten ggf. widerrufen.

1.1.6 Freiberufliche und selbständige Nebentätigkeiten

Handelt es sich nicht (!) um eine Nebentätigkeit als Arbeitnehmer, so kommen Auflagen dennoch in Frage, wenn dies zur Sicherstellung einer ordnungsgemäßen Erbringung der Arbeitsleistung und Vermeidung von Haftungsrisiken erforderlich ist (Beispiel: freiberufliche Notarzttätigkeit am Wochenende vor Dienstantritt am Montagmorgen). Insoweit kommt insbesondere der Einhaltung ausreichender Ruhezeiten patientenschützende Bedeutung zu. Im Hinblick auf das grundlegende menschliche Schlafbedürfnis sollten Ruhezeiten so bemessen sein, dass auch unter

Berücksichtigung individueller Wege-, Ess- und Waschzeiten eine effektive Ruhephase von ca. sieben Stunden vor Antritt eines (Vollzeit-)Dienstes möglich ist.[17]

1.1.7 Keine Regelung vergütungsrechtlicher Fragen durch das ArbZG

Das Arbeitszeitgesetz regelt nur arbeits(zeit)schutzrechtliche Fragen – es ist also „vergütungsneutral": Die Vergütung von (Voll-)Arbeitszeit, Bereitschaftsdienst oder der Rufbereitschaft sind nicht Regelungsgegenstand des Gesetzes. Vergütungsfragen bleiben vielmehr den Tarifparteien, kirchenrechtlichen Entscheidungsgremien bzw. – bei nicht tarifgebundenen Arbeitgebern – der Vereinbarung von Arbeitgeber und Arbeitnehmer im Arbeitsvertrag überlassen. Insoweit hat – entgegen einem verbreiteten Missverständnis – die veränderte arbeitszeitschutzrechtliche Bewertung des Bereitschaftsdienstes keine zwingenden Auswirkungen auf die Vergütung solcher Zeiten.[18]

Umgekehrt kann auch nicht aus der vergütungs- bzw. individualrechtlichen Zulässigkeit einer Arbeitszeitgestaltung ohne Weiteres auf deren schutzrechtliche Unbedenklichkeit geschlossen werden. So hat das Bundesarbeitsgericht etwa das in der betrieblichen Praxis der Krankenhäuser vielfach umstrittene „Hineinarbeiten" in den Bereitschaftsdienst im Anschluss an den Regel-(Tages-)Dienst in vergütungsrechtlicher Hinsicht für unbedenklich gehalten, da der Arbeitgeber den Bereitschaftsdiensthabenden für alle Tätigkeiten heranziehen dürfe, für die auch Überstunden zulässig seien und insoweit einen gesonderten Vergütungsanspruch für einzelne Inanspruchnahmen innerhalb des Bereitschaftsdienstes abgelehnt.[19] Die Frage, in welchem zeitlichen Umfang ein solches Hineinarbeiten unter arbeitszeitschutzrechtlichen Gesichtspunkten noch vertretbar ist, ist damit jedoch nicht beantwortet und bedarf einer eigenständigen Bewertung.[20]

Eine Ausnahme vom Grundsatz der eigenständigen schutz- bzw. vergütungsrechtlichen Bewertung stellt der Anspruch des Nachtarbeitnehmers auf zusätzliche Freizeit oder Zusatzvergütung für Nachtarbeit im Sinne des § 2 Abs. 3 ArbZG dar: Da der gesamte Bereitschaftsdienst nunmehr als Arbeitszeit im Sinne des Arbeitszeitgesetzes anzusehen ist, sind auch die inaktiven Zeiten des nächtlichen Bereitschaftsdienstes als Nachtarbeit anzusehen[21], was zu entsprechenden Zusatzvergütungen führen kann.[22]

In der Praxis ergeben sich je nach vergütungsrechtlicher Bewertung des Bereitschaftsdienstes und Vergütungsform („Barvergütung" oder „Freizeitausgleich") er-

---

17 BAG, Urt. v. 24.2.1982 – 4 AZR 223/80, 2. Leits.; LAG Kiel, Urt. v. 30.8.2005 – 5 Sa 161/05, Rn. 42.
18 BVerwG, ZTR 2004, 555–556; BAG, BAGE 109, 254–264.
19 BAG, Urt. v. 25.4.2007 – 6 AZR 799/06, Rn. 21 ff.
20 Vgl. dazu insb. Kapitel 1.4.7.
21 BAG, Urt. v. 14.9.2011 – 10 AZR 208/10, Rn. 9 ff.
22 Die tarifvertraglichen Bestimmungen zum Bereitschaftsdienst sind inzwischen weitgehend an die neue Rechtslage angepasst worden. So gewährt etwa der TV-Ä/VKA einen Anspruch auf zwei Tagen Zusatzurlaub für nächtlichen Bereitschaftsdienst, wenn jährlich mindestens 288 Stunden Bereitschaftsdienst geleistet werden und kein Anspruch auf Zusatzurlaub aufgrund von Schicht- oder Wechselschichtarbeit besteht (§ 28 Abs. 4 Satz 1 TV-Ä/VKA).

hebliche Auswirkungen auf betriebliche Abläufe und Zusatzvergütungen der Mitarbeiter.[23]

1.2 Überblick der arbeitszeitgesetzlichen Optionen zur Abweichung von den Grundnormen des Arbeitszeitgesetzes

1.2.1 Abgrenzung der Arbeits(zeit)formen: Vollarbeitszeit, Arbeitsbereitschaft, Bereitschaftsdienst und Rufbereitschaft

Das Arbeitszeitrecht kennt unterschiedliche Arbeit(zeit)formen:
- Vollarbeitszeit[24],
- Arbeitsbereitschaft[25],
- Bereitschaftsdienst[26] und
- Rufbereitschaft[27].

Das Arbeitszeitgesetz selbst definiert nur die Vollarbeitszeit. Für die übrigen Definitionen muss insoweit auf die gefestigte Rechtsprechung sowie die einschlägigen Tarifbestimmungen zurückgegriffen werden:

- Vollarbeitszeit: Zeit zwischen Beginn und Ende der Arbeit ohne Ruhepausen[28];
- Arbeitsbereitschaft: Zeiten wacher Aufmerksamkeit im Zustand der Entspannung[29];
- Bereitschaftsdienst: Zeiten, in denen sich der Arbeitnehmer an einem vom Arbeitgeber bestimmten Ort innerhalb oder außerhalb des Betriebes bereithält, um von dort aus, wenn erforderlich, die Arbeitstätigkeit aufnehmen zu können[30];
- Rufbereitschaft: Zeiten, in denen sich der Arbeitnehmer an einem von ihm selbst bestimmten Ort für Arbeitseinsätze bereithält, um von dort aus auf Abruf, wenn erforderlich, die Arbeitstätigkeit aufnehmen zu können.[31]

Vor Inkrafttreten der ArbZG-Novelle waren Zeiten des Bereitschaftsdienstes als Ruhezeit anzusehen. Mit der zum 1.1.2004 in Kraft getretenen Neufassung des Arbeitszeitgesetzes sind nunmehr Vollarbeitszeit, Arbeitsbereitschaft und Bereitschaftsdienst zur „Arbeitszeit" im Sinne des § 2 Abs. 1 ArbZG zu rechnen. Das bedeutet, dass die für die Einhaltung der gesetzlich vorgeschriebenen Höchstarbeits-

---

23 Näher dazu Kapitel 1.11.2.
24 § 2 Abs. 1 ArbZG.
25 § 7 Abs. 1 Nr. 1a), u. 2a) ArbZG.
26 § 7 Abs. 1 Nr. 1a), u. 2a) ArbZG.
27 §§ 5 Abs. 3, 7 Abs. 2 Nr. 3 ArbZG.
28 Lediglich im Bergbau unter Tage zählen gemäß § 2 Abs. 1 Satz 2 ArbZG auch die Ruhepausen zur Arbeitszeit.
29 Vgl. BAG, EzA § 7 AZO Nr. 1; *Schliemann*, § 2, Rn. 17. Im Tarifvertrag für den Öffentlichen Dienst (TVöD) v. 13.09.2005 wird die Arbeitsbereitschaft jedoch als „Bereitschaftszeit" (nicht zu verwechseln mit dem „Bereitschaftsdienst"!) bezeichnet; vgl. § 9 TVöD (Bereitschaftszeit) einerseits und § 8 Abs. 3 TVöD (Bereitschaftsdienst) andererseits.
30 BAG, BAGE 8, 25 (27); *Neumann/Biebl*, § 7, Rn. 13, 15 b; zum Begriff des Bereitschaftsdienstes eingehend *Schlottfeldt*, ZESAR 2010, 411 ff.
31 BAG, BAGE 21, 348; *Schliemann*, § 2, Rn. 29.

zeiten grundsätzlich für alle diese Arbeits(zeit)formen und nunmehr also auch für den Bereitschaftsdienst gelten – unabhängig davon, ob der Bereitschaftsdiensthabende tatsächlich in Anspruch genommen wird.

Die Differenzierung der verschiedenen Arbeits(zeit)formen ist auch angesichts der Entscheidung des Europäischen Gerichtshofes, dass Bereitschaftsdienstzeiten in vollem Umfang als „Arbeitszeit" im Sinne der europäischen Arbeitszeitrichtlinie anzusehen seien[32], jedoch nicht hinfällig geworden. Denn das Arbeitszeitgesetz sieht für Arbeitszeitmodelle mit Arbeitsbereitschaft oder Bereitschafsdienst in erheblichem Umfang Möglichkeiten der Verlängerung der werktäglichen Arbeitszeit vor.[33] Im Extremfall kann die werktägliche Arbeitszeit dabei bis auf 24 Stunden verlängert werden.[34] Darüber hinaus ist unter bestimmten Voraussetzungen auch eine Überschreitung des durchschnittlich zulässigen Arbeitszeitvolumens zulässig.[35]

Zeiten der reinen Rufbereitschaft sind nach wie vor als Ruhezeit im Sinne des Arbeitszeitgesetzes (§ 5 ArbZG) zu bewerten. Allerdings zählen die Inanspruchnahmen innerhalb der Rufbereitschaft (z. B. Abruf eines fachärztlichen Hintergrunddienstes in die Klinik) einschließlich der erforderlichen Wegezeiten[36] zur Arbeitszeit. Das bedeutet, dass diese Inanspruchnahmen auf die werktägliche Höchstarbeitszeit anzurechnen sind und außerdem grundsätzlich die Ruhezeit unterbrechen. Das Arbeitszeitgesetz eröffnet jedoch auch Möglichkeiten der Arbeitszeitverlängerung bzw. Ruhezeitverkürzung bei Rufbereitschaft.[37]

1.2.2 Grundstrukturen der Abweichung von Grundnormen des Arbeitszeitschutzes

Das Arbeitszeitgesetz kennt eine ganze Reihe von Optionen der Abweichung von den insbesondere in § 3 (werktägliche Höchstarbeitszeit), § 4 (Ruhepausen), § 5 (tägliche Ruhezeit) § 6 (werktägliche Höchstarbeitszeit der Nachtarbeitnehmer) festgelegten Bestimmungen. Dabei ist insbesondere zwischen folgenden Optionen zu unterscheiden:

– Abweichung aufgrund gesetzlicher Regelung, insbesondere die Verlängerung auf bis zu zehn Stunden bei Einhaltung einer durchschnittlichen werktäglichen Arbeitszeit von acht Stunden und die Verlängerung in Notfällen und außergewöhnlichen Fällen;[38]

---

32 EuGH, Urt. v. 5. 9. 2003 – C 151/02 – Jaeger; EuGH, Urt. v. 5. 10. 2004 – C-397/01 – Pfeiffer u. a.; EuGH, Urt. v. 1. 12. 2005 – C-14/04 – Dallas; EuGH, Beschl. v. 11. 1. 2007 – C-437/05 – Vorel; EuGH, Urt. v. 14. 10. 2010 – C-428/09 – Union syndicale Solidaires Isère; EuGH, Urt. v. 25. 11. 2010 – C-429/09 – Fuß.
33 Näher dazu Kapitel 1.2.2.
34 Näher dazu Kapitel 1.4.4 ff.
35 Näher dazu Kapitel 1.7.
36 Vgl. etwa § 10 Abs. 3 Satz 4 TV-Ä/VKA.
37 Näher dazu Kapitel 1.4.4.
38 Vgl. § 3 Satz 2 ArbZG (Verlängerung der werktäglichen Arbeitszeit auf zehn Stunden mit Zeitausgleich) und § 14 ArbZG (Verlängerung in außergewöhnlichen Fällen).

– Abweichung aufgrund tarifvertraglicher Regelungen[39] oder entsprechender Bestimmungen in den Regelungen der Kirchen und öffentlich-rechtlichen Religionsgemeinschaften, insbesondere Verlängerung der Arbeitszeit durch Bereitschaftsdienst oder Arbeitsbereitschaft sowie die Anpassung von Höchstarbeitszeit, Pausen und Ruhezeiten bei der Behandlung, Pflege und Betreuung von Personen an die Eigenart der Tätigkeit und das Wohl der Personen;[40]
– Abweichung aufgrund Bewilligung der zuständigen Aufsichtsbehörde, insbesondere Bewilligungen von Abweichungen von arbeitszeitgesetzlichen Bestimmungen in tariffreien Bereichen, zur Erreichung zusätzlicher Freischichten im Schichtbetrieb oder aufgrund dringenden öffentlichen Interesses;[41]
– Abweichung aufgrund Rechtsverordnung der Bundesregierung.[42]

Nachstehend werden die einzelnen Abweichungsoptionen und ihre Voraussetzungen dargestellt. Dabei liegt der Schwerpunkt auf der für den Krankenhaus-, Pflege- und Betreuungsbereich besonders praxisrelevanten Fragen der Verlängerung der werktäglichen Arbeitszeit durch Bereitschaftsdienst.

1.3 Verlängerung der werktäglichen Höchstarbeitszeit auf bis zu 10 Stunden mit Zeitausgleich (§ 3 Satz 2 und § 6 Abs. 2 Satz 2 ArbZG)

Gemäß § 3 Satz 2 ArbZG darf die werktägliche Höchstarbeitszeit für Arbeitnehmer auf bis zu 10 Stunden (zzgl. Pausen) verlängert werden, sofern im Durchschnitt von 6 Kalendermonaten oder 24 Wochen (sog. Ausgleichszeitraum) ein Durchschnittswert von 8 Stunden pro Werktag (bei sechs Werktagen also 48 Stunden pro Woche[43]) nicht überschritten wird.[44] Für Nachtarbeitnehmer gilt ein deutlich engerer Ausgleichszeitraum von vier Wochen oder einem Kalendermonat.[45] Rechnet man diese Grenze auf die in vielen Einrichtungen zur Anwendung kommenden Monatsdienstpläne hoch, so führt dies zu einer durchschnittlichen Höchstarbeitszeit von 208 Stunden pro Monat.[46]

---

39 Vgl. insb. § 7 Abs. 1 Nr. 1a) u. 4a) ArbZG (Verlängerung der Arbeitszeit durch Bereitschaftsdienst oder Arbeitsbereitschaft) sowie § 7 Abs. 2 Nr. 3 ArbZG Anpassung der Höchstarbeitszeit bei der Behandlung, Pflege und Betreuung von Personen an die Eigenart der Tätigkeit und das Wohl der Personen) etwa den Arbeitsvertrags-Richtlinien (§ 7 Abs. 4 ArbZG).
40 Vgl. § 7 Abs. 4 ArbZG.
41 Vgl. § 7 Abs. 5 ArbZG (Verlängerung der Arbeitszeit in tariffreien Bereichen gemäß oder aufgrund dringenden öffentlichen Interesses gemäß § 15 Abs. 2 ArbZG.
42 Vgl. § 7 Abs. 6 ArbZG. Der praktische Anwendungsbereich der Norm ist für die hier interessierenden Einrichtungen gering.
43 Feiertage, die keine Werktage sind, sind dabei nicht berücksichtigt. Zur Berechnung der Einhaltung des sog. Ausgleichszeitraums vgl. unten Kap. 1.3 und 1.7.
44 Näher dazu Kap. 1.3.1.
45 § 6 Abs. 2 Satz 2 ArbZG.
46 Basis: 26 Werktage × 8 Stunden = 208 Stunden. Dabei sind Minderungen der effektiv nutzbaren Arbeitszeit durch gesetzliche Feiertage, Krankheitstage und gesetzliche Urlaubstage nicht berücksichtigt.

Zur Höchstarbeitszeit zählen alle Zeitspannen von Regeldienst, Überstunden, Bereitschaftsdienst und Inanspruchnahmen aus der Rufbereitschaft. Arbeitszeiten aus Nebentätigkeiten sind ebenfalls einzubeziehen, wenn diese Nebentätigkeit(en) als Arbeitnehmer geleistet werden.[47] Freiberufliche oder in sonstiger Form selbständig geleistete Arbeitszeiten sind dagegen nicht zu berücksichtigen. Vor diesem Hintergrund kommt der Abgrenzung von selbständiger Tätigkeit und Arbeitnehmertätigkeit besondere Bedeutung zu.[48]

1.3.1 Berechnung der werktäglichen Höchstarbeitszeit innerhalb des „individuellen Werktages"

Werktag ist jeder Tag, der nicht ein Sonntag oder gesetzlicher Feiertag ist, so dass der Samstag als normaler Werktag anzusehen ist.[49] Die Begrenzung der werktäglichen Höchstarbeitszeit auf zehn Stunden wirft zunächst die Frage nach dem Berechnungszeitraum auf. Das Arbeitszeitgesetz legt dabei einen vom Kalendertag unterschiedlichen Werktagsbegriff zu Grunde: Der Werktag des Arbeitnehmers beginnt nicht um 00.00 Uhr, sondern mit dem individuellen Zeitpunkt der Arbeitsaufnahme. Der individuelle Werktag erstreckt sich also auf den 24-Stunden-Zeitraum ab individuellem Arbeitsbeginn. Allerdings bedeutet dies nicht, dass innerhalb des 24-Stunden-Zeitraums nach Arbeitsbeginn stets nur zehn Stunden Arbeitszeit geleistet werden dürfen. Denn ein neuer Werktag kann beginnen, wenn bereits vor Ablauf von 24 Stunden nach Arbeitsaufnahme eine arbeitszeitgesetzlich zulässige Ruhezeit eingehalten wurde (vgl. *Abbildung 1*).[50]

Bei Ausschöpfung der Höchstarbeitszeit von zehn Stunden (zzgl. Pausen) und nachfolgender Ruhezeit von elf Stunden (§ 5 Abs. 1 ArbZG) kann ein neuer Werktag bereits vor Ablauf von 24 Stunden nach individuellem Arbeitsbeginn einsetzen. Entsprechendes gilt, wenn die Ruhezeit aufgrund gesetzlicher oder tarifvertraglicher Bestimmungen verkürzt werden kann.[51] Dies führt zu erweiterten Flexibilisierungsoptionen bei der Verteilung der Arbeitszeit. Insbesondere ist damit der sogenannte ‚kurze Wechsel' von Spätdienst in den nachfolgenden Frühdienst zulässig, wenn

---

47 § 2 Abs. 1 Satz 1, 2. Halbs. ArbZG. Zur Haftung des Arbeitgebers auch für Nebentätigkeiten der Arbeitnehmer und daraus resultierenden Auskunftsansprüchen des Arbeitgebers vgl. BAG, Urt. v. 11.12.2001 – 9 AZR 464/00, Rn. 31/32.
48 Näher dazu Kapitel 1.9.2.
49 Einhellige Meinung, vgl. nur *Wank*, in: Dieterich u.a., Erfurter Kommentar zum Arbeitsrecht, § 3 ArbZG, Rn. 2.
50 Erlass des nordrhein-westfälischen Ministeriums für Arbeit und Wirtschaft zur Durchführung des Arbeitszeitgesetzes (II A 2 - 8435.4.11) v. 3.3.2008, § 3, Ziff. 1; LASI LV 30 (Juni 2012), Ziff. 4.4.
51 Vgl. für insb. § 5 Abs. 2 ArbZG, die bei der Behandlung, Pflege und Betreuung von Personen eine Verkürzung der Ruhezeit auf 10 Stunden zulässt. Aufgrund tarifvertraglicher Regelung könnte gemäß § 7 Abs. 1 Nr. 3 oder Abs. 2 Nr. 3 ArbZG sogar eine weitere Verkürzung der Ruhezeit erfolgen, vgl. dazu Kapitel 1.5. Eine noch weitere Verkürzung ist gemäß § 5 Abs. 3 ArbZG durch Inanspruchnahmen in der Rufbereitschaft möglich, vgl. dazu Kapitel 1.8.4.

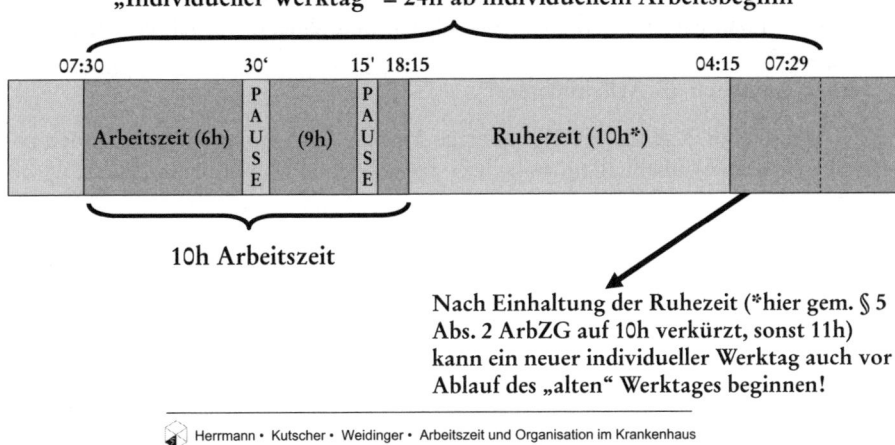

Abb. 1: Berechnung der Höchstarbeitszeit innerhalb des „individuellen Werktages" (Beispiel)

zwischen Spät- und Frühdienst eine (ggf. verkürzte) Ruhezeit liegt.[52] Allerdings ist zu bedenken, dass eine Dienstplanung, deren Zulässigkeit auf minutengenauen pünktlichem Dienstende beruht, angesichts der Unwägbarkeiten der Arbeitszeitpraxis gerade im Krankenhaus-, Pflege- und Betreuungsbereich „auf Kante genäht" und daher nicht zu empfehlen ist.

1.3.2 Berechnung des höchstzulässigen Arbeitszeitvolumens innerhalb des gesetzlichen Ausgleichszeitraums (Vollarbeitszeitmodelle)

Das Höchstmaß der zulässigen Arbeitszeitdauer innerhalb der in § 3 ArbZG genannten Ausgleichszeiträume (24 Wochen bzw. 6 Kalendermonate) ergibt sich zunächst aus einer einfachen Multiplikation der Zahl der Werktage innerhalb des Ausgleichszeitraums mit dem Faktor 8. Dies schließt alle Arbeitszeiten eines Arbeitnehmers ein, also:

- Regeldienst (Vollarbeitszeit),
- Überstunden[53],

---

52 So kann etwa ein Arbeitnehmer in einer Pflegeeinrichtung einen 9-stündigen Spätdienst (zzgl. 30 Minuten Pause) von z. B. 11:30–21:00 leisten und dennoch wieder im Frühdienst des Folgetages ab 07:00 tätig sein, da in diesem Fall die gesetzliche Ruhezeit gem. § 5 Abs. 2 ArbZG auf 10 Stunden verkürzt werden darf. Die Überschreitung der 10-Stunden-Grenze innerhalb von 24 Stunden ist unschädlich, da mit Arbeitsbeginn um 07:00 des Folgetages ein neuer individueller Werktag begonnen hat.
53 Der Begriff der „Überstunde" ist gesetzlich nicht definiert. Von (angeordneten) Überstunden spricht man in der Regel, wenn Arbeitszeiten außerhalb der in einem Dienst- oder Schichtplan vorgesehenen (Regel-)Dienstzeiten geleistet werden. Vgl. insoweit etwa § 7 Abs. 7 TVöD oder § 9 Abs. 5 TV-Ä (VKA).

- Bereitschaftsdienst und Arbeitsbereitschaft (einschließlich inaktiver Zeiten!),
- Inanspruchnahmen im Rufbereitschaftsdienst inkl. einer eventuell erforderlichen Wegezeit[54],
- Nebentätigkeiten als Arbeitnehmer[55].

Arbeitszeitgesetzlich gelten die Wochentage Montag bis Samstag (ausgenommen gesetzliche Feiertage) unabhängig von ihrer tatsächlichen betrieblichen Nutzung als Werktage.[56]

Beispiel für zwei Ausgleichszeiträume[57] innerhalb eines Kalenderjahres gemäß § 3 Satz 2 ArbZG auf Basis von jeweils sechs Kalendermonaten:
- Ausgleichszeitraum 1 = 1. 1. 2013 bis 30. 6. 2013 = 149 Werktage x 8 h = 1.192 h;
- Ausgleichszeitraum 2 = 1. 7. 2013 bis 31. 12. 2013 = 155 Werktage x 8 h = 1.240 h.

Ergebnis:
Im ersten Ausgleichszeitraum könnten 1.192 Stunden, im 2. Ausgleichszeitraum 1.240 Stunden Arbeitszeit geleistet werden. Auf das gesamte Kalenderjahr bezogen können insgesamt 2.432 Stunden geleistet werden (jeweils ohne Berücksichtigung von Urlaub, Krankheit, vgl. dazu nachstehend Kapitel 1.3.3).

Die zulässige Arbeitszeitdauer ist unabhängig davon, an wie vielen Tagen im Betrieb tatsächlich gearbeitet wird. Zwar geht das Arbeitszeitgesetz in § 3 ArbZG von einer regelmäßigen 6-Tage-Woche aus. Die gesetzlichen Flexibilisierungsmöglichkeiten lassen es jedoch auch zu, die zulässige Arbeitszeitdauer auf weniger als 6 Tage pro Woche zu verteilen. So wäre bei einer Verteilung auf 5 betriebliche Arbeitstage (z.B. MO–FR) eine regelmäßige Arbeitszeit von 4 Tagen á 10 Stunden und einem Tag á 8 Stunden ohne weiteres zulässig.

1.3.3 Bewertung von Urlaubs- und Krankheitstagen innerhalb des Ausgleichszeitraums nach § 3 Satz 2 ArbZG

Bei weitgehender Ausschöpfung oder Überschreitung des gesetzlich zulässigen Arbeitszeitvolumens stellt sich häufig die Frage, ob ein Ausgleich der oberhalb von acht Stunden geleisteten Arbeitszeit auch innerhalb von Urlaubs- und Krankheits-

---

54 Die Herausrechnung der Wegezeit kommt allenfalls dann in Betracht, wenn der Arbeitnehmer den Weg in den Betrieb mit öffentlichen Verkehrsmitteln zurücklegt; bei dem (in der Praxis meist gegebenen) Lenken eines Fahrzeugs ist diese Zeitspanne als Arbeitszeit im Sinne des ArbZG anzusehen; zur vergleichbaren Problematik der Lenkzeiten bei angeordneten Dienstreisen vgl. BAG v. 11. 7. 2006 – 9 AZR 59/05.
55 Eine Nebentätigkeit in Arbeitnehmereigenschaft liegt in der Regel dann vor, wenn der Beschäftigte in eine Betriebsorganisation eingegliedert ist und Arbeitszeit und Arbeitsort nicht frei bestimmen kann. Vgl. zur diesbezüglichen Problematik (etwa bei der Organisation von Notarztdiensten Kapitel 1.9.1.
56 Für die Berechnung der durchschnittlich zulässigen Arbeitszeit im Rahmen der Spezialvorschrift des § 7 Abs. 8 ArbZG (u. a. bei der Verlängerung der Arbeitszeit durch Bereitschaftsdienst vgl. Kapitel 1.7).
57 Feiertage auf Basis des für das Land Berlin geltenden Feiertagskalenders berechnet.

zeiten stattfinden kann. Das Arbeitszeitgesetz enthält insoweit keine Bestimmungen zur Anrechnung solcher oder anderer Ausfalltage, an denen der Arbeitnehmer zwar unter Umständen Anspruch auf Fortzahlung des Entgelts hat, jedoch von der tatsächlichen Arbeitspflicht entbunden ist (z. B. Arbeitsbefreiung aus persönlichen Gründen, Zusatzurlaub für Schichtarbeit etc.).

Gemäß Art. 16 Abs. 1 Buchst. b) Unterabs. 2 EGRL 2003/88 bleiben die „nach Artikel 7 gewährten Zeiten des bezahlten Jahresurlaubs sowie die Krankheitszeiten ... bei der Berechnung des Durchschnitts unberücksichtigt oder sind neutral". Diese Bestimmung ist bei im Rahmen einer europarechtskonformen Auslegung des § 3 Satz 2 ArbZG zu berücksichtigen, so dass jedenfalls die Zeiten des gesetzlichen Mindesturlaubs (gemäß Art. 7 EGRL 2003/88 vier Wochen pro Jahr) sowie Krankheitszeiten nicht für den Ausgleich in Frage kommen. Angesichts des Wortlauts der Richtlinie handelt es sich dabei um alle Krankheitszeiten, nicht nur solche im Rahmen der gesetzlichen Entgeltfortzahlung. Gemäß der Richtlinie hat der Arbeitgeber ein Ermessen bei der Handhabung dieser Ausfallzeiten.

Eine Behandlung als „neutral" bedeutet, dass Urlaubs- und Krankheitstage mit der ausfallenden Arbeitszeit anzurechnen sind, gleichsam, als ob an diesen Tagen gearbeitet worden wäre. Dies setzt voraus, dass die ausfallende Arbeitszeit bestimmt werden kann (,krank im bestehenden Dienstplan'). Ist dies nicht der Fall (,krank über den Dienstplan hinaus'), wird man auf den Durchschnittswerte des laufenden Ausgleichszeitraums abstellen müssen (zur individuellen Betrachtung des Ausgleichszeitraums vgl. nachstehend Kapitel 1.3.4), hilfsweise auf den Durchschnittswert des letzten Ausgleichszeitraums. In den Durchschnittswert sind alle arbeitsschutzrechtlich relevanten Arbeitszeiten einzubeziehen, also etwa auch die durchschnittlich anfallenden Arbeitszeiten aus Überstunden, Bereitschaftsdienst und Inanspruchnahmen der Rufbereitschaft. In der Praxis aufsichtsbehördlicher Prüfungen wird es dabei in der Regel für ausreichend gehalten, wenn diese Tage mit der durchschnittlichen regelmäßigen Arbeitszeit (häufig $1/5$ der individuellen Wochenarbeitszeit an den Tagen MO-FR) angesetzt werden.

Alternativ dazu können Urlaubs- und Krankheitszeiten „unberücksichtigt" bleiben. In dieser Variante werden Urlaubs- und Krankheitstage mit dem Wert „0" angesetzt, zugleich verlängert sich jedoch der Ausgleichszeitraum um die Zahl der Urlaubs- und Krankheitstage.

Umstritten ist die Bewertung von Urlaubstagen, die über den gesetzlichen Mindesturlaubsanspruch hinaus gewährt werden (Mehrurlaub). Das LAG Brandenburg hat in einer diesbezüglichen Entscheidung auch den über den gesetzlichen Mindesturlaubsanspruch hinausgehenden Urlaubsanspruch aus dem Ausgleichszeitraum herausgerechnet.[58] Zur Begründung verweist das Gericht zwar auf die EU-Arbeitszeitrichtlinie[59], setzt sich dabei aber nicht mit der Differenzierung zwischen gesetzlichem (Mindest-)Urlaub und Tarifurlaub auseinander.

In einem neueren Urteil des VG Köln[60] wird die Inanspruchnahme von Mehrurlaubstagen zumindest nicht ausgeschlossen. Das Gericht betont zunächst, dass der

---

58 LAG Brandenburg, Urt. v. 27.5.2005 – 5 Sa 141/04, 3. Leits. u. Rn. 38.
59 LAG Brandenburg, Urt. v. 27.5.2005 – 5 Sa 141/04, Rn. 28 ff.
60 VG Köln, Urt. v. 22.11.2012 – 1 K 4015/11, insb. Rn. 34 ff.

EU-Arbeitszeitrichtlinie eindeutig nur entnommen werden kann, dass der zwingend zu gewährende bezahlte Mindestjahresurlaub nach Art. 7 RL vier Wochen beträgt. Dies sind nach § 3 des Mindesturlaubsgesetzes für Arbeitnehmer (Bundesurlaubsgesetz) 24 Werktage, bezogen auf eine Woche mit sechs Werktagen. Bezogen auf eine Woche mit fünf Werktagen entspricht dies einem Mindesturlaub von 20 Tagen. Bei einer tarifvertraglichen Verlängerung des Urlaubs über die gesetzlich zwingende Vorgabe von vier Wochen hinaus, ist der gesamte Tarifurlaub nach Auffassung der 1. Kammer des VG Köln „grundsätzlich" wie eine Verlängerung des Mindesturlaubs zu behandeln. Der Urlaub diene grundsätzlich der Erholung, was ohne tarifvertragliche Zusatzregelungen auch für den sogenannten Mehrurlaub gelte. Allerdings deutet bereits das Wort „grundsätzlich" an, dass diese Betrachtung nicht zwingend ist. Das VG Köln hält insoweit nämlich „tarifvertragliche gestaltende Regelungen" für möglich.[61] Im konkreten Fall hatte das VG Köln keinen Anlass, die mögliche Reichweite solcher Regelungen zu erörtern, da das Gericht im anwendbaren Tarifvertrag keine solchen Regelungen erblicken konnte.

Dem Urteil ist nur teilweise zuzustimmen. Zutreffend betont das Gericht, dass die Frage der arbeitszeitschutzrechtlichen Bewertung von Feiertagen und Mehrurlaubstagen einer Auslegung des Arbeitszeitgesetzes bedarf. Dabei ist begrüßenswert, dass das Gericht den unterschiedlichen Wortlaut der Ausgleichszeiträume für ‚normale' und tarifvertraglich verlängerte Arbeitszeiten erkannt hat und eine von der Werktagsbetrachtung der § 3 Satz 2 und § 6 Abs. 2 Satz 2 ArbZG abweichende Gestaltung jedenfalls nicht ausschließt. Richtiger Auffassung nach muss dabei nur der gesetzliche Mindesturlaub für den Arbeitszeitausgleich gesperrt bleiben. Jede andere Betrachtung würde letztlich dem „vergütungsneutralen" Charakter des Arbeitszeitschutzes widersprechen. Denn die Gewährung zusätzlicher Urlaubstage hat nicht selten den Charakter einer vergütungsrechtlichen Leistung: Der Arbeitnehmer behält seinen Vergütungsanspruch auch an Tagen, an denen er von Gesetzes wegen keinen Anspruch auf Entgeltfortzahlung hat. Es geht dagegen in der Regel nicht um eine von den Arbeits- oder Tarifvertragsparteien gewollte Verminderung des schutzrechtlich zulässigen Arbeitszeitvolumens. Würde man die Verminderung des schutzrechtlich zulässigen Arbeitszeitvolumens um Tage des zusätzlich gewährten Urlaubs für richtig halten, so müssten die Befürworter dieser Auffassung konsequenterweise auch für ein Verbot der Abgeltung solcher Urlaubsansprüche eintreten. Diese Konsequenz wird jedoch, so weit ersichtlich, nirgends gezogen; sie wird auch vom deutschen Urlaubsrecht nicht verlangt, das sogar eine Abgeltung von Mindesturlaubsansprüchen kennt.[62]

Durch die Fixierung auf die – überdies unzutreffende – Auslegung des Tarifvertrages verstellt sich das VG Köln den Blick zudem auf den allgemeinen Grundsatz der Trennung von arbeitszeitschutzrechtlichen und vergütungsrechtlichen Aspekten. Denn selbst wenn man annehmen würde, dass der anwendbare Tarifvertrag insoweit von einheitlichen Regelungen für den gesamten Urlaub auf Basis der Regelungen des gesetzlichen Urlaubs ausgeht, so führt dies zunächst nur zu einem entsprechenden

---

[61] VG Köln, Urt. v. 22.11.2012 – 1 K 4015/11, Rn. 43.
[62] § 7 Abs. 4 BUrlG.

individualarbeitsrechtlichen Anspruch des einzelnen Arbeitnehmers. Die Verletzung solcher Ansprüche stellt aber noch keinen Verstoß gegen geltendes Arbeitszeitschutzrecht dar. Denn mit Ausnahme weniger Spezialbestimmungen zeichnet sich das deutsche Arbeitszeitschutzrecht dadurch aus, dass es „vergütungsneutral" ist. So ist auch zwischen arbeitszeitgesetzlichen und tarifvertraglichen Bezugszeiträumen zu unterscheiden; das Urteil des VG Köln geht dagegen offenbar davon aus, dass der gesetzliche Bezugszeitraum gleichsam durch den tarifvertraglichen Ausgleichszeitraum konkretisiert würde.

Demgegenüber können – unabhängig von der Frage der Bewertung von Mehrurlaub und Feiertagen – als Ausgleichstage für geleistete Mehrstunden herangezogen werden:

– Tage/Zeiten der Arbeitsbefreiung aus persönlichen Gründen (z.B. Arztbesuch; Erkrankung des Kindes, Eheschließung, Geburts- und Trauerfälle, Dienstjubiläen etc.);
– Dienstreisetage ohne Arbeitsleistung bzw. angeordnete Lenkzeit;
– Tage der reinen Rufbereitschaft ohne Inanspruchnahme;
– Freie Vorfesttage (Heiligabend, Sylvester);
– Freie Brauchtumstage (z. B. Rosenmontag);
– Tage des (vergütungsrechtlichen) Freizeitausgleichs für geleistete Überstunden, Mehrarbeitsstunden oder Bereitschaftsdienstzeiten;
– Tage der Freistellung im Rahmen der Flexibilisierung der täglichen oder wöchentlichen Arbeitszeit („Freizeit auf Zeitkonto");
– Tage der Freistellung im Rahmen der Inanspruchnahme von Wertguthaben im Sinne des § 7 Abs. 1 Nr. 1a) SGB IV;
– Tage der arbeitgeberseitigen Freistellung vor Beendigung des Arbeitsverhältnisses;
– Tage mit ruhendem Arbeitsverhältnis (Elternzeit, Pflegezeit), ausgenommen jedoch Tage der krankheitsbedingten Arbeitsunfähigkeit außerhalb des gesetzlichen bzw. tarif- oder arbeitsvertraglichen Entgeltfortzahlungszeitraums;
– Tage ausschließlicher Betriebsratstätigkeit oder vergleichbarer berufsbezogener ehrenamtlicher Tätigkeit (z. B. Mitgliedschaft in Tarifkommissionen);
– Tage des Freizeitausgleichs für geleistete Betriebsratstätigkeit oder vergleichbare Tätigkeiten;
– Tage des unentschuldigten Fernbleibens vom Dienst.

Diese Tage können bei der Ermittlung der Gesamtarbeitszeit mit dem Wert „0" angesetzt werden.

Für Arbeitszeitmodelle mit verlängerten Arbeitszeiten aufgrund tarifvertraglicher Regelung (insb. Verlängerung der Arbeitszeit durch Bereitschaftsdienst) enthält § 7 Abs. 8 ArbZG eine spezielle Bestimmung für den Ausgleichszeitraum, der sich in diesem Fall auf eine durchschnittliche Arbeitszeit innerhalb eines Zeitraums von 12 Kalendermonaten bezieht.[63]

---

63 Vgl. im Einzelnen Kapitel 1.7.

1.3.4 Individuelle Betrachtung des arbeitszeitgesetzlichen Ausgleichszeitraums

Der Ausgleichszeitraum ist für jeden Mitarbeiter individuell zu betrachten. Der Ausgleichszeitraum beginnt in dem Kalendermonat bzw. bei Wochenbetrachtung (24 Wochen) in der Woche, in der zum ersten Mal von der gesetzlichen „Normalarbeitszeit" von 8 Stunden pro Tag (Werktage MO-SA) nach oben oder unten abgewichen wird. Ein Ausgleichszeitraum endet, wenn die gesetzlich zulässige Arbeitszeit durch Saldierung der Über- und Unterschreitungen eingehalten wurde. Eine Vorausplanung wechselnder Tage- und Wochenarbeitszeiten für den Ausgleichszeitraum ist nicht erforderlich. Ausreichend ist, dass „rückblickend betrachtet" das zulässige Arbeitszeit-Gesamtvolumen eingehalten wurde.

1.3.5 Wöchentliche Höchstarbeitszeit als Spitzenwert?

Eine absolute Höchstgrenze der wöchentlichen Arbeitszeit legt das Arbeitszeitgesetz grundsätzlich nicht fest. Sie ergibt sich nur mittelbar aus den Bestimmungen über die Höchstgrenzen der Arbeitszeit an Werktagen. Unter Berücksichtigung der Tageshöchstarbeitszeit von zehn Stunden pro Werktag ergibt sich grundsätzlich eine maximale Arbeitszeitdauer von 60 Stunden Vollarbeitszeit pro Woche, wenn an sechs Werktagen in Vollarbeit gearbeitet wird; bei einer – im Krankenhaus- und Betreuungsbereich zulässigen – Verteilung der Arbeitszeit an allen sieben Tage einer Woche also sogar 70 Stunden Vollarbeitszeit. Diese Grenze bezieht sich jedoch auf die zusammengerechneten zulässigen Vollarbeitszeiten (!) innerhalb einer Woche. Kann die werktägliche Arbeitszeit in zulässiger Weise aufgrund von Arbeitsbereitschaft oder Bereitschaftsdienst verlängert werden, so kann die Grenze von 60 bzw. 70 Stunden auch überschritten werden.[64]

1.4 Verlängerung der werktäglichen Arbeitszeit durch Bereitschaftsdienst und Arbeitsbereitschaft

Die Überschreitung der werktäglichen Höchstarbeitszeit ist gemäß § 7 Abs. 1 Nr. 1a) ArbZG im Rahmen tarifvertraglicher Regelungen möglich, wenn in die Arbeitszeit „regelmäßig und in erheblichem Umfang" Arbeitsbereitschaft oder Bereitschaftsdienst fällt. Dies gilt gemäß § 7 Abs. 1 Nr. 4a) ArbZG auch für Nachtarbeitnehmer. Die Bestimmung eröffnet in weitreichendem Maß Abweichungsspielräume von der Grundnorm der Verlängerung der werktäglichen Höchstarbeitszeit von

---

[64] Als maximaler „Spitzenwert" der wöchentlichen Arbeitszeit im Rahmen von Bereitschaftsdienstmodellen ist ein Wert von 120 Stunden/Woche anzunehmen. Dieser ergibt sich, wenn über eine Woche hinweg nach dem Dienstmodell „24 Stunden Dienst – 11 Stunden Ruhezeit – 24 Stunden Dienst – 11 Stunden Ruhezeit usw." gearbeitet wird. Allerdings wären in diesem Fall noch Ausgleichsruhezeiten zu gewähren, da ein Arbeitnehmer für jeden (!) 24-Stunden-Zeitraum Anspruch auf 11 Stunden Ruhezeit hat, die im Fall der Verkürzung nachgewährt werden müssen; zudem ist pro Woche ein arbeitsfreier Tag zu gewähren. Bei Ausgleich aller Ruhezeitverkürzungen innerhalb einer Woche ergibt sich ein Maximalwert von 78 Stunden/Woche (Basis: 1 arbeitsfreier Tag mit 24 h Ruhezeit zzgl. 6 Tage × 11 h Ruhezeit = 90 Stunden Gesamt-Ruhezeit/Woche, so dass ein Rest von 78 Stunden potenzieller Dienstzeit verbleibt.

zehn Stunden (§ 3 Satz 2 ArbZG). Der tarifvertraglichen Abweichungsoption liegt der Gedanke zu Grunde, dass es sich bei Bereitschaftsdienst und Arbeitsbereitschaft um Arbeitsformen minderer Beanspruchung handelt, so dass eine Verlängerung über die ansonsten geltenden Höchstarbeitszeitgrenzen hinaus vertretbar erscheint. Die insoweit vom Arbeitszeitgesetz normierten Voraussetzungen sind mit Blick auf eine praxisgerechte und arbeitsschutzrechtlich vertretbare Handhabung allerdings stark auslegungsbedürftig.

1.4.1 Begriff der „Bereitschaft" in Abgrenzung zur (Voll-) „Arbeit"

Das Arbeitszeitgesetz kennt keine Legaldefinition für die Begriffe „Arbeitsbereitschaft" und „Bereitschaftsdienst". Angesichts der Tatsache, dass die für den Krankenhaus- und Betreuungsbereich besonders praxisrelevanten Möglichkeiten der Verlängerung der werktäglichen Arbeitszeit das Vorliegen von Arbeitsbereitschaft oder Bereitschaftsdienst voraussetzen, kommt der rechtssicheren Abgrenzung der verschiedenen Arbeits(zeit)formen – insbesondere von Vollarbeitszeit einerseits und Bereitschaftsdienst andererseits – in der Praxis erhebliche Bedeutung zu.

Begriff der Arbeitsbereitschaft

Der Begriff der „Arbeitsbereitschaft" ist dabei weniger problematisch als der Begriff des Bereitschaftsdienstes, da Arbeitsbereitschaft in der Regel als Zeit wacher Aufmerksamkeit oder Achtsamkeit im Zustand der Entspannung definiert wird.[65] Damit ist zunächst klar, dass es sich bei der Arbeitsbereitschaft um die inaktive Zeit innerhalb der (ggf. verlängerten) täglichen Arbeitszeit handelt. Auch die vergütungsrechtlichen Regelungen knüpfen in der Regel an die Differenzierung aktive Zeit vs. inaktive Zeit an.[66]

Begriff des Bereitschaftsdienstes

Demgegenüber ist der Begriff des Bereitschaftsdienstes facettenreicher. Die in den gängigen tarifrechtlichen Regelungen enthaltende Verpflichtung zur Leistung von Bereitschaftsdienst bezieht sich dabei ebenfalls auf einen inaktiven Zustand. So definiert etwa § 10 Abs. 1 Satz 1 TV-Ä/VKA:

> „Die Ärztin/Der Arzt ist verpflichtet, sich auf Anordnung des Arbeitgebers außerhalb der regelmäßigen Arbeitszeit an einer vom Arbeitgeber bestimmten Stelle aufzuhalten, um im Bedarfsfall die Arbeit aufzunehmen (Bereitschaftsdienst)."

Demgegenüber wird in den tarifvertraglichen Bestimmungen zur Verlängerung der Arbeitszeit über 10 Stunden hinaus durch Bereitschaftsdienst nicht mehr zwischen

---

65 Vgl. BAG, Urt. v. 9.3.2005 – 5 AZR 385/02, Rn. 27 m.w.N.
66 So legt § 9 Abs. 1 Buchst. a) TVöD-K eine Bewertung sog. Bereitschaftszeiten (entspricht der Arbeitsbereitschaft) mit der Hälfte der regelmäßigen Arbeitszeit fest; Bereitschaftszeiten sind dabei nur die Zeiten, in denen sich der Beschäftigte am Arbeitsplatz oder einer anderen vom Arbeitgeber bestimmten zur Verfügung halten muss, um im Bedarfsfall die Arbeit aufzunehmen.

aktiven und inaktiven Zeiten differenziert.[67] Dies wird durch die Bezugnahme auf die verschiedenen „Aktivitätsgrade" der einzelnen Bereitschaftsdienststufen deutlich. Diese Stufen unterscheiden sich nämlich nur durch die zulässige Inanspruchnahme. So heißt es etwa in § 10 Abs. 2 TV-Ä/VKA:

> „Wenn in die Arbeitszeit regelmäßig und in erheblichem Umfang Bereitschaftsdienst fällt, kann unter den Voraussetzungen einer
>
> – Prüfung alternativer Arbeitszeitmodelle unter Einbeziehung des Betriebsarztes und
> – ggf. daraus resultierender Maßnahmen zur Gewährleistung des Gesundheitsschutzes
>
> im Rahmen des § 7 Abs. 1 Nr. 1 und 4, Abs. 2 Nr. 3 ArbZG die tägliche Arbeitszeit im Sinne des Arbeitszeitgesetzes abweichend von den §§ 3, 5 Abs. 1 und 2 und 6 Abs. 2 ArbZG über acht Stunden hinaus auf bis zu 24 Stunden verlängert werden, wenn mindestens die acht Stunden überschreitende Zeit als Bereitschaftsdienst abgeleistet wird."

Der Begriff des Bereitschaftsdienstes wird hier als (Gesamt-)Zeitspanne der aktiven und inaktiven Zeiten verstanden. Eine Beschränkung auf die nur inaktiven Phasen ergäbe keinen Sinn. Bei max. acht Stunden aktiver Zeit läge bei einer Dienstdauer von 24 Stunden nur eine Inanspruchnahme von 33,33 % vor, also weit unterhalb der Stufe III des Bereitschaftsdienstes (> 40 % bis max. 49 % Inanspruchnahme). Bereitschaftsdienst der Stufe III wäre dann faktisch ausgeschlossen. Das Verständnis des Bereitschaftsdienstes im Sinne einer Verknüpfung aktiver und inaktiver Zeiten wird auch an anderer Stelle deutlich. So sind gemäß § 10 Abs. 4 TV-Ä/VKA

> „bei Ableistung ausschließlich von Bereitschaftsdienst"

24-Stunden-Dienste an Samstagen, Sonn- und Feiertagen zulässig. Wäre hier nur der inaktive Teil des Dienstes gemeint, wäre die Regelung praktisch gegenstandslos, da es zu gar keiner Inanspruchnahme kommen dürfte – ein in sich widersinniges Ergebnis.

Da der Gesetzgeber keine Legaldefinition des Begriffs „Bereitschaftsdienst" vorgesehen hat und auch die europäische Arbeitszeitrichtlinie insoweit keine Anhaltspunkte enthält, ist der Begriff des Bereitschaftsdienstes der tarifvertraglichen Ausdeutung grundsätzlich zugänglich. Die in den einzelnen Tarifverträgen und kirchenrechtlichen Regelungen enthaltenden Begrifflichkeiten sind daher grundsätzlich zu respektieren. Dies gebietet auch die Normstruktur des § 7 ArbZG, der für bestimmte Bereiche des Arbeitszeitschutzes den Tarifvertragsparteien bzw. den öffentlich-rechtlichen Religionsgemeinschaften eine autonome Regelungsbefugnis einräumt. Der Gesetzgeber vertraut insoweit darauf, dass die Tarifparteien aufgrund ihrer größeren Sachkunde praxisgerechte Regelungen unter Berücksichtigung des für solche Abweichungen gezogenen Rahmens schaffen.

Mit Blick auf den Zweck des Arbeitszeitgesetzes, die Gesundheit und Sicherheit der Arbeitnehmer bei der Arbeitszeitgestaltung zu gewährleisten (§ 1 Nr. 1, 1. Halbs. ArbZG), müssen die tarifvertraglichen Abweichungsregelungen jedoch

---

[67] Eingehend zur Begriffsdogmatik des Bereitschaftsdienstes *Schlottfeldt*, ZESAR 2010, 411 ff.

schutzzweckkonform ausgelegt werden, um eine Überbeanspruchung des Arbeitnehmers bei verlängerten Arbeitszeiten zu verhindern. Dies muss insbesondere zu einer Betrachtung des Bereitschaftsdienstes führen, die den vom Arbeitszeitgesetz vorausgesetzten Charakter des Bereitschaftsdienstes als Arbeitsform minderer Beanspruchung Rechnung trägt.

1.4.2 Vorliegen von Arbeitsbereitschaft oder Bereitschaftsdienst „regelmäßig und in erheblichem Umfang"

Nach dem Wortlaut des § 7 Abs. 1 Nr. 1a) bzw. 4a) ArbZG ist die Verlängerung der werktäglichen Arbeitszeit nur dann zulässig, wenn regelmäßig und in erheblichem Umfang Arbeitsbereitschaft oder Bereitschaftsdienst in die werktägliche Arbeitszeit fällt. Nach der überwiegend vertretenen Auffassung in der Rechtsprechung und Kommentarliteratur wird dabei ein Anteil von ca. 30 % Arbeitsbereitschaft oder Bereitschaftsdienst an der Gesamtarbeitszeit von ca. 30 % als ausreichend angesehen.[68] Es entspricht ebenfalls der vorherrschenden Meinung, dass dieser Anteil sich nicht zwingend auf die vom Arbeitnehmer insgesamt geleistete Arbeitszeit beziehen muss, sondern auf den verlängerten Dienst. Es ist also durchaus denkbar, dass der Anteil von ca. 30 % insgesamt nicht erreicht wird, weil der Arbeitnehmer nur gelegentlich in verlängerten Diensten eingesetzt wird und ansonsten seine (überwiegende) Arbeitszeit etwa in „klassischen" 8-Stunden-Diensten ableistet. Eine Betrachtung der gesamten Arbeitszeit des Arbeitnehmers ist nur dann geboten, wenn die Verlängerung der Arbeitszeit auch vergütungsrechtlichen Charakter hat, der Arbeitnehmer für sein Entgelt also mehr Arbeitsstunden leisten muss, weil auch Bereitschaft anfällt. Dabei handelt es sich allerdings um eine vergütungsrechtliche Frage, die für die Bestimmung der schutzrechtlichen Grenzen ohne Belang ist. Soweit es um das Ausloten der arbeitszeitgesetzlich gezogenen Grenzen geht, kommt es lediglich auf die verlängerten Dienste an.

Beispiel:
In einer Einrichtung wird an den Wochentagen Montag bis Freitag mit 8-Stunden-Schichten gearbeitet; am Samstag und Sonntag werden auf der Grundlage einer entsprechenden tarifvertraglichen Bestimmung 12-Stunden-Schichten eingeteilt, weil Arbeitsbereitschaft anfällt. Für die Frage, ob Arbeitsbereitschaft „regelmäßig und in erheblichem Umfang" in die Arbeitszeit fällt, sind ausschließlich die Tage Samstag und Sonntag zu betrachten!

Die Verlängerung der Arbeitszeit durch Arbeitsbereitschaft oder Bereitschaftsdienst setzt nicht voraus, dass jede verlängerte Arbeitszeit den genannten Bereitschaftsanteil von ca. 30 % an der Gesamtdienstzeit aufweisen muss. Vielmehr liegt Arbeitsbereitschaft oder Bereitschaftsdienst auch dann „regelmäßig" vor, wenn der genannte Bereitschaftsanteil nur erfahrungsgemäß vorliegt. Als repräsentativer

---

68 *Roggendorff*, § 7 Rn. 36. Einen derartigen Grenzwert legen auch die Aufsichtsbehörden zugrunde, vgl. etwa Erlass des Ministeriums für Arbeit, Gesundheit und Soziales des Landes NRW v. 3.3.2008 (II A 2 – 8435.4.11) v. 3.8.2008 zur Durchführung des Arbeitszeitgesetzes, § 7, Ziff. 2; zugänglich über www.arbeitszeiten.nrw.de.

Zeitraum wird seitens der Aufsichtsbehörden insoweit in der Regel ein Betrachtungszeitraum von drei Monaten zu Grunde gelegt. Ergibt eine Erhebung der inaktiven Zeiten über drei Monate hinweg den geforderten (Mindest-)Anteil der Bereitschaft, so ist die Voraussetzung der Arbeitszeitverlängerung in dieser Hinsicht erfüllt.

Das Tatbestandsmerkmal „regelmäßig" setzt aber nicht nur einen repräsentativen Betrachtungszeitraum voraus, sondern verlangt darüber hinaus auch die regelmäßige Überprüfung des Bereitschaftsanteils. Mit Blick auf die zweijährige Aufbewahrungsfrist für gesetzliche Arbeitszeitnachweise (§ 16 Abs. 2 ArbZG) wird man eine zweijährige Überprüfungsroutine grundsätzlich für ausreichend halten können, sofern nicht zwischenzeitlich strukturelle Veränderungen der Dienstorganisation eine frühere Überprüfung erfordern. Zu solchen Veränderungen gehören insbesondere:

– Veränderung des Tätigkeitsspektrums für den Bereitschaftshabenden (z. B. im Rahmen der Einführung fachübergreifender Bereitschaftsdienste);
– Veränderung der Zahl der Bereitschaftshabenden (z. B. bei phasenweiser Verringerung der zur Bereitschaft eingeteilten Mitarbeiter innerhalb des Tages bzw. der Nacht);
– Veränderung der Größe des vom Bereitschaftshabenden abzudeckenden Bereiches (z. B. bei Wegfall von Standorten im Rettungsdienst).

1.4.3 Grundmodelle der Verlängerung der werktäglichen Arbeitszeit durch Bereitschaftsdienst gemäß tarifvertraglichen und kirchenrechtlichen Regelungen

In den seit Inkrafttreten der ArbZG-Novelle 2004, die durch die Rechtsprechung des Europäischen Gerichtshofes zum Bereitschaftsdienst in Gang gesetzt wurde, abgeschlossenen Tarifverträgen für den Krankenhausbereich sowie den entsprechenden Regelungen der Kirchen (AVR) sind durchweg Regelungen zur Verlängerung der werktäglichen Arbeitszeit durch Bereitschaftsdienst[69] oder Arbeitsbereitschaft[70] enthalten; darüber hinaus meist auch bei Arbeitsbereitschaft.

Eine Obergrenze der Verlängerung der werktäglichen Arbeitszeit wird durch § 7 Abs. 1 Nr. 1a) und Nr. 4a) ArbZG nicht bestimmt. Insoweit kommt es auf die entsprechenden Grenzwerte des Tarifvertrages an. Dabei sehen die Tarifverträge und kirchenrechtlichen Regelungen für die Verlängerung der Arbeitszeit durch Bereitschaftsdienst häufig abgestufte Verlängerungsmodelle vor: Die Verlängerung unterliegt dabei umso stärkeren Restriktionen, je weiter die Arbeitszeit verlängert wird und/oder je höher der Anteil der Vollarbeitszeit innerhalb eines (verlängerten) Gesamtdienstes ist.

---

69 Vgl. im Einzelnen die in Kapitel 4 abgedruckten Regelungen.
70 Die Regelungen der mit dem Marburger Bund abgeschlossenen Tarifverträge kennen nicht die Arbeitsform der Arbeitsbereitschaft. Im TVöD und TV-L ist die Arbeitsbereitschaft als „Bereitschaftszeit" geregelt, vgl. etwa § 9 TVöD.

So legt etwa der Tarifvertrag für den öffentlichen Dienst (TVöD-K bzw. TVöD-B)[71] als grundsätzlich einzuhaltende Obergrenze („Grundmodelle") fest, dass die Arbeitszeit grundsätzlich nur auf

- 16 Stunden (Bereitschaftsdienst mit max. 25 % Inanspruchnahme) bzw.
- 13 Stunden (Bereitschaftsdienst mit 25–49 % Inanspruchnahme)

verlängert werden darf (vgl. *Abbildung 2*). Diese Werte beziehen sich auf die Gesamtdauer eines Dienstes, einschließlich eventueller Regelarbeitszeiten. Dabei dürfen maximal 8 Stunden Regelarbeitszeit innerhalb eines solchen Dienstes geleistet werden. Die Regeldienstzeit muss jedoch nicht „am Stück" geleistet werden, sondern kann auf zwei oder sogar mehr Abschnitte aufgeteilt werden.

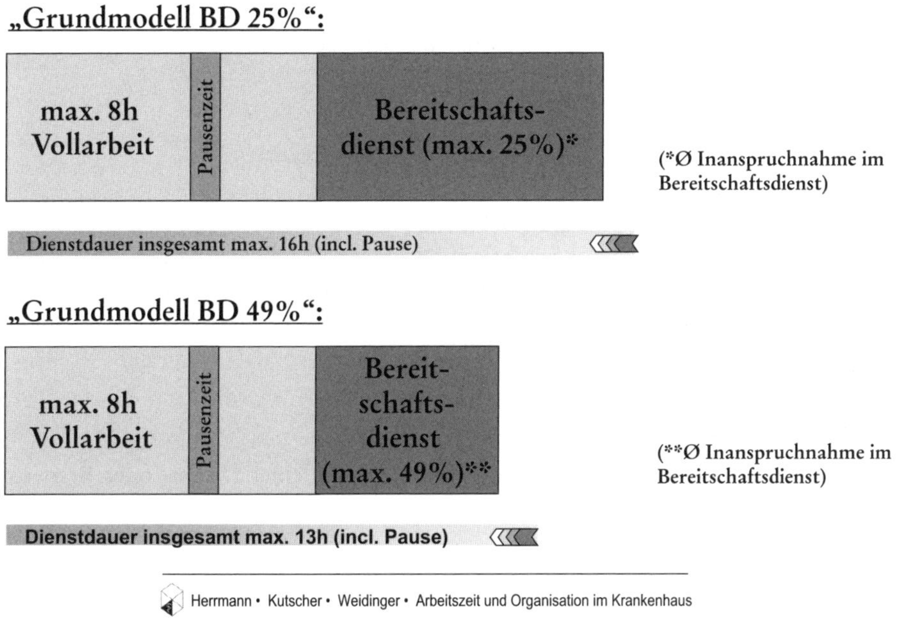

„**Grundmodell BD 25%**":

| max. 8h Vollarbeit | Pausenzeit | Bereitschaftsdienst (max. 25%)* |

(*Ø Inanspruchnahme im Bereitschaftsdienst)

Dienstdauer insgesamt max. 16h (incl. Pause)

„**Grundmodell BD 49%**":

| max. 8h Vollarbeit | Pausenzeit | Bereitschaftsdienst (max. 49%)** |

(**Ø Inanspruchnahme im Bereitschaftsdienst)

Dienstdauer insgesamt max. 13h (incl. Pause)

Herrmann • Kutscher • Weidinger • Arbeitszeit und Organisation im Krankenhaus

Abb. 2: Verlängerung der Arbeitszeit durch Bereitschaftsdienst
– Die Grundmodelle des TVöD –

Der ‚Charme' solcher Grundmodelle liegt insbesondere darin, dass sie in der Regel ohne besondere Prüfungsvoraussetzungen zulässig sind. Eine spezielle arbeitszeitschutzbezogene Belastungsanalyse, die Prüfung alternativer Arbeitszeitmodelle, die Festlegung von Gesundheitsschutzmaßnahmen und/oder einer Dienst- oder Betriebsvereinbarung sind meist nicht erforderlich. Sofern insbesondere die gesetzlich und tarifvertraglich normierten quantitativen Voraussetzungen der Arbeitszeitverlängerung vorliegen (regelmäßiges Vorliegen von Bereitschaftsdienst oder Arbeitsbereitschaft auf Basis einer dreimonatigen Erhebung; im Bereitschaftsdienst durchschnitt-

---
71 Vgl. insb. § 45 Abs. 2 TVöD (BT-K). v. 13. 9. 2005.

lich 49 % Inanspruchnahme nicht überschritten), kann die Arbeitszeitverlängerung umgesetzt werden. Aufgrund der begrenzten Dienstdauer kann die bei ‚klassischen' 24-Stunden-Diensten häufig gegebene Problematik des regelhaften Vollarbeitscharakters der ersten Stunden des Bereitschaftsdienstes (vgl. nachstehend Kapitel 1.4.4) meist vernachlässigt werden, wenn die genannten Voraussetzungen vorliegen.

Der – von Betroffenen zumindest nicht selten so empfundene – Nachteil der vorstehend skizzierten Grundmodelle der Arbeitszeitverlängerung liegt darin, dass die Grundmodelle gerade wegen ihrer Dienstzeitbegrenzung auf in der Regel 13 oder 16 Stunden zwingend eine unter Umständen gravierende Umorganisation der bestehenden Arbeitszeitmodelle erzwingen. Eine solche Umorganisation wird dabei von den Betroffenen insbesondere mit Blick auf die erwarteten ablauforganisatorischen und vergütungsseitigen Konsequenzen nicht selten skeptisch gesehen. Vor diesem Hintergrund besteht in der betrieblichen Praxis insbesondere der Krankenhäuser nach wie vor eine Fixierung auf die nachstehend näher erläuterten „Erweiterungsmodelle".

1.4.4 „Erweiterungsmodelle" der werktäglichen Arbeitszeit auf bis zu 24 Stunden

Die tarifvertraglichen und kirchenrechtlichen Regelungen der Arbeitszeitverlängerung durch Bereitschaftsdienst beinhalten durchweg Regelungen, die eine Verlängerung der Arbeitszeit auf bis zu 24 Stunden zulassen („Erweiterungsmodelle"). Voraussetzung ist dabei in der Regel eine besondere „Arbeitszeitschutzprüfung" mit

– Belastungsanalyse;
– Prüfung alternativer Arbeitszeitmodelle und
– Festlegung von Gesundheitsschutzmaßnahmen.

Darüber hinaus ist gegebenenfalls auch der Abschluss einer Dienst- oder Betriebsvereinbarung erforderlich.

Besondere Anforderungen an 24-Stunden-Dienste
Sofern Tarifregelungen keine konkrete Grenze der werktäglichen Arbeitszeitverlängerung bestimmen, ist eine Verlängerung bis auf maximal 24 Stunden möglich. Zwar nennt das Arbeitszeitgesetz keine konkrete Stundenzahl, bis zu der Arbeitszeiten durch Arbeitsbereitschaft oder Bereitschaftsdienst verlängert werden dürfen, so dass nach dem Wortlaut des Gesetzes auch längere Dienste (als 24 Stunden) nicht ausgeschlossen wären. Eine Auslegung des Arbeitszeitgesetzes führt aber zu einer eindeutigen Begrenzung auf 24 Stunden.

– So legt der Begriff der „werktäglichen" (!) Arbeitszeit, um deren Verlängerung es in § 7 Abs. 1 Nr. 1 ArbZG geht, an sich schon nahe, dass eine Verlängerung über das Ende des Werktages – also bis auf maximal 24 Stunden – hinweg nicht in Betracht kommt.
– Eine Begrenzung der Dienstdauer auf maximal 24 Stunden entspricht im Ergebnis auch der Auffassung des Europäischen Gerichtshofes zur zulässigen Verkürzung von Ruhezeiten, die bei der Auslegung des Arbeitszeitgesetzes maßgeblich zu be-

rücksichtigen ist. Der EuGH begründet sein Ergebnis jedoch aus einer anderen Perspektive: nämlich von der Ruhezeit her betrachtet, die sich aus einer Verlängerung der werktäglichen Arbeitszeit ergeben kann: Jede Verlängerung der Arbeitszeit auf über 13 Stunden führt zwangsläufig zu einer Verkürzung der nach Art. 3 der EU-Arbeitszeitrichtlinie vorgesehenen Ruhezeit von werktäglich 11 Stunden innerhalb von 24 Stunden. Zwar sind gemäß Art. 17 der Richtlinie derartige Verkürzungen im Gesundheitsbereich zulässig. Nach Auffassung des EuGH kann eine Verkürzung der vorgesehenen Ruhezeit jedoch maximal um 11 Stunden erfolgen (also Verkürzung der Ruhezeit auf „Null"), nicht aber auf „unter Null". Anschließend hat der Arbeitgeber dem Arbeitnehmer eine Ausgleichsruhezeit von mindestens 11 Stunden zu gewähren.[72]

Vor diesem Hintergrund hat der Gesetzgeber bei der Novellierung des Arbeitszeitgesetzes in § 7 Abs. 9 ArbZG bestimmt, dass bei einer Verlängerung der Arbeitszeit auf über 12 Stunden im unmittelbaren Anschluss eine Ruhezeit von 11 Stunden einzuhalten ist. Dies führt in der Praxis der Arbeitszeitgestaltung zu einem einfachen Grundsatz, der bei Arbeitszeitmodellen zu berücksichtigen ist, in denen ein Arbeitnehmer mehrere (Bereitschafts-) Dienste gleicher Lage und Dauer in „Serie" absolviert (sog. „Blockdienste" oder „Dienstmodule"): Denn in diesem Fall darf der einzelne Dienst innerhalb der Dienstfolge nicht länger als 13 Stunden dauern, damit eine Ruhezeit von 11 Stunden zwischen den Diensten eingehalten werden kann. Lediglich der erste oder letzte Dienst einer „Serie" gleichartiger Dienste könnte „nach vorne" bzw. „hinten" verlängert werden, wenn vor bzw. nach der Dienstfolge ohnehin eine längere Ruhezeit geplant ist.[73]

Die aufgezeigte Begrenzung der Verlängerung der werktäglichen Arbeitszeit auf maximal 24 Stunden führt zwangsläufig zur Unzulässigkeit des in der Vergangenheit häufig anzutreffenden Arbeitszeitmodells:

– Regeldienst (z. B. 07:30 – 16:00) mit anschließendem
– Bereitschaftsdienst bis zum nächsten Regeldienstbeginn (16:00 – 07:30) und
– Regeldienst (07:30 – 16:00)

mit einer Gesamtdauer von ca. 32 Stunden. Auch das Modell eines durchgehenden Wochenend-Bereitschaftsdienstes von 48 Stunden (Samstag und Sonntag) ist also keinesfalls mehr zulässig. Vielmehr ist nach einem Dienst von 24 Stunden Dauer zwingend eine mindestens 11-stündige Ruhezeit einzuhalten. Damit ist auch das noch häufig anzutreffende Modell

– Regeldienst (z. B. 07:30–16:00) mit anschließendem
– Bereitschaftsdienst bis zum nächsten Regeldienstbeginn (16:00–07:30) und
– Übergabe (07:30–08:30)

nicht mehr in dieser Form zulässig: Denn die Übergabe am Ende des Dienstes führt zu einer unzulässigen Verlängerung der Gesamtdienstdauer über 24 Stunden hinaus. Der Diensthabende müsste also am Vortag den Regeldienst zumindest um die Zeit-

---

72 EuGH, Urt. v. 9.9.2003 – C 151/02 – Jaeger, EuZW 2003, 655 ff. mit Anm. *Schunder*, ebd. (662 ff.).
73 Vgl. dazu unten insb. Kap. 2.1.6.

spanne versetzt beginnen, die die Übergabe am Ende des Dienstes dauert. Entsprechendes gilt für Wochenenddienste, für die sich bei Einplanung einer realistischen Übergabezeit eine „Rückwärtsrotation" der Dienstzeiten ergibt, um die 24 Stunden maximale Dienstdauer einhalten zu können. Ob bei einer belastungsgerechten Abgrenzung von Regeldienst und Bereitschaftsdienst 24-Stunden-Dienste überhaupt noch in Frage kommen, steht auf einem anderen Blatt.[74]

In der gegenwärtigen Praxis der Gesundheits- und Betreuungseinrichtungen ist allerdings oft fraglich, ob die von den Tarifverträgen und kirchenrechtlichen Regelungen genannten Voraussetzungen auf die tatsächlich „gelebten" Bereitschaftsdienstmodelle zutreffen. Dies gilt insbesondere für den Bereich der Krankenhäuser, in denen der Bereitschaftshabende, der im Anschluss an seinen regulären Tagesdienst Bereitschaftsdienst bis zum folgenden Regeldienstbeginn leistet, häufig über Stunden hinweg voll beansprucht wird. Hier ist es angesichts der betrieblichen Praxis zweifelhaft, ob über weite Strecken des Bereitschaftsdienstes tatsächlich eine Arbeitsform minderer Beanspruchung gegeben ist.

Diese Problematik soll beispielhaft in *Abbildung 3* anhand der über mehrere Wochen erhobenen Inanspruchnahme des jeweiligen Diensthabenden in der Notaufnahme der Inneren Medizin eines mittelgroßen städtischen Akutkrankenhauses verdeutlicht werden. Die nachstehende Darstellung zeigt links den Grad der Inanspruchnahme von 0–100 % pro Stundenintervall; die untere Skala gibt den zeitlichen Verlauf des Bereitschaftsdienstes von 15:30 – 07:00 wieder.

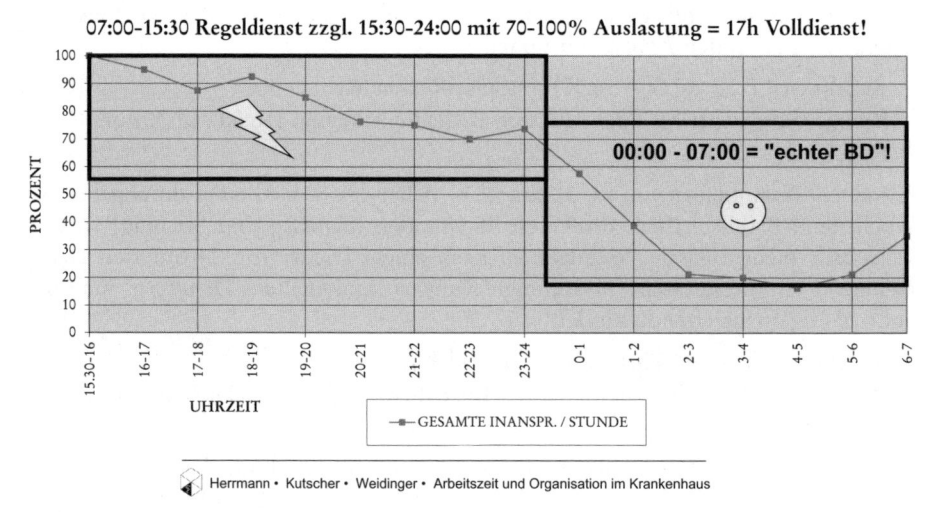

Abb. 3: Problematik des klassischen Bereitschaftsdienstes am Beispiel der Inneren Medizin eines Akutkrankenhauses

---

74 Vgl. dazu insbesondere die „drei goldenen Regeln" der Abgrenzung von Regeldienst, Bereitschaftsdienst und Rufbereitschaft, Kapitel 1.1.2.

Die Graphik zeigt, dass der Diensthabende im statistischen Durchschnitt bis etwa gegen Mitternacht voll oder annähernd voll ausgelastet ist: Bei einer Inanspruchnahme von z. B. 80 % innerhalb des Stundenintervalls 20–21 Uhr bedeutet das, dass der Diensthabende 48 Minuten aktiv war und nur 12 Minuten (unter Umständen noch verteilt auf mehrere Zeitabschnitte!) nicht in Anspruch genommen wurde.

Eine effektive Regeneration des Diensthabenden ist in dieser Situation kaum zu erwarten – de facto handelt es sich im dargestellten Beispiel um eine volle Beanspruchung des Diensthabenden zwischen 07:00 (Regeldienstbeginn) und ca. 24:00 (deutliches Abflachen der Belastungskurve), also eher ein 17-stündiger „Volldienst" mit anschließend ca. 7 Stunden „echter" Bereitschaft. Dabei handelt es sich hier nicht „nur" um Erwägungen im Rahmen der Fürsorgepflicht des Arbeitgebers (§ 618 BGB). Die beispielhaft dargestellte „Fieberkurve" der Beanspruchung eines bereitschaftshabenden Arztes ist auch in mehrfacher Hinsicht ein juristisches Problem:

- Die ersten Stunden des (sog.) Bereitschaftsdienstes dürfen als Zeiten einer regelhaften Beanspruchung nicht als „Bereitschaft" bewertet werden. Denn annähernd volle Auslastung des Bereitschaftsdienstes erfüllt – vor dem Hintergrund der Novellierung des Arbeitszeitgesetzes und der strengen Anforderungen an die Verlängerung der Arbeitszeit durch Bereitschaftsdienst – weder die gesetzlichen noch die tarifrechtlichen Kriterien der „Bereitschaft".[75]
- Eine übermäßige Beanspruchung des Bereitschaftsdiensthabenden erhöht die Gefahr einer Fehlleistung und birgt damit auch zivil- und strafrechtliche Risiken für den handelnden Arzt und die Krankenhausleitung.[76] Dies gilt insbesondere in Fällen, in denen die gesetzlich zulässige Grenze einer dauerhaften bzw. nur durch gesetzliche Mindestruhepausen unterbrochenen Beanspruchung, die in der Regel bei 10 Stunden liegt, deutlich überschritten wird oder die für die menschliche Leistungsfähigkeit elementaren Ruhezeiten unterschritten werden.[77]

1.4.5 Bestimmung einer „Bereitschaftsdienstschwelle" als beanspruchungsbegrenzendes Kriterium

Die vorstehend skizzierte Problematik wirft in der Praxis der Arbeitszeitgestaltung die Frage nach arbeitszeitschutzrechtlich plausiblen und zugleich praktisch handhabbaren (Hilfs-)Kriterien der Abgrenzung von Vollarbeitszeit und „echter" Bereitschaft auf. Dies betrifft insbesondere die in der Praxis traditioneller Arbeitszeitmodelle der

---

75 Soweit eine neuere Entscheidung des BAG (Urt. v. 25. 4. 2007 – 6 AZR 799/06) eine regelhafte Beanspruchung des Bereitschaftsdiensthabenden für vereinbar mit § 15 Abs. 6a BAT hält, ist zu beachten, dass es insoweit ausschließlich um die *vergütungsrechtliche* Frage der Abgrenzung zwischen Inanspruchnahme im Bereitschaftsdienst und Überstunden ging. Der dem Urteil zu Grunde liegende Sachverhalt war im Übrigen vor Wirksamwerden der Novellierung des ArbZG abgeschlossen. Der Umfang der regelhaften Inanspruchnahmen (durchschnittlich ca. 8 Stunden/Monat = ca. 1–2 Stunden/Dienst) deutet ferner auf eine arbeitszeitschutzrechtlich eher unproblematische Konstellation hin.
76 Vgl. BGH, Urt. v. 29. 10. 1985 – VI ZR 85/84 (Einteilung eines übermüdeten Operators als Sorgfaltspflichtverletzung).
77 Vgl. BAG 24. 2. 1982 – 4 AZR 223/80.

Krankenhäuser kritische Phase des Übergangs vom Regeldienst (Vollarbeitszeit) zum Bereitschaftsdienst in den Nachmittags- und Abendstunden der Wochentage Montag bis Freitag. In diesem Zusammenhang ist von Aufsichtsbehörden insbesondere die Frage nach einer sogenannten „Bereitschaftsdienstschwelle" zur zulässigen Abgrenzung von Regelarbeitszeit und Bereitschaftsdienst aufgeworfen worden.

Bislang bestehen dabei weder gesetzliche noch tarifvertragliche Konkretisierungen zur Abgrenzung der Dienstformen. Das VG Düsseldorf hat vor diesem Hintergrund das Ermessen der Tarif- und Betriebsparteien zur Erarbeitung solcher Abgrenzungskriterien betont und entsprechende aufsichtsbehördliche Vorgaben für unzulässig gehalten.[78] Die Unzulässigkeit solcher Vorgaben ergebe sich bereits daraus, dass die arbeitszeitschutzrechtlichen Aufsichtsbehörden für die Überprüfung der Umsetzung tarifvertraglicher Abweichungsbestimmungen unzuständig seien.[79] Darüber hinaus sei es den Behörden verwehrt, den Tarif- und Betriebsparteien Kriterien für Bereitschaftsdienstmodelle im Wege gefahrenabwehrrechtlicher Aufsichtsverfügungen vorzugeben.[80] Zugleich hielt es das Gericht aber für erforderlich, dass die Betriebsparteien im Rahmen des Gebrauchs tarifvertraglicher Abweichungsoptionen zur Verlängerung der werktäglichen Arbeitszeit belastungsgerechte Kriterien zur Abgrenzung verschiedener Dienstformen entwickeln.[81] Nachstehend werden geeignete Kriterien für die Umsetzung verlängerter Arbeitszeiten durch Bereitschaftsdienst – insbesondere im Rahmen von „Erweiterungsmodellen" mit Dienstdauer von bis zu 24 Stunden – aufgezeigt.

Einhaltung des durchschnittlichen Maximalwertes der Inanspruchnahmen für jeden Diensttyp

Der Bereitschaftsdienst ist gemäß den einschlägigen tarifvertraglichen und kirchenrechtlichen Regelungen dadurch gekennzeichnet, dass „erfahrungsgemäß" die Zeitspanne ohne Inanspruchnahmen die Zeit der Inanspruchnahmen überwiegt. Daraus leitet sich die gemäß den üblichen Tarifregelungen höchstzulässige Grenze von durchschnittlich 49 % maximaler Auslastung des Bereitschaftsdienstes ab. Die Auslastung ist über einen repräsentativen Zeitraum hinweg zu ermitteln; als repräsentativ können dabei in der Regel Erhebungen der Inanspruchnahmen angesehen werden, die an allen Kalendertagen der Woche über drei Monate hinweg erfolgen. Nach dem Wortlaut der tarifvertraglichen und kirchenrechtlichen Bestimmungen ist dabei nicht zwingend zwischen Wochentagen mit erfahrungsgemäß hoher und niedriger Auslastung zu unterscheiden, so dass sich die Frage stellt, ob Dienste mit hoher und niedriger Auslastung miteinander „verrechnet" werden können. In vergütungsrechtlicher Hinsicht mag dies vertretbar sein, da der Bereitschaftsdienst insoweit den Charakter einer pauschalierten Überstundenvergütung hat.

Unter arbeitszeitschutzrechtlichen Gesichtspunkten kann dies jedoch nicht richtig sein. Vielmehr setzt die Verlängerung der werktäglichen Arbeitszeit durch Bereit-

---

78 VG Düsseldorf, Urt. v. 20.2.2011 – 3 K 8454/09, S. 9.
79 VG Düsseldorf, Urt. v. 20.2.2011 – 3 K 8454/09, S. 9.
80 VG Düsseldorf, Urt. v. 20.2.2011 – 3 K 8454/09, S. 9.
81 VG Düsseldorf, Urt. v. 20.2.2011 – 3 K 8454/09, S. 9.

schaftsdienst voraus, dass die – auch schutzrechtlich relevante – Grenze von 49 % maximal zulässiger Inanspruchnahme für jedes „Verlängerungsmodell" gilt. Es müssen deshalb gegebenenfalls einzelne „Diensttypen" getrennt voneinander betrachtet werden. In der Praxis der Arbeitszeitmodelle der Krankenhäuser führt dies dazu, dass insbesondere Wochenend- und Feiertagsdienste gesondert auszuwerten sind, da diese erfahrungsgemäß höher ausgelastet sind als Dienste „unter der Woche".

Begrenzung der durchschnittlichen Spitzenauslastung des Bereitschaftsdienstes auf max. 70 % pro Stundenintervall

Für die Entwicklung neuer Arbeitszeitmodelle bedeutet das, dass insbesondere bei Modellen mit „langen" (> 10 Stunden) Diensten der tatsächliche Umfang und Verlauf der Inanspruchnahmen des Bereitschaftsdiensthabenden als maßgebliche Grundlagen der Modellierung einbezogen werden müssen.[82] Die neueren Tarifregelungen zum Bereitschaftsdienst schreiben dies auch vor, indem sie die Nutzung der Optionen der Verlängerung der werktäglichen Arbeitszeit durch Bereitschaftsdienst davon abhängig machen, dass eine arbeitsschutzrechtliche Belastungsanalyse durchgeführt wird. Eine derartige Analyse wäre unvollständig, wenn sie nicht auch Umfang und Verlauf der Inanspruchnahmen des Bereitschaftsdiensthabenden erfasst. Vor der Entwicklung neuer Arbeitszeitmodelle sollte daher stets Klarheit über die zu erwartenden Inanspruchnahmen im Bereitschaftsdienst bestehen.

Zur Vereinfachung kann in der Praxis daher auch zunächst auf eine überwiegend quantitative Analyse der Inanspruchnahmen des Bereitschaftsdienstes zurückgegriffen werden. Dabei wäre zu fragen, ob innerhalb eines Stundenintervalls (19:00 – 20:00, 20:00 – 21:00, 21:00 – 22:00 usw.) dem Bereitschaftsdiensthabenden jedenfalls so viel Zeit zur Regeneration verbleibt, dass die Kriterien der „arbeitsintensivsten" Bereitschaftsform – der Arbeitsbereitschaft – erfüllt sind. Dies wäre dann der Fall, wenn pro Stundenintervall durchschnittlich mindestens 30 % (= 18 Minuten) ohne Inanspruchnahme nachweisbar sind. Dass in einzelnen Fällen die Inanspruchnahme auch darüber hinausgehen kann, liegt im Wesen der Bereitschaft begründet – insoweit wird man stets auf typische bzw. durchschnittliche Verläufe abstellen müssen. Als repräsentativer Zeitraum einer Erhebung der Inanspruchnahmen sind in der Regel drei Monate ausreichend. Auf der Basis einer solchen Erhebung lässt sich schließlich die „Bereitschaftsdienstschwelle" als der Zeitpunkt innerhalb eines Dienstes bestimmen, ab dem zulässigerweise von „Bereitschaft" gesprochen werden kann.

Zur Abgrenzung von Regeldienst, Bereitschaftsdienst und Rufbereitschaft auf der Grundlage einer quantitativen Analyse von Umfang und Verlauf der Inanspruchnahmen des Bereitschaftshabenden eignen sich insbesondere die nachstehend dargestellten „drei goldenen Regeln", die u.a. in einem rechtskräftigen Vergleich mit der niedersächsischen Arbeitsschutzverwaltung festgelegt wurden:

---

82 Näher dazu Kapitel 3 – Der Weg zum neuen Arbeitszeitmodell.

- Oberhalb einer durchschnittlichen Inanspruchnahme von 70 % pro Stundenintervall sind die entsprechenden Stundenintervalle des (bisherigen) Bereitschaftsdienstes als Vollarbeitszeit zu bewerten (vgl. *Abbildung 4*).
- Regelhafte Visiten und Sprechstunden an Samstagen, Sonntagen und Feiertagen werden als Vollarbeitszeit bewertet.
- Eine Rufbereitschaft wird nur bei einer Inanspruchnahme von unter 80% pro Stundenintervall als Rufbereitschaft bewertet.

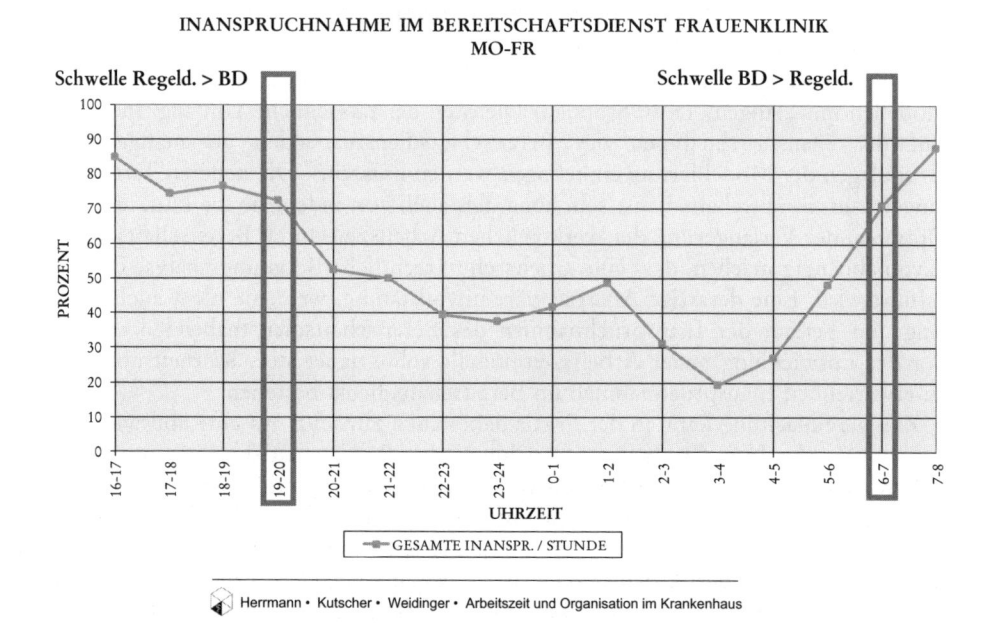

Abb. 4: Bestimmung der Bereitschaftsdienstschwellen am Beispiel einer Klinik für Gynäkologie und Geburtshilfe

Begrenzung des Anteils der geplanten Vollarbeitszeit innerhalb von Bereitschaftsdienstmodellen

Häufig ist die Einhaltung einer begrenzten Zeitspanne der geplanten Vollarbeitszeit (Regeldienst) Voraussetzung für die Verlängerung der werktäglichen Arbeitszeit in Verbindung mit dem Bereitschaftsdienst. Vielfach wird insoweit eine Obergrenze von 8 Stunden Regeldienst genannt.[83] Da die Abweichungsoptionen des § 7 Abs. 1 Nr. 1a) ArbZG und des § 7 Abs. 2 Nr. 3 ArbZG keine Obergrenze für die Verlängerung der werktäglichen Arbeitszeit über 12 Stunden hinaus enthalten, könnte dem Wortlaut nach die Verlängerung der Höchstarbeitszeit auch auf über 12 Stunden erfolgen.

---

[83] Vgl. etwa § 10 Abs. 2 TV-Ä (VKA).

Derartige Arbeitszeitmodelle finden sich häufig in Einrichtungen der Jugendhilfe, in denen ein- und derselbe Mitarbeiter zwei 6 – 8-stündige Regeldienste absolviert, die durch einen nächtlichen Bereitschaftsdienst unterbrochen werden.[84] Da der Bereitschaftsdienst (unabhängig vom Grad der Inanspruchnahme) nicht (mehr) als Ruhezeit bewertet werden kann, wird in diesen Fällen innerhalb des Werktages mehr als 12 Stunden planmäßiger Regeldienst (Vollarbeitszeit) geleistet. Dies ist grundsätzlich unzulässig, da die Dauer der geplanten Vollarbeitszeit innerhalb eines Werktages grundsätzlich auf 10 Stunden begrenzt ist und schon eine Verlängerung auf 12 Stunden vom Arbeitszeitgesetz grundsätzlich nicht vorgesehen ist. Ein Dienstmodell mit mehr als 12 Stunden geplanter Vollarbeitszeit wird daher nur unter folgenden Voraussetzungen zulässig sein:

Die Verlängerung muss sich aus der besonderen (z.B. pädagogischen oder medizinischen) Eigenart des Betreuungs- oder Behandlungsprozesses begründen lassen; so ist beispielsweise anerkannt, dass Organtransplantationen während ihrer gesamten Dauer von ein- und demselben Operateur begleitet werden, was bis zu 20 Stunden „am Stück" in Anspruch nehmen kann;

– Die Verlängerung der Arbeitszeit sollte nur auf der Grundlage einer eingehenden Belastungsanalyse erfolgen; so wäre bei der skizzierten Dienstkombination „Spät + Bereitschaft + Früh" sicherzustellen, dass der diensthabende Mitarbeiter einen solchen Dienst nur dann vollständig ableistet, wenn während der Bereitschaft die Möglichkeit einer ununterbrochenen Ruhephase von ca. 6 Stunden bestanden hat. War dies nicht der Fall, muss man nach Auffassung des Bundesarbeitsgerichts von einer Überschreitung der menschlichen Leistungsfähigkeit ausgehen. War eine ausreichende Ruhephase nicht gegeben, muss der Arbeitgeber nach Ende des Nacht(bereitschafts)dienstes für eine Ablösung sorgen. Die Möglichkeit der ausreichenden Ruhephase sollte zudem dokumentiert werden.

– Sofern derartige besondere Voraussetzungen nicht vorliegen, ist zu berücksichtigen, dass die Grenze einer durchgehenden (bzw. nur von Mindestruhepausen unterbrochenen) Beanspruchung des Arbeitnehmers bei werktäglich 10 Stunden liegt (§ 3 Satz 2 ArbZG). Bereitschaftsdienstmodelle dürfen nicht dazu führen, dass diese Grenze ausgehebelt wird und etwa 14 Stunden Regeldienst und anschließend 10 Stunden Bereitschaftsdienst angeordnet werden. Denn dies hätte ja zur Folge, dass im Ergebnis dann sogar länger (in Vollarbeitszeit) gearbeitet werden dürfte, wenn auf die Vollarbeitszeit Bereitschaftsdienst folgt! Dies widerspräche der arbeitszeitschutzrechtlichen Kernvorschrift des § 3 ArbZG, die das Maß einer zulässigen Arbeitszeitdauer auf grundsätzlich 10 Stunden pro Werktag begrenzt.

Zwar kennt das Arbeitszeitgesetz, wie ausgeführt, Regelungen, auf deren Grundlage die werktägliche (Voll-)Arbeitszeit verlängert werden kann, man denke etwa an die (legalen) 12-Stunden-Regeldienste, die inzwischen in die meisten Tarifverträge und kirchenrechtlichen Regelungen Eingang gefunden haben. Allerdings ist bei Bereit-

---

84 Beispiel: Spätdienst 14:00–22:30 + Bereitschaftsdienst 22:30–06:30 + Frühdienst 6:30–12:30.

schaftsdienstmodellen zu berücksichtigen, dass der Bereitschaftsdienst zu – unter Umständen erheblichen – Anteilen eine volle Beanspruchung des Arbeitnehmers enthält, die das Maß der innerhalb eines Dienstes geleisteten „Gesamt-Voll-Arbeitszeit" (geplanter Regeldienst plus Inanspruchnahmen im Bereitschaftsdienst) noch erhöht. Ein Umstand, der insbesondere im Rahmen der arbeitsschutzrechtlichen Bewertung von Dienstmodellen auf der Grundlage einer vorzunehmenden Belastungsanalyse eine Rolle spielen muss.[85]

Im Ergebnis ist damit die Obergrenze der geplanten (!) Vollarbeitszeit (Regeldienst) innerhalb eines Gesamtdienstes in der Regel bei 10 Stunden anzusiedeln. Diese Obergrenze wird aber vor dem Hintergrund der vorstehenden Ausführungen auch dann nur ausgeschöpft werden können, wenn sich in Verbindung mit dem Bereitschaftsdienst keine unvertretbare Belastung des Diensthabenden ergibt. Davon kann man nur dann ausgehen, wenn zu erwarten ist, dass der Bereitschaftsdienst eher „ruhig" verläuft, also nur mit wenigen Inanspruchnahmen zu rechnen ist.

1.4.6 Abgrenzung von Vollarbeit und Rufbereitschaft

Die vorstehend genannten Abgrenzungskriterien für die schutzrechtliche Differenzierung von Vollarbeitszeit und Bereitschaftsdienst können nicht ohne Weiteres auf die Abgrenzung von Vollarbeit und Rufbereitschaft übertragen werden. Da die Inanspruchnahme der Rufbereitschaft gemäß den einschlägigen (insoweit gleichlautenden) tarifvertraglichen Regelungen nur angeordnet werden darf, wenn Arbeit „in Ausnahmefällen" anfällt[86], müssen hier aber engere Grenzen gelten. Der Charakter der Rufbereitschaft ist dabei nach der Rechtsprechung des Bundesarbeitsgerichts so zu verstehen, dass er eine Fortsetzung der im Regeldienst begonnenen Tätigkeit als Inanspruchnahme der Rufbereitschaft ausschließt. Es handele sich dann um Überstunden, nicht aber um Heranziehung des Arbeitnehmers aus der Rufbereitschaft.[87] Nach Auffassung des BAG unterscheidet sich die Rufbereitschaft gerade dadurch vom Bereitschaftsdienst: Der Bereitschaftsdienst habe (vergütungsrechtlich) den Charakter eines pauschal vergüteten Überstundenvolumens, weshalb es insoweit kein Gebot einer „Zäsur" zwischen Regeldienstarbeit und Bereitschaftsdienstaktivität gebe.[88]

Die Einschränkungen der vergütungsrechtlichen Rechtsprechung zur Rufbereitschaft wird man grundsätzlich auf die arbeitszeitschutzrechtliche Konstellation übertragen können. Denn die einschlägigen tarifvertraglichen und kirchenrechtlichen Regelungen knüpfen die arbeitszeitschutzrechtlichen Regelungen (etwa die Verlängerung der werktäglichen Höchstarbeitszeit durch Inanspruchnahmen innerhalb der Rufbereitschaft) an die (kollektiv- bzw. individualarbeitsrechtlich) zulässig angeordnete Rufbereitschaft an. Die Tarifbestimmungen für Krankenhäuser, Pflege-

---

85 Näher dazu Kapitel 1.2.4.
86 Vgl. etwa § 7.1 Abs. 8 Satz 1 TVöD-K bzw. TVöD-B und § 10 Abs. 8 Satz 3 TV-Ä/VKA.
87 BAG, Urt. v. 26.11.1992 – 6 AZR 455/91, Leits.
88 BAG, Urt. v. 25.4.2007 – 6 AZR 799/06, Rn. 19.

und Betreuungseinrichtungen enthalten (anders als beim Bereitschaftsdienst) diesbezüglich meist keine konkreten Grenzwerte. In der aufsichtsbehördlichen Praxis wird die Grenze der insgesamt zulässigen Inanspruchnahmen nach Erfahrung d. Verf. in der Regel bei durchschnittlich etwa 15 %, maximal 20 % angesiedelt. Allerdings werden auch erhebliche restriktivere Auffassungen vertreten. So legen einige Behörden zur Abgrenzung des „Ausnahmefalls" eine Quote von maximal $1/3$ Rufbereitschaftstagen mit Inanspruchnahme zu Grunde.

Oberhalb einer durchschnittlichen Inanspruchnahme von 30 % pro Stundenintervall sind die entsprechenden Stundenintervalle des (bisherigen) Rufbereitschaftsdienstes nicht mehr als Rufbereitschaft, sondern als Bereitschaftsdienst oder (bei durchschnittlicher Inanspruchnahme von mehr als 70 %) als Vollarbeitszeit zu bewerten (vgl. *Abbildung 5*).

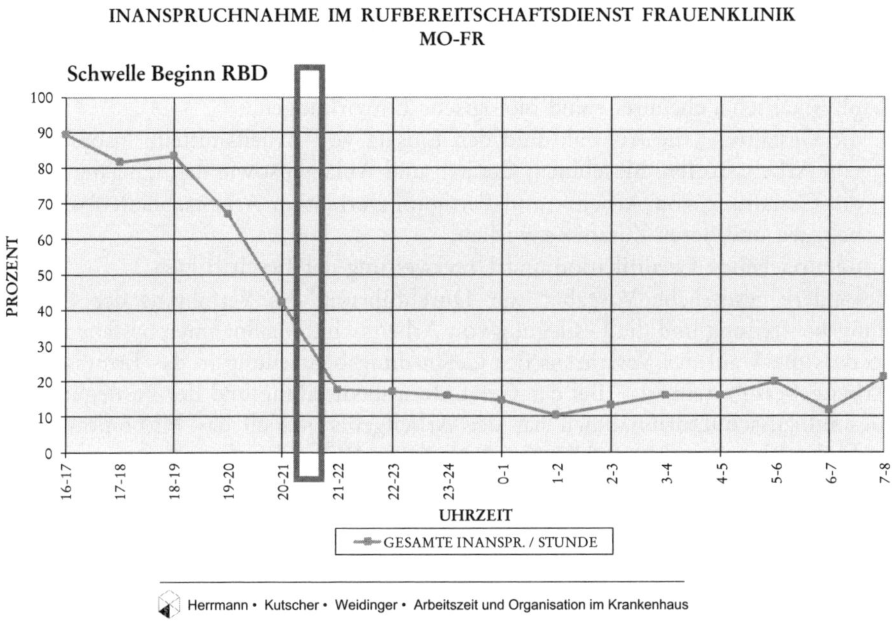

Abb. 5: Bestimmung der Rufbereitschaftsdienstschwellen am Beispiel einer Klinik für Gynäkologie und Geburtshilfe

Regelhafte Visiten und Sprechstunden an Samstagen, Sonn- und Feiertagen sind unabhängig von ihrer Auslastung stets als Vollarbeitszeit (Regelarbeitszeit bzw. Überstunden) zu bewerten.

1.4.7 Dreistufige Arbeitszeitschutzprüfung als Voraussetzung der Arbeitszeitverlängerung durch Bereitschaftsdienst

Für Verlängerungen der werktäglichen Arbeitszeit normieren die tarifvertraglichen Regelungen meist, dass eine besondere arbeitsschutzrechtliche Prüfung vor dem Gebrauch der Verlängerungsoption durchgeführt wird. Es handelt sich dabei um eine dreistufige Arbeitszeitschutzprüfung[89], die

- eine Belastungsanalyse gemäß § 5 ArbSchG,
- die Prüfung alternativer Arbeitszeitmodelle und
- die Festlegung von Gesundheitsschutzmaßnahmen

fordert. Außerdem kann beim Gebrauch bestimmter Verlängerungsoptionen der Abschluss einer Dienst- oder Betriebsvereinbarung erforderlich sein.[90]

Belastungsanalyse

Gemäß § 5 Abs. 1 ArbSchG hat der Arbeitgeber durch eine Beurteilung der für die Beschäftigten mit ihrer Arbeit verbundenen Gefährdung zu ermitteln, welche Maßnahmen des Arbeitsschutzes erforderlich sind. Eine Gefährdung kann sich gemäß § 5 Abs. 3 ArbSchG insbesondere ergeben durch

1. die Gestaltung und die Einrichtung der Arbeitsstätte und des Arbeitsplatzes,
2. physikalische, chemische und biologische Einwirkungen,
3. die Gestaltung, die Auswahl und den Einsatz von Arbeitsmitteln, insbesondere von Arbeitsstoffen, Maschinen, Geräten und Anlagen sowie den Umgang damit,
4. die Gestaltung von Arbeits- und Fertigungsverfahren, Arbeitsabläufen und Arbeitszeit und deren Zusammenwirken,
5. unzureichende Qualifikation und Unterweisung der Beschäftigten.

Besondere gesetzliche Vorgaben zur Durchführung des Verfahrens der Gefährdungsbeurteilung und die Festlegung von Arbeitsschutzmaßnahmen bestehen nicht, so dass die Wahl des Verfahrens der Gefährdungsbeurteilung in das Ermessen des Arbeitgebers gestellt ist.[91] Bei der Gefährdungsbeurteilung und der Festlegung von Gesundheitsschutzmaßnahmen hat der Arbeitgeber jedoch das Mitbestimmungsrecht des Betriebsrates aus § 87 Abs. 1 Nr. 6 BetrVG zu beachten.[92]

Begriff der Gefährdung und Gefährdungsbeurteilung

Unter einer Gefährdung versteht man im Arbeitsschutz das Zusammenwirken einer Quelle eines möglichen arbeitsbedingten Unfalls oder einer arbeitsbedingten Gesundheitsbeeinträchtigung mit dem Menschen. Gefährdungen umfassen sowohl die Möglichkeit des Einwirkens von schädlichen Energien und Stoffen auf den Menschen als auch Belastungen, die negative Beanspruchungsfolgen hervorrufen können.[93]

Gefährdungsbeurteilung ist das Erkennen und Bewerten der Entstehungsmöglichkeiten von Unfällen und Gesundheitsbeeinträchtigungen infolge der beruflichen

---

89 Vgl. etwa § 7.1 Abs. 3 Satz 1 TVöD-K und § 10 Abs. 3 Satz 1 TV-Ä/VKA.
90 So verlangen etwa die Regelungen des TVöD, der AVR Caritas und der AVR DW EKD den Abschluss einer Betriebs- oder Dienstvereinbarung für die Nutzung bestimmter Optionen der Verlängerung der Arbeitszeit.
91 BAG, Urt. v. 12.8.2008 – 9 AZR 1117/06, 2. Leits.
92 Eingehend dazu BAG, Urt. v. 8.6.2004 – 1 ABR 4/03 u. 1 ABR 13/03.

Arbeit. Ziel der Gefährdungsbeurteilung ist es, Maßnahmen zur Beseitigung von Gefährdungen abzuleiten. Eingeschätzt werden sollte,

- welche Gefährdungen auftreten können,
- welche Personen von Gefährdungen betroffen sind,
- ob die Bedingungen am Arbeitsplatz akzeptabel sind, insbesondere, ob sie den Vorschriften und Regeln, den arbeitswissenschaftlichen Erkenntnissen, dem Stand der Technik sowie den Leistungsvoraussetzungen der Beschäftigten entsprechen,
- ob Verbesserungen möglich sind,
- wie dringlich und welcher Art die erforderlichen Maßnahmen sind,
- welche Anforderungen geplante Arbeitsschutzmaßnahmen, neue Arbeitsstätten, neue Arbeitsmittel und neue Arbeitsverfahren erfüllen müssen.[94]

Als Gefährdungsfaktoren kommen insbesondere in Betracht:

- Mechanische Gefährdungen,
- Elektrische Gefährdungen,
- Gefahrstoffe,
- Biologische Arbeitsstoffe,
- Brand- und Explosionsgefährdungen,
- Kalte und heiße Medien,
- Klima,
- Beleuchtung,
- Lärm,
- Vibration,
- Strahlung,
- Aufnahme von Informationen und Handhabung von Stellteilen,
- physische Belastungen und
- psychische Belastungen.[95]

Belastungsanalyse und Gefährdungsbeurteilung für Bereitschaftsdienstmodelle

Für die Gefährdungsbeurteilung bei der Verlängerung der werktäglichen Arbeitszeit durch Bereitschaftsdienst sind seitens der Arbeitswissenschaft bislang keine speziellen Richtlinien entwickelt worden, so dass aus den bekannten Methoden und Verfahren der Gefährdungsbeurteilung die passenden Instrumente auszuwählen sind. Die von der Bundesanstalt für Arbeitsschutz und Arbeitsmedizin herausgegebenen Materialien[96] können dabei Anhaltspunkte für eine systematische Gefährdungsbeurteilung bieten. Generell kommen als Methoden und Verfahren der Gefährdungsbeurteilung in Betracht:

---

93 Nähere Informationen zur Gefährdungsbeurteilung werden von der Bundesanstalt für Arbeitsschutz und Arbeitsmedizin angeboten (vgl. u. a. www.baua.de/Publikationen/Fachbuchreihe/Gefaehrdungsbeurteilung.html).
94 Ratgeber Gefährdungsbeurteilung, S. 16/17.
95 Ratgeber Gefährdungsbeurteilung, S. 17.
96 Ratgeber Gefährdungsbeurteilung, S. 42.

- Betriebsbegehungen,
- Mitarbeiterbefragungen,
- sicherheitstechnische Überprüfung von Arbeitsmitteln,
- spezielle Ereignis-, Sicherheits- und Risikoanalysen.

Die Dauer der Arbeitszeit sowie andere arbeitszeitbezogene Gefährdungsfaktoren werden in den Publikationen der Bundesanstalt für Arbeitsschutz und Arbeitsmedizin als Faktor der psychischen Belastung angesehen. Als beeinträchtigende Faktoren werden im Einzelnen genannt:

- sehr häufige Überschreitung der werktäglichen Arbeitszeit der Beschäftigten,
- unzureichende Berücksichtigung gesicherter arbeitswissenschaftlicher Erkenntnisse bei der Schichtplangestaltung,
- Unvereinbarkeit der Arbeitszeitregelungen mit sozialen Verpflichtungen, z.B. Kinderbetreuung und persönlichen Interessen,
- keine ärztlichen Untersuchungen für die Beschäftigten als Nachtarbeitnehmer nach § 6 ArbZG,
- kein schichtarbeitsspezifisches Verpflegungsangebot,
- Nichteinhaltung der gesetzlichen Beschränkungen der Arbeitszeit für besonders zu schützende Personengruppen gemäß MuSchG und JArbSchG,
- Nichteinhaltung der gesetzlich vorgeschriebenen Ruhepausen,
- psychische Fehlbelastungen infolge einer verstärkten Flexibilisierung der Arbeitszeit, etwa in Form von geteilten Diensten oder Arbeit auf Abruf.

Die Auflistung zeigt, dass die besondere arbeitsschutzrechtliche Dimension des Bereitschaftsdienstes mit einer langen unter Umständen sehr langen Gesamtdauer des Dienstes und (je nach Einrichtung und/oder Verlauf des Dienstes) stark wechselnden Beanspruchungsszenarien nur bedingt erfasst wird. Dies gilt umso mehr, als bisher keine arbeitswissenschaftlichen Erkenntnisse über die Auswirkungen von Bereitschaftsdiensten bestehen. Vielmehr orientieren sich sowohl arbeitswissenschaftliche Untersuchungen als auch arbeitsschutzrechtliche Handlungsempfehlungen bisher sehr stark an den traditionellen Arbeits(zeit)formen der Mehrfachbesetzung von Arbeitsplätzen (Wechselschicht, Dauer-Nachtschicht). Daher werden nachfolgend Empfehlungen gegeben, wie diese „arbeitsschutzrechtliche Erkenntnislücke" am ehesten geschlossen werden kann.

Objektive Erfassung der Inanspruchnahmen innerhalb des Bereitschaftsdienstes

Grundlage einer Gefährdungsbeurteilung von Bereitschaftsdienstmodellen sollte stets eine objektive Erfassung der tatsächlichen Beanspruchung sein. Dabei sollte für jeden Bereitschaftsdienst (idealerweise auch für jeden Rufbereitschaftsdienst[97]) über

---

97 Die einschlägigen Tarifverträge und kirchenrechtlichen Regelungen schreiben keine dreistufige „Arbeitszeitschutzprüfung" für die Verlängerung der werktäglichen Arbeitszeit durch Inanspruchnahmen in der Rufbereitschaft vor. Allerdings können insbesondere in akutmedizinischen Kliniken die Belastungsszenarien dem Bereitschaftsdienst ähneln (regelhafte Vollarbeit über Stunden hinweg). Den Verfassern sind Fälle bekannt, in denen Rufbereitschaftsdienste mit durchschnittlich über 50 % in Anspruch genommen wurden.

einen repräsentativen Zeitraum hinweg (mindestens 3 Monate) in jedem Dienst die einzelnen Inanspruchnahmen des Diensthabenden erfasst und zu typisierten „Aktivitätsszenarien" auf Basis der durchschnittlichen Inanspruchnahme pro Stundenintervall verdichtet werden.[98] Durch eine solche Auswertung kann zumindest eine objektive Grundlage der relevanten Gefährdung durch die quantitative Arbeitsbelastung geschaffen werden.

Hinsichtlich der Bewertung einzelner Gefährdungsfaktoren (etwa der Gefahr der Übermüdung durch zu lange Intervalle der Inanspruchnahme) ist es kaum möglich, allgemeingültige Grenzen für alle Dienstmodelle zu definieren. Denn in der Regel werden die sich aus der Arbeitszeitverlängerung durch Bereitschaftsdienste (bzw. Inanspruchnahmen im Rahmen von Rufbereitschaftsdiensten) ergebenden Gefährdungen von Mitarbeiter zu Mitarbeiter unterschiedlich bewertet. Objektive Daten als Grundlage der Vertretbarkeit der Arbeitszeitverlängerung (z. B. Häufigkeit der Fehlzeiten oder Anzahl der Fehlleistungen des Diensthabenden im Vergleich zu anderen Arbeitszeitmodellen) liegen meist nicht vor, so dass die Entscheidung für oder gegen ein bestimmtes Arbeitszeitmodell mit verlängerten Arbeitszeiten letztlich immer auch bewertenden und prognostischen Charakter hat. Dabei empfiehlt es sich, insbesondere bei der Ausschöpfung der äußersten Grenzen der Verlängerung der werktäglichen Arbeitszeit auf bis zu 24 Stunden im Rahmen von Bereitschaftsdiensten der höchsten Beanspruchungsstufe auch arbeitsmedizinische Fachkompetenz (Betriebsarzt) in Anspruch zu nehmen.

Die nachstehende Checkliste für die Bewertung von Aktivitätsszenarien im Bereitschaftsdienst und Rufbereitschaftsdienst hat vor allem das Ziel, Arbeitszeitmodelle mit problematisch hoher Beanspruchung herauszufiltern. Dabei ist zu berücksichtigen, dass die nachstehenden „Grenzwerte" jeweils an ein Szenario der durchschnittlichen Inanspruchnahme angelegt werden, so dass für den einzelnen Dienst in der Praxis mit einer darüber hinausgehenden Beanspruchung gerechnet werden muss!

Prüfung alternativer Arbeitszeitmodelle
Zusätzlich zur Belastungsanalyse muss der Arbeitgeber im Rahmen der Arbeitszeitschutzprüfung nachweisen, dass er alternative Arbeitszeitmodelle geprüft hat. Insbesondere ist zu prüfen, warum ein geplanter 24-Stunden-Dienst nicht durch mindestens zwei Dienste (insb. 12-Stunden-Dienste zzgl. Übergabe) ersetzt werden kann. Die in diesem Zusammenhang oft angeführte Berufung des Arbeitgebers auf den entsprechenden Wunsch der vom Dienstmodell betroffenen Mitarbeiter kann nicht das ausschlaggebende Kriterium sein. Denn die dem Arbeitgeber obliegenden Pflichten der Gewährleistung arbeitsschutzrechtlich unbedenklicher Arbeitsbedingungen stehen nicht unter dem Vorbehalt der Akzeptanz der betroffenen Arbeitnehmer. Dies wäre eine grundsätzliche Verkennung der arbeitsschutzrechtlichen Anforderungen, die einen objektiven Schutz der Arbeitnehmer bezwecken. Im Übrigen ist darauf hinzuweisen, dass bei entsprechender Dienstplangestaltung die Zahl der ar-

---

98 Vgl. auch die praktischen Hinweise zur Durchführung der Belastungsanalyse in Kap. 3.4. u. 3.5.

beitsfreien Wochenenden (häufig ein Argument für den 24-Stunden-Dienst) auch bei einer Verkürzung der Dienste am Wochenende nicht notwendig geringer ist als bei 24-Stunden-Diensten.[99]

Festlegung von Gesundheitsschutzmaßnahmen

Die Festlegung von Gesundheitsschutzmaßnahmen, die ebenfalls Teil der „Arbeitszeitschutzprüfung" ist steht im Ermessen der Betriebsparteien, bzw. im Ermessen des Arbeitgebers, wenn der Gebrauch einer Option zur Verlängerung der werktäglichen oder wöchentlichen Arbeitszeit nicht von der Zustimmung der Arbeitnehmervertretung abhängt.

Typische Gesundheitsschutzmaßnahmen im Zusammenhang mit der Verlängerung werktäglicher und/oder wöchentlicher Arbeitszeiten sind:

- Begrenzung der Zahl der in Folge zu leistenden Dienste (generell oder bezogen auf eine bestimmte Dienstart);
- Begrenzung der Gesamt-Vollarbeitszeiten (Regeldienst, Überstunden, Inanspruchnahmen in Bereitschaftsdienst und Rufbereitschaft) innerhalb einer definierten Zeitspanne (z.B. Woche);
- Mindestruhezeit nach Absolvierung eines Dienstes oder einer Dienstfolge;
- Sicherstellung einer Mindestanzahl freier Wochenenden und/oder sonstiger zusammenhängender freier Tage;
- Sicherstellung ausreichender Ruhepausen innerhalb verlängerter Dienste; bei Diensten von über 10 Stunden Dauer sollte grundsätzlich eine Pausenzeit von mindestens einer Stunde gewährt werden, wobei die Gefährdungsbeurteilung auch ergeben kann, dass längere Pausen notwendig sind;
- Begrenzung der Übertragbarkeit des Erholungs- und ggf. Zusatzurlaubs für Schicht- und Wechselschichtarbeit im Interesse einer zeitnahen Regeneration;
- Einführung eines Anspruchs der betroffenen Arbeitnehmer, sich in bestimmten Abständen arbeitsmedizinisch auf Kosten des Arbeitgebers untersuchen zu lassen.

1.4.8 Checkliste für die arbeitsschutzrechtliche Bewertung von Bereitschaftsdienstmodellen

Nachstehend werden eine Reihe von Prüfpunkten dargestellt, die an das erhobene Bereitschaftsdienstprofil angelegt werden sollten, um unvertretbare Verlängerungen der werktäglichen Arbeitszeit herauszufiltern:

- Stundenintervalle des Bereitschaftsdienstes, die im Durchschnitt deutlich mehr als 49 % Inanspruchnahme des Diensthabenden aufweisen, sollten daraufhin geprüft werden, ob in diesen Zeitspannen unter dem Gesichtspunkt einer nachvollziehbaren Abgrenzung von Regeldienst (Volldienst) und Bereitschaftsdienst überhaupt von Bereitschaftsdienst gesprochen werden kann. Die Überschreitung einer durchschnittlichen Inanspruchnahme von 70 % deutet darauf hin, dass unter Belastungsgesichtspunkten kein nennenswerter Unterschied mehr zur Vollarbeit be-

---

99 Eingehend dazu Kap. 2.1 – Exkurs Bereitschaftsdienst am Wochenende.

steht, da die Zeiten der Nichtinanspruchnahme dann allenfalls noch geringen Erholungswert haben dürften.
– Stundenintervalle mit hoher Inanspruchnahme sollten hinsichtlich der Art der Inanspruchnahmen analysiert werden, um zu klären, ob bzw. wie die Inanspruchnahme des Bereitschaftshabenden durch organisatorische Maßnahmen verringert werden kann. Als denkbare Maßnahmen kommen insoweit insbesondere in Betracht:

a) Verlagerung zeitunkritischer Tätigkeiten in den Regeldienst, der hinsichtlich seiner Struktur gegebenenfalls zu überprüfen ist (Abschied vom „Einheitsmodell" des starren Regeldienstes durch Einführung versetzter Dienste und Differenzierung der Dienstdauern). Vor diesem Hintergrund empfiehlt es sich, bereits bei der Erhebung der Inanspruchnahmen nach der Art Inanspruchnahmen („akut" vs. „elektiv") zu differenzieren.[100]

b) Einführung von (bereitschaftsdienstfreien!) „Servicezeiten" für die Erfüllung der regelhaften Aufgaben der Patientenversorgung innerhalb einer bestimmten täglichen Zeitspanne. Die tägliche (Regel-)Arbeitszeitdauer kann dabei je nach Arbeitsanfall variieren und wird über ein Zeitkonto des Mitarbeiters fortlaufend gesteuert.[101]

– Überschreitet die „Gesamt-Vollarbeitszeit" als Summe aus geplantem Regeldienst (Zeitspannen des Volldienstes (Regelarbeitszeit, Überstunden) und Inanspruchnahmen im Bereitschaftsdienst durchschnittlich ca. 12 Stunden pro Dienst, ist eine besondere Prüfung möglicher Überbeanspruchung durch Arbeitszeitverlängerung geboten. Denn eine Verlängerung der (Voll-)Arbeitszeit über diesen Wert hinaus ist nach den geltenden europarechtlichen Bestimmungen regelmäßig nicht möglich.[102] Dies gilt insbesondere bei der Kombination von Belastungsfaktoren (z. B. hoher körperlicher und geistiger Belastung, Narkosegasen, Zwangshaltungen). In diesem Fall sollte grundsätzlich eine arbeitsmedizinische Begutachtung des Arbeitszeitmodells erfolgen.

– Entsprechendes gilt bei Überschreitung einer Gesamt-Vollarbeitszeit von durchschnittlich 48 Stunden pro Mitarbeiter im Rahmen von opt-out-Regelungen. Denn eine durchschnittliche „Aktivzeit" von 48 Stunden pro Woche bildet gemäß Art. 6 Abs. 2 EGRL 2003/88 grundsätzlich die Obergrenze der zeitlichen Bean-

---

100 Geeignete Erfassungsblätter und -programme sind auf der Website www.arbeitszeitberatung.de (Rubrik: „Arbeitszeit und Organisation im Krankenhaus"; Button: „Tools") verfügbar.

101 So lässt etwa § 7 Abs. 8 TV-Ä/VKA die Einführung einer (maximal 12-stündigen) täglichen „Rahmenzeit" zu; die innerhalb der Rahmenzeit geleisteten Arbeitszeiten sind keine Überstunden, sondern regelmäßige Arbeitszeit im Sinne des § 7 Abs. 1 TV-Ä/VKA und sind innerhalb des Ausgleichszeitraums der regelmäßigen Arbeitszeit von max. zwölf Monaten auszugleichen, was die Führung eines Zeitkontos auf Basis der Regelarbeitszeit (TV-Ä/VKA: 40 Stunden/Woche) erfordert.

102 Die EGRL 2003/88 legt keine bestimmte werktägliche Höchstarbeitszeit als ‚Spitzenwert' fest; durch die Einhaltung einer elfstündigen Ruhezeit innerhalb von 24 Stunden (Art. 3 EGRL 2003/88) und das Gebot angemessener Pausen (Art. 4 EGRL 2003/88) ergibt sich jedoch mittelbar eine Obergrenze von ca. 12 Stunden Arbeitszeit.

spruchung von Arbeitnehmern. Beim Gebrauch von opt-out-Regelungen sollte die diesen Durchschnittswert übersteigende Dienstzeit also möglichst auf inaktive (!) Zeiten im Bereitschaftsdienst zurückzuführen sein.[103] Gleichwohl fordern Arbeitszeitgesetz und das einschlägige Tarifrecht nicht zwingend die Begrenzung der Gesamt-Vollarbeitszeit von durchschnittlich 48 Stunden. Bei einer Überschreitung dieses Wertes sollten aber ggf. besondere Gesundheitsschutzmaßnahmen (z. B. regelmäßige arbeitsmedizinische Untersuchung) vorgesehen werden.
- Bestehen Zweifel hinsichtlich der arbeitsschutzrechtlichen Vertretbarkeit eines Bereitschaftsdienstmodells, so kommt zusätzlich zur Erhebung eines „Verlaufsprofils" der Inanspruchnahmen die Analyse folgender Umstände in Betracht:
  a) durchschnittliche Dauer (Mittelwert) der einzelnen Inanspruchnahmen im Bereitschaftsdienst;
  b) Spannbreite der Abweichungen der Inanspruchnahmedauer vom Mittelwert und die Verteilung der Inanspruchnahmedauer innerhalb dieser Spannbreite (Medianbetrachtung);
  c) durchschnittliche Häufigkeit der Inanspruchnahmen im Bereitschaftsdienst;
  d) durchschnittliche Dauer (Mittelwert) der einzelnen Ruhephasen im Bereitschaftsdienst;
  e) Spannbreite der Abweichungen vom Mittelwert und die Verteilung der Inanspruchnahmen innerhalb dieser Spannbreite (Medianbetrachtung).

1.4.9 Verlängerung der werktäglichen Arbeitszeit durch Arbeitsbereitschaft
Für die insbesondere für den Rettungsdienst bedeutsame Arbeitsbereitschaft gibt es keine tarifvertraglich festgeschriebenen Grenzwerte zulässiger Beanspruchung. Insoweit ist auf die allgemeine Definition der Arbeitsbereitschaft Bezug zu nehmen, die fordert, dass Arbeitsbereitschaft „in erheblichem Umfang" als Voraussetzung der Arbeitszeitverlängerung dann vorliegt, wenn die Bereitschaft einen Mindestanteil von ca. 30 % der Gesamtdienstzeit erreicht.[104] Daraus lässt sich umgekehrt ein Wert von durchschnittlich 70 % maximaler Inanspruchnahme ableiten.

1.5 Tarifvertragliche Abweichung von Grundnormen des Arbeitszeitgesetzes zur Anpassung der Arbeitszeit bei der Behandlung, Pflege und Betreuung von Personen an die Eigenart der Tätigkeit und das Wohl dieser Personen (§ 7 Abs. 2 Nr. 3 ArbZG)

Von den gesetzlichen Bestimmungen über die Einhaltung der werktäglichen Höchstarbeitszeit kann in Krankenhäusern sowie Pflege- und Betreuungseinrichtungen in erheblichem Umfang durch Tarifverträge abgewichen werden. Diese betreffen nicht nur die Verlängerung der Arbeitszeit bei „bereitschaftsmäßigem" Arbeiten (Bereitschaftsdienst und Arbeitsbereitschaft), sondern auch die Vollarbeitszeit. Denn gemäß § 7 Abs. 2 Nr. 3 ArbZG können in Tarifverträgen Regelungen vorgesehen werden, um

---
103 Näher zu den Voraussetzungen für opt-out-Regelungen Kap. 1.3.
104 BAG, Urt. v. 9.3.2005 – 5 AZR 385/02.

"die Regelungen der §§ 3, 4, 5 Abs. 1 und § 6 Abs. 2 bei der Behandlung, Pflege und Betreuung von Personen der Eigenart dieser Tätigkeit und dem Wohl dieser Personen entsprechend anzupassen, ..."

Die Abweichung ist dabei im Wesentlichen auf Regelungen der werktäglichen Höchstarbeitszeit als Spitzenwert beschränkt. Eine Überschreitung des insgesamt zulässigen Arbeitszeitvolumens ist nach § 7 Abs. 2 Nr. 3 ArbZG nur insoweit zulässig, als innerhalb eines Ausgleichszeitraums von maximal zwölf Kalendermonaten eine Arbeitszeit von durchschnittlich 48 Stunden pro Woche nicht überschritten wird (§ 7 Abs. 8 ArbZG). Insoweit ergeben sich hinsichtlich des zulässigen Arbeitszeitvolumens nur geringe Spielräume gegenüber der ansonsten geltenden durchschnittlich zulässigen Arbeitszeit von acht Stunden pro Werktag.[105]

1.5.1 Verlängerung der Arbeitszeit im Schichtdienst (ärztlicher Dienst)

Zu den praktischen Anwendungsfällen der Verlängerung der werktäglichen Arbeitszeit bei der Behandlung, Pflege und Betreuung von Personen im Rahmen des § 7 Abs. 3 ArbZG gehört die Verlängerung der Arbeitszeit auf bis zu 12 Stunden im ärztlichen Schichtdienst. Eine entsprechende Regelung ist insbesondere in den neueren Tarifregelungen für Ärzte enthalten, die häufig Schichtdienste mit 12-Stunden-Schichten als Option beinhalten.[106] In der Praxis sind es vor allem intensiv und notfallmedizinische Bereiche, die mit 12-Stunden-Schichten arbeiten, häufig dabei im Rahmen von Wechselschichtmodellen.

Voraussetzung der tarifvertraglich geregelten Arbeitszeitverlängerung ist, dass im „Schichtdienst" gearbeitet wird. Der Begriff des Schichtdienstes ist gesetzlich nicht definiert, so dass es auf die jeweiligen tarifvertraglichen Regelungen ankommt.

Nach den für den öffentlichen Dienst geltenden Regelungen ist für den einzelnen Mitarbeiter „Schichtarbeit" (!) dann gegeben, wenn nach einem Schichtplan gearbeitet wird, der einen regelmäßigen Wechsel des Beginns der täglichen Arbeitszeit um mindestens zwei Stunden in Zeitabschnitten von längstens einem Monat vorsieht, und die innerhalb einer Zeitspanne von mindestens 13 Stunden geleistet wird. Die unterschiedlichen Begriff „Schichtdienst" bzw. „Schichtarbeit" sind dabei so zu verstehen, dass die Voraussetzungen der Arbeitszeitverlängerung bereits dann vorliegen, wenn im entsprechenden Arbeitsbereich ‚schichtmäßig' gearbeitet wird, also das Arbeitszeitmodell Dienste vorsieht, deren Beginn um mindestens zwei Stunden versetzt ist und die eine tägliche Zeitspanne von mindestens 13 Stunden auf der Basis von Regelarbeitszeit abdecken. Diese Voraussetzung ist in der Regel gegeben, wenn mit deutlich versetzten Diensten gearbeitet wird, wenn etwa ein Mitarbeiter erst gegen Mittag (z. B. 13:00 Uhr) zum Dienst kommt. Es ist dagegen nicht Voraussetzung, dass in dem Bereich mit Wechselschichtdienst (Regeldienst „rund um die Uhr" an allen Tagen der Woche) gearbeitet wird.

---

105 Zur insoweit bestehenden Differenzberechnung zwischen durchschnittlich acht Stunden pro Werktag und durchschnittlich 48 Stunden pro Woche vgl. Kap. 1.3 und 1.7.
106 Vgl. § 7 Abs. 5 TV-Ä (VKA).

Ebenso ist nicht erforderlich, dass aus Sicht des einzelnen Arbeitnehmers auch „Schichtarbeit" geleistet wird. Denn unter arbeitszeitschutzrechtlichen Gesichtspunkten kann es nicht darauf ankommen, dass der einzelne Arbeitnehmer mit einer bestimmten (Mindest-)Frequenz zu verlängerten Arbeitszeiten herangezogen wird. Es wäre kurios, wenn die Verlängerung der werktäglichen Arbeitszeit nur dann erfolgen darf, wenn der Arbeitnehmer mindestens monatlich der Verlängerung ausgesetzt wird. Denn unter Arbeitszeitschutzaspekten ist es ja gerade günstiger, dass der Arbeitnehmer nur selten eine solche Verlängerung erfährt. Die individuellen Voraussetzungen der Schichtarbeit, die insbesondere zu bestimmten vergütungsrechtlichen Ansprüchen führen, sind dagegen von den arbeitszeitschutzrechtlichen Voraussetzungen zu trennen.

Für die Praxis der Arbeitszeitgestaltung im ärztlichen Dienst bedeutet das, dass auch „niederschwellige" Schichtmodelle die Verlängerung der Arbeitszeit auf 12 Stunden ermöglichen. Perspektivisch ist dies insbesondere für die Arbeitszeitmodelle von Fach- und Oberärzten interessant. Denn die Schwelle des Schichtdienstes kann bereits mit relativ geringfügiger Modifikation traditioneller Arbeitszeitmodelle erreicht werden. Auf diesem Wege können mit vergleichsweise einfachen Mitteln längere fach- und oberärztliche Präsenzen (z. B. für OP- und Katheter-Dienste) unter Einhaltung der Arbeitszeitschutzbestimmungen erreicht werden.

Liegt Schichtdienst vor, so darf die Höchstarbeitszeit an den Tagen, an denen „schichtmäßig" gearbeitet wird, bis auf 12 Stunden verlängert werden. Es dürfen jedoch nicht mehr als vier 12-Stunden-Dienste in Folge absolviert werden. Außerdem dürfen innerhalb von 2 Kalenderwochen nicht mehr als 8 solcher Dienste geleistet werden. In Kapitel 2 sind eine Reihe möglicher Schichtpläne abgebildet, die diesen Voraussetzungen entsprechen.[107]

Außerhalb des ärztlichen Dienstes sehen die tarifvertraglichen und kirchenrechtlichen Regelungen solche 12-Stunden-„Volldienste" meist nicht als Regelfall vor. Eine Ausnahme ist die Arbeitsbereitschaft in Form sog. „Bereitschaftszeiten" im Rettungsdienst, die an die Stelle der früheren BAT-Regelungen zum Bereitschaftsdienst getreten sind. Hier können ebenfalls 12-Stunden-Dienste ohne besondere Voraussetzungen vorgesehen werden.

1.5.2 Verlängerung der werktäglichen Arbeitszeit durch Inanspruchnahmen im Rufbereitschaftsdienst

Die im Krankenhaus-, Pflege- und Betreuungsbereich zur Anwendung kommenden Tarifverträge und kirchenrechtlichen Regelungen sehen regelmäßig die Möglichkeit vor, außerhalb der regelmäßigen Arbeitszeit Rufbereitschaftsdienst anzuordnen.[108] Zeiten der reinen Rufbereitschaft zählen nicht zur Arbeitszeit im Sinne des ArbZG, sondern zur Ruhezeit, so dass die Verbindung von Vollarbeit (Regeldienst) und Ruf-

---

107 Vgl. Kap. 2.2.3.
108 Maßgeblich ist dabei der individuelle Arbeitszeitplan des Arbeitnehmers, so dass etwa bei einheitlichem Regeldienst an den Tagen MO-FR in der Zeitspanne des Regeldienstes keine Rufbereitschaft angeordnet werden kann, vgl. auch LAG Nürnberg, Urt. v. 23.5.2011 – 7 Sa 757/10, Rn. 43 ff.

bereitschaft arbeitszeitschutzrechtlich grundsätzlich unproblematisch ist, so lange der Rufbereitschaftshabende nicht in Anspruch genommen wird.

Dies schließt Abweichungen von § 3 ArbZG (10-Stunden-Grenze) für Fälle der Rufbereitschaft ein. Die neueren Tarifregelungen haben überwiegend von dieser Ermächtigung auch in der Weise Gebrauch gemacht und enthalten Regelungen, dass die werktägliche Höchstarbeitszeit, die grundsätzlich auf 10 Stunden begrenzt ist, durch Inanspruchnahmen in der Rufbereitschaft überschritten werden darf.[109] Das bedeutet, dass bei Vorliegen einer entsprechenden Regelung nach einem üblichen Regeldienst von ca. 8 Stunden Dauer ohne Weiteres Rufbereitschaftsdienst angeordnet werden kann. Der Rufdiensthabende darf durch Inanspruchnahmen die 10-Stunden-Grenze überschreiten.

§ 7 Abs. 2 Nr. 3 ArbZG legt dabei keine Obergrenze für die zulässige Höchstarbeitszeit durch Inanspruchnahmen aus der Rufbereitschaft heraus fest. Streng genommen ist die Anordnung eines Rufbereitschaftsdienstes auch nach Ausschöpfung der werktäglichen Höchstarbeitszeit von 10 Stunden oder (bei Vorliegen entsprechender tarifvertraglicher Regelungen) nach einem 12-Stunden-Dienst im Rahmen Schichtdienst zulässig. Allerdings ist dabei auf die Grenze der menschlichen Leistungsfähigkeit Rücksicht zu nehmen, so dass ein Rufbereitschaftsdienst nach einem 12-Stunden-Schichtdienst sicher nur dann vertretbar ist, wenn Inanspruchnahmen äußerst selten zu erwarten sind, etwa bei einer Rufbereitschaft für seltene Notfälle (z. B. Rufbereitschaft als Leitender Notarzt für den Katastrophenfall), in denen der Inanspruchnahme ein Notfall oder außergewöhnlicher Fall im Sinne des § 14 ArbZG zu Grunde liegt.

Allerdings darf das Volumen der insgesamt zulässigen Wochenarbeitszeit durch Inanspruchnahmen aus Rufbereitschaft nicht überschritten werden. Die Summe der geleisteten Arbeitszeit aus Regeldienst, Überstunden, Inanspruchnahmen aus Rufdiensten und Nebentätigkeiten als Arbeitnehmer darf also durchschnittlich 48 Stunden pro Woche nicht überschreiten. Eine sogenannte opt-out Regelung ist nur für Bereitschaftsdienste, nicht aber für Rufbereitschaftsdienst zulässig.[110]

1.5.3 Sonstige Abweichungen im Rahmen des § 7 Abs. 2 Nr. 3 ArbZG

Für andere Bereiche und Einrichtungen (z. B. Betreuungseinrichtungen) ist die Verlängerung der Regelarbeitszeit unter Umständen auf der Grundlage einer betrieblichen Regelung in Verbindung mit einer tarifvertraglichen „Generalklausel" möglich, die bei Vorliegen dringender betrieblicher oder dienstlicher Gründe eine Abweichung vom ArbZG gestattet. Eine solche Generalklausel findet sich etwa in § 6 Abs. 4 TVöD oder § 7 Abs. 4 TV-Ä/VKA, wenn dringende dienstliche oder betriebliche Gründe dies erfordern. Allerdings ist Voraussetzung, dass sich die betrieblichen Regelungen im Rahmen der Abweichungsoptionen des § 7 Abs. 1 und 2 ArbZG halten.

Zu den Optionen der Abweichung vom Arbeitszeitgesetz gehört auch die Verlängerung der werktäglichen Arbeitszeit. So lässt § 7 Abs. 2 Nr. 3 ArbZG die Verlän-

---

109 Vgl. etwa § 45 Abs. 8 TVöD/BT-K.
110 Vgl. dazu auch Kap. 1.7.

gerung der (Voll-)Arbeitszeit über 10 Stunden hinaus für Krankenhäuser, Pflege- und Betreuungseinrichtungen zu, wenn die Eigenart der Tätigkeit in diesen Einrichtungen eine derartige Verlängerung erforderlich macht. Bemerkenswert ist, dass das Arbeitszeitgesetz insoweit keine Obergrenze der Arbeitszeitverlängerung vorsieht. Formal wären damit (auch ohne Bereitschaftsdienst oder Arbeitsbereitschaft!) Verlängerungen deutlich über 10 oder 12 Stunden hinaus zulässig – im Extremfall bis zu 24 Stunden. De facto ergeben sich aber Grenzen aus der Verpflichtung des Arbeitgebers zur Durchführung einer Gefährdungsbeurteilung (§ 5 ArbSchG) sowie zur Festlegung von Gesundheitsschutzmaßnahmen. Eine Verlängerung der Arbeitszeit über 12 Stunden hinaus dürfte deshalb bei voller Beanspruchung des Arbeitnehmers kaum vertretbar sein. Bei verminderter Beanspruchung kommen dagegen auch längere Arbeitszeiten in Betracht. Ein praktischer Anwendungsbereich für derartige Verlängerungen sind soziale Einrichtungen für Behinderte und Jugendliche, in denen gemeinsame soziale Aktivitäten (z. B. Ausflüge) von Betreuern und Klienten stattfinden. Bei mehrtägigen Fahrten kann dabei fraglich sein, ob das Arbeitszeitgesetz angesichts einer vorübergehenden häuslichen Gemeinschaftsbeziehung von Betreuern und Klienten überhaupt anwendbar ist. Für nicht tarifgebundene Einrichtungen besteht dabei die Möglichkeit, derartige tarifvertragliche Generalklauseln durch eine Betriebsvereinbarung zu übernehmen, wenn sich die Einrichtung gemäß § 7 Abs. 3 ArbZG im Geltungsbereich des Tarifvertrages befindet.[111]

1.6 Verlängerung der werktäglichen Arbeitszeit zur Erreichung zusätzlicher Freizeit an Sonn- und Feiertagen (§ 12 Nr. 4 ArbZG)

Gemäß § 12 Nr. 4 ArbZG kann die Arbeitszeit in vollkontinuierlichen Schichtbetrieben an Sonn- und Feiertagen auf bis zu 12 Stunden verlängert werden, wenn dadurch zusätzliche freie Schichten an Sonn- und Feiertagen erreicht werden. Auch diese Verlängerungsoption kann bei entsprechender tarifvertraglicher Öffnung genutzt werden.[112] Die Voraussetzung des vollkontinuierlichen Schichtbetriebes ist auch dann gegeben, wenn phasenweise nur mit Bereitschaftsdienst oder Arbeitsbereitschaft gearbeitet wird, wie dies insbesondere in Betreuungseinrichtungen für Jugendliche und Behinderte üblich ist. Denn aufgrund der arbeitszeitgesetzlichen Bewertung des Bereitschaftsdienstes als Arbeitszeit kommt es insoweit auf diese Unterscheidung nicht an. Ebenso wenig ist auch hier Voraussetzung, dass für den einzelnen Arbeitnehmer die (tarifvertraglichen) Voraussetzungen der Schichtarbeit vorliegen. Vielmehr reicht es aus, dass überhaupt eine in mehreren Arbeitsschichten oder Diensten organisierte Abdeckung ‚rund um die Uhr' besteht. Die Regelung ist jedoch dem Wortlaut nach zwingend auf Sonntage und gesetzliche Feiertage beschränkt. Eine entsprechende Anwendung beispielsweise auf Vorfesttage und Sams-

---

111 Näher dazu Kap. 1.6.
112 Vgl. etwa Protokollnotizen zu § 6 Abs. 4 TVöD oder § 7 Abs. 4 TV-Ä/VKA. Dabei ist für den Gebrauch dieser Verlängerungsoption nicht Voraussetzung, dass zugleich dringende dienstliche/betriebliche Gründe vorliegen, da es hier um die Erreichung zusätzlicher Sonn- oder Feiertagsfreizeit geht.

tage kommt nicht in Betracht. Die Umsetzung eines Arbeitszeitmodells mit 12-Stunden-Schichten an Samstagen und Sonntagen bedarf deshalb im Hinblick auf den Samstag weiterer tarifvertraglicher Voraussetzungen (z.B. (auch) dringende dienstliche Gründe und den Abschluss einer Dienst- oder Betriebsvereinbarung)[113] oder einer aufsichtsbehördlichen Bewilligung.[114]

1.7 Verlängerung der durchschnittlichen wöchentlichen Höchstarbeitszeit durch Bereitschaftsdienst und Arbeitsbereitschaft („opt-out")

1.7.1 Arbeitszeitmodelle mit tarifvertraglich verlängerten Arbeitszeiten mit und ohne Zeitausgleich

Das Arbeitszeitgesetz kennt grundsätzlich keine wöchentlichen Höchstarbeitszeiten, sondern nimmt – anders als die EU-Arbeitszeitrichtlinie – im Rahmen der arbeitszeitschutzrechtlichen Grundnormen (§§ 3–6 ArbZG) auf werktägliche Arbeitszeitdauern Bezug: Innerhalb eines Ausgleichszeitraums von 24 Wochen oder sechs Kalendermonaten ist ein Durchschnittswert von werktäglich 8 Stunden bei 6 Werktagen pro Woche[115], also 48 Stunden/Woche, einzuhalten; für Nachtarbeitnehmer gilt ein Ausgleichszeitraum von 4 Wochen oder einem Kalendermonat.[116]

Mit der zum 1.1.2004 erfolgten Novellierung des Arbeitszeitgesetzes hat der Gesetzgeber in § 7 Abs. 8 ArbZG eine eigenständige Ausgleichsvorschrift für Arbeitszeitmodelle mit (auf tarifvertraglicher, kirchenrechtlicher oder behördlicher Grundlage) verlängerten Arbeitszeiten normiert. Gemäß § 7 Abs. 8 Satz 1 ArbZG darf die Arbeitszeit bei Arbeitszeitverlängerungen aufgrund von Tarifverträgen und kirchenrechtlichen Regelungen 48 Stunden wöchentlich im Durchschnitt von zwölf Kalendermonaten nicht überschreiten; für behördlich bewilligte Verlängerungen in tariffreien Bereichen gilt ein Ausgleichszeitraum von 48 Stunden wöchentlich im Durchschnitt von sechs Kalendermonaten oder 24 Wochen. Die Regelung des zwölfmonatigen Ausgleichszeitraums ermöglicht einen weiträumigeren Ausgleich der durch verlängerte Arbeitszeiten entstandenen „Plusstunden"; die Grenze von 12 Monaten markiert zugleich die nach Art. 19 Abs. 2 EGRL 2003/88 europarechtlich zulässige Obergrenze der nationalstaatlichen Verlängerung von Ausgleichszeiträumen. Der Ausgleichszeitraum beginnt also mit dem Monat, in dem die gesetzliche Normalarbeitszeit von 48 Stunden pro Woche über- oder unterschritten wird.

Der Gesetzgeber hat mit § 7 Abs. 2a ArbZG außerdem von einer in Art. 23 der EU Arbeitszeitrichtlinie verankerten Bestimmung („opt-out"-Klausel) Gebrauch gemacht, die für Arbeitszeiten aus Arbeitsbereitschaft und Bereitschaftsdienst die ausgleichsfreie (!) Überschreitung des durch Art. 6 der Richtlinie gezogenen Rahmens der Höchstarbeitszeit von (durchschnittlich) 48 Stunden/Woche zwischen Ar-

---

113 Vgl. etwa die Voraussetzungen in § 6 Abs. 4 TVöD oder § 7 Abs. 4 TV-Ä/VKA.
114 Als Bewilligungstatbestand kommt hier § 15 Abs. 1 Nr. 1a) ArbZG in Betracht (Verlängerung der Arbeitszeit zur Erreichung zusätzlicher Freischichten).
115 Dabei sind gesetzliche Feiertage nicht berücksichtigt!
116 § 6 Abs. 2 Satz 2 ArbZG.

beitgeber und Arbeitnehmer zulässt.[117] Das Arbeitszeitgesetz knüpft eine opt-out-Regelung jedoch an die Voraussetzung einer tarifvertraglichen Grundlage bzw. Ermächtigung und bestimmt, dass in diesem Fall Maßnahmen des Gesundheitsschutzes festzulegen sind.

Die neueren Tarifverträge und kirchenrechtlichen Regelungen haben in unterschiedlichem Maße von der Möglichkeit der opt-out-Regelungen Gebrauch gemacht. So ist etwa für den nicht-ärztlichen Bereich des TVöD der Abschluss einer Dienst- oder Betriebsvereinbarung erforderlich.[118] Darüber hinaus wird die Verlängerung der Wochenarbeitszeit an die durchschnittliche Beanspruchung des Bereitschaftsdienstes geknüpft: Für Mitarbeiter, die in weniger stark beanspruchten Bereitschaftsdiensten eingesetzt werden, ist in der Regel eine größere Verlängerung möglich als für Mitarbeiter, die in stärker beanspruchten Diensten tätig werden.[119] Für den ärztlichen Dienst ist dagegen meist keine Dienst- oder Betriebsvereinbarung erforderlich; die Grenze des „opt-out" ist hier auch tendenziell weiter gesteckt als für nicht-ärztliche Arbeitnehmer.[120]

1.7.2 Berechnung des höchstzulässigen Arbeitszeitvolumens ohne „opt-out"-Regelung

Die in § 7 Abs. 8 ArbZG vorgenommene Bezugnahme auf die Obergrenze von durchschnittlich 48 Stunden/Woche führt gegenüber der Grundnorm des § 3 Satz 2 ArbZG zu einer leichten Ausweitung des zulässigen Arbeitszeitvolumens. Denn aus dem Wortlaut folgt, dass es nicht mehr auf Werktage ankommt, sondern auf Wochen. Damit ist eine Reduzierung des Arbeitszeitvolumens durch gesetzliche Feiertage, die nach der Grundnorm des § 3 Satz 2 ArbZG zwingend ist, nicht mehr geboten. Freie Feiertage können also als Ausgleichstage herangezogen werden. Bei der nach § 7 Abs. 8 ArbZG gebotenen Berechnung des Wochendurchschnitts der innerhalb von 12 Monaten geleisteten Arbeitszeit zählen Feiertagswochen also ohne Einschränkung mit. Diese Auslegung ist auch europarechtskonform, da die EGRL 2003/88 schon aus kompetenzrechtlichen Gründen keine Feiertagsregelung enthalten darf. § 7 Abs. 8 ArbZG hebt damit das schutzrechtlich zulässige Arbeitszeitvolumen gleichsam auf „Europa-Niveau".

---

117 Die Verlängerung der werktäglichen Arbeitszeit innerhalb des gemäß § 3 bzw. § 7 Abs. 8 ArbZG geltenden Höchstarbeitszeitvolumens von 8 Stunden/Werktag (§ 3 ArbZG) bzw. 48 Stunden/Woche (§ 7 Abs. 8 ArbZG) bedarf keiner „opt-out"-Regelung; eine individuelle Zustimmung des Arbeitnehmers zur Arbeitszeitverlängerung ist in diesen Fällen nicht erforderlich. So zutreffend auch LAG Mecklenburg-Vorpommern, Urt. v. 6.7.2007 – § Sa 108/07.
118 § 7.1 Abs. 4 TVöD-K bzw. TVöD-B.
119 Vgl. § 7.1 Abs. 4 TVöD-K.
120 Vgl. § 10 Abs. 5 TV-Ä/VKA (58 Stunden/Woche; durch landesbezirklichen Tarifvertrag sogar bis zu 66 Stunden/Woche).

Beispiel für einen jahresbezogenen Ausgleichszeitraum[121] innerhalb eines Kalenderjahres gemäß § 7 Abs. 8 ArbZG:

Ausgleichszeitraum = 1.1.2013 – 31.12.2013
– 52 Wochen x 48 h/Woche = 2.496 h zzgl.
– $^1/_6$ Woche (1 Werktag) x 48 h/Woche = 8,0 h.

Ergebnis:
Innerhalb des 12-monatigen Ausgleichszeitraums können 2.504 Stunden geleistet werden (ohne Berücksichtigung von Urlaub und Krankheit).

Für die Berücksichtigung von Urlaubs- und Krankheitszeiten ergibt sich kein Unterschied zu den allgemeinen Regelungen der Grundnorm des § 3 Satz 2 ArbZG. Richtiger Auffassung nach sind nur Krankheitstage sowie Urlaubstage im Rahmen des gesetzlichen Mindesturlaubs[122] für den Ausgleich von „Plusstunden" gesperrt. Bei einem Ausgleichszeitraum von 12 Kalendermonaten und 4 Wochen Mindesturlaub errechnet sich daraus (ohne Berücksichtigung eventueller Krankheitszeiten!) ein Höchstwert von 2.310,9 Stunden zulässiger effektiver Arbeitszeit pro Jahr.

Stellt man dem die nach gängigen tarif- bzw. arbeitsvertraglichen Rahmenbedingungen zu leistende effektive Arbeitszeit gegenüber, so lässt sich die für Arbeitszeitverlängerungen nutzbare „Luft" berechnen. Geht man vereinfachend von einer Regelarbeitszeit von 40 Stunden/Woche und einem Urlaubsanspruch von 6 Wochen und gesetzlicher Entgeltfortzahlung an 10 Feiertagen mit Arbeitsausfall pro Jahr aus, so errechnet sich daraus eine „Netto-Jahresarbeitszeit" im Regeldienst von 1.768 Stunden pro Jahr. Die für Arbeitszeitverlängerungen aus sonstigen Arbeitszeiten (Bereitschaftsdienst, Arbeitsbereitschaft, Überstunden, Inanspruchnahmen aus Rufbereitschaft, Nebentätigkeiten) verfügbare „ArbZG-Luft" bis zur Grenze von durchschnittlich 48 Wochenstunden beträgt

$$2.310,9 \text{ h}./. 1.768 \text{ h} = 542,9 \text{ h}.$$

Dabei handelt es sich, wie gesagt, nur um eine überschlägige Berechnung auf vereinfachter Basis standardisierter Annahmen für einen Vollzeitbeschäftigten. Im Einzelfall wirken sich insbesondere folgende Parameter erhöhend oder vermindernd auf die verfügbare „ArbZG-Luft" oberhalb der Regelarbeitszeit aus:

– Tarifvertragliche bzw. individuelle Wochenarbeitszeit;
– Zahl der Urlaubstage;
– Zahl der individuellen Krankheitstage;
– Evtl. Zusatzurlaub für Schicht- oder Wechselschichtarbeit;
– Evtl. Zusatzurlaub für Nachtarbeit (ggf. auch im Rahmen von Bereitschaftsdienst);
– Individuelle freie Tage aufgrund persönlicher Arbeitsbefreiung („Sonderurlaub", z.B. für Eheschließung);
– Bezahlte (auf die Arbeitszeit angerechnete) Reisetage ohne Arbeitsleistung;

---

121 Feiertage auf Basis des für das Land Berlin geltenden Feiertagskalenders berechnet.
122 Entsprechendes gilt für den gesetzlichen Anspruch auf Zusatzurlaub für Schwerbehinderte gemäß § 125 SGB IX.

Kapitel 1: Rechtliche Rahmenbedingungen der Arbeitszeitgestaltung

- Zahl der Feiertage mit Arbeitsausfall;
- Evtl. Freizeitausgleich für geleistete Feiertagsarbeit;
- Bezahlte (auf die Arbeitszeit angerechnete) Pausen.

Bei der oben dargestellten Berechnung ist ferner noch nicht berücksichtigt, ob und in welchem Umfang im Einzelfall Freizeitausgleich für Bereitschaftsdienst gewährt wird. Bei Gewährung von Freizeitausgleich für Bereitschaftsdienst ergäbe sich eine höhere „ArbZG-Luft", da de facto gar nicht 40 Stunden Regeldienst (sondern weniger) geleistet werden. Denn der Freizeitausgleich für Bereitschaftsdienst bedeutet je gerade, dass der an sich zu leistende Regeldienst durch Bereitschaftsdienst (genauer: den Vergütungsanspruch für geleisteten Bereitschaftsdienst) „ersetzt" wird.[123] Umgekehrt verringern Inanspruchnahmen aus Rufbereitschaften, nicht in Freizeit ausgeglichene Überstunden und Nebentätigkeiten (z. B. Notarzt-Dienste als Arbeitnehmer[124]) die „ArbZG-Luft" unter Umständen erheblich.

1.7.3 Berechnung des höchstzulässigen Arbeitszeitvolumens mit „opt-out"-Regelung

Kommt es zu einer opt-out-Regelung, so tritt für den einzelnen Mitarbeiter die in der opt-out-Erklärung oder dem Tarifvertrag genannte Grenze der Wochenarbeitszeit an die Stelle der ansonsten (ohne opt-out) einzuhaltenden Obergrenze von durchschnittlich 48 Stunden. Auch bei opt-out-Regelungen kann also in einzelnen Wochen länger gearbeitet werden, wenn Überschreitungen der „opt-out"-Grenze im vorgesehenen Ausgleichszeitraum (12 Kalendermonate) ausgeglichen werden. Auf Basis des oben genannten Standardbeispiels (Regelarbeitszeit 40 Stunden/Woche; 6 Wochen Urlaub, 10 Feiertage mit Arbeitsausfall) ergibt sich bei einer Obergrenze von durchschnittlich 60 Stunden/Woche[125] im Rahmen von „opt-out":

Beispiel für einen jahresbezogenen Ausgleichszeitraum[126] innerhalb eines Kalenderjahres gemäß § 7 Abs. 8 ArbZG:

Ausgleichszeitraum = 1.1.2013 – 31.12.2013
– 52 Wochen x 60 h/Woche = 3.120 h zzgl.
– 1 x $^1/_6$ Woche (1 Werktag) x 60 h/Woche = 10 h.

Ergebnis:
Innerhalb des 12-monatigen Ausgleichszeitraums ergibt sich eine Grenze von 3.130 Stunden schutzrechtlich anzurechnender Arbeitszeit (incl. Urlaub und Krankheit!). Rechnet man den gesetzlichen Mindesturlaub (auf Basis von 60 Stunden/Woche) von 4 Wochen heraus, vermindert sich das Volumen auf 2.890 Stunden.

---

123 Vgl. im Einzelnen zur schuldrechtlichen Ersetzungsbefugnis des Arbeitgebers bei der Anordnung von Freizeitausgleich für Bereitschaftsdienst *Schlottfeldt/Kutscher*, NZA 2009, S. 697 ff.
124 Soweit Notarzt-Dienste oder andere Nebentätigkeiten in Form freiberuflicher Tätigkeit geleistet werden, unterliegen die Zeiten dieser Nebentätigkeit nicht dem ArbZG, vgl. auch Kap. 1.9.2.
125 Vgl. etwa § 10 Abs. 5 TV-Ä/VKA.
126 Feiertage auf Basis des für das Land Berlin geltenden Feiertagskalenders berechnet.

Bei einer effektiv zu leistenden Regelarbeitszeit von 1.768 Stunden errechnet sich eine „ArbZG-Luft" von insgesamt 1.120 Stunden. Davon sind 542,9 Stunden („ArbZG-Luft" bis zur durchschnittlichen 48-Stunden-Grenze) für alle möglichen Arbeitszeitverlängerungen (ggf. auch aus Vollarbeitszeit) nutzbar. Das darüber hinaus zulässige Stundenvolumen (577,1 Stunden) muss sich auf Arbeitszeiten aus Bereitschaftsdienst oder Arbeitsbereitschaft zurückführen lassen.[127] Bezüglich der Berechnung des Ausgleichszeitraums und der Berücksichtigung von Ausfallzeiten im Rahmen der Berechnung der „ArbZG-Luft" kann im Übrigen sinngemäß auf die Ausführungen zur Berechnung der Einhaltung der 48-Stunden-Grenze verwiesen werden.[128]

1.7.4 Überschreitung der 48-Stunden-Grenze nur durch Arbeitsbereitschaft und/oder Bereitschaftsdienst

Ferner ist zu beachten, dass der Gesetzgeber die ausgleichsfreie Verlängerung der Wochenarbeitszeit nur für die Arbeitszeitformen Arbeitsbereitschaft oder Bereitschaftsdienst gestattet hat. Die Überschreitung der (ohne opt-out-Regelung einzuhaltenden) durchschnittlichen Wochenarbeitszeit von maximal 48 Stunden („zulässige opt-out-Marge") muss sich also auf geleistete Arbeitszeiten in den Arbeits(zeit)formen Arbeitsbereitschaft und/oder Bereitschaftsdienst zurückführen lassen. Denn der Gesetzgeber wollte bei der Novellierung des Arbeitszeitgesetzes den mit der Umstellung der bisherigen Arbeitszeitmodelle verbundenen Schwierigkeiten dadurch Rechnung tragen, dass er den Tarifparteien die Option eröffnet, die sich bei europarechtskonformer Bewertung des Bereitschaftsdienstes als Arbeitszeit ergebende Überschreitung der wöchentlichen Höchstarbeitszeit im Wege von opt-out-Regelungen teilweise „aufzufangen". Es war nicht die Absicht des Gesetzgebers, für den vom EuGH-Urteil zum Bereitschaftsdienst und der daraus resultierenden Anpassung des Arbeitszeitgesetzes betroffenen Bereichen eine generelle Arbeitszeitverlängerung auch über das bisher zulässige Maß hinaus zu eröffnen.[129] Schon das bis Ende 2004 geltende Arbeitszeitgesetz sah jedoch eine Begrenzung der durchschnittlichen wöchentlichen Höchstarbeitszeit für Vollarbeitszeit auf 48 Stunden pro Woche vor.

Damit sind die opt-out-Regelungen de facto vor allem in den Bereichen nur begrenzt anwendbar, in denen die gesetz- und tarifkonforme Bestimmung der „Bereitschaftsdienstschwelle" dazu führt, dass der Bereitschaftsdienst nur noch während der Nachtstunden zulässig ist, weil außerhalb der Nachtzeit regelhaft gearbeitet wird.

Beispiel:
In der unfallchirurgischen Abteilung einer Universitätsklinik ergibt die Belastungsanalyse, dass Bereitschaftsdienst nur noch in der Zeitspanne von 00:0 – 07:00 angesetzt werden kann, da außerhalb dieser Zeiten eine Beanspruchung des jeweiligen Diensthabenden auf Vollarbeitsniveau besteht.

---

127 Vgl. dazu im Einzelnen Kap. 1.7.4.
128 Vgl. dazu im Kap. 1.3.3
129 Vgl. BR-Drucks. 676/03 v. 26.9.2003.

Im Ergebnis werden also nur 49 Stunden Bereitschaftsdienst[130] pro Woche in der Abteilung geleistet. Bei angenommen 12 Mitarbeitern, die sich den Bereitschaftsdienst „reihum" teilen, entfallen auf jeden Mitarbeiter nur durchschnittlich ca. 4 Stunden Bereitschaftsdienst pro Woche.

Damit ist die ausgleichsfreie Verlängerung der Wochenarbeitszeit im Rahmen der opt-out-Regelung ebenfalls auf durchschnittlich 4 Stunden pro Woche – insgesamt also dann 52 Stunden pro Woche – begrenzt. Dies gilt auch dann, wenn der Tarifvertrag ein höheres opt-out-Volumen vorsieht.

Bei dieser Berechnung sind die Inanspruchnahmen innerhalb des Bereitschaftsdienstes allerdings nicht berücksichtigt. Der Gesetzgeber hat insoweit versäumt, klarzustellen, ob die Inanspruchnahmen innerhalb des Bereitschaftsdienstes in der Option der ausgleichsfreien Verlängerung der Arbeitszeit gemäß § 7 Abs. 2a ArbZG enthalten sind. Gegen die Einbeziehung der Inanspruchnahmen spricht, dass das Arbeitszeitgesetz auch an anderer Stelle zwischen Bereitschaft und Inanspruchnahmen unterscheidet, nämlich bei der Rufbereitschaft.[131] Auch die Formulierung in § 7 Abs. 1 Nr. 1a) ArbZG, dass die Verlängerung der werktäglichen Arbeitszeit möglich ist, „wenn in die Arbeitszeit regelmäßig und in erheblichem Umfang Arbeitsbereitschaft oder Bereitschaftsdienst fällt", meint mit „Bereitschaftsdienst" die Zeitspanne der inaktiven Bereitschaftsdienstzeit, da die Verlängerungsoption sich ja gerade dadurch rechtfertigt, dass Zeiten des bloßen „bereit seins" unter dem Gesichtspunkt des Gesundheitsschutzes weniger stark ins Gewicht fallen als Zeiten aktiver Inanspruchnahme.

Auf der anderen Seite ist anerkannt, dass die Option der Verlängerung der werktäglichen Arbeitszeit für Arbeitszeiten mit Arbeitsbereitschaft oder Bereitschaftsdienst gemäß § 7 Abs. 1 Nr. 1a) ArbZG – also mit (!) Ausgleich auf durchschnittlich 8 Stunden pro Werktag bzw. 48 Stunden pro Woche – eine Verlängerung auch über 10 Stunden Gesamt-Vollarbeitszeit (geplanter Regeldienst plus Inanspruchnahmen im Bereitschaftsdienst) zulässt. Die diesbezügliche Grenzziehung hat der Gesetzgeber den Tarifparteien bzw. kirchenrechtlichen Regelungen überlassen. Die neueren Tarifverträge und kirchenrechtlichen Regelungen sehen dabei – zum Teil erhebliche – Überschreitungen einer Gesamt-Vollarbeitszeit von 10 Stunden vor.

So ist etwa in den Tarifverträgen für den ärztlichen Dienst die Option eines 24-stündigen Dienstes unter Einschluss von 8 Stunden Regeldienst für alle Bereitschaftsdienststufen enthalten.[132] Bei einer zulässigen durchschnittlichen Inanspruchnahme von maximal 49 % im Bereitschaftsdienst führt dies zu einer potenziellen Gesamt-Vollarbeitszeit von bis zu 15,8 Stunden innerhalb eines Dienstes[133]; in einzelnen Diensten auch darüber hinaus.

---

130 Basis: 7 Tage × 7 h/Tag = 49 h/Woche.
131 Vgl. § 5 Abs. 3 ArbZG.
132 Vgl. etwa § 10 Abs. 2 TV-Ä (VKA), § 7 Abs. 4 TV-Ä/UK.
133 Basis: 8 h Regeldienst + (16 h Bereitschaftsdienst × 49 % = 7,84 h) = 15,84 h. Bei einer Aufteilung des Regeldienstes auf 2 Abschnitte von z. B. 2 × 4 h kann eine Pause innerhalb des Regeldienstes entfallen, so dass die Differenz zu 24 h zulässiger Gesamtdienstzeit tatsächlich durch Bereitschaftsdienst ausgeschöpft werden kann.

Vor diesem Hintergrund wäre es problematisch, angesichts gleichlautender Tatbestandvoraussetzungen die Option der ausgleichsfreien Verlängerung der Arbeitszeit (also ohne Ausgleich auf durchschnittlich 8 Stunden/Werktag bzw. 48 Stunden/Woche) ausschließlich auf Zeiten der inaktiven Bereitschafts(dienst)zeit zu beschränken. Im Ergebnis ist es daher zulässig, im Rahmen des opt-out die Inanspruchnahmen im Bereitschaftsdienst einzubeziehen. Allerdings muss die Überschreitung der ansonsten zulässigen Gesamt-Vollarbeitszeit von durchschnittlich 8 Stunden/Werktag bzw. 48 Stunden/Woche durch besondere Gesundheitsschutzmaßnahmen im Rahmen der dreistufigen Arbeitszeitschutzprüfung flankiert werden.[134]

1.7.5 Individuelle schriftliche Zustimmung des Arbeitnehmers als Voraussetzung der Wirksamkeit des „opt-out"

Die Überschreitung ist zudem nur zulässig, wenn der Arbeitnehmer sich individuell und widerruflich (6 Monate Widerrufsfrist) mit der ausgleichsfreien Überschreitung einverstanden erklärt. Die Erklärung bedarf der Schriftform. Der Arbeitgeber muss darüber hinaus ein Verzeichnis der Arbeitnehmer führen, die entsprechende Erklärungen abgegeben haben. Der Arbeitnehmer darf bei Nichterteilung oder Widerruf der Einwilligung nicht benachteiligt werden.[135]

1.7.6 Kein „opt-out" für Rufbereitschaftsdienst

Die opt-out-Regelung ist außerdem nicht (!) für Inanspruchnahmen im Rufbereitschaftsdienst anwendbar. Dies bereitet in der betrieblichen Praxis insbesondere dann Probleme, wenn sich nur wenige Ober- oder Fachärzte[136] einen sog. Hintergrund-Rufdienst teilen. Denn in diesem Fall führen die in der Rufbereitschaft anfallenden Inanspruchnahmen (incl. Wegezeit, die in diesem Fall als Arbeitszeit im Sinne des ArbZG anzusehen ist) nicht selten zu einer Überschreitung der durchschnittlich einzuhaltenden Arbeitszeit von 8 Stunden pro Werktag bzw. 48 Stunden pro Woche.

Beispiel:
Ist außerhalb des Regeldienstes von 40 Stunden/Woche (zzgl. Pausen) Rufdienst angeordnet, so beträgt über die Woche hinweg die Summe der täglichen Rufdienstzeitspannen 125,5 Stunden.[137] Bei einer angenommenen Inanspruchnahme von 15 % (im Durchschnitt) entspricht dies einer „Aktivzeit" von max. knapp 19 Stunden/Woche.[138] Bei einer angenommenen Inanspruchnahme von je ca. 4 Stunden an Samstagen und Sonntagen blieben noch je ca. 2 Stunden Aktivzeit für die Tage MO-FR durchschnittlich übrig.

---

134 Näher dazu Kap. 1.4.6.
135 Vgl. dazu auch Kap. 3.9 mit einem Muster für opt-out-Erklärungen.
136 Erfahrungsgemäß wird es im Hinblick auf die Einhaltung der wöchentlichen Höchstarbeitszeit „eng", wenn sich 3 oder weniger Mitarbeiter einen solchen Dienst teilen. Erschwerend kommt hinzu, dass diese Mitarbeiter nicht selten auch von Überstunden betroffen sind, die die „Luft" für Rufdienst-Einsätze weiter verringern.
137 168 h ./. 40 h Regeldienstzeit ./. 5 × 0,5 h Pause MO–FR = 125,5 h.
138 125,5 h × 19 % = 18,825 h.

Die von § 7 Abs. 8 Satz 1 ArbZG bestimmte Verlängerung des Ausgleichszeitraums auf 12 Kalendermonate auf Basis einer Höchstarbeitszeit von 48 Stunden pro Woche kann dagegen auch für Arbeitszeitverlängerungen aus Inanspruchnahmen innerhalb der Rufbereitschaft genutzt werden. Denn dieser Ausgleichszeitraum bezieht sich auf alle Modelle tarifvertraglicher oder kirchenrechtlicher Arbeitszeitverlängerung im Rahmen des § 7 Abs. 1 und Abs. 2 ArbZG, also auch Verlängerungen der (Voll-)Arbeitszeit im Rahmen von § 7 Abs. 2 Nr. 3 ArbZG, zu denen die Verlängerung der werktäglichen Arbeitszeit durch Inanspruchnahmen innerhalb der Rufbereitschaft gehört.

1.8 Verkürzung der werktäglichen Ruhezeit

Unter Ruhezeit versteht man die Zeit zwischen dem Ende eines Arbeitstages und dem Beginn des nächsten Arbeitstages. In dieser Zeit darf der Arbeitnehmer nicht zu Vollarbeit, Arbeitsbereitschaft oder Bereitschaftsdienst herangezogen werden; die Leistung von Rufbereitschaft ist dagegen mit der Ruhezeit vereinbar. Erfolgt ein Abruf aus der Rufbereitschaft, muss eine bereits begonnene Ruhezeit ggf. vollständig neu gewährt werden, da die Ruhezeit ununterbrochen gewährt werden muss.

1.8.1 Elfstündige Ruhezeit gemäß § 5 Abs. 1 ArbZG

Zwischen Dienstende und Dienstbeginn am Folgetag ist gemäß § 5 Abs. 1 ArbZG grundsätzlich eine Ruhezeit von 11 Stunden (ununterbrochen) einzuhalten. Unbedenklich ist es, wenn die Ruhezeit mit Zeiten eines Freizeitausgleichs für Überstunden zusammenfällt. Entscheidend ist aus arbeitszeitschutzrechtlicher Sicht insoweit allein der Umstand, dass der Arbeitnehmer tatsächlich nicht zur Arbeit herangezogen wird.[139] Mit der Gewährung einer gesetzlich vorgesehenen Ruhezeit kann ein neuer „individueller Werktag" beginnen. Dies gilt auch dann, wenn dadurch innerhalb eines 24-Stunden-Zeitraums mehr als 10 Stunden Vollarbeitszeit geleistet werden.

Beispiel:
– Regeldienst 10:15 – 21:00 (mit 45min Pause);
– Ruhezeit 21:00 – 07:00;
– neue Arbeitsschicht ab 07:00.

Hier beginnt nach Ablauf der 10-stündigen Ruhezeit[140] mit der neuen Arbeitsschicht um 07:00 ein neuer individueller Werktag, so dass ab 07:00 wiederum volle 10 Stunden Vollarbeitszeit (zzgl. Pause) zur Verfügung stehen. Dies ermöglicht in dem insoweit besonders betroffenen Pflege- und Betreuungsbereich einen sog. „kurzen Wechsel" von Spätdienst mit anschließendem Frühdienst.

---

139 BAG NZA 1992, 891; BAG, Urt. v. 22.7.2010 – 6 AZR 78/09.
140 Vgl. Kap. 1.4.2.

1.8.2 Verkürzung der Ruhezeit auf 10 Stunden mit Zeitausgleich (§ 5 Abs. 2 ArbZG)

Die Dauer der Ruhezeit des Absatzes 1 kann in Krankenhäusern und anderen Einrichtungen zur Behandlung, Pflege und Betreuung von Personen um bis zu eine Stunde verkürzt werden, wenn jede Verkürzung der Ruhezeit innerhalb eines Kalendermonats oder innerhalb von vier Wochen durch Verlängerung einer anderen Ruhezeit ausgeglichen wird.[141]

1.8.3 Verkürzung der Ruhezeit auf 9 Stunden mit Zeitausgleich (§ 7 Abs. 1 Nr. 3 ArbZG)

Gemäß § 7 Abs. 1 Nr.3 ArbZG kann in einem Tarifvertrag oder aufgrund eines Tarifvertrages in einer Betriebsvereinbarung zugelassen werden, abweichend von § 5 Abs. 1 ArbZG, die Ruhezeit um bis zu zwei Stunden zu kürzen, wenn die Art der Arbeit dies erfordert und die Kürzung der Ruhezeit innerhalb eines festzulegenden Ausgleichszeitraums ausgeglichen wird.

Die Möglichkeit einer entsprechenden Ruhezeitverkürzung ist etwa in der kirchenrechtlichen Regelung der AVR Caritas gegeben. Darüber hinaus kann sie genutzt werden, wenn allgemeine Öffnungsklauseln für die Nutzung arbeitszeitgesetzlicher Abweichungsoptionen bestehen. Dies ist beispielsweise im TVöD der Fall, wenn dringende dienstliche oder betriebliche Gründe vorliegen.[142] Die Nutzung dieser Option ist allerdings an den Abschluss einer Dienst- bzw. Betriebsvereinbarung geknüpft.

1.8.4 Verkürzung der Ruhezeit bei Rufbereitschaft gemäß § 5 Abs. 3 ArbZG

In Krankenhäusern und anderen Einrichtungen zur Behandlung, Pflege und Betreuung von Personen können Kürzungen der Ruhezeit durch Inanspruchnahmen während der Rufbereitschaft, die nicht mehr als die Hälfte der Ruhezeit betragen, zu anderen Zeiten ausgeglichen werden.[143]

Die sprachlich etwas verunglückte Regelung ist so zu lesen, dass im Ergebnis eine Verkürzung der Ruhezeit auf mindestens 5,5 Stunden Ruhezeit zwischen Arbeitsende und Arbeitsbeginn des folgenden Werktages gewährt werden müssen (vgl. *Abbildung 6*). Bei der von § 5 Abs. 3 ArbZG in Bezug genommenen Ruhezeit handelt es sich um die gesetzliche Ruhezeit des § 5 Abs. 1 ArbZG (elf Stunden). Die Summe der bei Ausnutzung der Verkürzung zulässigen Inanspruchnahmen darf nicht mehr als die Hälfte der Ruhezeit betragen, also 5,5 Stunden. Dem entsprechend bleiben im äußersten Fall der Verkürzung noch 5,5 Stunden Ruhezeit übrig. Die verkürzte Ruhezeit muss ununterbrochen gewährt werden; dies ergibt sich einerseits durch die Bezugnahme auf die gesetzliche Ruhezeit des § 5 Abs. 1 ArbZG, andererseits aus dem Schutzzweck der Ruhezeit, ein (Mindest-)Maß der Erholung zu gewährleisten.

Dabei kann diese Mindestruhezeit grundsätzlich auch vor dem Abruf gewährt worden sein. In diesem Fall beginnt mit dem Abruf jedoch ein neuer „individueller

---

141 § 5 Abs. 2 ArbZG.
142 § 6 Abs. 4 TVöD.
143 § 5 Abs. 3 ArbZG.

Werktag", so dass der Arbeitnehmer den Dienst des Folgetages ggf. früher beenden muss.[144]

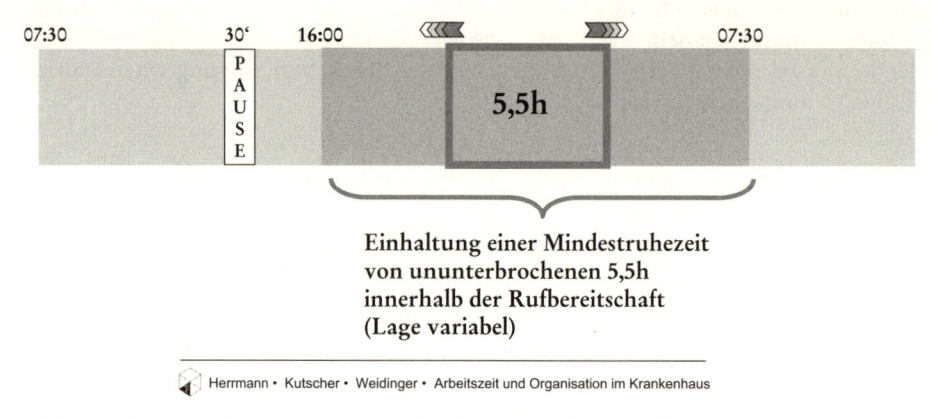

Abb. 6: Mindestruhezeit bei Rufbereitschaft (Prinzipdarstellung)

Die Vorschrift des § 5 Abs. 3 ArbZG ist von erheblicher praktischer Bedeutung im Krankenhausbereich, da die fachärztliche Versorgung von Krankenhauspatienten abends, nachts und am Wochenende üblicherweise durch sog. „Hintergrunddienste" von Fach- und Oberärzten sichergestellt wird. Diese Mitarbeiter können also auch bei nächtlichen Einsätzen am Dienst des Folgetages teilnehmen, wenn die genannte Mindestruhezeit eingehalten wurde. Die Regelung ist verfassungsrechtlich nicht unbedenklich, da sich bei voller Ausschöpfung der Verkürzung eine effektive Ruhezeit ergibt, die noch unterhalb des Wertes liegt, der von der Rechtsprechung als Grenze menschenwürdiger Arbeitszeitgestaltung angesehen wurde.[145]

Es sollte daher unabhängig von der Einhaltung der gesetzlichen Mindestruhezeit gemäß § 5 Abs. 3 ArbZG stets darauf geachtet werden, dass bei einem Einsatz am Folgetag die Leistungsfähigkeit des Mitarbeiters auch tatsächlich gegeben ist; dies folgt auch aus der Fürsorgepflicht des Arbeitgebers. Führen die Inanspruchnahmen in der Rufbereitschaft dazu, dass die Arbeitsleistung am Folgetag nicht mehr zumutbar ist, so ist der betreffende Mitarbeiter nicht zur Arbeit verpflichtet, da die Verpflichtung zur Arbeitsleistung an der Grenze der menschlichen Leistungsfähigkeit auch in arbeitsrechtlicher Hinsicht endet.[146]

Wird das Mindestniveau von 5,5 Stunden ununterbrochener Ruhezeit nicht eingehalten, kann die weitere Verkürzung der Ruhezeit nicht zu anderen Zeiten ausgeglichen werden. Sie muss also unmittelbar im Anschluss an die verbliebene Ruhezeit ausgeglichen werden, so dass der betroffene Mitarbeiter in diesem Fall erst entsprechend später den Dienst des Folgetages antreten kann, damit mindestens 5½ Stunden ununterbrochene Ruhezeit gewährt werden.[147]

---

144 Zur Berechnung des individuellen Werktages vgl. Kapitel 1.3.1.
145 BAG, Urt. v. 24.2.1982 – 4 AZR 223/80, Rn. 10; 27 ff.
146 BAG, Urt. v. 24.2.1982 – 4 AZR 223/80.
147 *Baeck/Deutsch*, § 5, Rn. 43.

1.8.5 Elfstündige Ruhezeit nach verlängerter Arbeitszeit von mehr als 12 Stunden Dauer (§ 7 Abs. 9 ArbZG)

Nach einem Dienst von über 12 Stunden Dauer (zzgl. der Pausen) ist gemäß § 7 Abs. 9 ArbZG jedoch stets eine Ruhezeit von 11 Stunden auf jeden Fall einzuhalten. Das bedeutet nicht, dass die maximale Dienstzeit auf 12 Stunden begrenzt wäre. Im Zusammenhang mit Bereitschaftsdienst kann durchaus länger gearbeitet werden. Allerdings ist anschließend 11 Stunden Ruhezeit als sog. Ausgleichsruhezeit zwingend vorzusehen.

Bei der Berechnung der Dauer eines Dienstes sind die innerhalb des Dienstes gewährten Ruhepausen abzuziehen. Im Ergebnis kann die Ruhezeit also auch dann noch verkürzt werden, wenn ein Dienst 13 Stunden gedauert hat, davon jedoch 1 Stunde als Pause gewährt wurde.

Hat die werktägliche Arbeitszeit länger als 12 Stunden (abzüglich Pausen) gedauert, so ist keine Verkürzung der 11-stündigen Ruhezeit möglich. Dies bedeutet nicht, dass nach Diensten von über 12 Stunden Dauer (z. B. 8 Stunden Regelarbeitszeit mit anschließend 8 Stunden Bereitschaftsdienst) keine Rufbereitschaft mehr geleistet werden dürfte. Denn das Gebot der elfstündigen Ruhezeit nach Verlängerung der werktäglichen Arbeitszeit auf über 12 Stunden bezieht sich auf alle innerhalb des Werktages geleisteten Arbeitszeiten. Im vorstehend genannten Fall (8 Stunden Regelarbeitszeit mit anschließend 8 Stunden Bereitschaftsdienst und anschließender Rufbereitschaft) ist das Ende der werktäglichen Arbeitszeit erst mit dem Ende der letzten Inanspruchnahme innerhalb der Rufbereitschaft erreicht. Allerdings sollte unter dem Gesichtspunkt einer gemäß § 3 ArbSchG und § 618 BGB gebotenen gesundheitsgerechten Arbeitszeitgestaltung die Vertretbarkeit einer Kombination aus verlängerter Arbeitszeit durch Bereitschaftsdienst und anschließender Rufbereitschaft sorgfältig geprüft werden.

Wird die werktägliche Arbeitszeit durch Arbeitsbereitschaft, Bereitschaftsdienst und/oder Inanspruchnahmen innerhalb der Rufbereitschaft auf bis zu 24 Stunden verlängert, so muss spätestens nach Erreichen der 24-Stunden-Grenze eine Ruhezeit von 11 Stunden gewährt werden, wenn bis dahin keine gesetzliche Ruhezeit eingehalten wurde. Nach Verlängerung der werktäglichen Arbeitszeit auf 24 Stunden darf deshalb für eine Zeitspanne von 11 Stunden grundsätzlich keine Rufbereitschaft angeordnet werden, da jeder Abruf aus der Rufbereitschaft die Ruhezeit unterbrechen würde. Davon ausgenommen sind Rufbereitschaften, deren Inanspruchnahme mit einem Notfall oder außergewöhnlichen Fall (§ 14 ArbZG) gleichzusetzen ist. Dies kommt etwa bei der Rufbereitschaft des Leitenden Notarztes im Katastrophenfall in Betracht, da die Aktivierung dieser Rufbereitschaft in der Regel einen außergewöhnlichen Fall oder Notfall im Sinne des § 14 ArbZG darstellen wird.

Die 11-Stunden-Ruhezeit des § 7 Abs. 9 ArbZG führt außerdem dazu, dass ein Mitarbeiter, der mehrere (ggf. durch Arbeitsbereitschaft oder Bereitschaftsdienst verlängerte) Arbeitsschichten gleicher Art in Folge ableistet, im einzelnen Dienst nur maximal 13 Stunden anwesend sein kann. Denn nur bei einer Begrenzung der Dienstdauer auf 13 Stunden (oder bei kürzeren Diensten) kann die erforderliche Ruhezeit von 11 Stunden zwischen den beiden Diensten eingehalten werden. Würde man dagegen etwa einen 14-Stunden-Dienst leisten, (z. B. von 18:00 bis 8:00 Uhr am

Folgetag) und würde dann wieder um 18:00 Uhr zum nächsten Nachtdienst erscheinen, so hätte man die 11-Stunden-Regel verletzt.

1.8.6 Sonstige Abweichungen der Ruhezeiten bei der Behandlung, Pflege und Betreuung von Personen (§ 7 Abs. 2 Nr. 3, 3. Alt. ArbZG)

Gemäß § 7 Abs. 2 Nr. 3 ArbZG können auch die arbeitszeitgesetzlichen Ruhezeitregelungen bei der Behandlung, Pflege und Betreuung von Personen der Eigenart dieser Tätigkeit und dem Wohl dieser Personen angepasst werden, wenn ein Tarifvertrag oder eine kirchenrechtliche Regelung dies zulässt.[148] Die Regelung ermöglicht es, Ruhezeiten auch unterhalb der von § 7 Abs. 1 Nr. 3 ArbZG (Verkürzung auf neun Stunden) vorzusehen; allerdings muss auch in diesem Fall ein Zeitausgleich gewährt werden (§ 7 Abs. 2, 1. Halbs. ArbZG).

Das praktische Bedürfnis für derartige Ruhezeitverkürzungen ist eher gering, da die gesetzliche Ruhezeit von 11 Stunden in Krankenhäusern und anderen Einrichtungen zur Behandlung, Pflege und Betreuung von Personen schon aufgrund gesetzlicher Grundlage auf zehn Stunden verkürzt werden kann (§ 5 Abs. 2 ArbZG) und weitere Verkürzungen in der Regel nur im Rahmen von Rufbereitschaft erforderlich sind. Hier bietet aber bereits § 5 Abs. 3 ArbZG eine ausreichende Grundlage der Ruhezeitverkürzung.[149]

1.9 Gewährung gesetzlicher Ruhepausen

1.9.1 Ruhepausen gemäß § 4 ArbZG

Eine Ruhepause ist die innerhalb der Arbeitszeit liegende geplante Arbeitsunterbrechung, die der Erholung des Arbeitnehmers dient. Der Gesetzgeber schreibt abhängig von der Dauer der werktäglich zu leistenden Arbeitszeit, bestimmte Mindestpausen vor:

- bis zu 6 Stunden darf ohne Pause gearbeitet werden,
- bei mehr als 6 Stunden Arbeitszeit muss 30 Minuten Pause gemacht werden,
- bei mehr als 9 Stunden Arbeitszeit muss 45 Minuten Pause gemacht werden.

Die Ruhepausen müssen im Voraus feststehen;[150] dabei ist ausreichend, wenn der Arbeitgeber eine Pausenregelung schafft, die es den Arbeitnehmern ermöglicht, die Ruhepause zu nehmen und etwa ein bestimmtes Zeitfenster für die Pausennahme zur Verfügung steht.[151] Die Pausendauer muss jedoch spätestens mit Beginn der Pause feststehen. Muss der Arbeitnehmer sich innerhalb der „Pause" zum Arbeitsabruf bereithalten, so liegt keine Ruhepause, sondern Arbeitsbereitschaft vor.[152]

---

148 Vgl. etwa § 6 Abs. 4 TVöD-K bzw. TVöD-B und § 7 Abs. 4 TV-Ä/VKA.
149 Vgl. im Einzelnen Kap. 1.8.4.
150 Dies gilt auch, wenn die zeitliche Pausengestaltung einer Gruppe von Arbeitnehmern in Eigenregie überlassen wird; der Arbeitgeber ist in jedem Fall dafür verantwortlich, dass die Lage der Ruhepause dem Arbeitnehmer rechtzeitig bekannt ist, vgl. BAG, DB 1992, 2247 (2248).
151 BAG, NZA 1993, 752–754.
152 BAG, BAGE 103, 197 ff.; BAG, DB 2003, 2014 ff.

Pausen können auf Abschnitte von je 15 Minuten aufgeteilt werden, im Schichtdienst können auch sog. Kurzpausen bei Vorliegen einer entsprechenden tarifvertraglichen Regelung ausreichend sein.

1.9.2 Ruhepause im Bereitschaftsdienst

Durch die Neubewertung des Bereitschaftsdienstes als Arbeitszeit im Sinne des § 2 Abs. 1 ArbZG ist es nunmehr erforderlich, dass auch der Bereitschaftsdienst durch Ruhepausen unterbrochen wird.[153] Dies würde dann zu skurrilen Konstellationen führen, wenn der Bereitschaftshabende während des Bereitschaftsdienstes schlafen kann („Wecken zur Pause"). Die vom Gesetzgeber offenbar übersehene Notwendigkeit einer Anpassung der Ruhepausenvorschriften an die Besonderheiten des Bereitschaftsdienstes macht für die „Pause im Bereitschaftsdienst" eine an Sinn und Zweck der Ruhepausenvorschriften orientierte Auslegung erforderlich. Ist die physische Regeneration des Bereitschaftshabendens durch Zeiten der Nichtinanspruchnahme gewährleistet, so ist nach richtiger Auffassung die explizite Ausweisung einer Ruhepause nicht erforderlich.[154] Dies gilt jedenfalls dann, wenn die an sich gebotene freie (räumliche) Verfügbarkeit der Pause für den Arbeitnehmer auf der Grundlage einer entsprechenden Regelung in zulässiger Weise eingeschränkt ist.[155]

Ob diese Voraussetzungen gegeben sind, ist für jeden Bereitschaftsdienst (und gegebenenfalls für die einzelnen „Wochentagstypen") auf der Grundlage einer Gefährdungsbeurteilung gemäß § 5 ArbSchG zu prüfen. Dabei sollten insbesondere auch Dauer und Lage der inaktiven Zeiten im Bereitschaftsdienst analysiert werden. Bei phasenweise hoher Auslastung des Bereitschaftsdienstes wird man eine solche Regeneration nicht ohne Weiteres unterstellen können.

1.9.3 Ruhepause in einzeln besetzten Diensten

Die Organisation einer „lupenreinen" Ruhepause bereitet insbesondere in einzeln besetzten Diensten Schwierigkeiten, in denen eine Ablösung des Diensthabenden nicht möglich ist und eine gegenüber Patienten bzw. Klienten bestehende Sorgfalts- oder Aufsichtspflicht des Arbeitgebers zumindest die durchgehende Anwesenheit des Diensthabenden erfordert. Die vom Arbeitszeitgesetz an sich vorausgesetzte freie Verfügbarkeit der Pause für den Arbeitnehmer ist in diesen Fällen nicht gewährleistet.

Soweit sich die Einschränkung der freien Verfügbarkeit der Pause auf eine rein räumliche Bindung des Arbeitnehmers beschränkt (z.B. Pause in einem Pausen- oder Aufenthaltsraum), ist eine solche Einschränkung mit den Vorgaben des Arbeitszeitgesetzes vereinbar. Allerdings unterliegen entsprechende Einschränkungen

---

153 BAG, Urt. v. 6.12.2009 – 5 AZR 157/09, Rn. 6.
154 In diesem Sinne relativiert auch der Erlass des Ministeriums für Arbeit, Gesundheit und Soziales des Landes NRW v. 3.8.2008 (II A 2 – 8435.4.11), § 4, den Anspruch auf eine „klassische" Ruhepause innerhalb des Bereitschaftsdienstes. Danach kann der Ruhepausenanspruch mit dem Bereitschaftsdienst vereinbar sein.
155 BAG, Urt. v. 21.8.1990 – 1 AZR 567/89.

für das Verhalten des Arbeitnehmers in der Pause gemäß § 87 Abs. 1 Nr. 1 BetrVG der Mitbestimmung des Betriebsrates.[156]

Das eigentliche arbeitszeitrechtliche Problem ist in diesen Fällen die während der Pause bestehende durchgehende Bereitschaft oder zumindest Erreichbarkeit des Arbeitnehmers mit der Verpflichtung, die Pause gegebenenfalls abbrechen zu müssen, wenn die Situation es erfordert. Eine Entscheidung des 4. Senats des Bundesarbeitsgerichts hat eine derart eingeschränkte Pause für einen Disponenten im Rettungsdienst für zulässig gehalten, wenn eine ungestörte Pause im Regelfall gewährleistet sei.[157] Eine betriebliche Regelung zur Notfallerreichbarkeit („Pieper" etc.) während der Pause kann deshalb mit § 4 ArbZG vereinbar sein, wenn dies zur Sicherstellung einer fachgerechten Versorgung zwingend erforderlich und schlechthin keine andere Organisationsform möglich ist. Im Übrigen bieten die Optionen der Aufteilung von Pausen auf Kurzpausen oder abweichende Regelungen im Rahmen von § 7 Abs. 2 Nr. 3 ArbZG Möglichkeiten, die Pausengestaltung in Behandlungs-, Pflege- und Betreuungseinrichtungen anzupassen.

Die Aufsichtsbehörden legen grundsätzlich den vom BAG vertretenen Pausenbegriff zu Grunde (freie Verfügbarkeit für den Arbeitnehmer; grundsätzlich keine räumliche Beschränkung). Vor diesem Hintergrund halten die Behörden bei durchgehend sicherzustellender Leistungserbringung grundsätzlich eine Ablösung zur Pause (versetzte Pausen, Pausenspringer) für geboten. Soweit Arbeitnehmern aufgrund organisatorischer Restriktionen (Einzeldienst, Vertretung aufgrund fehlender Qualifikation anderer Arbeitnehmer nicht möglich) keine Ablösung zur Pause sichergestellt werden kann, wird seitens der zuständigen Behörden in der Regel auch eine Pausengewährung mit faktisch eingeschränkter freier Verfügbarkeit der Pause toleriert. Die Pausennahme muss jedoch so organisiert sein, dass der Erholungszweck der Pause als Arbeitsunterbrechung gewährleistet ist. Als Anhaltspunkt für die betriebliche Praxis können dabei folgende Kriterien dienen:

– Pausen müssen im gesetzlichen Umfang vorgesehen sein;
– Die Lage der Pausen muss zumindest rahmenmäßig (Zeitkorridor) zu Beginn des Dienstes bestimmt sein;
– Der Arbeitnehmer muss die Möglichkeit haben, die aktive Arbeit zu unterbrechen und sich (ggf. im Arbeitsbereich) zur Pausennahme zurückzuziehen;
– Im Pausenbereich muss für den Arbeitnehmer die (hygienisch unbedenkliche) Möglichkeit der Verpflegung bestehen;
– Im Fall einer Unterbrechung der Pause muss der Arbeitnehmer unverzüglich nach Beendigung der Unterbrechung einen weiteren Pausenversuch unternehmen; gewährte Pausenabschnitte von 15 Minuten Dauer müssen dabei nicht nachgewährt werden.

---

156 BAG, Urt. v. 21. 8 .1990 – 1 AZR 567/89.
157 BAG, Urt. v. 4. 6 .2003 – 6 AZR 114/02, Rn. 36 ff.

1.9.4 Aufteilung der Pausen auf Kurzpausen (§ 7 Abs. 1 Nr. 2 ArbZG)

Gemäß § 7 Abs. 1 Nr. 2 ArbZG kann in einem Tarifvertrag oder aufgrund eines Tarifvertrages zugelassen werden, die Gesamtdauer der Ruhepausen in Schicht- und Verkehrsbetrieben auf Kurzpausen von angemessener Dauer aufzuteilen. Die im Krankenhaus-, Pflege- und Betreuungsbereich einschlägigen Tarifverträge und kirchenarbeitsrechtlichen Regelungen lassen eine solche Abweichung häufig zu.[158] Die Voraussetzung des „Schichtbetriebes" ist in der Regel gegeben, da keine Wechselschicht vorausgesetzt wird, so dass ein „Schichtbetrieb" im Sinne des § 7 Abs. 1 Nr. 2 ArbZG schon dann gegeben ist, wenn regelmäßig mit versetzten Arbeitszeiten gearbeitet wird. Im Zweifel ist auf die entsprechenden Begrifflichkeiten des anwendbaren Tarifvertrages abzustellen.[159]

Dabei sind sogar Pausenabschnitte von unter 10 Minuten möglich[160]; in der Literatur werden teilweise noch kürzere Dauern für vertretbar gehalten.[161] Bei einer Aufteilung der Pausen auf Kurzpausen dürfte häufig eine freie Verfügbarkeit der (Kurz-)Pause zu gewährleisten sein, da sich der Arbeitnehmer ja maximal für die Dauer der Kurzpause vom Arbeitsplatz entfernen kann, was faktisch eine Pausennahme im Bereich des Arbeitsplatzes gewährleistet. Soweit selbst für die Dauer einer Kurzpause eine Erreichbarkeit oder Bereitschaft des Arbeitnehmers nicht verzichtbar ist, stellt sich zunächst die Frage der Vertretbarkeit einer Einzelbesetzung des Dienstes. Denn der Arbeitgeber muss beispielsweise schon wegen möglicher Toilettengänge des Arbeitnehmers mit kurzzeitiger Nichterreichbarkeit des Arbeitnehmers rechnen. Die Regelung einer solchen Notfallerreichbarkeit auch während der Kurzpause ist allerdings nicht von vornherein ausgeschlossen.

Ein Anspruch des Arbeitnehmers auf Vergütung von Kurzpausen besteht nicht; in der betrieblichen Praxis werden derartige Pausen allerdings häufig auf die Arbeitszeit angerechnet.

1.9.5 Sonstige Abweichungen der Pausengestaltung bei der Behandlung, Pflege und Betreuung von Personen (§ 7 Abs. 2 Nr. 3, 2. Alt. ArbZG)

Gemäß § 7 Abs. 2 Nr. 3, 2. Alt. ArbZG können auch die Pausenbestimmungen bei der Behandlung, Pflege und Betreuung von Personen der Eigenart dieser Tätigkeit und dem Wohl dieser Personen angepasst werden, wenn eine entsprechende Tarifregelung oder kirchenrechtliche Bestimmung besteht.[162] Dabei kommt nicht nur eine

---

158 Vgl. etwa § 6 Abs. 4 TVöD-K bzw. TVöD-B oder § 7 Abs. 4 TV-Ä/VKA.
159 Gemäß § 7 Abs. 1 TVöD-K liegt Schichtarbeit bereits dann vor, wenn nach einem Schichtplan gearbeitet wird, der einen regelmäßigen Wechsel des Beginns der täglichen Arbeitszeit um mindestens zwei Stunden in Zeitabschnitten von längstens einem Monat vorsieht, und die innerhalb einer Zeitspanne von mindestens 13 Stunden geleistet wird.
160 BAG, Urt. v. 13. 10. 2009 – 9 AZR 139/08, Rn. 42.
161 *Anzinger/Koberski*, § 7, Rn. 29; *Baeck/Deutsch*, § 7, Rn. 69.
162 Auch diese Regelungsoption ist durch die ‚Abweichungsgeneralklauseln' der meisten öffentlich-rechtlichen Tarifverträge (z. B. § 6 Abs. 4 TVöD-K bzw. TVöD-B, § 7 Abs. 4 TV-Ä/VKA) in vielen Krankenhäusern sowie Pflege- und Betreuungseinrichtungen nutzbar.

Aufteilung der Pausen auf Kurzpausen oder eine veränderte Gesamtdauer der Pausen in Frage, sondern auch eine Einschränkung der freien Verfügbarkeit der Pause für den Arbeitnehmer, wenn dies zur Sicherstellung der Versorgung der Patienten bzw. Klienten erforderlich ist.

Vor dem Hintergrund der besonderen Bedeutung der Pause wird man insoweit allerdings hohe Anforderungen an die Erforderlichkeit einer solchen Regelung stellen müssen; andere Organisationsformen (z.B. wechselseitiges Ablösen zur Pause, Pausenspringer) müssen (z. B. aus Qualifikationsgründen) ausgeschlossen schlechthin unvernünftig sein. Dies wäre etwa dann der Fall, wenn die nächtliche Pausenablösung eines Einzeldienstes nur dadurch erfolgen kann, dass ein zweiter Arbeitnehmer im Rahmen eines Kurzdienstes ausschließlich zur Pausenablösung herangezogen wird. Auf jeden Fall muss eine angemessene Erholung sichergestellt sein, was im Rahmen der Gefährdungsbeurteilung (§ 5 ArbSchG) zu prüfen ist. Eine eventuell unterbrochene Pause sollte unverzüglich nachgewährt werden. [163]

Zu beachten ist ferner, dass alle Abweichungsregelungen des § 7 Abs. 2 ArbZG unter dem Vorbehalt gesundheitsschutzwahrender Zeitausgleichsregelungen stehen (§ 7 Abs. 2, 1. Halbs. ArbZG). § 7 Abs. 8 ArbZG legt dabei als Obergrenze einen Ausgleichszeitraum von bis zu 12 Monaten für die sich durch Pausenkürzungen ergebenden Arbeitszeitverlängerungen fest.

1.10 Übernahme tarifvertraglicher Abweichungsregelungen in nicht tarifgebundenen Einrichtungen (§ 7 Abs. 3 ArbZG)

§ 7 Abs. 3 ArbZG eröffnet die Möglichkeit, bestehende tarifvertragliche Regelungen zur Abweichung vom Arbeitszeitgesetz auch im Betrieb eines nicht tarifgebundenen Arbeitgebers zu übernehmen, ohne zugleich andere Bestandteile des Tarifvertrages anwenden zu müssen. Der Gesetzgeber hat damit eine Möglichkeit geschaffen, die es auch nicht-tarifgebundenen Unternehmen erlaubt, in den „Genuss" etwa von Optionen der Verlängerungen der werktäglichen und wöchentlichen Arbeitszeit bei Bereitschaftsdienst und Arbeitsbereitschaft oder Verkürzungen der Ruhezeit zu gelangen. Dies spielt im Gesundheits- und Betreuungsbereich vor allem für Privatkliniken eine Rolle, bei denen der tarifliche Organisationsgrad vergleichsweise gering ist.

Darüber hinaus können auf diesem Wege auch viele Betreuungseinrichtungen der Alten-, Jugend- und Behindertenhilfe von den in Tarifverträgen geregelten Abweichungsmöglichkeiten profitieren. Dabei kommt allerdings nur eine Bezugnahme auf „echte" Tarifverträge in Betracht, nicht aber auf kirchenrechtliche Regelungen. Kirchenrechtliche Regelungen haben zwar für den Binnenbereich der Kirchen und Religionsgemeinschaften de facto tarifähnliche Wirkungen, sind aber nach außen hin, nach den Maßstäben des kollektiven Arbeitsrechts keine Tarifverträge.

---

163 Vgl. den Kriterienkatalog am Ende des Kap. 1.9.3.

1.10.1 Übernahme tarifvertraglicher Regelungen durch Betriebsvereinbarung im Geltungsbereich eines Tarifvertrages

§ 7 Abs. 3 ArbZG legt eine Reihe von Voraussetzungen fest, die erfüllt sein müssen, bevor von den vom ArbZG abweichenden Regelungen eines Tarifvertrages Gebrauch gemacht werden kann.

Voraussetzung ist zunächst, dass eine Tarifregelung vorliegt, die eine entsprechende Abweichung regelt, etwa die Verlängerung der werktäglichen Arbeitszeit bei Bereitschaftsdienst. Solche Regelungen finden sich, wie ausgeführt, inzwischen in praktisch allen Tarifverträgen, die für diesen Bereich einschlägig sind. Dabei müssen bei der Übernahme der Regelung alle Kriterien erfüllt sein, die der Tarifvertrag vorsieht; bei der Verlängerung der Arbeitszeit durch Bereitschaftsdienst ist dies in der Regel die „Prüfungstrias" mit Belastungsanalyse, Prüfung alternativer Arbeitszeitmodelle und Festlegung von Gesundheitsschutzmaßnahmen.

Ein nicht-tarifgebundener Betrieb muss sich im Geltungsbereich des Tarifvertrages befinden. Dies ist der Fall, wenn im Fall einer Tarifbindung (etwa nach Beitritt zum einschlägigen Arbeitgeberverband) der Tarifvertrag unmittelbare Geltung beanspruchen würde.

Die Tarifregelungen müssen persönlich, fachlich und zeitlich für den betroffenen Arbeitnehmerkreis einschlägig sein. Als Faustregel kann gelten: Wenn in einer bestimmten „Branche" oder für einen bestimmten Einrichtungstyp Abweichungsregelungen in Tarifverträgen enthalten sind, dann kann auch in nicht-tarifgebundenen Einrichtungen von diesen Regelungen Gebrauch gemacht werden.

Schließlich ist Voraussetzung, dass eine Dienst- oder Betriebsvereinbarung in dem Unternehmen, das von der Abweichungsregelung Gebrauch machen will, abgeschlossen wird.[164] Das setzt voraus, dass im Unternehmen bzw. in der Einrichtung ein Betriebs- oder Personalrat besteht. Ist dies nicht der Fall, kommt ggf. eine Individualvereinbarung in Betracht.

1.10.2 Übernahme tarifvertraglicher Regelungen durch Einzelvereinbarung mit dem Arbeitnehmer

Besteht in der nicht-tarifgebundenen Einrichtung kein Betriebs- oder Personalrat, so können tarifvertragliche Regelungen zur Abweichung vom Arbeitszeitgesetz auch durch Einzelvereinbarung zwischen Arbeitgeber und Arbeitnehmer zur Anwendung gebracht werden. Dies gilt allerdings nicht, wenn der Tarifvertrag als Voraussetzung der Abweichung vom Arbeitszeitgesetz den Abschluss einer Dienst- oder Betriebsvereinbarung vorschreibt. Dies ist insbesondere bei Bezugnahmen auf Abweichungsregelungen des Tarifvertrags für den öffentlichen Dienst zu beachten, der etwa die Verlängerung der täglichen Arbeitszeit bei Bereitschaftsdienst über die „Grundmodelle" mit einer Dienstdauer von 13 bzw. 16 Stunden hinaus an den Abschluss einer Dienst- oder Betriebsvereinbarung knüpft. In diesem Fall ist ggf. eine Bewilligung der zuständigen Aufsichtsbehörde einzuholen.

---

164 Nach Auffassung des LAG Hamburg kommt die Ersetzung einer Betriebsvereinbarung durch Spruch der betriebsverfassungsrechtlichen Einigungsstelle nicht in Betracht. Vgl. LAG Hamburg, Beschl. v. 17.12.2008 – 5 TaBV 8/08, Rn. 40.

1.11 Verlängerung der werktäglichen Arbeitszeit aufgrund behördlicher Bewilligung

1.11.1 Bewilligung der Abweichung vom Arbeitszeitgesetz in tariffreien Bereichen (§ 7 Abs. 5 ArbZG)

Neben tarifvertraglichen Abweichungen von § 3 ArbZG besteht auch die Möglichkeit, gemäß § 7 Abs. 5 ArbZG eine Ausnahmebewilligung der Aufsichtsbehörde für Bereiche zu erwirken, in denen ein Tarifvertrag üblicherweise nicht besteht. Voraussetzung hierfür ist jedoch, dass dies aus betrieblichen Gründen erforderlich ist und die Gesundheit der Arbeitnehmer nicht gefährdet wird. Dabei darf die Arbeitszeit 48 Stunden wöchentlich im Durchschnitt von sechs Kalendermonaten oder 24 Wochen nicht überschreiten, so dass auf diesem Wege keine „opt-out"-Modelle realisiert werden können.

Voraussetzung der Bewilligung ist, dass im Bereich des Antragstellers Regelungen durch Tarifvertrag üblicherweise nicht getroffen werden (sog. tariffreier Bereich). Für den Bereich der Krankenhäuser sowie Pflege- und Betreuungseinrichtungen ist die Voraussetzung des tariflosen Zustands in der Regel nicht erfüllt, da in diesem Bereich nunmehr Flächentarifverträge bestehen, die bei einem Tarifbeitritt zur Anwendung kommen könnten bzw. deren Regelungen zur Abweichung vom ArbZG über eine betriebliche Bezugnahme gemäß § 7 Abs. 3 ArbZG auch tatsächlich in nicht-tarifgebundenen Einrichtungen genutzt werden können. § 7 Abs. 5 ArbZG ist dagegen nur in den Bereichen einschlägig, in denen schlechthin keine Tarifverträge bestehen (Beispiel: Freiberufler, Arbeitgeberverbände und Gewerkschaften), so dass auch die „Brücke" über § 7 Abs. 3 ArbZG nicht weiterführen würde.

1.11.2 Verlängerung der Arbeitszeit zur Erreichung zusätzlicher Freischichten im kontinuierlichen Schichtbetrieb (§ 15 Abs. 1 Nr. 1a) ArbZG)

Kommt eine Verlängerung der werktäglichen Arbeitszeit durch Nutzung tarifvertraglicher Spielräume oder Anwendung entsprechender Tarifregelungen in nicht-tarifgebundenen Einrichtungen nicht in Frage, so kann eine solche Verlängerung unter Umständen durch eine Bewilligung der zuständigen Aufsichtsbehörde gemäß § 15 Abs. 1 Nr. 1a) ArbZG erreicht werden. Danach kann die Aufsichtsbehörde eine von den Regelungen des Arbeitszeitgesetzes abweichende längere Arbeitszeit für kontinuierliche Betriebe zur Erreichung zusätzlicher Freischichten bewilligen.

Voraussetzung dafür ist zunächst das Vorliegen eines kontinuierlichen Schichtbetriebes. Schichtbetriebe sind Betriebe, die in mehreren Schichten rund um die Uhr arbeiten.[165] Dabei ist nicht Voraussetzung, dass die Abdeckung rund um die Uhr in Vollarbeitszeit erfolgt; auch ein Nachtdienst, der in Arbeitsbereitschaft oder Bereitschaftsdienst geleistet wird, ist insoweit ein „Schichtdienst", da seit der Neufassung des ArbZG im Jahr 2004 Ruhephasen im Bereitschaftsdienst nicht mehr als Ruhezeit, sondern nunmehr auch als Arbeitszeit anzusehen sind.

Eine generelle Obergrenze für die Verlängerung der werktäglichen Arbeitszeit auf der Grundlage des § 15 Abs. 1 Nr. 1a) ArbZG ist nicht vorgesehen. Es kommt daher

---

165 *Baeck/Deutsch*, § 15, Rn. 10.

auf den Einzelfall an, in dem zu prüfen ist, welche Verlängerung noch mit dem Gesundheitsschutz der Mitarbeiter zu vereinbaren ist. Bei Vollarbeitszeit sind erfahrungsgemäß Verlängerungen über 12 Stunden (zzgl. Pausen) hinaus nicht zu erreichen. Kann nachgewiesen werden, dass während des Dienstes regelmäßig und in erheblichem Umfang geruht werden kann, so ist prinzipiell eine Verlängerung bis zu 24 Stunden denkbar. Ein entsprechender Antrag sollte daher nachprüfbare Angaben zu Umfang und Verlauf der Inanspruchnahmen des Diensthabenden enthalten. Insoweit kann auf die Ausführungen zur Durchführung von Belastungsanalysen bei der Einführung tarifvertraglicher Bereitschaftsdienstmodelle verwiesen werden.[166]

Allerdings zögern die Aufsichtsbehörden nach Einschätzung d. Verf., Arbeitszeitmodelle zu bewilligen, die über die „Grundmodelle" für Bereitschaftsdienst im Tarifvertrag für den Öffentlichen Dienst – Besonderer Teil Krankenhäuser – (TVöD/BT-K) hinausgehen. Diese Grundmodelle sehen eine maximale Dienstdauer von 16 Stunden (bei durchschnittlich max. 25 % Inanspruchnahme des Bereitschaftsdienstes) bzw. 13 Stunden (bei durchschnittlich max. 49 % Inanspruchnahme des Bereitschaftsdienstes) vor.

1.11.3 Bewilligung der Verlängerung der werktäglichen Arbeitszeit bei dringender Notwendigkeit im öffentlichen Interesse (§ 15 Abs. 2 ArbZG)

§ 15 Abs. 2 ArbZG enthält einen „Auffangtatbestand", der es der zuständigen Aufsichtsbehörde ermöglicht, im öffentlichen Interesse dringend erforderliche Abweichungen durch Bewilligung zu gestatten.

Der praktische Anwendungsbereich der Vorschrift ist begrenzt, denn sie setzt voraus, dass die Abweichung vom Arbeitszeitgesetz nicht auf anderem Wege legitimiert werden kann, insbesondere durch Nutzung tarifvertraglicher Abweichungsregelungen oder Bewilligungen nach § 15 Abs. 1 Nr. 1a) ArbZG. Ist dies der Fall, so muss die beantragte Abweichung im Interesse der Allgemeinheit – also nicht nur im Interesse des Arbeitgebers oder der betroffenen Mitarbeiter – erforderlich sein. Dies kommt in Betracht, wenn ohne die Abweichung vom ArbZG dringende Bedürfnisse der Bevölkerung, wie etwa die Versorgung mit bestimmten Spezialleistungen der Krankenversorgung, nicht gesichert wäre. Die Grund- und Regelversorgung der Bevölkerung ist etwa nicht dadurch gefährdet, dass Krankenhäuser arbeitsorganisatorische Schwierigkeiten bei der Umsetzung des Arbeitszeitgesetzes haben und nunmehr Schichtdienste statt Bereitschaftsdiensten einführen müssen.

Eine dringende Abweichung im öffentlichen Interesse könnte aber zum Beispiel vorliegen, wenn ohne die Überschreitung der arbeitszeitgesetzlichen Regelungen ein Transplantationszentrum nicht mehr rund um die Uhr betrieben werden könnte, weil die Sicherstellung der Transplantationsbereitschaft und die Durchführung der Transplantationen bei einzelnen hochqualifizierten Ärzten zu Überschreitungen des Arbeitszeitgesetzes außerhalb der Normen von Arbeitszeitgesetz und Tarifvertrag führen würde.[167]

---

166 Vgl. oben Kap. 1.4.4 ff.
167 Dem Verf. ist ein Fall bekannt, in dem eine Bewilligung zur Verlängerung der werktäglichen Arbeitszeit bei Fachärzten eines Transplantationszentrums auf der Grundlage des § 15 Abs. 2 ArbZG erteilt wurde.

1.12 Überschreitung des Arbeitszeitgesetzes in Notfällen und außergewöhnlichen Fällen (§ 14 Abs. 1 ArbZG)

1.12.1 Vorübergehende Arbeiten in Notfällen und außergewöhnlichen Fällen, die unabhängig vom Willen der Betroffenen eintreten (§ 14 Abs. 1 ArbZG)

Gemäß § 14 Abs. 1 ArbZG kann von den §§ 3 bis 5 ArbZG (Vorschriften über Höchstarbeitszeiten, Mindestruhepausen und Mindestruhezeiten), § 6 Abs. 2 ArbZG (Höchstarbeitszeit der Nachtarbeitnehmer), § 7 ArbZG (Abweichende Tarifregelungen) sowie §§ 9 bis 11 ArbZG (Sonn- und Feiertagsbeschäftigung und Sonn- und Feiertagsausgleich)[168] abgewichen werden

– bei vorübergehenden Arbeiten in Notfällen,
– in außergewöhnlichen Fällen, die unabhängig vom Willen der Betroffenen eintreten und deren Folgen nicht auf andere Weise zu beseitigen sind, besonders, wenn Rohstoffe oder Lebensmittel zu verderben oder Arbeitsergebnisse zu misslingen drohen.

Ein Notfall ist durch die Gefahr des Eintritts eines unverhältnismäßigen Schadens infolge eines unvorhergesehenen und plötzlich eintretenden Ereignisses gekennzeichnet.[169] Man könnte insoweit auch von einer betrieblichen Krisensituation sprechen, die Gefahren herbeiführt, die anders als durch Abweichung von Arbeitszeitvorschriften nicht abgewendet werden können.[170] Im Unterschied zu Notfällen sind außergewöhnliche Fälle im Sinne des § 14 Abs. 1 ArbZG meist durch eine geringere Intensität des drohenden Schadens gekennzeichnet; hinsichtlich der Verursachung unabhängig vom Willen der Betroffenen gilt das zu Notfällen Ausgeführte entsprechend. Eine bestimmte Untergrenze des drohenden Schadens legt das Gesetz nicht fest; das vom Gesetz gegebene Regelbeispiel der drohenden Verderbnis von Rohstoffen oder Lebensmitteln oder des Misslingens von Arbeitsergebnissen lässt einen weiten Interpretationsspielraum zu.

Der Begriff des Notfalls sowie des „unabhängig vom Willen der Betroffenen" eintretenden außergewöhnlichen Falles setzt einen Mangel der Vorhersehbarkeit der Situation voraus.[171] Soweit Störungen von Arbeitsabläufen mit einer gewissen Wahrscheinlichkeit als unvermeidliche Nebenfolge des Betriebs eintreten,[172] wird sich der

---

168 Bei der in § 14 Abs. 1 ArbZG fehlenden Verweisung auf § 12 ArbZG (Tarifregelungen für den Sonn- und Feiertagsausgleich) dürfte es sich um ein redaktionelles Versehen handeln. Die Einbeziehung dieser Norm ergibt sich mit Blick auf die „schwächeren" Abweichungsgründe des § 14 Abs. 2 ArbZG schon unter dem Gesichtspunkt des argumentum a fortiori. Vgl. dazu auch *Anzinger/Koberski*, § 14, Rn. 1.
169 OLG Hamburg, BB 1963, 898; zweifelhaft ist jedoch, ob es sich angesichts des Wortlauts der Norm auch um ein „ungewöhnliches" Ereignis handeln muss.
170 Ähnlich *Baeck/Deutsch*, ArbZG, § 14, Rn. 7. Eine besondere öffentliche Auswirkung des Notfalles im Sinne eines allgemeinen Notstandes ist nicht erforderlich.
171 Auch ein unvorhersehbarer Streik kann die Anwendbarkeit des § 14 ArbZG begründen, insb. dann, wenn infolge des Streiks erhebliche Schäden drohen, vgl. OLG Celle, NZA 1987, 283.
172 Dazu ist etwa der Ausfall von Maschinen, der „Absturz" von EDV-Programmen oder die Krankheit einzelner Arbeitnehmer zu rechnen, vgl. auch OLG Karlsruhe, GewArch 1981, 268; VG Köln, GewArch 1990, 360.

Arbeitgeber durch eine entsprechende Betriebsorganisation darauf einzustellen haben, da anderenfalls der Ausnahmecharakter der Vorschrift durchlöchert zu werden droht.[173] § 14 ArbZG rechtfertigt nicht die Lösung struktureller betrieblicher Kapazitätsprobleme oder die Behebung anderweitiger Fehldispositionen auf dem Rücken des Arbeitszeitschutzes.

Der letztgenannte Gesichtspunkt führt insbesondere im Krankenhaus- und Pflegebereich zu einer erheblichen Einschränkung der Möglichkeit der Berufung auf „Notfälle". Denn gerade in Einrichtungen, deren Auftrag die Akut- und Notfallversorgung der Bevölkerung mit Leistungen der Krankenversorgung ist, kann eine Berufung auf den Tatbestand des „Notfalls" nicht für jeden medizinischen Notfall gelten. Denn ein Krankenhaus, das etwa eine Notaufnahme betreibt, muss sich darauf einstellen, dass die dort eintreffenden medizinischen Notfälle innerhalb der Grenzen des ArbZG behandelt werden können. Insoweit ist der (medizinische) Notfall jedenfalls in dem Maß kein Notfall im Sinne des § 14 ArbZG, als er sich im Rahmen des bei sorgfältiger Planung zu erwartenden Notfallaufkommens bewegt. Erst bei Überschreitung dieses Aufkommens aufgrund von Ereignissen, mit denen auch in einem „Notfallbetrieb" üblicherweise nicht gerechnet werden kann (z. B. Häufung von Notfallpatienten bei Massenkarambolage, Terroranschlag oder Epidemien) ist bei Überschreitung der ansonsten geltenden arbeitszeitschutzrechtlichen Grenzen eine Berufung auf § 14 Abs. 1 ArbZG möglich. Als Beispiele für Notfälle und außergewöhnliche Fälle im Sinne des § 14 Abs. 1 Satz 1 ArbZG aus der jüngeren Vergangenheit können Ereignisse wie die Love-Parade-Katastrophe in Duisburg oder die Ausbreitung des EHEC-Erregers angesehen werden.

1.12.2 Vorübergehende Arbeiten zur Schadensverhütung bei Fehlen zumutbarer Alternativen (§ 14 Abs. 2 Nr. 2 ArbZG)

Neben den „echten" – insbesondere nicht vorhersehbaren – Notfällen und außergewöhnlichen Fällen kennt das Arbeitszeitgesetz auch unterhalb der Schwelle solcher Extremfälle zulässige Abweichungen von gesetzlichen oder tarifvertraglichen (Grund-)Normen des Arbeitszeitschutzes. So kann von den §§ 3 bis 5, 6 Abs. 2, §§ 7, 11 Abs. 1 bis 3 und § 12 ArbZG abgewichen werden, wenn eine verhältnismäßig geringe Zahl von Arbeitnehmern vorübergehend mit Arbeiten beschäftigt wird, deren Nichterledigung das Ergebnis der Arbeiten gefährden oder einen unverhältnismäßigen Schaden zur Folge haben würden. Voraussetzung ist stets, dass dem Arbeitgeber andere Vorkehrungen nicht zugemutet werden können (§ 14 Abs. 2, letzter Halbs. ArbZG). Im Kern geht es um eine Abwägung zwischen den wirtschaftlichen Folgen (insb. Schäden) bei strikter Einhaltung des Arbeitszeitgesetzes gegenüber den Nachteilen für den Gesundheitsschutz der betroffenen Arbeitnehmer. Der Paradefall ist die Beendigung eines zwingend ‚tagfertig' zu beendenden Arbeitsprozesses, weil die Verschiebung auf den nächsten Tag mit unverhältnismäßigen Kosten verbunden wäre oder das Ziel der Arbeiten gefährden würde (z. B. Fertiggießen einer Betondecke). Der Anwendungsbereich der Vorschrift ist für Krankenhäuser und Pflege- und

---

173 Auch der regelmäßige Eintritt von Störungen steht der Annahme eines außergewöhnlichen Falles entgegen, vgl. BAG, DB 1958, 575.

Betreuungseinrichtungen gering, da es für die Überschreitung des Arbeitszeitgesetzes im Rahmen der Behandlung, Pflege und Betreuung von Permit § 14 Abs. 2 ArbZG eine eigenständige speziellere Abweichungsnorm gibt (vgl. Kapitel 1.12.3). Insofern ist der Tatbestand eher für gelegentliche Arbeitszeitüberschreitungen im Verwaltungsbereich dieser Einrichtungen einschlägig. Im Unterschied zu § 14 Abs. 1 ArbZG ist bei § 14 Abs. 2 Nr. 1 ArbZG nicht (!) Voraussetzung, dass der Anlass der Überschreitung des Arbeitszeitgesetzes nicht vorhersehbar war, so dass etwa auch Arbeitszeitverlängerungen zur fristgerechten Erstellung von finanzbuchhalterischen Abschlüssen nach dieser Vorschrift zulässig sein können.

1.12.3 Überschreitung des Arbeitszeitgesetzes bei der Behandlung, Pflege und Betreuung von Personen an einzelnen Tagen bei Fehlen zumutbarer Alternativen (§ 14 Abs. 2 Nr. 2 ArbZG)

Gemäß § 14 ArbZG darf von verschiedenen Vorschriften des ArbZG unter anderem in folgenden Fällen abgewichen werden:

> „... bei Forschung und Lehre, bei unaufschiebbaren Vor- und Abschlussarbeiten sowie bei unaufschiebbaren Arbeiten zur Behandlung, Pflege und Betreuung von Personen oder zur Behandlung und Pflege von Tieren an einzelnen Tagen, wenn dem Arbeitgeber andere Vorkehrungen nicht zugemutet werden können."

„Unaufschiebbar" sind Arbeiten, wenn ohne sie eine unverhältnismäßige Beeinträchtigung des Wohlbefindens der Pflegebedürftigen und Kranken entstehen würde. Zulässig sind sämtliche Arbeiten, die der Behandlung, Pflege und Betreuung unmittelbar dienen.[174] Mit dem Rechtfertigungstatbestand der Abweichung vom Arbeitszeitgesetz bei der Behandlung von Personen (§ 14 Abs. 2 Nr. 2 ArbZG) wollte der Gesetzgeber der Ausdehnung des Geltungsbereichs der öffentlich-rechtlichen Arbeitszeitschutzvorschriften auf den Krankenhausbereich Rechnung tragen. Die Vorschrift soll den betroffenen Arbeitgebern eine Anpassung der Arbeitszeiten zur Sicherstellung einer sachgerechten und situationsangepassten Fürsorge für kranke und gebrechliche Personen ermöglichen.[175]

So kommt es etwa bei der Zusammenstellung eines chirurgischen OP-Programms vor, dass bestimmte Operationen aus hygienischen Gründen stets nur am Ende des Operationsprogramms durchgeführt werden können, um Infektionsgefahren für andere Patienten möglichst auszuschließen. Treten in einem solchen Fall Verzögerungen im Operationsverlauf außerhalb der üblicherweise einzukalkulierenden Zeitspanne ein, so kann die Fortsetzung der Operation bis zur Beendigung durch das OP-Team auch bei Überschreitung arbeitszeitgesetzlicher Grenzen erfolgen, da eine schichtmäßige „Ablösung" eines eingespielten OP-Teams während der Operation erhebliche Risiken für den Patienten bergen kann. Dies gilt insbesondere für den verantwortlichen Operateur.

---

174 *Baeck/Deutsch*, § 14, Rn. 41.
175 *Ebd.*, § 14, Rn. 39.

§ 14 Abs. 2 ArbZG erlaubt die Überschreitung des Arbeitszeitgesetzes außerdem nur an „einzelnen Tagen". Eine konkrete Grenze nennt das Gesetz nicht.[176]

Darüber hinaus dürfen keine zumutbaren Vorkehrungen für den Arbeitgeber bestehen, mit denen er die Überschreitung verhindern kann. Zumutbar sind insbesondere alle arbeits(zeit)organisatorischen Maßnahmen, wie die Einführung versetzter Dienste, Schichtdienste etc. Bei häufigen Überschreitungen wird Anlass bestehen, die Arbeitszeitplanung an die realistisch zu bewältigenden Aufgaben anzupassen. Ggf. ist die Personalbemessung zu überprüfen und anzupassen.

1.13 Verantwortlichkeit, Haftung und Aufsichtspflichten des Arbeitgebers

1.13.1 Begriff des „Arbeitgebers" im bußgeld- und strafrechtlichen Sinn

Für Arbeitnehmer im Geltungsbereich des Arbeitszeitgesetzes hat der „Arbeitgeber" die umfassende Verantwortung für die Einhaltung der jeweiligen arbeitszeitschutzrechtlichen Grenzen. Dies folgt aus den bußgeld- und strafrechtlichen Sanktionsvorschriften des §§ 22, 23 ArbZG, die an die Arbeitgeberstellung anknüpfen. Bei der Arbeitgeberstellung handelt es sich um ein sogenanntes besonderes persönliches Merkmal der Strafbarkeit (bzw. bußgeldrechtlichen Verantwortlichkeit). Gemäß § 14 StGB (bzw. § 9 OWiG) ist ein Gesetz, nach dem besondere persönliche Eigenschaften, Verhältnisse oder Umstände (besondere persönliche Merkmale) die Möglichkeit der Ahndung begründen, auch auf den Vertreter anzuwenden, wenn diese Merkmale zwar nicht bei ihm, aber bei dem Vertretenen vorliegen. § 14 Abs. 1 StGB (bzw. § 9 Abs. 1 OWiG) nennt insoweit unter anderem vertretungsberechtigte Organe einer juristischen Person oder Mitglieder solcher Organe. Als bußgeld- und strafrechtlich haftende „Arbeitgeber" kommen daher insbesondere die Mitglieder der Krankenhaus- oder Einrichtungsleitung in Frage.

Darüber hinaus können gemäß § 14 Abs. 2 StGB (bzw. § 9 Abs. 2 OWiG) aber auch Führungskräfte einer Einrichtung als „Arbeitgeber" haftbar sein, wenn sie beauftragt sind, den Betrieb ganz oder zum Teil zu leiten, oder ausdrücklich beauftragt wurden, in eigener Verantwortung Aufgaben wahrzunehmen, die dem Inhaber des Betriebes obliegen. Dies führt dazu, dass auch leitende Angestellte im Sinne des § 5 Abs. 3 BetrVG für Arbeitszeitüberschreitungen in ihrem Verantwortungsbereich haften. Weitere Führungskräfte haften nur dann wenn ihnen die Verantwortung für die Einhaltung des Arbeitszeitgesetzes übertragen wurde.[177] Für Chefärzte in Krankenhäusern erfolgt eine solche Übertragung häufig im Rahmen des Chefarztvertra-

---

[176] Hierzu wird überwiegend vertreten, dass die Überschreitungen auf der Grundlage des § 14 Abs. 2 ArbZG vor dem Hintergrund der früheren Fassung des § 7 Abs. 1 Nr. 1 ArbZG (tarifvertragliche Regelung der Arbeitszeitüberschreitung an maximal 60 Tagen pro Jahr) an (mindestens) 60 Tagen erfolgen könne; vgl. Nachweise bei *Baeck/Deutsch*, § 14, Rn. 43. Zugleich weisen *Baeck/Deutsch* zutreffend darauf hin, dass diese Grenze mit der Änderung des § 7 Abs. 1 Nr. 1 ArbZG entfallen ist, so dass eine Beschränkung der Abweichungen vom Arbeitszeitgesetz in Fällen des § 14 Abs. 2 ArbZG auf 60 Tage dem Gesetz nun nicht mehr zu entnehmen ist.

[177] Vgl. zu den Voraussetzungen der Delegation von Pflichten des Betriebsinhabers OLG Düsseldorf, 12.12.2006 – IV-2 Ss (OWi).

ges, so dass in der Regel davon auszugehen ist, dass die Chefärzte als „Arbeitgeber" im Sinne der §§ 22, 23 ArbZG anzusehen sind. Der Umstand, dass der Chefarzt nicht die Befugnis zur Einstellung bzw. Entlassung von Arbeitnehmern hat, ist dabei unbeachtlich, da die Übertragung der Arbeitgeberverantwortlichkeiten im Arbeitszeitschutz nicht voraussetzt, dass zugleich eine Stellung als leitender Angestellter im Sinne des Betriebsverfassungsrechts gegeben ist. Ob Arbeitgeberpflichten zur Wahrnehmung in eigener (und nicht nur betriebsinterner!) Verantwortung übertragen wurden, ist gegebenenfalls im Einzelfall zu überprüfen.[178] In der bußgeldrechtlichen Praxis ist es höchst ratsam, die Frage der Verantwortlichkeit vor Einleitung eines förmlichen Bußgeld- oder Strafverfahrens zu klären und eventuelle diesbezügliche Meinungsverschiedenheiten nicht gleichsam unter den Augen der Aufsichtsbehörde auszutragen.

Ist eine wirksame Delegation der Arbeitgeberpflichten auf Führungskräfte zur Wahrnehmung dieser Pflichten in eigener Verantwortung erfolgt, so bleibt auf Seiten der (delegierenden) Unternehmensleitung eine Aufsichtspflicht hinsichtlich der tatsächlichen Wahrnehmung der Arbeitgeberpflichten durch die Delegationsempfänger bestehen. Im Rahmen der Aufsichtspflicht ist insbesondere eine regelmäßige Kontrolle und Unterweisung der Führungskräfte geboten. Kommt es zu Arbeitszeitüberschreitungen und wurde die Aufsichtspflicht nicht ausreichend ausgeübt („Wegschauen" der Unternehmensleitung angesichts von Überschreitungen des Arbeitszeitgesetzes), kann dies aufgrund eines eigenständigen Bußgeldtatbestandes als Ordnungswidrigkeit geahndet werden (§ 130 OWiG). Bei ordnungsgemäßer Ausübung der Aufsichtspflicht durch die Unternehmensleitung entfällt dagegen eine Haftung für einzelne Verstöße. Vor diesem Hintergrund empfiehlt sich gerade in ‚überschreitungssensiblen' Bereichen (z.B. akutmedizinische Abteilungen der Krankenhäuser) die Implementierung eines „Arbeitszeitschutz-Controllings" mit regelmäßigen Berichtspflichten und (idealerweise automatisch generierten) Auswertungen arbeitszeitschutzrechtlich relevanter Parameter (Häufig und Ausmaß der Überschreitungen der täglichen Höchstarbeitszeit; fortlaufende Überprüfung der Einhaltung des durchschnittlich zulässigen Höchstarbeitszeit etc.).

Die aus dem Arbeitszeitschutz resultierenden Verantwortlichkeiten des Arbeitgebers beziehen sich im Übrigen auf alle Arbeitnehmer, die tatsächlich in den Betrieb eingegliedert sind. Vor diesem Hintergrund muss der Arbeitgeber als „Herr des Betriebes" auch sicherstellen, dass ihm von dritter Seite überlassenes Personal die Grenzen des Arbeitszeitgesetzes einhält. Dies ist insbesondere bei sog. Gestellungsverträgen relevant, durch die dem Arbeitgeber im Wege der Arbeitnehmerüberlassung dauerhaft Arbeitnehmer von Unternehmen „verliehen" werden.

Der einzelne Arbeitnehmer ist als „Schutzobjekt" des Arbeitszeitgesetzes nicht für Überschreitungen haftbar. Dies gilt auch dann, wenn die Überschreitung vom Arbeitnehmer ausging. Der Arbeitszeitschutz ist ggf. auch gegen den Willen des Arbeitnehmers durchzusetzen. Der Arbeitgeber ist berechtigt (und verpflichtet), alle arbeitsrechtlichen Maßnahmen auszuschöpfen, um die Einhaltung des Arbeitszeit-

---

178 Thüringer OLG, Beschl. v. 2. 9. 2010 – 1 Ss Bs 57/10.

schutzes im Betrieb durchzusetzen. Eine Übertragung der Verantwortlichkeit für den Arbeitszeitschutz, wie sie gelegentlich formularmäßig in Arbeitsverträgen enthalten ist, ist unwirksam und in Bezug auf die Haftung des Arbeitgebers für mögliche Überschreitungen des Arbeitszeitgesetzes bedeutungslos.

Auch das bloße Dulden fortgesetzter Verletzungen des Arbeitszeitgesetzes kann die Bußgeld- und Straftatbestände der § 22, 23 ArbZG erfüllen. Mindestens liegt (bei Delegation der Verantwortlichkeit auf einzelne Führungskräfte) in solchen Fällen eine Verletzung der Aufsichtspflicht (§ 130 OWiG) vor, die ebenfalls als Ordnungswidrigkeit geahndet werden kann. Denn der Arbeitgeber kann sich aufgrund seines Direktionsrechts stets über die tatsächlich praktizierten Arbeitszeiten (einschließlich Nebentätigkeiten) in Kenntnis setzen.[179] Der Hinweis, Überschreitungen des Arbeitszeitgesetzes seien nicht erkannt worden, kann nicht zu einer Entlastung des Arbeitgebers führen.

Eine Haftung der Arbeitnehmervertretung (Betriebsrat, Personalrat, Mitarbeitervertretung) für Verstöße gegen das Arbeitszeitgesetz ist ausgeschlossen. Dies gilt auch dann, wenn die Arbeitnehmervertretung Dienstpläne mit rechtswidrigen Arbeitszeiten geduldet oder ihnen sogar ausdrücklich zugestimmt hat. Zwar handelt es sich dabei um eine Verletzung der Vorschriften über die Aufgaben der Arbeitnehmervertretung, denn es gehört ja gerade zu den Aufgaben der Arbeitnehmervertretung, Schutzvorschriften zugunsten der Arbeitnehmer zu überwachen. Allerdings fehlt es den handelnden Arbeitnehmervertretern am besonderen persönlichen Merkmal der Arbeitgeberstellung, das von den bußgeld- und strafrechtlichen Vorschriften des §§ 22, 23 ArbZG vorausgesetzt wird.

1.13.2 Verpflichtung zur Arbeitszeitaufzeichnung gemäß § 16 Abs. 2 ArbZG

§ 16 Abs. 2 Satz 1 ArbZG verlangt vom Arbeitgeber eine Aufzeichnung der Arbeitszeiten (Arbeitszeitnachweise), die über die werktägliche Arbeitszeit des § 3 Satz 1 ArbZG hinausgehen (vgl. *Abbildung 7*). Daraus ergibt sich zunächst, dass es keine generelle Verpflichtung zur Aufzeichnung von Dauer oder Lage von Arbeitszeiten gibt.[180] Der die Aufzeichnungspflicht auslösende Umstand ist die Überschreitung der in § 3 Satz 1 ArbZG genannten „werktäglichen Arbeitszeit". Erst eine – mehr als nur geringfügige[181] – Überschreitung der Grenze von acht Stunden Arbeitszeit an einem Werktag löst die Aufzeichnungspflicht aus. So müssten bei einer Tagesarbeitszeit von 8 Stunden mit anschließendem Rufdienst etwa die Inanspruchnahmen im Rufdienst aufgezeichnet werden. Dies gilt auch dann, wenn die Vergütung des Rufdienstes pauschaliert erfolgt. Vor dem Hintergrund des grundsätzlichen Verbotes

---

179 BAG 11. 12. 2001 – 9 AZR 464/00.
180 Die Tatbestandsüberschrift „Arbeitszeitnachweise" ist insofern irreführend.
181 Nach Auffassung von *Baeck/Deutsch*, § 16, Rn. 21, ist eine geringfügige Überschreitung dieser Grenze im Hinblick auf den evtl. enormen Aufwand unerheblich. Die Grenze der Geringfügigkeit wird man bei einer Viertelstunde ansetzen können; dies entspricht einer Unschärfe der Arbeitszeitmessung von ca. 3 %.

der Arbeit an Sonn- und Feiertagen sprechen Wortlaut und Zweck der Vorschrift dafür, dass jegliche Arbeitszeiten an Sonn- und Feiertagen festzuhalten sind.[182]

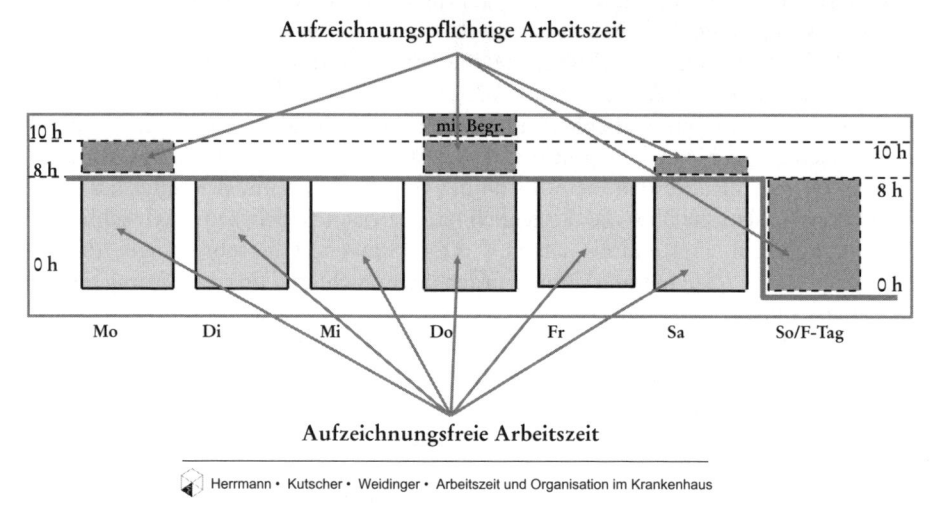

Abb. 7: Arbeitsaufzeichnung gemäß § 16 Abs. 2 ArbZG

Die Aufsichtsbehörden verlangen häufig nicht nur den Nachweis der Aufzeichnungen der über die genannten Grenzen hinaus anfallenden Arbeitszeiten, sondern zudem den Nachweis der Einhaltung der innerhalb des jeweils maßgeblichen Ausgleichszeitraums zulässigen durchschnittlichen Arbeitszeit von 8 Stunden/Werktag bzw. 48 Stunden/Woche. Diese Anforderung geht sowohl über den eindeutigen Wortlaut als auch über den Willen des Gesetzgebers, der eine derart weitgehende Aufzeichnungspflicht bewusst abgelehnt hatte[183], hinaus. Gleichwohl sollte der Arbeitgeber zur Wahrnehmung der Aufsichts- und Fürsorgepflicht entsprechende Berechnungen anstellen. Soweit über die gesetzlichen Regelungen hinaus eine vollständige Arbeitszeiterfassung vorgeschrieben ist, ist die Führung eines „Arbeitszeitschutzkontos" ohnehin unproblematisch.[184]

Möglichkeit der Delegation der Aufzeichnung auf die Mitarbeiter

Die Verpflichtung, Arbeitszeiten in dem beschriebenen Umfang aufzuzeichnen, trifft den Arbeitgeber. Dieser kann sich jedoch bei der Erfüllung dieser Pflicht des Arbeit-

---

182 Für eine Verpflichtung zur Aufzeichnung aller Arbeitszeiten an Sonn- und Feiertagen plädieren u. a. *Anzinger/Koberski*, § 16, Rn. 11 und *Schliemann*, § 16, Rn. 6 f. Anders offenbar *Roggendorff*, § 16, Rn. 8, der auch an Sonntagen von einer Verpflichtung zur Aufzeichnung erst bei Überschreitung von 8 Stunden täglicher Arbeitszeit ausgeht.
183 Eingehend dazu *Schlottfeldt*, in: Handbuch Arbeitsstrafrecht, Rn. 884 ff.
184 Eine Excel-Arbeitshilfe zur fortlaufenden Dienstplanung und Berechnung der gesetzlichen und tarifrechtlichen Arbeitszeiten auf der Basis von Monatsdienstplänen ist kostenlos unter www.arbeitszeitberatung.de verfügbar.

nehmers bedienen, indem er die Führung der Arbeitszeitnachweise dem einzelnen Mitarbeiter überträgt, der diese Nachweise – etwa im Wege der Selbstaufschreibung – anfertigt.[185] Der Arbeitgeber hat in diesem Fall die notwendigen organisatorischen Vorkehrungen zu treffen, dass der Mitarbeiter die Arbeitszeitnachweise führen kann, insb. durch die Bereitstellung von Aufzeichnungsmitteln. Ferner muss er sicherstellen, dass der Mitarbeiter die Aufzeichnungen auch anfertigt, etwa mittels Durchführung stichprobenartiger Kontrollen und Einschreiten bei festgestellten Verletzungen von Aufzeichnungspflichten.[186]

Auch die Verpflichtung, Arbeitszeitaufzeichnungen aufzubewahren, trifft den Arbeitgeber. Im Interesse des jederzeitigen Zugriffs der Aufsichtsbehörde auf die Unterlagen empfiehlt sich die zentrale Verwahrung der Unterlagen, etwa in der Personalabteilung.

1.13.3 Verfahrens- und Sanktionspraxis der Aufsichtsbehörden

Die Aufsichtsbehörden zögern nach Beobachtung des Verfassers nicht, von der Verhängung von Bußgeldern gegenüber Arbeitgebern – aber auch gegen die als Arbeitgeber handelnden Führungskräfte – Gebrauch zu machen.[187] Dies dürfte auch darauf zurückzuführen sein, dass ohnehin nur ein Bruchteil der tatsächlichen Verstöße gegen Arbeitszeitnormen jemals bekannt und geahndet werden, so dass die geahndeten einzelnen Verstöße in der Regel nur „die Spitze des Eisbergs" darstellen.

Die Einleitung bußgeldrechtlicher Verfahren geht meist auf Hinweise aus dem betroffenen Betrieb selbst zurück; die Anzeige an das Gewerbeaufsichtsamt stellt sich für den Betriebs- oder Personalrat oder Mitarbeiter insoweit oft als das äußerste Mittel dar, arbeitszeitbezogenen Gesetzesverstößen abzuhelfen.[188] Allerdings kommen derartige Anzeigen auch als „Racheakte" von im Unfrieden aus dem Betrieb ausgeschiedenen Arbeitnehmern vor. Anlass ist dafür nicht selten ein Streit über die vom Arbeitnehmer geforderte Vergütung von Mehrarbeitsstunden, deren Anerkennung der Arbeitgeber verweigert.

Darüber hinaus führen die Aufsichtsbehörden in den letzten Jahren regelmäßig sog. Schwerpunktaktionen durch, in deren Verlauf eine verdachtsunabhängige flächendeckende arbeitsschutzrechtliche Überprüfung aller Betriebe einer bestimmten

---

185 *Anzinger/Koberski*, § 16, Rn. 12, halten die Selbstaufschreibung ausdrücklich für zulässig; ähnlich *Dobberahn*, Rn. 166.
186 *Dobberahn*, Rn. 166; vgl. dazu auch *Anzinger/Koberski*, § 16, Rn. 12. Auch *Roggendorff*, § 16, Rn. 10, hält trotz seiner Bedenken gegen eine Selbstaufschreibung diese Form der Aufzeichnung für zulässig, wenn der Arbeitgeber entsprechende Vorkehrungen trifft. Vgl. allgemein zu dieser Thematik und im Hinblick auf § 130, OWiG, Rn. 956 ff., 963 ff.
187 Zur potenziellen Höhe bußgeldrechtlicher Sanktionen im Bereich des Arbeitszeitschutzes vgl. den auf Länderebene abgestimmten Bußgeldkatalog für einzelne Tatbestände des Arbeitszeitgesetzes, zugänglich unter www.voris.niedersachsen.de.
188 Die Erstattung einer Anzeige des Arbeitnehmers bei der zuständigen Aufsichtsbehörde wegen Verletzungen des ArbZG rechtfertigt jedenfalls dann keine fristlose Kündigung, wenn keine Schädigungsabsicht vorliegt und der Arbeitnehmer zuvor versucht hat, den Arbeitgeber zur Einhaltung der gesetzlichen Bestimmungen zu veranlassen; LAG Köln MDR 2004, 41–42.

Branche stattfindet. Auslöser solcher Schwerpunktaktionen waren in der Vergangenheit des Öfteren rechtliche Neuregelungen. Vor dem Hintergrund der Novellierung des Arbeitszeitgesetzes im Jahr 2004 und dem Auslaufen der Übergangsfrist Ende 2006 ist mit derartigen Aktionen in den kommenden Jahren auch im Krankenhaus- und Betreuungsbereich zu rechnen. Dies gilt in besonderem Maße für Krankenhäuser mit akutmedizinischem Spektrum und Notarzt-Diensten, da in diesem Bereich nach wie vor die größten Defizite bei der rechtskonformen Abgrenzung von Regeldienst und Bereitschaftsdienst bestehen.

Bei der Ermittlung von Verstößen gegen höchstzulässige Arbeitszeitdauern werden in der Regel die vom Betrieb geführten Arbeitszeitaufzeichnungen herangezogen.[189] Soweit eine automatisierte Erfassung von Anwesenheitszeiten als zu vergütende Arbeitszeiten (Stempeluhr, elektronische Zeiterfassung) erfolgt, kann fraglich sein, ob die dadurch aufgezeichneten Anwesenheitszeiten in vollem Umfang Arbeitszeiten im arbeitszeitschutzrechtlichen Sinne darstellen. Soweit sich regelmäßig größere Diskrepanzen zwischen Anwesenheitszeiten im Betrieb und arbeitszeitschutzrechtlich zu berücksichtigender Arbeitszeit ergeben, kann eine gesonderte Erfassung der reinen Arbeitszeiten (nur diese sind hinsichtlich ihrer Überschreitung der in § 16 Abs. 2 ArbZG genannten Grenzwerte zu erfassen) zweckmäßig sein, um insoweit Konflikten mit der Aufsichtsbehörde vorzubeugen.[190]

Von Zusagen des Arbeitgebers gegenüber Führungskräften zur Erstattung von Geldbußen ist dringend abzuraten. Derartige Zusagen sind nicht nur wegen ihrer Sittenwidrigkeit unwirksam (§ 138 BGB)[191], sondern müssen als Indizien für eine bußgeldrechtlich relevante Mitverantwortung des Arbeitgebers, mindestens aber als Verletzung der Aufsichtspflicht (§ 130 OWiG) des Arbeitgebers gewertet werden.

Im Fall der bußgeldrechtlichen Sanktionierung von Arbeitszeitüberschreitungen wird jede einzelne Überschreitung pro Werktag als gesonderter Fall angesehen, so dass auch bei moderat erscheinenden Bußgeldern im Einzelfall durch die Aufsummierung zahlreicher Fälle schnell ein vier- oder fünfstelliger EUR-Betrag der Bußgeldhöhe erreicht wird. Dadurch kommen bei strukturellen Defiziten der Einhaltung des Arbeitszeitgesetzes selbst in überschaubaren Zeiträumen (z. B. 3 Monate als üblicher „Stichprobenzeitraum" bei aufsichtsbehördlichen Prüfungen) erhebliche Fallzahlen zusammen.

---

189 Vgl. zum Umfang der Auskunftspflicht und möglichen Auskunftsverweigerungsrechten Schlottfeldt, in: Handbuch Arbeitsstrafrecht, Rn. 890.

190 Die Erfassung vergütungsrechtlich und arbeitszeitschutzrechtlich relevanter Arbeitszeiten kann im Wege der Selbsterfassung der Arbeitszeiten durch den Arbeitnehmer auch zusammengeführt werden, sofern auch vergütungsrechtlich davon auszugehen ist, dass Anwesenheitszeit am Arbeitsplatz nicht zwangsläufig auch als Arbeitszeit (bzw. Nichtanwesenheit als Nichtarbeitszeit) anzusehen ist.

191 BAG BB 2001, 1154 ff.; BAG, NZA 2001, 653 ff.

1.13.4 Allgemeine haftungsrechtliche Problematik bei Arbeitszeitüberschreitungen
Bei der Frage der Einhaltung des Arbeitszeitgesetzes im Rahmen neuer Arbeitszeitmodelle und der diesbezüglichen Verantwortlichkeit des Arbeitgebers dürfen allgemeine haftungsrechtliche Risiken nicht aus dem Blick geraten.

Dies spielt insbesondere – aber keineswegs ausschließlich – in dem insoweit besonders „anfälligen" Krankenhausbereich eine Rolle. Denn der Einsatz von Personal außerhalb der Grenzen des Arbeitszeitgesetzes oder tarifvertraglich geregelter Abweichungen birgt nicht unerhebliche Risiken von der Haftung für Schadensersatz bei nicht vertragsgemäßer Leistung, über das allgemeine Deliktsrecht bis hin zu Risiken der Strafbarkeit wegen fahrlässiger Körperverletzung oder gar Tötung.

In zivilrechtlicher Hinsicht besteht die Verpflichtung für ein Krankenhaus als Vertragspartner des mit dem Patienten abgeschlossenen Behandlungsvertrages, eine vertragsgemäße Leistung zu erbringen. Diese besteht mit Blick auf die ärztliche Leistung in der Regel in der Erbringung der Behandlungsleistungen auf fachärztlichem Niveau. Führt der Einsatz etwa eines übermüdeten Operateurs zu einem Kunstfehler mit Patientenschaden, so besteht zwar kein „Haftungsautomatismus" in dem Sinne, dass allein die Überschreitung des ArbZG zur Bejahung eines Schadensersatzanspruchs des Patienten führt.[192] Denn der geschädigte Patient trägt grundsätzlich die volle Beweislast für einen vom Krankenhaus vorsätzlich oder fahrlässig begangenen Kunstfehler und den daraus entstandenen Schaden. Die Durchführung einer ärztlichen Behandlung durch Personal, das außerhalb der Grenzen des Arbeitszeitschutzes eingesetzt wird, kann aber in einem möglichen Haftungsprozess zu einer Umkehr der Beweislast zu Lasten des Krankenhauses führen, weil insoweit ein Zusammenhang zwischen Kunstfehler und Überbeanspruchung des Arztes vermutet wird.

In strafrechtlicher Hinsicht kann sich der Einsatz von Personal außerhalb der Grenzen des ArbZG als eine Verletzung der dem Patienten gegenüber bestehenden Sorgfaltspflichten darstellen.[193] Dabei besteht eine Haftung nicht nur dann, wenn die Überbeanspruchung des Personals die einzige Ursache eines Kunstfehlers war, sondern im Rahmen eines „Gefahrenkorridors" eine erhebliche Rolle bei der Herbeiführung des Schadens gespielt hat.[194]

---

192 Zur Sorgfaltspflichtverletzung durch Einteilung eines übermüdeten Operateurs vgl. BGH, Urt. v. 29.10.1985 – VI ZR 85/84 („... selbstverständlich muß ... sichergestellt sein, daß die behandelnden Ärzte körperlich u. geistig in der Lage sind, mit der im Einzelfall erforderlichen Sorgfalt zu operieren.").
193 Vgl. zur Frage der Strafbarkeit wegen fahrlässiger Tötung durch Kunstfehler nach übermäßiger zeitlicher Beanspruchung AG Köln, Urt. v. 16.5.2012 – 613 Ls 3/12.
194 LG Fürth, Urt. v. 8.2.2006 – 2 Ns 915 Js 144710/2003, 2 Ns 915 Js 144710/03 (strafrechtliche Verantwortlichkeit des Betriebsinhabers für Verkehrsunfälle infolge der Unterschreitung von Ruhezeiten).

1.14 Betriebliche Mitbestimmung bei der Umsetzung neuer Arbeitszeitmodelle

1.14.1 Mitbestimmung über Beginn und Ende der Arbeitszeit sowie Verteilung der Arbeitszeit auf die Wochentage

Gemäß § 87 Abs. 1 Nr. 2 BetrVG hat der Betriebsrat bei Festlegung von Beginn und Ende der Arbeitszeit sowie der Pausen und der Verteilung der Arbeitszeit auf die Wochentage mitzubestimmen. Die Festlegung von Beginn und Ende der einzelnen Zeitspannen des

- (Vollarbeitszeit), einschließlich Pausen,
- Bereitschaftsdienst und
- Rufbereitschaft

sind daher erzwingbar mitbestimmungspflichtig. Dies gilt auch für die Rufbereitschaft, obwohl diese ja an sich nicht zur Arbeitszeit im Sinne des ArbZG zu rechnen ist, sondern als Ruhezeit gilt. Der in § 87 Abs. 1 Nr. 2 BetrVG verwendete Begriff der Arbeitszeit ist aber in dieser Hinsicht weiter als der Arbeitszeitbegriff des Arbeitszeitgesetzes. Das bedeutet, dass eine einseitige Festlegung dieser Zeitspannen durch den Arbeitgeber nicht in Betracht kommt. Dasselbe gilt für die mitbestimmungsrechtlichen Vorschriften des öffentlichen und kirchlichen Dienstrechts (Personalvertretungsrecht; Mitarbeitervertretungsordnungen).

Darüber hinaus verlangen eine Reihe von Tarifverträgen und kirchenrechtlichen Regelungen die Mitbestimmung des Betriebs- oder Personalrates bzw. der Mitarbeitervertretung bei der Nutzung bestimmter Optionen der Abweichung vom Arbeitszeitgesetz. Insbesondere ist dies in den vom TVöD geprägten Regelungen für die Nutzung der über die „Bereitschaftsdienst-Grundmodelle" (16 bzw. 13 Stunden Dienstdauer incl. max. 8 h Regeldienst) hinausgehende Verlängerung der werktäglichen Arbeitszeit vorgesehen. Hier ist also nicht nur das „Wie" (Festlegung der konkreten Dienstzeitspannen), sondern schon das „Ob" des Gebrauchs dieser Ermächtigungen mitbestimmungspflichtig. Dies gilt auch für die Einführung von „opt-out"-Modellen zur Verlängerung der durchschnittlichen wöchentlichen Arbeitszeit auf über 48 Stunden.

Eine Ausnahme besteht insoweit aber für den ärztlichen Bereich: Hier ist – mit Ausnahme der kirchenrechtlichen Regelungen – die Verlängerung der werktäglichen und wöchentlichen Arbeitszeit grundsätzlich („Ob") mitbestimmungsfrei möglich; die konkrete Ausgestaltung der Dienstzeiten („Wie") jedoch auch mitbestimmungspflichtig.

Das Mitbestimmungsrecht des § 87 Abs. 1 Nr. 2 BetrVG ist umfassend. Es bezieht sich nicht nur auf die Festlegung der „Dienste" (Frühdienst, Spätdienst, Bereitschaftsdienst etc.), sondern auch auf die Verteilung der Dienste auf die einzelnen Mitarbeiter. Damit ist im Ergebnis jeder Dienstplan (z. B. Monats- oder Wochendienstplan) für jede Organisationseinheit gesondert mitzubestimmen. Diese umfassende betriebliche Mitbestimmung führt gerade im Krankenhaus-, Pflege- und Betreuungsbereich zu einer Vielzahl von wiederkehrenden Mitbestimmungstatbeständen, die nur mit einem langen Vorlauf der Dienstplanung handhabbar ist. Dieser lange Vorlauf macht dann in der Praxis aber gerade wieder viele Dienstpläne zur Makulatur, da eine bedarfsgerechte Dienstplangestaltung gerade im Pflege- und Betreuungsbereich eine kurzfristige Reaktion auf veränderte Bedarfssituationen erfordert.

Vor diesem Hintergrund sollte erwogen werden, statt einer Einzelmitbestimmung zahlreicher Dienstpläne Kriterien und Grundsätze zu erarbeiten, nach denen der Arbeitgeber die einzelnen Dienstpläne aufzustellen hat. Dies kann etwa die gleichmäßige Verteilung „unbeliebter" Dienste (meist Wochenend- und Nachtdienste) sein und/oder die vorrangige Berücksichtigung einer gleichmäßigen Auslastung der Mitarbeiter eines Arbeitsbereiches. Dabei kann die Ausübung der Mitbestimmung durch den Betriebs-/Personalrat bzw. die Mitarbeitervertretung so gestaltet werden, dass der Dienstplan bei Einhaltung der vereinbarten Kriterien und Grundsätze als genehmigt gilt; ggf. kann der Arbeitnehmervertretung ein „Veto-Recht" eingeräumt werden.[195]

1.14.2 Direktionsrecht des Arbeitgebers in Arbeitszeitfragen

Besteht kein Betriebsrat, so hat der Arbeitgeber im Rahmen des ihm zustehenden Direktionsrechts die Befugnis, die Dienste festzulegen und die einzelnen Dienstpläne aufzustellen. Dabei muss er jedoch die Grenzen des Arbeitszeitgesetzes und ggf. des Tarifvertrages beachten und muss nach „billigem Ermessen" handeln. Das bedeutet, dass der Arbeitgeber die Belange des Betriebes gegen die (möglicherweise entgegenstehenden) zeitlichen Interessen des Mitarbeiters abzuwägen hat; besondere Rücksicht ist auf Behinderungen des Mitarbeiters und zwingende Betreuungspflichten zu nehmen. Außerdem gehen einzelvertragliche Absprachen vor, so dass etwa bei einer im Arbeitsvertrag geregelten festen Arbeitszeitlage nur mit Zustimmung des Mitarbeiters davon abgewichen werden darf.

Umgekehrt kann sich ein Mitarbeiter, dessen Arbeitszeitlage im Arbeitsvertrag nicht festgelegt ist, in der Regel nicht darauf berufen, dass er an einer bestimmten langjährig praktizierten Arbeitszeitlage festhalten möchte. Insoweit ist zu beachten, dass ein Arbeitnehmer in Fragen der Arbeits(zeit)organisation regelmäßig nicht auf das Fortbestehen einer bestimmten Organisationsform im Sinne einer „betrieblichen Übung" vertrauen kann.

1.14.3 Grenzen der Mitbestimmung

Die betriebliche Mitbestimmung gemäß § 87 Abs. 1 Nr. 2 BetrVG soll eine für den einzelnen Mitarbeiter sinnvolle Abfolge von Arbeitszeit und Freizeit sichern. Nicht mitbestimmungspflichtig ist dagegen die mit dem einzelnen Arbeitnehmer im Arbeitsvertrag vereinbarte Arbeitszeitdauer. Mitbestimmungspflichtig ist lediglich die Verlängerung der betriebsüblichen Arbeitszeit, womit der Einsatz eines Mitarbeiters zu Zeiten, die nicht durch Betriebs-/oder Dienstvereinbarung oder im Einzelfall mitbestimmt sind, gemeint ist. Wird ein Mitarbeiter im Rahmen von (mitbestimmten) Dienstplänen über seine individuelle Wochenarbeitszeit hinaus eingesetzt (Aufbau von „Plussalden" im Zeitkonto), so ist dies nicht mitbestimmungspflichtig.[196]

---

195 Ein Beispiel einer entsprechenden betrieblichen Regelung ist in Kap. 3.9 wiedergegeben.
196 BAG, Beschl. v. 11.12.2001 – 1 ABR 3/01.

Allerdings kann fraglich sein, ob der betroffene Mitarbeiter arbeitsvertraglich zur Leistung von Überstunden verpflichtet ist; dies gilt insbesondere bei Teilzeitbeschäftigten, wenn eine entsprechende Regelung im Arbeitsvertrag fehlt.

Nicht mitbestimmungspflichtig ist auch der Abbau von Überstunden in der Form, dass einzelne (oder mehrere) Mitarbeiter ganz oder teilweise aus dem Dienstplan „herausgenommen" werden, ohne dass andere Mitarbeiter die dadurch entstehende Verringerung der Besetzungsstärke „auffüllen" müssen (weil z. B. an einzelnen Tagen weniger Arbeitszeitbedarf besteht). Denn in diesem Fall wird das Dienstplangefüge an sich nicht verändert, es werden lediglich einige Mitarbeiter während der vorgesehenen Dienste bezahlt freigestellt.

Eine solche Maßnahme greift allenfalls in Rechte der einzelnen Mitarbeiter (nicht aber des Betriebsrates) ein, etwa, wenn die Freistellung extrem kurzfristig erfolgte. So muss es ein Mitarbeiter nicht hinnehmen, dass er gleichsam „nach Hause geschickt" wird, weil plötzlich kein Bedarf mehr an seiner Arbeitsleistung besteht. Der Arbeitgeber muss daher nicht nur bei der Einteilung von Arbeitszeit, sondern auch bei der „Anordnung" von Freizeit im Rahmen des Direktionsrechts „billiges Ermessen" walten lassen. Dies führt beim angeordneten Abbau von Überstunden dazu, dass ein angemessener Vorlauf einzuhalten ist. Bei mehr als nur geringfügigen Veränderungen der Dienstzeiten sollte ein Vorlauf von 1–2 Tagen eingehalten werden. Insbesondere bei der „Ansage" von Arbeitszeit ist im Einzelfall auf irreversible Dispositionen des Arbeitnehmers Rücksicht zu nehmen.

1.14.4 Exkurs: Tendenzschutz gemäß § 118 BetrVG und betriebliche Mitbestimmung in Arbeitszeitfragen

Das erzwingbare Mitbestimmungsrecht des Betriebsrates über Lage und Verteilung der Arbeitszeit steht grundsätzlich nicht unter dem Vorbehalt, dass durch Mitbestimmungsrechte des Betriebsrats nicht in die unternehmerische Entscheidungsfreiheit eingegriffen werden darf.[197] Die betriebliche Mitbestimmung kann jedoch unter Umständen eingeschränkt sein, soweit sie mit dem in § 118 BetrVG verankerten Tendenzschutz kollidiert. In § 118 BetrVG heißt es:

> (1) Auf Unternehmen und Betriebe, die unmittelbar oder überwiegend
> 1. politischen, koalitionspolitischen, konfessionellen, karitativen, erzieherischen, wissenschaftlichen oder künstlerischen Bestimmungen ...
> 2. ...
>
> dienen, finden die Vorschriften des Gesetzes keine Anwendung, soweit die Eigenart des Unternehmens dem entgegensteht ...

Krankenhäuser, Pflege- und Betreuungseinrichtungen als Tendenzbetriebe

Voraussetzung des Tendenzschutzes ist, dass die jeweilige Einrichtung als Tendenzbetrieb im Sinne des § 118 BetrVG anzusehen ist. Bei Krankenhäusern, Pflege- und

---

197 BAG 31. 8. 1982 – 1 ABR 27/80.

Betreuungseinrichtungen kommt dabei insbesondere die Verfolgung karitativer und/ oder erzieherischer Zwecke[198] in Betracht; bei der Übernahme von Forschungsaufgaben, bspw. in akademischen Lehrkrankenhäusern auch wissenschaftliche Zwecke.

Mitarbeiter als Tendenzträger

Der Tendenzschutz des § 118 BetrVG erstreckt sich jedoch nicht auf alle Arbeitnehmer. Insbesondere erstreckt er sich nicht auf Mitarbeiter, die nicht Tendenzträger sind. Für die Frage, ob Beschäftigte Tendenzträger sind, hat das BAG folgende abgestufte Argumentation entwickelt:

1. Tendenzträger kann nur sein, wer die Möglichkeit einer inhaltlich prägenden Einflussnahme auf die Tendenzverwirklichung hat.
2. Voraussetzung der Möglichkeit inhaltlich prägender Einflussnahme im Sinne einer persönlichen Zuverlässigkeit, die die Tendenzverwirklichung sichert, ist ein Gestaltungsspielraum bei der Realisierung der Arbeitsleistung. Mit Gestaltungsspielraum ist die Konstellation gemeint, dass der Arbeitnehmer einen gewissen Gestaltungsspielraum im Hinblick auf seine individuellen Eigenheiten und Fähigkeiten besitzt.[199]
3. Ein solcher Gestaltungsspielraum
   - fehlt, wenn die Arbeit durch Richtlinien und Weisungen vorgegeben ist, also eine im einzelnen bzw. bis ins Detail weisungsgebundene Tätigkeit verrichtet wird;[200]
   - ist nicht allein deshalb gegeben, weil die Verrichtung der bis ins Detail vorgegebenen Tätigkeiten mit persönlicher Zuwendung (etwa zu Patienten in einem Krankenhaus) einhergeht, denn diese ist als solche irrelevant;[201]
   - ist umso eher ausgeschlossen, je mehr die Arbeitnehmer aufgrund des gleichen Qualifikationsniveaus Tätigkeiten verrichten, hinsichtlich derer sie „austauschbar" sind, also ihre Person als prägendes Moment zurücktritt;[202]
   - ist umso eher gegeben, je mehr die Beziehung zwischen Arbeitnehmer und zu betreuender Person jenseits bloßer persönlicher Zuwendung so intensiv ist, dass daraus – vermittels der individuellen Eigenheiten und Fähigkeiten des Arbeitnehmers ein prägender Einfluss auf die Erfüllung der karitativen Zwecksetzung des Unternehmens entsteht.[203]

Dabei gibt es **keine** Vermutung, dass im karitativen Bereich „eher reagierend-dienende" als kreativer Raum für eigene Gestaltung lassende Tätigkeiten vorherrschen. Denn eine solche generalisierende Annahme wird der Differenziertheit der aktuellen

---

198 Vgl. BAG 12.11.1991 – 1 ABR 4/91 (Behinderteneinrichtungen).
199 BAG 12.11.1991 – 1 ABR 4/91, Rn. 19/20.
200 BAG 4.12.1990 – 1 ABR 3/90, Rn. 16.
201 BAG 12.11.1991 – 1 ABR 4/91, Rn. 20.
202 BAG 18.4.1989 – 1 ABR 97/87, Rn. 38.
203 BAG 12.11.1991 – 1 ABR 4/91, Rn. 20.

Praxis karitativer Arbeit, basierend auf Erkenntnissen der Pflege- und Rehabilitationswissenschaft sowie der Behinderten- und Heilpädagogik nicht gerecht. Ob im Einzelfall die Möglichkeit einer inhaltlich prägenden Einflussnahme auf die Tendenzverwirklichung besteht, muss vermittels aussagekräftiger tatsächlicher Umstände deutlich werden.[204] Insoweit ist die Arbeit der in der Betreuung eingesetzten Mitarbeiter anders zu bewerten als etwa die Tätigkeit von Pflegepersonal in Krankenanstalten. Während Pflegepersonal in Krankenanstalten weitgehend weisungsbezogen ohne eigenen Handlungs- und Gestaltungsspielraum im Rahmen der ärztlich getroffenen Therapieentscheidungen handelt und diese unterstützt, verwirklicht sich etwa das pädagogische Konzept einer Behinderteneinrichtung gerade in der Arbeit der Betreuer, die zu einem erheblichen Teil nicht durch vorstrukturierte Abläufe geprägt ist, sondern in der spontanen Reaktion auf Verhalten, Äußerungen und Wünsche der Behinderten besteht.

Tendenzrelevanz von Arbeitszeitfragen

Voraussetzung des Tendenzschutzes ist ferner, dass in der Arbeits(zeit)organisation die geschützte Tendenz zum Ausdruck kommt. Insoweit wird man in Bezug auf die Freiheit von betrieblicher Mitbestimmung danach differenzieren müssen, welche Aspekte des Arbeitszeitmodells „tendenzrelevant" sind und in welchem Umfang für die Einschränkung der Mitbestimmung kein Anlass besteht, weil es sich nur um – tendenzneutrale – Organisationsfragen handelt.

Eine generelle Beantwortung dieser Frage erscheint angesichts der Differenziertheit tendenzgeschützter Einrichtungen kaum möglich. Sinn des Tendenzschutzes nach § 118 Abs. 1 Satz 1 BetrVG ist es, solche tendenzbezogenen Entscheidungen des Arbeitgebers von Mitbestimmungsrechten des Betriebsrates insoweit freizustellen, als durch diese Mitbestimmungsrechte die Tendenz des Unternehmens, also die geistig-ideelle Zielsetzung des Unternehmens und deren Verwirklichung verhindert oder jedenfalls ernstlich beeinträchtigt werden kann.[205] Bei der Behandlung und Betreuung von Personen erfolgt die Umsetzung der Tendenz in der Betriebspraxis gerade (auch) durch Entscheidungen über die zeitliche Verfügbarkeit tendenzgeschützter Dienstleistung. Damit unterliegt die Festlegung von Arbeitszeiten im Krankenhaus-, Pflege- und Betreuungsbereich eher dem Tendenzschutz als in anderen Bereichen. Aus diesen Gesichtspunkten lassen sich nach Ansicht d. Verf. zumindest einige Leitlinien formulieren, die in der Praxis zumindest als Orientierungshilfen dienen können.

– Die Festlegung des zeitlichen Rahmens, innerhalb dessen regelhafte Leistungen erbracht werden, hat Tendenzbezug, wenn die Festlegung dieses Rahmens Ausdruck eines bestimmten Behandlungs- oder Betreuungskonzepts ist und nicht lediglich Ausfluss einer rechtlich zwingenden Notwendigkeit (Beispiel: Das pädagogische Ziel der normalen Lebensführung Behinderter lässt sich nur realisieren,

---

204 BAG 18.4.1989 – 1 ABR 2/88.
205 BAG 13.1.1987 – 1 ABR 49/85.

wenn zu den normalen Zeiten für die normalen Lebensbedürfnisse erforderlichen Unterstützungsleistungen in vollem Umfang bereit stehen („Servicezeiten").[206]
- Die Festlegung bestimmter Arbeitszeitmodelle in Form von (wiederkehrend zu besetzenden) „Diensten" kann ebenfalls Tendenzbezug haben, wenn Lage und Dauer der Dienste nicht bloß Ausdruck von Zweckmäßigkeits- und Wirtschaftlichkeitsüberlegungen sind, sondern eine andere Dienststruktur zu einer Beeinträchtigung des Behandlungs- oder Betreuungskonzepts führen würde. Dies kommt insbesondere dort in Frage, wo eine besondere Kontinuität der Beziehung zwischen Mitarbeitern und den von ihnen zu behandelnden oder zu betreuenden Personen begründet werden kann.
- Die Verteilung der „Dienste" bzw. arbeitsfreien Tage auf die einzelnen Mitarbeiter wird dagegen in der Regel nur selten Ausdruck einer tendenzgeschützten Entscheidung sein, so dass die Aufstellung von Dienstplänen („Wer arbeitet wann?") auch im Tendenzbetrieb meist mitbestimmungspflichtig sein wird, da die Begrenzung der zur Verfügung stehenden Arbeitszeit stets organisatorische Entscheidungen der Arbeitsteilung erforderlich macht. Allerdings kann eine bestimmte Dienstfolge durchaus Tendenzbezug haben, wenn etwa die möglichst durchgehende Betreuung durch einen Mitarbeiter „am Stück" Ausdruck eines tendenzgeschützten Konzepts ist.

1.15 Vergütungsrechtliche Fragen

1.15.1 Trennung der arbeitszeitschutzrechtlichen und vergütungsrechtlichen Betrachtung

Wie an anderer Stelle bereits ausgeführt wurde, ist zwischen der arbeitszeitschutzrechtlichen und vergütungsrechtlichen Betrachtung stets zu trennen: Das Arbeitszeitgesetz regelt nur Fragen der höchstzulässigen Arbeitszeit, nicht aber auch Fragen der Vergütung von Arbeitszeiten. In der Konsequenz bedeutet das, dass insbesondere bei Bereitschaftsdiensten eine „doppelte Buchführung" vorzunehmen ist: Einerseits ist im Rahmen eines „Arbeitszeitschutzkontos" nachzuhalten, ob die Grenzen der höchstzulässigen Arbeitszeit eingehalten werden, andererseits sind die aus geleisteten Regel- und Bereitschaftsdiensten erzielten Vergütungsansprüche zu bestimmen. Als Faustregel kann gelten: Je niedriger die durchschnittliche Auslastung des Bereitschaftsdienstes ist, desto stärker fallen arbeitszeitschutzrechtliche und vergütungsrechtliche Betrachtung auseinander, weil die Höhe der Vergütung des Bereitschaftsdienstes in fast allen Tarifverträgen und kirchenrechtlichen Regelungen vom Grad der Inanspruchnahme des Diensthabenden abhängt.

---

[206] Vgl. auch BAG 18.4.1989 – 1 ABR 97/87: „Wegen der Eigenart des Betriebes eines Dialysezentrums ist nur insoweit eine Einschränkung der Mitbestimmung über den regelungsbedürftigen Komplex der Schichtarbeit geboten, soweit die Grundentscheidung des ‚Ob' der Schichtarbeit ansteht (…). Der Träger eines Dialysezentrums muß frei sein, zu entscheiden, ob er den Dienst ‚rund um die Uhr' oder nur zu bestimmten Zeiten anbietet. Zum Tendenzschutz bei der Festlegung von Unterrichtszeiten in einem Schulbetrieb vgl. auch BAG 13.1.1987 – 1 ABR 49/85.

Beispiel:
Wird der Bereitschaftsdienst in einer Rehabilitationsklinik mit einem Faktor von 50 % (z.B. Stufe I der Bereitschaftsdienstskala des TVöD-K) der regelmäßigen Arbeitszeit vergütet, so führt ein 24-Stunden-Bereitschaftsdienst dazu, dass der betreffende Mitarbeiter unter Berücksichtigung der gesetzlichen Mindestruhepause von 45 Minuten
- **arbeitszeitschutzrechtlich** 24 h ./. 0,75 h Pause = 23,25 h Arbeitszeit im Sinne des ArbZG geleistet hat;
- **vergütungsrechtlich** jedoch nur einen Anspruch im Umfang von 24 h x 50 % = 12 Stunden Arbeitszeit im Sinne der tarif- oder arbeitsvertraglichen Regelungen erworben hat.

1.15.2 Vergütung des Bereitschaftsdienstes durch zusätzliches Entgelt oder Freizeitausgleich

Während die nach den tarifvertraglichen, kirchenrechtlichen oder arbeitsvertraglichen Regelungen zu leistende regelmäßige Arbeitszeit mit dem monatlich zu zahlenden Entgelt abgegolten wird, bestehen bei der Leistung von Überstunden, Bereitschaftsdienst und Rufbereitschaft grundsätzlich zwei Möglichkeiten der Vergütung:

- Die Vergütung kann „bar" – also durch Auszahlung der erzielten Vergütungsansprüche mit dem monatlichen Entgelt – erfolgen, oder
- Die Vergütung erfolgt (ganz oder teilweise) durch bezahlte Freistellung während der regelmäßigen Arbeitszeit (sog. Freizeitausgleich) in einem Umfang, der mengenmäßig dem erzielten Vergütungsanspruch entspricht.

Bei Bereitschaftsdienst und Rufbereitschaft bedeutet das, dass zunächst eine „Umrechnung" der aus diesen Diensten erzielten Vergütungsansprüche mit dem jeweiligen Vergütungsfaktor (im oben genannten Beispiel: 50 %) vorzunehmen ist (sog. Faktorisierung von Entgeltansprüchen). Die Frage des „Vergütungsweges" ist nicht zuletzt deshalb bedeutsam, weil sich vor dem Hintergrund der arbeitszeitgesetzlichen und tarifvertraglichen Bestimmungen zur (begrenzten) Verlängerung der Arbeitszeit und Einhaltung von Ruhezeiten deutliche Unterschiede zur bisherigen Vergütungssystematik ergeben können.

Beispiel:
In einer Klinik wurde bislang nach dem traditionellen Dienstmodell gearbeitet:
- Regeldienst (07:30 – 16:00),
- Bereitschaftsdienst (16:00 – 07:30) und
- Regeldienst (07:30 – 16:00)".

Die Dienstdauer beträgt MO – FR also 32,5 Stunden „am Stück"; am Wochenende wurden 24-Stunden-Dienste als reine Bereitschaftsdienste geleistet; dabei wurde nach dem Bereitschaftsdienst am Sonntag am Montag im Regeldienst weitergearbeitet. Die Bereitschaftsdienstvergütung (Vergütungsfaktor 65 %) wurde zusätzlich zum monatlichen Grundentgelt ausgezahlt.

Nach Umstellung auf ein arbeitszeitgesetzkonformes Modell arbeitet der jeweilige Diensthabende nunmehr wie folgt:
- Regeldienst (11:30 – 19:30),
- Bereitschaftsdienst (19:30 – 07:30) und

Übergabe (07:30 – 08:00; Regeldienst);
ab 08:00 Ruhezeit bis zum nächsten Dienstbeginn am Folgetag um 07:30.
Am Wochenende bleibt es bei den 24-Stunden-Diensten, jedoch hat der Diensthabende vom Sonntag am Montag frei, da ja nach 24 Stunden eine Ruhezeit eingelegt werden muss.

Arbeitszeitschutzrechtlich „zählt" ein solcher Dienst nach der Novellierung des ArbZG mit 19,75 Stunden auf dem Arbeitszeitschutzkonto.[207] **Vergütungsrechtlich** hat der Diensthabende innerhalb eines Dienstes 8 Stunden Regeldienst geleistet (11:30 – 19:30 abzgl. 30 min Pause und 07:30 – 08:00 als Übergabe) sowie 12 Stunden (19:30 – 07:30) Bereitschaftsdienst. Diese 12 Stunden Bereitschaftsdienst werden mit dem Faktor 65 % bewertet, so dass sich ein Vergütungsanspruch von 7,8 Stunden ergibt.[208]

Wird dieser Vergütungsanspruch von 7,8 Stunden voll ausgezahlt, so bedeutet das, dass die während der Ruhezeit nach Bereitschaftsdienst ausfallende Arbeitszeit von 7,5 Stunden (0,5 Stunden wurden ja im Rahmen der Übergabe geleistet) nachgeleistet werden muss. Denn es tritt in diesem Fall der arbeitszeitgesetzlich „erzwungenen" Ruhezeit nach Bereitschaftsdienst kein Annahmeverzug des Arbeitgebers ein, weil die Arbeitsleistung des Arbeitnehmers gar nicht zulässig ist.[209]

Wird die ausfallende Arbeitszeit von 7,5 Stunden nun mit dem Vergütungsanspruch von 7,8 Stunden „aufgefüllt" (also Freizeitausgleich für Bereitschaftsdienst gewährt), so bleibt ein Rest von nur noch 0,3 Stunden, der ausgezahlt würde. Im Vergleich zum früheren Bereitschaftsdienstmodell führt dies zu einer erheblichen Verringerung der unständigen Bezüge aus Bereitschaftsdienst.

Erschwerend kommt hinzu, dass der Mitarbeiter ja eine tägliche Soll-Arbeitszeit von 8 Stunden hat. Diese 8 Stunden hat er im Dienst, der dem Bereitschaftsdienst vorausgeht, nicht erreicht (sondern nur 7,5 Stunden). Das „Minus" von 0,5 Stunden müsste wiederum vor- oder nachgeleistet werden oder wird mit den noch verbliebenen 0,3 Stunden Vergütungsanspruch aus Bereitschaftsdienst verrechnet – wobei selbst in diesem Fall noch ein „Minus" von 0,2 Stunden zu Lasten des Mitarbeiters bleibt, das vor- oder nachzuleisten oder mit Bereitschaftsdienstvergütungen der Tage Freitag und Samstag zu verrechnen wäre.[210]

Unter dem Strich bleibt aber als Ergebnis festzuhalten: Bei Einhaltung der vorgeschriebenen Ruhezeiten kommt der Mitarbeiter nicht mehr ohne Weiteres auf „seine Arbeitszeit" im Sinne der Leistung von durchschnittlich 40 Stunden Regeldienst pro Woche.

Der Freizeitausgleich für Bereitschaftsdienst führt deshalb in der Regel dazu, dass die Mitarbeiter, die regelmäßig am Bereitschaftsdienst teilnehmen, einen Teil ihrer regelmäßigen Arbeitszeit quasi durch Bereitschaftsdienstvergütungsansprüche ersetzen. Dies kann z.B. nachteilige Auswirkungen für die Weiterbildung haben, da sich diese unter Umständen verzögert.

---

207 Basis: 20,5 h Gesamt-Dienstzeit ./. 0,75 h Pause = 19,75 h Arbeitszeit i. S. d. ArbZG.
208 Basis: 12 h × 65 % = 7,8 h.
209 BAG, Urt. v. 5.7.1976 – 5 AZR 264/75.
210 An Freitagen, Samstagen und Sonntagen bleibt vom Bereitschaftsdienstentgelt „mehr übrig", da ja nach dem Dienst kein Regeldienst ausfällt bzw. der Bereitschaftsdienst länger ist.

Umgekehrt betrachtet steht einer Abteilung, in der nunmehr Freizeitausgleich für Bereitschaftsdienst angeordnet wird, nicht mehr dieselbe „Regeldienstkapazität" zur Verfügung, wie dies früher der Fall war. Unterstellt man, dass der objektive Arbeitszeitbedarf der Abteilung sich nicht verändert hat, so müsste diese „Regeldienstlücke" geschlossen werden: Entweder durch Zuführung von Personal oder etwa Verlängerung schon bestehender Regeldienste, damit die an sich verfügbare Regeldienstkapazität der vorhandenen Mitarbeiter voll ausgeschöpft wird.

Die im Anhang dargestellten tarifvertraglichen und kirchenrechtlichen Regelungen lassen in unterschiedlichem Maße den Vergütungsweg „Freizeitausgleich" zu. Ausgeschlossen ist der vom Arbeitgeber einseitig angeordnete Freizeitausgleich für Bereitschaftsdienst grundsätzlich für Beschäftigte des nicht-ärztlichen Dienstes im Geltungsbereich des TVöD-K. Eine Anordnung von Freizeitausgleich ist hier nur zulässig, wenn dies zur Einhaltung des Arbeitszeitgesetzes zwingend erforderlich ist.[211] Dies wird insbesondere dann in Betracht kommen, wenn ohne Freizeitausgleich für geleisteten Bereitschaftsdienst die Überschreitung der durchschnittlich zulässigen Höchstarbeitszeit von 48 Stunden pro Woche innerhalb von 12 Kalendermonaten (§ 7 Abs. 8 ArbZG) droht. Im Übrigen bedarf die Anordnung von Freizeitausgleich der Zustimmung des Beschäftigten oder einer entsprechenden betrieblichen Regelung (Betriebs-/Dienstvereinbarung). In den Tarifverträgen des Marburger Bundes (ärztlicher Dienst) ist die Option des angeordneten Freizeitausgleichs dagegen enthalten.[212] Allerdings muss die dem Direktionsrecht unterliegende Anordnung von Freizeitausgleich nach billigem Ermessen (§ 106 GewO) ausgeübt werden. In der Praxis bedeutet das insbesondere, dass der Arbeitgeber für die Anordnung von Freizeitausgleich sachliche Gründe haben muss und nicht willkürlich handeln darf. Als sachlicher Grund dürfte es in der Regel anzuerkennen sein, dass Freizeitausgleich in dem Maße angeordnet wird, in dem durch die zwingend einzuhaltenden Ruhezeiten nach Bereitschaftsdienstende die regelmäßige Arbeitszeit ausfällt („Auffüllen" des ausfallenden Regeldienstes) und die regelmäßige Arbeitszeit im bestehenden Arbeitszeitmodell andernfalls nicht erbracht werden könnte.[213] Einen gleichsam programmierten Verfall von Arbeitszeit durch Ruhezeit nach Bereitschaftsdienst muss der Arbeitgeber nicht hinnehmen. Für die praktische Durchführung des Freizeitausgleichs ist eine Vielzahl von Modellen denkbar.[214]

Hat der Arbeitgeber sein Direktionsrecht über die Anordnung von Freizeitausgleich oder die Auszahlung des Bereitschaftsdienstes ausgeübt, so ist das Direktionsrecht verbraucht. Eine nachträgliche Neuausübung des Direktionsrechts kommt nicht in Betracht. Erkennt der Arbeitgeber, dass er vor dem Hintergrund des gesetzlich zulässigen Arbeitszeitvolumens in der Vergangenheit zu viel Bereitschaftsdienst ausgezahlt hat, kann dies aber die verstärkte Anordnung von Freizeitausgleich für Bereitschaftsdienst – bis hin zur vollständigen Verrechnung des geleisteten Bereit-

---

211 § 8.1 Abs. 7 Satz 1 TVöD-K.
212 Vgl. etwa § 12 Abs. 4 TV-Ä (VKA). Im Kapitel 2 werden die sich aus den verschiedenen Vergütungswegen ergebenden Konsequenzen anhand der einzelnen vorgestellten Beispiele beleuchtet.
213 BAG, Urt. v. 22.7.2012 – 6 AZR 78/09.
214 Vgl. im Einzelnen dazu *Schlottfeldt/Kutscher*, NZA 2009, S. 697 ff.

schaftsdienstes mit der Regelarbeitszeit – begründen, wenn andernfalls das zulässige Arbeitszeitvolumen nicht eingehalten werden kann.

1.15.3 Vergütungsrechtliche Fragen des (Wechsel-)Schichtdienstes

Die für den Krankenhaus-, Pflege, und Betreuungsbereich einschlägigen Tarifverträge und kirchenrechtlichen Regelungen sehen durchweg spezielle Vergütungsregelungen für Mitarbeiter vor, die im Schichtdienst oder Wechselschichtdienst tätig sind. Dazu gehören insbesondere:

- Gewährung einer Schicht- bzw. Wechselschichtzulage bei ständiger, bzw. Gewährung eines arbeitsstundenbezogenen Zuschlags bei nichtständiger Wechselschichtarbeit,
- Gewährung von Zeitzuschlägen für Arbeiten zur Nachtzeit, an Samstagen sowie an Sonn- und Feiertagen,
- Gewährung von Zusatzurlaub bei regelmäßiger Schicht- und Wechselschichtarbeit.

Mit Blick auf die in vielen Fällen erforderliche Umstellung von bisherigen Bereitschaftsdienstmodellen auf Schicht- oder Wechselschichtmodelle ist zu bemerken, dass durch die derzeit noch geltende Steuer- und Sozialversicherungsfreiheit von Nacht-, Sonn- und Feiertagszuschlägen ein nicht zu unterschätzender Ausgleich des Netto-Einkommens aus unständigen Bezügen erreicht werden kann. Für die betroffenen Einrichtungen ist der Wechselschichtdienst zwar etwas teurer als die Vorhaltung eines Bereitschaftsdienstes. Allerdings ist zu bedenken, dass der Wechselschichtdienst als Arbeitsform der Vollarbeitszeit zu 100 % ausgelastet werden kann (und sollte), wohingegen der Bereitschaftsdienst eine verfügbare Arbeitszeitkapazität von max. 49 % bedeutet. Angesichts der tendenziell steigenden Vergütungsfaktoren für den Bereitschaftsdienst stellt sich damit der Bereitschaftsdienst – bezogen auf die effektiv geleistete Arbeit – als vergleichsweise teure Arbeitsform dar.

1.15.4 Vergütung von Rufbereitschaftszeiten und Inanspruchnahmen

Die Vergütung des Rufbereitschaftsdienstes erfolgt in der Regel auf der Grundlage eines zweigliedrigen Systems:

- Es wird eine Grundvergütung gewährt, mit der das bloße „Bereitsein" des diensthabenden Mitarbeiters vergütet wird; kommt es nicht zu Inanspruchnahmen, bleibt es bei dieser Grundvergütung. Der Anspruch auf Grundvergütung besteht allerdings auch für die Zeitspanne einer eventuellen Inanspruchnahme.[215] Die Höhe der Grundvergütung besteht in einem pauschalen Stundensatz pro „Dienst" oder in Abhängigkeit von der Dauer des Dienstes.[216]
- Zusätzlich werden die einzelnen Inanspruchnahmen „spitz" abgerechnet; dabei sind je nach Regelung auch Aufrundungsvorschriften zu berücksichtigen. Für Zeiten der Inanspruchnahme werden Zeit- und unter Umständen auch Überstun-

---

215 BAG, Urt. v. 9. 10. 2003 – 6 AZR 512/02.

denzuschläge gezahlt. Die (häufigere) Inanspruchnahme in der Rufbereitschaft stellt jedoch keine Schichtarbeit im Sinne der tarifvertraglichen und kirchenrechtlichen Vorschriften dar.

Als Alternative zur zweigliedrigen Vergütung aus Grundvergütung und Inanspruchnahmen können die Rufdienstvergütungen auch pauschaliert werden. Die Vergütung ist in der Regel als Barvergütung vorgesehen; lediglich die AVR DW EKD enthalten die Möglichkeit des arbeitgeberseitig angeordneten Freizeitausgleichs.[217] Die Frage „Barvergütung oder Freizeitausgleich?" hat bei der Rufbereitschaft jedoch eine geringere Bedeutung als beim Bereitschaftsdienst, da ja nach der Rufbereitschaft meist am Folgetag weitergearbeitet werden kann, so dass das Problem der ausfallenden Regeldienstzeit sich nur selten stellt.

1.16 Exkurs: Fachübergreifender Bereitschaftsdienst

Die Umsetzung rechtskonformer Arbeitszeitmodelle stellt gerade kleine und mittelgroße Einrichtungen häufig vor gravierende Probleme, da die Anzahl der für einen Bereitschaftsdienst rechnerisch zur Verfügung stehenden Mitarbeiterinnen und Mitarbeiter so gering ist, dass auch bei Ausschöpfung aller rechtlichen Möglichkeiten der werktäglichen und/oder wöchentlichen Arbeitszeitverlängerung die Einhaltung der rechtlichen Rahmenbedingungen oder die Gewährleistung einer ausreichenden Tagesbesetzung nicht möglich erscheint. In dieser Situation stellt sich die Frage, ob die Zahl der Bereitschaftsdienste unter Umständen dadurch reduziert werden kann, dass bisher separat geführte Dienste nunmehr ganz oder teilweise (= für bestimmte Zeitspannen) in einen Dienst zusammengeführt werden. Nachstehend wird dargestellt, unter welchen Bedingungen diese sog. fachübergreifenden Bereitschaftsdienste zulässig sein können.

1.16.1 Begriff des „fachübergreifenden Bereitschaftsdienstes"

Unter fachübergreifendem Bereitschaftsdienst wird hier die Gewährleistung eines ärztlichen (Vordergrund-)Bereitschaftsdienstes im Krankenhaus durch einen fachübergreifend tätigen Arzt verstanden. Ein Beispiel sind gemeinsame Bereitschaftsdienste verschiedener operativer Disziplinen, etwa der Unfallchirurgie und Orthopädie. Das Thema wird aber zunehmend auch über solche „benachbarten" Kombinationen deutlich hinausgehend erörtert: Ist es möglich, dass zum Beispiel

---

216 So werden bei Rufbereitschaftsdiensten von mindestens 12 Stunden Dauer in den Regelungen des TVöD, TV-L, TV-Ä/VKA und TV-Ä/UK) für Rufbereitschaften an den Tagen MO-FR je 2 Stunden; SA/SO je 4 Stunden Vergütung angerechnet. In den kirchenrechtlichen Regelungen der AVR Caritas und AVR DW EKD sind es nach wie vor 12,5 % (AVR DW Bayern: 6 %) pro Rufbereitschaftsstunde.
217 Anlage 8 lit. A Abs. 8 Unterabs. 4 Satz 4 AVR DW EKD. Im TVöD und TV-L kann bei entsprechenden betrieblichen Regelungen der Freizeitausgleich von Rufbereitschaftsvergütungen über ein besonderes Arbeitszeitkonto auf Wunsch des Mitarbeiters ermöglicht werden; vgl. §§ 10 ff. TVöD/TV-L.

– der internistische Anwesenheitsdienst die neurologischen und psychiatrischen Patienten mitbetreut?
– der chirurgische Anwesenheitsdienst auch die urologischen Patienten bis zum Eintreffen des urologischen Rufdienstes versorgt?
– der internistische Bereitschaftsdiensthabende auch für die chirurgischen Patienten zuständig ist, während der chirurgische Kollege mit dem Notarzteinsatzfahrzeug außerhalb des Krankenhauses unterwegs ist?

Von der Frage des fachübergreifenden Bereitschaftsdienstes unberührt sind die fachspezifischen Hintergrunddienste, die in der Regel zusätzlich bestehen und meist von einem Oberarzt oder Facharzt in Rufbereitschaft wahrgenommen werden. Die nachfolgenden Ausführungen widmen sich also ausschließlich dem Vordergrunddienst.

1.16.2 Vorteile fachübergreifender Bereitschaftsdienste
Es sind vor allem zwei Aspekte, die für fachübergreifende Bereitschaftsdienste sprechen:

– Fachübergreifende Bereitschaftsdienste sind kostengünstiger als parallel vorgehaltene Vordergrunddienste für jede Fachabteilung; dies gilt auch dann, wenn im Zuge der Zusammenlegung von Bereitschaftsdiensten aufgrund der erhöhten Inanspruchnahme künftig Schichtdienst statt Bereitschaftsdienst geleistet werden muss.
– Durch fachübergreifende Bereitschaftsdienste können die Auswirkungen zusätzlicher Ruhezeiten (kein Weiterarbeiten „nach Dienst" mehr zulässig) gesetzeskonformer Arbeitszeitmodelle besser aufgefangen werden, da die Mitarbeiterpräsenz im wichtigen Tagesdienst weitestgehend auf dem bisherigen Niveau gehalten werden kann.

Gerade für kleinere Krankenhäuser mit entsprechend kleinen Abteilungen (und daher ausgeprägter „Mindestbesetzungsproblematik") kann diese Frage zu einem wichtigen Kriterium werden, um im Wettbewerb zu bestehen. Denn größere abteilungsinterne Rationalisierungsreserven bestehen hier immer seltener, so dass in der disziplin- und berufsgruppenübergreifenden Zusammenarbeit Optimierungspotenziale gesucht werden müssen.

Viele Krankenhäuser schrecken trotz der oben skizzierten Potenziale fachübergreifender Bereitschaftsdienste vor deren Einrichtung zurück. Dies wird häufig durch Hinweise auf die angebliche Unzulässigkeit einer solchen Organisationsform, unabsehbare Haftungsrisiken und entgegenstehende Äußerungen der jeweiligen Fachgesellschaften begründet.

1.16.3 Die Bedeutung des „Facharztstandards" für die Bereitschaftsdienstorganisation
Hinsichtlich der angeblichen Unzulässigkeit fachübergreifender Bereitschaftsdienste ist die Rechtslage jedoch nicht ganz so eindeutig, wie dies auf Seiten der Krankenhausträger häufig wahrgenommen wird. Zunächst ist festzustellen, dass es keine

Rechtsnorm gibt, die dem Krankenhausträger generell einen eigenen (fachspezifischen) Bereitschaftsdienst für jede vom Krankenhaus angebotene Behandlungsfachrichtung vorschreibt. Ein derartiger allgemeiner Satz könnte sich allenfalls aus den Grundsätzen einer vertrags- und sorgfaltsgerechten Patientenbehandlung ergeben, zu der der Krankenhausträger gegenüber dem Patienten verpflichtet ist. In diesem Zusammenhang wird häufig darauf hingewiesen, dass der Krankenhausträger aufgrund des Behandlungsvertrages eine ärztliche Behandlung gemäß Facharztstandard schulde, was bei einem fachübergreifenden Bereitschaftsdienst nicht gewährleistet sei.

Bei der Frage der zivilrechtlichen Haftung sowie der strafrechtlichen Verantwortlichkeit spielt der „fachärztliche Standard" eine zentrale Rolle. Dieser Begriff hat seit den 70er Jahren die zuvor gebräuchlichen Begriffe wie „Stand der Wissenschaft und Technik" oder „Kunstregeln" in der Begrifflichkeit der Rechtsprechung abgelöst.[218] Mit Rückgriff auf den „fachärztlichen Standard" wird der vom Gesetzgeber geforderten „im Verkehr erforderlichen Sorgfalt" (§ 276 Abs. 2 BGB) Genüge getan, deren Außerachtlassung fahrlässiges Handeln begründet und damit zur Arzthaftung führt.[219] Facharztqualität erfordert allerdings keinesfalls, dass der betreffende Arzt die jeweilige Facharztanerkennung besitzt („formale Facharztqualität"), sondern dass er die Behandlung theoretisch wie praktisch so beherrscht, wie das von einem Facharzt dieses Fachs erwartet werden muss. Das kann der Arzt einer anderen Fachrichtung sein, aber auch ein approbierter Arzt in Weiterbildung zum Facharzt.[220]

Dabei wird in der Praxis meist übersehen, dass die gegenwärtige Form des (abteilungsspezifischen) Bereitschaftsdienstes ebenfalls keine fachärztliche (Sofort-)Versorgung sichert. Denn in der Regel handelt es sich bei den Bereitschaftsdienst leistenden Ärzten um Assistenzärzte in der Weiterbildung zum Facharzt; dabei ist als Voraussetzung für die Übernahme des Bereitschaftsdienstes meist nur eine Mindesteinarbeitungszeit vorgesehen, so dass auch wenig erfahrene Ärzte Bereitschaftsdienst leisten. Die Sicherstellung der fachärztlichen Versorgungsqualität wird letztlich nur durch das „back-up" des rufbereitschaftshabenden Fach- oder Oberarztes gewährleistet. Dies ist auch zulässig, da die vertragliche Verpflichtung einer fachärztlichen Behandlung keine formelle Facharztqualifikation bei allen behandelnden Ärzten voraussetzt, sondern eben „nur" eine tatsächliche Leistungsqualität nach den Regeln der (fach-)ärztlichen Kunst.

Dies setzt für den Bereitschaftsdienst durch einen Nicht-Facharzt insbesondere voraus, dass der Bereitschaftshabende

– den kritischen Verlauf als solchen überhaupt erkennen kann oder über einen kritischen Verlauf rechtzeitig vom Pflegepersonal informiert wird,
– den Facharzt in der Rufbereitschaft unverzüglich hierüber unterrichtet und
– die Notwendigkeit von Sofortmaßnahmen erkennt und diese auch nach den Regeln der (fach-)ärztlichen Kunst ausführt.

---

218 *Ulsenheimer*, Bayerisches Ärzteblatt 1998, S. 51 ff.
219 *Bock*, Mitteilungen der Deutschen Gesellschaft für Chirurgie 2007, S. 62/63.
220 *Steffen*, MedR 1995, 360.

In der Praxis muss dem durch diverse organisatorische Maßnahmen Rechnung getragen werden, insbesondere durch

- ausreichende Einarbeitung,
- entsprechende Unterweisung in Einzelfällen und
- verstärkte Dienstaufsicht (vor allem bei „Anfängern").

Ob dies stets gewährleistet ist, steht auf einem anderen Blatt. Geht man davon aus, dass durch organisatorische Maßnahmen die Übernahme des Bereitschaftsdienstes durch einen Assistenzarzt in Weiterbildung innerhalb einer Fachrichtung behandlungsvertragskonform und haftungsrechtlich unbedenklich ist (also insbesondere keine Sorgfaltspflichtverletzung darstellt), so stellt sich die Frage, ob unter Beachtung der gebotenen organisatorischen Vorkehrungen nicht auch fachübergreifende Bereitschaftsdienste realisiert werden können.

1.16.4 Aktueller Stand der Rechtsprechung

Soweit ersichtlich, gibt es bislang kein höchstrichterliches Urteil, das sich grundsätzlich mit den organisatorischen Voraussetzungen eines fachübergreifenden Bereitschaftsdienstes beschäftigt oder dessen Grenzen aufzeigt. Allerdings haben sich verschiedene Gerichte im Zusammenhang mit anderen Fragestellungen mit dem Charakter des Bereitschaftsdienstes und daraus resultierenden Organisationspflichten befasst:[221]

- So hielt etwa der Bayerische Verwaltungsgerichtshof[222] die Zustimmung der Chefärzte der gynäkologischen und chirurgischen Abteilung zur Einrichtung eines gemeinsamen Bereitschaftsdienstes, der vom Landkreis als Krankenhausträger beschlossen worden war, nicht für erforderlich. In seiner Begründung führte das Gericht aus, dass der Bereitschaftsdienst lediglich sicherstellen müsse, dass bei akut auftretenden Notfällen zu Zeiten, in denen der Facharzt nicht auf der Station anwesend sei, erste Hilfsmaßnahmen für die Kranken ergriffen werden, die auch ein Arzt der jeweils anderen Abteilung ergreifen könne. Dabei wies das Gericht auch daraufhin, dass auch ein fachspezifisch besetzter Bereitschaftsdienst sich auf solche Hilfsmaßnahmen beschränken müsse, denn sonst könne er seiner Aufgabe, bei sämtlichen akuten Notfällen in seiner Abteilung sofort zur Verfügung zu stehen, nicht gerecht werden.
- Mit ähnlicher Begründung schloss sich das Verwaltungsgericht Hannover[223] der Auffassung der gesetzlichen Krankenkassen als Sozialleistungsträger an, dass die Aufgabe des ärztlichen Bereitschaftsdienstes nur darin bestehe, bei akut auftretenden Notfällen erste Hilfsmaßnahmen für die Patienten zu ergreifen und nicht die eigentliche fachliche Versorgung sicherzustellen. Es hielt daher einen fachüber-

---

221 Vgl. *Andreas*, ArztRecht 2005, S. 205, *Bock*, Mitteilungen der Deutschen Gesellschaft für Chirurgie 2007, S. 62; *Ulsenheimer*, Mitteilungen der Deutschen Gesellschaft für Chirurgie 2005, S. 126.
222 BayVGH, Urt. v. 12.11.1981 – KRS 81.097.
223 VG Hannover, Urt. v. 22.1.1990 – KRS 90.043.

greifenden Bereitschaftsdienst in der gynäkologisch-geburtshilflichen Abteilung, an dem sich auch Chirurgen und Urologen beteiligen, für medizinisch vertretbar.
- Das Landgericht Augsburg verurteilte den Chefarzt einer chirurgischen Abteilung wegen fahrlässiger Körperverletzung durch Unterlassen zu einer Geldstrafe von 90 Tagessätzen. In der Urteilsbegründung wurde dem Angeklagten vorgeworfen, dass er keine geeigneten und ihm möglichen organisatorischen Maßnahmen getroffen bzw. konkrete Anweisungen dafür erteilt hatte, mit denen auch während des fachübergreifenden Bereitschaftsdienstes die Schädigungen des Patienten in Folge der vorhersehbar inadäquaten Reaktion eines nicht ausreichend geschulten fachfremden Bereitschaftsarztes hätten vermieden werden können.[224] Bemerkenswert daran ist, dass das Landgericht den Vorwurf sorgfaltswidrigen Verhaltens nicht auf die Tatsache der Übertragung des Bereitschaftsdienstes an einen fachfremden Arzt stützte. Vielmehr stellte das Gericht auf die im konkreten Fall erforderlichen organisatorischen Maßnahmen ab, die im betreffenden Fall schuldhaft unterlassen worden waren.

Diese Entscheidungen werfen die Frage auf, ob sich für die Praxis des Krankenhausbetriebes allgemeine Maßstäbe formulieren lassen, bei deren Beachtung ein fachübergreifender Bereitschaftsdienst in der Regel als sorgfaltsgemäß einzustufen ist. Dabei ist zu betonen, dass auch bei Beachtung solcher Maßstäbe ein „Restrisiko" sorgfaltswidrigen Handelns bleibt – ein Risiko, das aber bei jeder Dienstorganisation, die Nicht-Fachärzte in den Bereitschaftsdienst einbezieht, gegeben ist. Streng genommen besteht dieses Risiko auch im Tagesdienst: Denn häufig werden die Patienten auf den Stationen von mehr oder minder erfahrenen Assistenzärzten betreut, während Fach- und Oberärzte der Abteilung bei anderen Tätigkeiten gebunden sind – nicht selten mit erschwerter Erreichbarkeit, etwa bei laufendem OP-Programm. Auch für einen Notfall am Tag müssten also organisatorische Vorkehrungen getroffen werden, die eine jederzeitige Patientenbehandlung gemäß Facharztstandard sicherstellen.

1.16.5 Die Rolle fachmedizinischer Empfehlungen
Fraglich ist, wie die (meist ablehnenden) fachmedizinischen Empfehlungen im Zusammenhang mit der Frage einer vertrags- und deliktsrechtlich unbedenklichen Organisation des Bereitschaftsdienstes einzuordnen sind. Derartigen Verlautbarungen kommt zweifellos die Funktion der Formulierung der Rahmenbedingungen einer zufriedenstellenden Patientenversorgung zu. Fraglich ist allerdings, welche (Rechts-)Wirkungen dies bei Abweichungen von derartigen Empfehlungen beinhaltet. Dabei ist zunächst festzustellen, dass es, wie oben ausgeführt, vertrags- und deliktsrechtlich nicht auf das Vorhalten von formal ausreichend qualifiziertem Personal geht, sondern um eine am konkreten Einzelfall orientierte sorgfaltsgemäße Leistungserbringung gemäß fachärztlichem Standard. Dieser Standard artikuliert sich haftungsrechtlich

---

224 LG Augsburg, Urt. v. 30. 9. 2004 – 3 KLs 400 Js 109903/01.

- in der Erbringung bestimmter (Behandlungs-)Leistungen sowie
- dem Treffen organisatorischer Vorkehrungen, um notwendige Behandlungsleistungen so rechtzeitig erbringen zu können, dass ein Schaden für den Patienten vermieden wird.

Wenn die Fachgesellschaften in bestimmten Konstellationen kategorisch von einer fachübergreifenden Organisation des Bereitschaftsdienstes abraten, so erfüllt dies juristisch nicht automatisch den Tatbestand einer Sorgfaltspflichtverletzung, da die Frage, ob sorgfaltsgemäß gehandelt wurde, stets eine Frage der von den Gerichten vorzunehmenden Würdigung des Einzelfalls ist. In diesem Zusammenhang ist es also zu undifferenziert, wenn fachübergreifende Bereitschaftsdienste für bestimmte Konstellationen grundsätzlich ausgeschlossen werden, weil sich die jeweiligen Fachgesellschaften dagegen ausgesprochen haben.

Die Entwicklung fachärztlicher Standards kann daher nicht mit den haftungsrechtlichen Mindestanforderungen (gerade noch) nicht sorgfaltswidrigen Handelns gleichgesetzt werden. Diese „Grenzlinie" der Sorgfaltswidrigkeit/Sorgfaltsangemessenheit kann im Rechtsstaat nur ein unabhängiges Gericht anhand des konkreten Einzelfalls unter Berücksichtigung aller Umstände ziehen, wobei die Empfehlungen der Fachgesellschaften im Wege gutachterlicher Stellungnahme erhebliche Wirkung entfalten können. Dabei wird in der Frage der Sorgfaltsangemessenheit bzw. Sorgfaltswidrigkeit eines fachübergreifenden Bereitschafsdienstes den fachgesellschaftlichen Empfehlungen umso weniger eine präjudizierende Wirkung zukommen, je deutlicher im Einzelfall wird, dass durch organisatorische Maßnahmen gerade den hinter diesen Empfehlungen stehenden Erwägungen Rechnung getragen wurde.

1.16.6 Organisatorische Maßnahmen bei fachübergreifenden Bereitschaftsdiensten

Das Landgericht Augsburg hat im o.g. Urteil diesbezüglich sehr konkret ausgeführt, mit welchen organisatorischen Vorkehrungen der chirurgische Chefarzt im konkreten Fall seinen Sorgfaltspflichten gerecht geworden wäre. Hinsichtlich des fachübergreifenden Bereitschaftsdienstes mit der internistischen Abteilung hätte er, so das Gericht, eine der drei nachstehenden Maßnahmen treffen müssen:

- Anordnen, dass Schilddrüsenpatienten innerhalb der ersten 24 Stunden nach der Operation auf der Intensivstation verbleiben (wo ein Anästhesist – also auch ein fachfremder Arzt – mit ausreichender intensivmedizinische Erfahrung rund um die Uhr zur Verfügung steht);
- Durchführung derartiger zeitlich steuerbarer Eingriffe an Tagen, an denen ein Chirurg Bereitschaftsdienst leistet;
- Unterweisen fachfremder Bereitschaftsärzte in geeigneter Form darin, das Bestehen kritischer Nachblutungen zu erkennen. Dabei betont das Landgericht Augsburg, dass der angeklagte Chefarzt die postoperative Betreuung der Patientin „einem in der speziellen Problematik geschulten Internisten" durchaus hätte übertragen können.

Insbesondere die dritte vom Gericht genannte Maßnahme ist für die Organisation fachübergreifender Bereitschaftsdienste bedeutsam. Denn der Chefarzt konnte nicht auf eine schriftliche Dienstanweisung zur Verständigung des fachärztlichen Hintergrunddienstes verweisen, die nachweislich alle Adressaten erreicht hätte. In ihr hätte zudem genau beschrieben sein müssen, bei welchen konkreten Anzeichen für Komplikationen der auf fachfremdem Gebiet tätige Arzt den jeweiligen Hintergrunddienst zu verständigen gehabt hätte. Grundsätzlich sollten fachübergreifende Bereitschaftsdienste deshalb stets (!) von folgenden organisatorischen Maßnahmen begleitet sein[225]:

- Der verantwortliche Chefarzt muss den Bereitschaftsdienst leistenden Ärzten Anweisungen in Schrift- oder Textform erteilen, in denen beschrieben wird, bei welchen medizinischen Indikationen der fachärztliche Hintergrunddienst unverzüglich zu verständigen ist und welche Verfahrensschritte bei definierten Symptomen einzuhalten sind; die Kenntnis der Anweisungen ist sicherzustellen (und aus Beweisgründen idealerweise durch Empfangsbestätigung zu dokumentieren).
- Der verantwortliche Chefarzt hat in Bezug auf die genannten Anweisungen regelmäßige Besprechungen mit den fachübergreifend eingesetzten Ärzten zu führen, in denen er sich ein Bild vom Kenntnisstand seiner Mitarbeiter machen kann. Bei Defiziten hat er geeignete Qualifikationsmaßnahmen zu ergreifen und den Arzt bis zur Behebung dieser Defizite von der Teilnahme am fachübergreifenden Bereitschaftsdienst zu entbinden.
- Der im Tagesdienst behandelnde Facharzt hat sich bei der Übergabe der Patienten an den fachübergreifend tätigen Bereitschaftsdienstarzt zu vergewissern, dass der bereitschaftsdiensthabenden Arzt kritische Verläufe beim Patienten erkennen und eventuell erforderliche Sofortmaßnahmen einleiten kann.
- Der verantwortliche Chefarzt hat die von den fachübergreifend tätigen Bereitschaftsärzten getroffenen Maßnahmen auf ihre Angemessenheit hin zu prüfen und Auswertungsgespräche mit den betroffenen Ärzten durchzuführen.
- Der fachärztliche Hintergrunddienst (Rufbereitschaft) muss stets fachspezifisch besetzt werden.
- Berufsanfänger sollten grundsätzlich nicht fachübergreifend eingesetzt werden.

Wenn diese Maßnahmen umgesetzt und nachgehalten werden, lassen sich die haftungs- und strafrechtlichen Risiken bei der Durchführung fachübergreifender Bereitschaftsdienste in dem Rahmen halten, der auch mit dem üblichen abteilungsinternen Bereitschaftsdiensteinsatz von Ärzten in der Weiterbildung ohnehin verbunden ist. Die organisatorischen Maßnahmen, die fachübergreifende Bereitschaftsdienste zwingend begleiten sollten, bieten sogar eine Chance, durch Operationalisierung und Standardisierung auch hinsichtlich fachspezifischer Bereitschaftsdienste die Rechtssicherheit zu erhöhen. Statt einer zum Teil undifferenzierten Ablehnung[226] des fachübergreifenden Bereitschaftsdienstes sollte daher der Schwerpunkt der Diskussion auf die Entwicklung entsprechender Standards gerichtet sein, die solche Dienste ohne zusätzliche Risiken für die Patienten handhabbar werden lässt.

---

225 Vgl. auch *Bock,* ebd., S. 62/63; *Ulsenheimer,* ebd., S. 132.
226 So z.B. *Schulte-Sasse/Bruns,* Arztrecht 2006, S. 116 ff.

KAPITEL 2
Arbeitszeitmodelle

2. Überblick

In diesem Kapitel werden die wichtigsten Arbeitszeitmodelle zur Einhaltung der rechtlichen Rahmenbedingungen im Bereitschaftsdienst vorgestellt.

Im ersten Abschnitt werden auf der Grundlage der im letzten Kapitel dargestellten arbeitszeitrechtlichen Rahmenbedingungen – anhand von Fallbeispielen – die Modelle zur Bereitschaftsdienstorganisation vorgestellt und ihre jeweiligen Vor- und Nachteile beleuchtet. Wir stellen sie an den Beginn, weil sie letztlich der Auslöser für die schrittweise Modernisierung der ärztlichen Arbeitszeitorganisation insgesamt waren und sind.

Im zweiten Abschnitt geht es um Modelle zur Rund-um-die-Uhr-Besetzung ohne Bereitschaftsdienste, also im Schichtbetrieb, der in immer mehr Bereichen, insbesondere auch im ärztlichen Dienst der Krankenhäuser, erforderlich wird.

Im dritten Abschnitt schließlich geht es um die Gestaltung des Tagesdienstes; dessen vollständige Flexibilisierung ist Voraussetzung für einen gleichermaßen effizienten und die ärztlichen Mitarbeiter entlastenden Umgang mit der Arbeitszeit. Es geht also um ein Thema, das vielfach noch weitgehend unbearbeitet ist – insbesondere, weil organisationskulturelle und arbeitsorganisatorische Rahmenbedingungen seine Entfaltung behindern. Daher wird es in diesem Abschnitt auch darum gehen, welche Handlungsfelder auf dem Weg zu flexiblen Arbeitszeiten zu bearbeiten sind.

Die Darstellung der Grundmodelle der Arbeitszeitgestaltung und ihrer Varianten erfolgt überwiegend anhand von Beispielen des ärztlichen Dienstes in Krankenhäusern, da dieser Bereich besonders stark von den arbeitszeitorganisatorischen Veränderungen betroffen ist. Die Modelle sind jedoch grundsätzlich auf andere Berufsgruppen und Einrichtungen übertragbar.

2.1 Bereitschaftsdienstmodelle
2.1.1 Anforderungen und Rahmenbedingungen

Bereitschaftsdienst kann nach den in Kapitel 1 dargestellten rechtlichen Rahmenbedingungen nur in Zeiträumen vorgesehen werden, in denen der Diensthabende tatsächlich nur in Bereitschaft ist, nicht aber regelhaft arbeitet. Bereitschaftsdienst ist unrealistisch insbesondere in folgenden Zeitspannen:
1. Zeitspannen, in denen elektive Tätigkeiten erbracht werden (wie Visiten, Besprechungen, Übergaben, OP-Programm etc.);
2. Zeitspannen, in denen durchschnittlich eine so hohe Dichte akuter Anforderungen abzuarbeiten und sie dadurch der Vollarbeit gleichzusetzen ist. Als Orientierungsgröße dient hierbei eine Inanspruchnahme im Bereitschaftsdienst von durchschnittlich mehr als 70 % je Zeiteinheit (also zum Beispiel pro Stundenintervall), gemessen über einen Zeitraum von mindestens drei Monaten. Oberhalb dieses Wertes sind weniger als 30 % der Zeit ohne Inanspruchnahme, so dass man

hier nicht einmal mehr von Arbeitsbereitschaft sprechen kann.[224] Dies betrifft insbesondere das im ärztlichen Dienst noch häufig festzustellende Hineinarbeiten in den Bereitschaftsdienst aus dem Regeldienst.

Daher ist zunächst für jeden Arbeitsbereich der Zeitraum festzulegen, innerhalb dessen Bereitschaftsdienst eingeteilt werden kann. Dies sollte auf der Grundlage einer repräsentativen Aufzeichnung der Inanspruchnahme im Bereitschaftsdienst erfolgen. Sofern Aufzeichnungen nicht vorhanden sind, sollte zunächst auf die Schätzungen der Beteiligten zurückgegriffen werden, die jedoch durch eine statistische Erhebung verifiziert werden sollten. Der Zeitpunkt, ab dem Bereitschaftsdienstzeit nach diesen Vorgaben möglich ist, kann man als „Bereitschaftsdienstschwelle" bezeichnen. Das Prinzip zeigt *Abbildung 1*, in denen die Bereitschaftsdienstschwellen durch die senkrecht verlaufenden gestrichelten Linien illustriert werden.

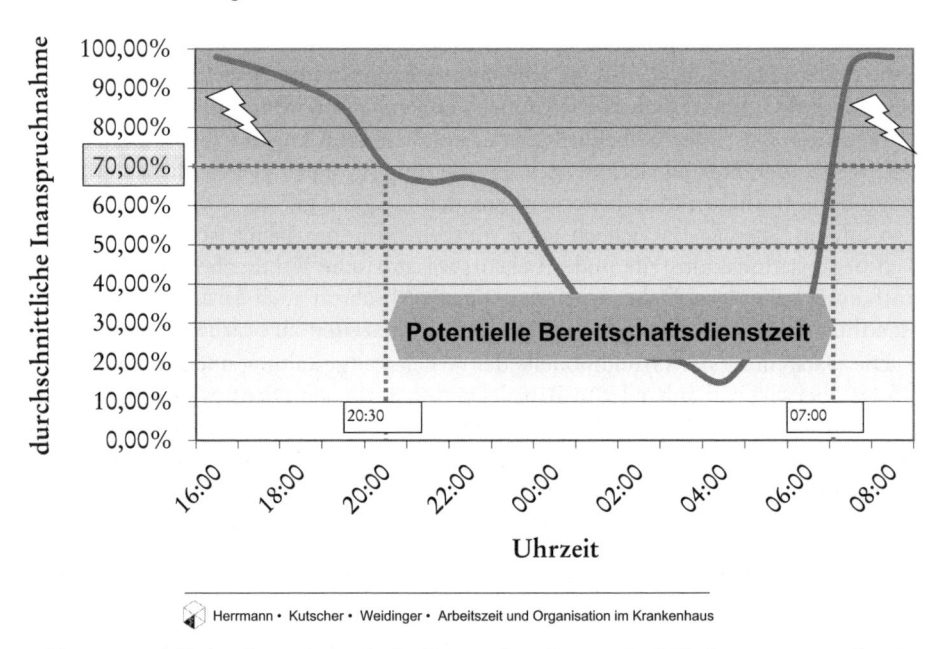

Abb. 1: Ermittlung der Bereitschaftsdienstschwelle – Beispielhaftes Inanspruchnahmeprofil einer Klinik –

Bei der Neugestaltung von Bereitschaftsdiensten spielen neben den Bereitschaftsdienstschwellen drei weitere Kriterien eine Rolle, die den Erfolg neuer Modelle maßgeblich bestimmen:
1. Eine möglichst konstante Tagesbesetzungsstärke: Neue Bereitschaftsdienstmodelle dürfen die Besetzung während der Hauptleistungszeit – also MO – FR tagsüber – nicht signifikant mindern. Es müssen also Lösungen gefunden werden, die den Besetzungsverlust im Tagesdienst, der aufgrund von Nacht- und Wochenend-

---

224 Eingehend dazu Kap. 1.4.1 und 1.4.2

diensten eintritt, möglichst minimieren. Bei klassischen Regeldienst-/Bereitschaftsdienst-Kombinationen ist die Tagesbesetzung MO – FR um einen Arzt vermindert: nämlich den Arzt, der am Morgen nach dem Dienst nach der Übergabe das Haus verlässt. Mithin sind Bereitschaftsdienstmodelle anzustreben, die die Tagesbesetzung ebenfalls möglichst nur um einen Mitarbeiter reduzieren.
2. Die Kontinuität der Patientenversorgung wird erheblich gestört, wenn aufgrund der arbeitsfreien Tage nach langen Bereitschaftsdiensten jeden Tag unter der Woche wechselnde Ansprechpartner auf den Stationen präsent sind. Dieser unerwünschte Nebeneffekt kann zwar durch Springerlösungen gemildert werden – ganz vermeiden lässt er sich jedoch bei dienstplanmäßigen Einzel-Bereitschaftsdiensten nicht. Kontinuitätsförderliche Bereitschaftsdienststrukturen setzen dafür auf eine dienstplanmäßige Verblockung deutlich verkürzter, nämlich maximal 13 Stunden langer Nacht-Bereitschaftsdienste zu mehr als einem Dienst in Folge – sogenannte Dienstmodule. Oftmals entsprechen die auf diese Weise zeitlich deutlich in den Abend gerückten Bereitschaftsdienstschwellen auch eher den Realitäten der abendlichen Arbeitsbelastung als nachmittags beginnende Bereitschaftsdienstzeiten.
3. Die möglichst weitgehende Erhaltung konstanter unständiger Bezüge aus Bereitschaftsdienst als monatliche Zusatzvergütung zum Grundgehalt: Neue Modelle dürfen in der Regel die unständigen Bezüge der Mitarbeiter aus Bereitschaftsdiensten nicht deutlich gefährden – es sei denn, das zunehmende Freizeitinteresse der Diensttuenden gebietet dies. Von den meisten Ärzten werden jedoch die unständigen Bezüge aus Bereitschaftsdiensten weiterhin als „unverzichtbarer" Gehaltsbestandteil angesehen, so dass ihre signifikante Schmälerung erhebliche Akzeptanzprobleme bei den Beteiligten auslösen kann. In der Praxis führt dies oft zum Wunsch nach einer Beibehaltung der bisherigen Dienststruktur insgesamt, weil befürchtet wird, dass jegliche Änderung dieses Modells unweigerlich zu Gehaltseinbußen führen wird. Diese Auffassung beruht jedoch auf einem leicht auflösbaren Missverständnis: Denn typischerweise sehen bisherige Regeldienst-/Bereitschaftsdienst-Kombinationen die Anrechnung des arbeitsfreien Tages nach den Diensten SO – DO („frei nach Bereitschaftsdienst") auf die Bereitschaftsdienstzeit vor („Freizeitausgleich"). Hierdurch werden jedoch große Teile der zu vergütenden Bereitschaftsdienstzeit aufgebraucht.

So verbleiben bei einem MO-Dienst von 15,5 h Bereitschaftsdienstzeit bei Stufe III (TV-Ä/VKA) und einer 40 Stunden-Woche nur $(8\,h \times 100\,\%) + (15,5\,h - 8\,h \times 90\,\%) - 8\,h = 6,75\,h$ auszuzahlende Vergütung, obwohl der geleistete Bereitschaftsdienst eigentlich mehr wert ist, nämlich $(15,5\,h - 8\,h) \times 90\,\% + 8\,h \times 100\,\% = 14,75\,h$! Die Differenz wird aber durch Freizeitausgleich (freier Tag nach Dienst) „aufgezehrt."

Der im alten Modell erreichte „Auszahlungswert" von (Beispiel oben) 5,95 h kann auch bei einem deutlich kürzeren Dienst problemlos erreicht werden. Hierzu muss einfach die Anrechnung des Bereitschaftsdienstes auf die Regelarbeitszeit (Freizeitausgleich) verringert werden oder ganz unterbleiben. Diese Gestaltungsoption wird oft übersehen – umso wichtiger ist es, diesen Zusammenhang zu verdeutlichen, um Bedenken gegen eine Veränderung des bestehenden Dienstmodells frühzeitig entkräften zu können.

Was die Wochenend-Dienste angeht, die traditionell als 24-Stunden-Dienste abgeleistet werden, führt eine Änderung der Dienststruktur ohnehin nicht zu Vergütungseinbußen: Denn aus der Vergütungsperspektive ist es egal, ob sie als 24 h-Dienste absolviert oder in zwei ca. 12 Stunden lange Dienste aufgeteilt und ihrerseits beide durchgehend vergütet werden. Unter Berücksichtigung der hohen Präferenz vieler Mitarbeiter für die Beibehaltung der bisher erzielten Zusatzvergütung hat dies zwei Konsequenzen für die Modellentwicklung:

(1) Lösungen, die Tagesbesetzung durch die Einstellung zusätzlichen Personals in bisheriger Stärke zu halten, sind nachrangig zu betrachten. Denn für die Finanzierung solcher Lösungen müssen unständige Bezüge zur (zumindest anteiligen) Gegenfinanzierung eingesetzt werden, was nur erwogen werden sollte, wenn es von Seiten der Mitarbeiter erwünscht ist oder wenn es erforderlich ist, um die Anzahl der Diensttuenden groß genug zu halten, um die durchschnittliche Dienstfrequenz bzw. die damit verbundene Einhaltung der arbeitszeitschutzrechtlichen durchschnittlichen wöchentlichen Höchstarbeitszeiten der Mitarbeiter sicherstellen zu können.

(2) Hohe unständige Bezüge aus Bereitschaftsdiensten erfordern in der Regel die Nutzung der „opt-out"-Regelung[225], um Wochenarbeitszeiten oberhalb von durchschnittlich 48 Stunden zu erreichen. Die Nutzung der „opt-out"-Regelung sollte dazu im Rahmen der rechtlich erforderlichen Belastungsanalyse und Alternativprüfung bei hoher Entgeltpräferenz der Ärzte frühzeitig in die Modellüberlegungen integriert werden. Die mit der individuellen Widerruflichkeit der „opt-out"-Entscheidung verbundenen Befürchtungen (Planungsunsicherheit und „Erpressungsversuche") haben sich nach den Erfahrungen d. Verf. in der Regel nicht realisiert. Hingegen hat die Nutzung der „opt-out"-Regelung neben der Befriedigung der Präferenzen des überwiegenden Teils der Mitarbeiter auch ökonomische Vorteile:

- Es entstehen niedrigere Personalkosten aufgrund der Stundensatzdegression: Die Kosten von Neueinstellungen sind höher als die bei gleichem Zeitvolumen hierfür eingesparten unständigen Bezüge.
- Durch eine potenziell effizientere Aus- und Weiterbildung stehen weniger Ärzte mit zugleich höherem Zeitbudget zur Verfügung als bei einer Umwandlung unständiger Bezüge in Zusatzstellen („lieber wenige und gut qualifizierte Mitarbeiter als viele Mitarbeiter mit durchschnittlich geringerer Qualifikation").

Gegen den (höheren) Freizeitausgleich von Bereitschaftsdiensten sprechen neben den oben genannten außerdem folgende Gründe:
1. Die verfügbare Personalkapazität wird reduziert, weil der Freizeitausgleich die innerhalb des Bereitschaftsdienstes geleistete Arbeitszeit übersteigt (bei Teilzeitarbeit schlägt dieser Effekt im Übrigen besonders durch).

---

[225] Siehe Kap. 1.7.

2. Die Einkommen der ärztlichen Mitarbeiter werden reduziert, insgesamt und vor allem auch pro Stunde, weil Zeiten des Bereitschaftsdienstes nur anteilig auf die Vertragsarbeitszeit, aber voll auf die gesetzliche Höchstarbeitszeit angerechnet werden.
3. Die derzeitigen, oft unbefriedigenden Arbeitszeitsysteme werden stabilisiert, da diese ganz wesentlich auf dem erzwungenen Freizeitausgleich nach Bereitschaftsdienst beruhen.

Aus den letztgenannten Gründen empfiehlt es sich, Bereitschaftsdienstzeiten in der Regel gesondert zu vergüten – also nicht (!) auf die Regelarbeitszeit anzurechnen (zum Prinzip siehe nachfolgend *Abbildung 2*). Umgekehrt ist die Anrechnung von Bereitschaftsdienst auf die Regelarbeitszeit (Freizeitausgleich) dann sinnvoll, wenn die Zahl der Mitarbeiter erhöht werden soll, weil sonst Mindestbesetzungen nicht eingehalten werden können, um mehr Flexibilität des Personaleinsatzes zu erreichen oder wenn die ökonomischen Rahmenbedingungen einen Freizeitausgleich erzwingen. Zudem wächst die Zahl der Ärzte, die den Mehrwert der zusätzlichen Freizeit dem der Zusatzvergütung vorziehen – und dieser Effekt dürfte in den nächsten Jahren weiter zunehmen.

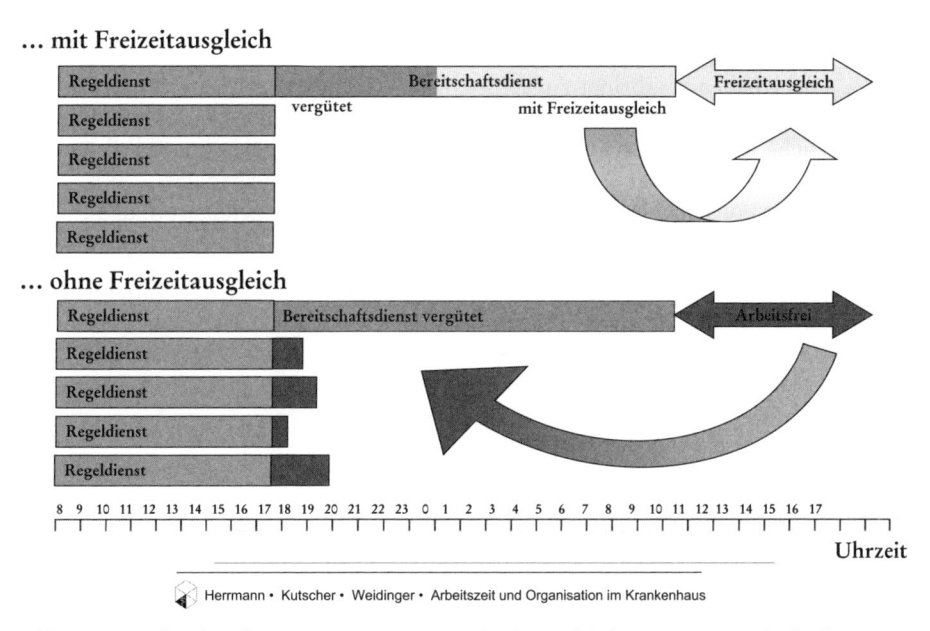

Abb. 2: Durchgehende Vergütung statt Freizeitausgleich von Bereitschaftsdienst – das Prinzip

2.1.2 Die Bereitschaftsdienst-Grundmodelle

Für die Ausgestaltung der Bereitschaftsdienste stehen für die Besetzung an den Tagen MO – FR vier Grundmodelle zur Verfügung, die jedoch eine Vielzahl von Untervarianten kennen:

- **Grundmodell „RB":**
An den Regeldienst („R") schließt sich ein Bereitschaftsdienst („B") an, anschließend arbeitsfrei. Dieses Modell ist verwandt mit den traditionellen Regeldienst-/Bereitschaftsdienst-Kombinationen, hat aber einige hiervon abweichende Charakteristika.
- **Grundmodell „SB":**
Hier schließt an einen Spätdienst („S"), der je nach Variante mehr oder weniger stark mit dem Regeldienst überlappt, der (Nacht-)Bereitschaftsdienst („B") an. Auf diesen Dienst folgt ein arbeitsfreier Tag. Wie beim Modell „RB" wird dieser Dienst einzeln („von Tag zu Tag") besetzt.
- **Grundmodell „NB":**
Der Nachtbereitschaftsdienst („NB") ist vom Regel-Tagesdienst getrennt und überlappt sich mit diesem maximal für die Zeitspanne der Dienstübergabe. In der Regel beginnt er erst am Abend und endet zu Beginn des Regel-Tagesdienstes am Morgen (Dienstübergabe, dann frei). Je nach Variante können die „NB"-Dienste zu mehreren Diensten in Folge („Nachtdienstblock") zusammengefasst werden. Hierfür stehen eine Vielzahl von Verblockungs-Alternativen, sog. Dienstmodule, zur Verfügung, die gegebenenfalls auch weitere Dienste (z.B. Tagdienste SA/SO) einbeziehen.
- **Grundmodell geteilter Dienst „K+NB":**
Der Diensthabende erbringt zunächst einen Kurzdienst („K") am Vormittag und am selben Tag, nach einer Unterbrechung („geteilter Dienst") um mindestens die gesetzliche Ruhezeit von 10 Stunden (ggf. via Tarifvertrag/kirchenrechtlicher Regelung) verkürzbar auf 9 Stunden, einen Nachtbereitschaftsdienst („NB"). An den Dienst „NB" kann sich, je nach Variante, noch ein Regeldienst in den folgenden Tag hinein anschließen („K+NB+R").

An den Tagen SA/SO kommt – modellübergreifend – entweder die Variante „RB" in Form eines 24 h-Dienstes in Frage oder die Besetzung in zwei Dienstlagen à ca. 12 Stunden (Tag/Nacht). Diese Dienste können, wie bei der Variante „NB", verblockt werden.

Entscheidend für die Auswahl zwischen den Modellen sind:
1. Der Zeitpunkt des Eintritts in den Bereitschaftsdienst (die sog. Bereitschaftsdienstschwelle): Je später diese liegt, desto eher kommt anstelle von „RB" die Variante „SB", bei noch späterem Bereitschaftsdiensteintritt „NB" in Frage.
2. Die arbeitsorganisatorischen Erfordernisse wie die Frage, ob eine Verblockung von Diensten gemäß Grundmodell „NB" vorzuziehen ist. Auf die arbeitsorganisatorischen Hintergründe für die Modellentscheidung wird bei der nachfolgenden Darstellung der Modelle ausführlicher hingewiesen.
3. Die Präferenzen der Mitarbeiter, die beispielsweise auch davon abhängen, ob der Erhalt unständiger Bezüge im Vordergrund steht oder ob ein höherer Anteil von Teilzeit-Mitarbeitern an der Dienstbesetzung teilnimmt.

Sämtlichen Modellen ist Folgendes gemeinsam:
1. Übergabezeiten werden als regelhafte Leistungen stets als Vollarbeit bewertet. Diese werden auf die grundsätzlich maximal 8 Stunden Vollarbeitszeit (zzgl. Pau-

senzeit) angerechnet, welche in Verbindung mit einem Bereitschaftsdienst erbracht werden darf. Einzelne tarifvertragliche Regelungen lassen im Zusammenhang mit Bereitschaftsdiensten auch mehr als 8 Stunden Vollarbeitszeit zu; gleichwohl empfehlen wir, zur Begrenzung der Einzeldienst-Belastung solche Modelle nur dann zu praktizieren, wenn die Bereitschaftsdienst-Inanspruchnahmen relativ niedrig sind – etwa in Rehakliniken, psychiatrischen Einrichtungen oder Fachabteilungen mit geringem Akutaufkommen. Ist – bei Begrenzung auf 8 Stunden Vollarbeitszeit – zum Beispiel eine Übergabe von 30 Minuten am Folgemorgen vorgesehen, so kann der Vollarbeitszeitanteil noch 7,5 Stunden (zzgl. Pausenzeit) betragen.
2. Pausenzeiten werden auch im Bereitschaftsdienst berücksichtigt (wenngleich nicht gesondert ausgewiesen), sofern dies zum Erreichen der gesetzlichen Mindestpausenzeiten[226] erforderlich ist. Dabei sollten solche Pausen während der - Bereitschaftsdienstzeiten vergütungsrechtlich nicht berücksichtigt werden („BD"-Vergütung „läuft durch"). Nichtsdestotrotz bleiben die Pausenzeiten bei der Ermittlung der arbeitszeitschutzrechtlichen Arbeitszeit (etwa der Einhaltung der wöchentlichen Höchstarbeitszeit) stets unberücksichtigt.[227] Dies wird in der Praxis bei der Berechnung der wöchentlichen Höchstarbeitszeit (Arbeitszeitschutzkonto) oft nicht beachtet, so dass arbeitsschutzrechtliche „Luft" bis zur wöchentlichen Höchstarbeitszeit verschenkt wird, was bei geringer „opt-out"-Neigung regelungsentscheidend sein kann.

Nachfolgend werden die verschiedenen Grundmodelle und ihre denkbaren Varianten vorgestellt. Anschließend wird dies im Abschnitt „Fallbeispiel(e)" anhand von Modellbeispielen vertieft. Im darauf folgenden Abschnitt „Bewertung" werden die Vor- und Nachteile diskutiert.[228]

2.1.3 Grundmodell „RB" – Regeldienst mit anschließendem Bereitschaftsdienst
Prinzip und Varianten
Hierzu zählen sämtliche Modelle, bei denen sich der Bereitschaftsdienst an den Regeldienst (Tagdienst) anschließt. Der Einsatz des Grundmodells „RB" kommt also immer dann in Frage, wenn Bereitschaftsdienstschwelle und Regeldienstende übereinstimmen. Da der (Gesamt-)Dienst nicht länger als 24 Stunden (inklusive Pausenzeit) sein darf, erfordert jede Übergabe oder gar Weiterarbeit des Diensthabenden am Folgetag, dass der Dienstbeginn am Vortag mindestens in entsprechendem Umfang gegenüber dem Regeldienstbeginn versetzt wird, somit später beginnt.

Dabei sind innerhalb des Grundmodells „RB" auch Varianten denkbar, in denen der Vollarbeitszeitanteil gesplittet wird – in einen Teil vor und einen Teil nach dem Bereitschaftsdienst (z. B. „von Mittag bis Mittag"). Derartige Modelle kommen vergleichsweise häufig in Einrichtungen zum Einsatz, in denen jeder der eingeteilten

---
226 Siehe Kap. 1.9.
227 Siehe Kap. 1.9.
228 Hinweis: Zwecks der Vereinfachung und Vergleichbarkeit der Modelle wird jeweils ein Regel-Tagesdienst unterstellt, der MO – FR von 08:00 – 16:30 (8 Stunden Arbeitszeit; 30 Minuten Pause) eingeteilt ist.

Mitarbeiter (also auch der Nachtdiensthabende) innerhalb des „normalen" Arbeitstages Kontakt zu Patienten bzw. Betreuten haben soll.

In jedem Fall ist jedoch eine Teilnahme des Diensthabenden an der Dienstübergabe zu Dienstbeginn nicht möglich, weil sonst zusammen mit der Übergabe am Folgetag die 24 h-Tageshöchstgrenze überschritten werden würde. Das wird in der Praxis oft als nachteilig angesehen, ist aber aufgrund der bestehenden Rechtslage anders nicht zu realisieren. Das hier skizzierte Grundmodell kommt in vier Varianten vor:

- **Variante 1**:
  Die Dienstbelastung verringert sich mit Regeldienstende, nach grundsätzlich maximal 8 Stunden Regeldienstdauer (zzgl. Pausenzeiten, abzüglich Übergabezeitbedarf am Folgetag) so signifikant, dass ein Bereitschaftsdiensteintritt bereits zu diesem Zeitpunkt möglich ist. Der Folgetag ist stets arbeitsfrei.
- Beispielsweise ergibt sich ein „RB"-Dienst von 08:30 – 08:30 – mit einer Bereitschaftsdienstzeit von 16:30 – 08:00. Diese Variante ist in der Praxis häufig in Reha-Kliniken, reinen Elektiv-Fachkliniken oder in kleineren Fachabteilungen mit relativ geringem Notfallaufkommen praktizierbar. Bei begrenztem OP-Aufkommen eignet sie sich unter Umständen, zum Beispiel bei gesondert besetzter Intensivstation, auch für die Anästhesie. Auch in Betreuungseinrichtungen werden pflegerische Bereitschaftsdienste oftmals in dieser Weise organisiert.
- Hingegen können große bettenführende Abteilungen wie die Innere Medizin und die Chirurgie eines Krankenhauses grundsätzlich nicht von diesem Modell Gebrauch machen, da die Bereitschaftsdienstschwelle hier regelhaft nicht mit dem Regeldienstende in Übereinstimmung gebracht werden kann. Ein guter Indikator dafür, dass dieser Dienst in Frage kommt, ist, dass trotz der langen Bereitschaftsdienstdauer die höchste Bereitschaftsdienststufe (also Stufe III bzw. Stufe D) nicht erreicht wird.

- **Variante 2**:
  Hier beginnt der Dienst erst später als die anderen Regeldienste, zum Beispiel um die Mittagszeit, wechselt jedoch gleichwohl mit Ende des Regeldienstes, also nach einem kurzen Nachmittagsdienst, in den Bereitschaftsdienst, der wiederum am Morgen in einen kurzen Vormittags-Regeldienst übergeht, der höchstens genau bis zur Uhrzeit des Dienstbeginns am Vortag reicht. Ein Beispiel ist ein Dienst RB von 12:00 – 11:30 mit einer Bereitschaftsdienstzeit von 16:30 – 08:00. Dadurch kann der Diensthabende am Folgetag länger als nur für die Übergabezeit eingesetzt werden. Diese Variante empfiehlt sich in der Regel nur in folgenden Fällen:
  a) Die Bereitschaftsdienstbelastung erlaubt üblicherweise gute nächtliche Schlafphasen, weil nur dann aus arbeitsmedizinischer Sicht ein Weiterarbeiten nach der Nachtbereitschaft für noch einige Stunden zu vertreten ist.
  b) Beide Vollarbeitszeitabschnitte (der Abschnitt vor und der nach dem Bereitschaftsdienst) sind so nutzbar, dass der Mitarbeiter „seine" Arbeitsaufgaben abarbeiten kann. Dies ist etwa dann der Fall, wenn der Diensthabende am Tag des Dienstbeginns eine nachmittägliche Visite durchführen und am Tag des Dienstendes seine Tätigkeiten auf den Vormittag konzentrieren kann.

- **Variante 3**:
  Bis auf die Übergabezeiten wird der Dienst als reiner Bereitschaftsdienst ausgeführt. Der Dienst „RB" geht hier zum Beispiel von 08:15 – 08:15 mit einer Bereitschaftsdienstzeit von 08:30 – 08:00. Eine solche Dienstkonstellation kommt in Frage, wenn der Mitarbeiter im Rettungsdienst eingeteilt ist, ohne (anders als in der Regel) tagsüber in das Tagesgeschäft eingebunden zu sein; in diesen Fällen ist häufig auch eine Übergabezeit verzichtbar.

- **Variante 4**:
  Die Dienststruktur gleicht der aus Variante 1. Der Bereitschaftsdiensthabende wird aber zu Beginn durch andere über die Tagdienste hinaus verlängerte Dienste abgesichert, so dass ein 24-Stunden-Dienst vertretbar ist, weil der Bereitschaftsdiensthabende ab Beginn der Bereitschaftsdienstphase nicht „alleine da steht".

  Beispielsweise wird wie oben ein „RB"-Dienst von 08:30 – 08:30 mit einer Bereitschaftsdienstzeit von 16:30 – 08:00 besetzt. Darüber hinaus gibt es einen Dienst R+ in Vollarbeit von 08:00 – 18:30, also mit 9,75 Stunden Arbeitszeit zzgl. 45 Minuten Pausenzeit, der mit den ersten 2 Stunden des Bereitschaftsdienstes überlappt. Es ist also nicht der Bereitschaftsdiensthabende, der Regeldiensttätigkeiten während seiner Bereitschaftsdienstzeit erbringt, sondern ein oder mehrere Kolle-

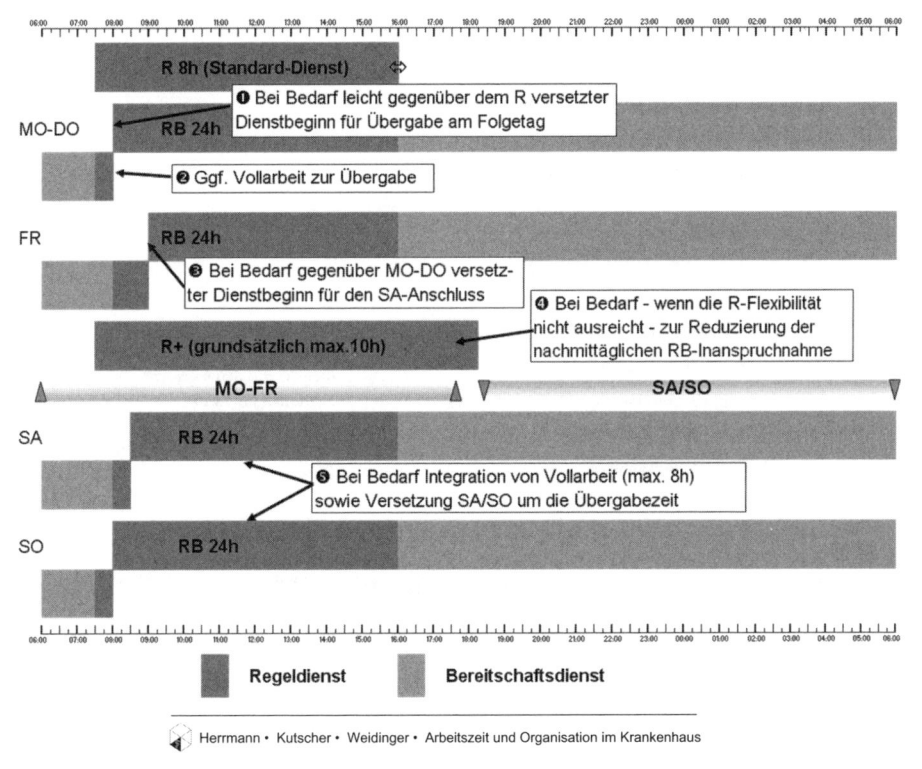

Abb. 3: Das Minimalprogramm zur rechtskonformen „Rettung" von 24 h-Diensten

Kapitel 2: Arbeitszeitmodelle

gen, die damit dafür sorgen, dass der Bereitschaftsdiensthabende einer durchschnittlich gegenüber der Vollarbeit signifikant niedrigeren Inanspruchnahme am Beginn seiner Bereitschaftsdienstzeit (im Beispiel 16:30) ausgesetzt ist. Dieses Prinzip zeigt *Abbildung 3*.

Das Bild zeigt einen langen Regeldienst R+, der die nachmittägliche Inanspruchnahme des Diensthabenden abzusenken hilft. Damit kommt dieses Modell auch für Abteilungen in Frage, in denen die Hauptleistungszeit über die Tagdienste hinausgeht.

Fallbeispiel

Die nachfolgende *Abbildung 4* zeigt ein Beispiel einer internistischen Klinik, in der durch einen neu eingerichteten Spätdienst in der Rettungsstelle (hier: R) sowie durch lange Stationsdienste (hier: LS) in jeder der vier Stationen die zuvor zu hoch in Anspruch genommenen beiden Bereitschaftsdienste als leicht versetzte 24-Stunden-

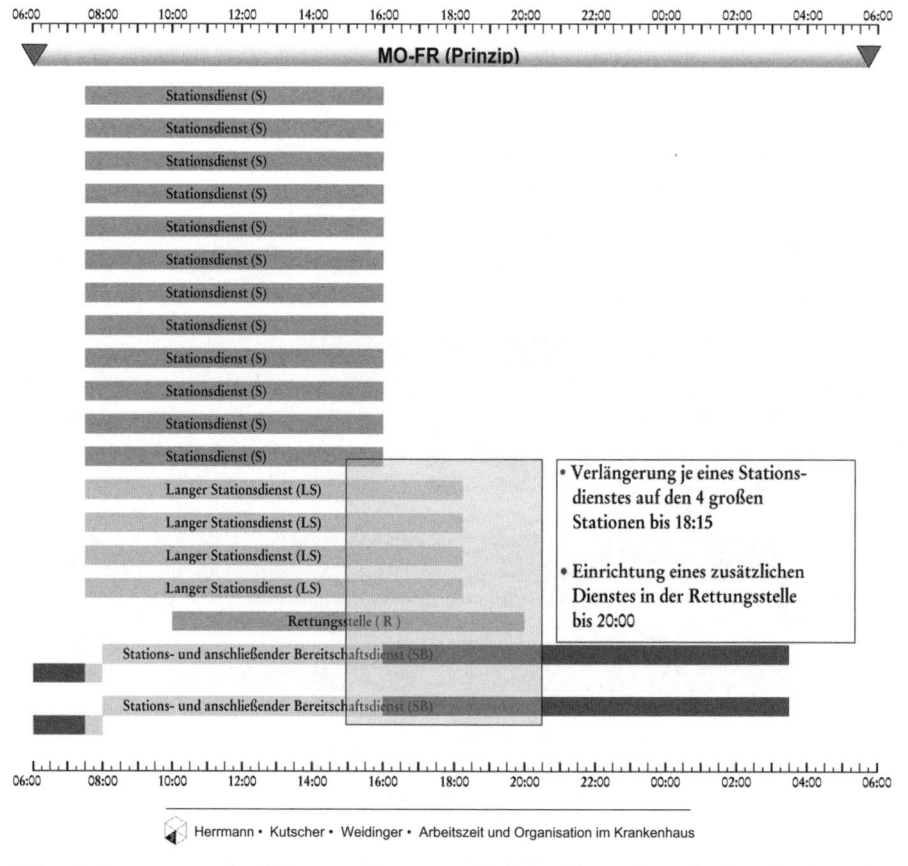

Abb. 4: Anpassung des Diensteaufbaus zur Sicherstellung eines frühen Beginns der Bereitschaftsdienstzeit

Dienste mit Bereitschaftsdiensteintritt zum Regeldienstende des Stationsdienstes (hier: S) ausgestaltet werden konnten.

Bewertung

Das Grundmodell „RB" hat bei realistischer Betrachtung der Bereitschaftsdienstschwellen entweder einen eingeschränkten Anwendungshorizont (Varianten 1 bis 3) oder leidet darunter, vergleichsweise hohe Kosten zu produzieren (Variante 4). Dennoch ist es bislang noch weit verbreitet – mit allerdings stetig fallender Tendenz zugunsten der nachfolgend dargestellten Varianten.

Die den Bereitschaftsdienst „absichernden" Vollarbeitszeitspannen anderer Mitarbeiter erzeugen unter sonst gleichen Bedingungen Zusatzkosten. Zwar kann das überkommene Regeldienst-Bereitschaftsdienst-Schema (Varianten 1 und 4) weitgehend gerettet werden, so dass wenig Änderungsbedarf besteht, was aber zugleich in der Praxis besonders wichtige Nachteile mit sich bringt:

1. Der auf den ersten Blick geringfügige Änderungsbedarf erweist sich bei genauerem Hinsehen als durchaus signifikant: Zum einen dauern bisherige Regeldienst-Bereitschaftsdienst-Kombinationen immer noch deutlich länger als 24 Stunden, nicht selten 25 bis 27 Stunden. Zum anderen ist gerade die Notwendigkeit des versetzten Dienstbeginns des Diensthabenden am Morgen ein erheblicher Einschnitt in die gewohnte Arbeitsorganisation, welche jedenfalls im ärztlichen Dienst von der maximalen Verfügbarkeit sämtlicher Mitarbeiter und einer gemeinsamen Teilnahme an der Morgenbesprechung ausgeht. Da aber diese Dienstform die weitgehende Beibehaltung des bisherigen suggeriert besteht die Gefahr, dass realiter bzw. „inoffiziell" die bisherige, nicht (mehr) rechtskonforme Dienststruktur beibehalten wird und der Diensthabende beide Übergabebesprechungen begleitet. Dieser Effekt wird dadurch verstärkt, dass in der Regel bei langen Bereitschaftsdienstzeiten ihre teilweise Anrechnung auf die Vertragsarbeitszeit erforderlich ist, um die Wochenhöchstarbeitszeit nicht zu überschreiten.[229]
2. Der fehlende Zwang zur Veränderung des Tagesablaufes („es kann ja fast alles beim Alten bleiben") verhindert deren überfällige Anpassung an zeitgemäße Standards. Zweifellos hat das rein traditionell begründete Regeldienst-Bereitschaftsdienst-Schema maßgeblich dazu beigetragen, dass die Arbeitszeitorganisation im Krankenhaus insgesamt hinter den gesellschaftlichen Entwicklungen auf dem Gebiet der Arbeitszeitgestaltung – Stichwort: Ausweitung von Leistungszeiten und Arbeitszeitflexibilisierung – so weit zurückgeblieben ist.

Das Grundmodell „RB" ist (außer unter Umständen in Variante 2) einer kontinuierlichen Patientenversorgung abträglich, weil es aufgrund des arbeitsfreien Folgetages zu täglich wechselnden Stationsbesetzungen kommt. Dieser Nachteil ist vor allem in besonders kontinuitätsbedürftigen internistischen sowie psychiatrischen Kliniken aber auch in Einrichtungen der Jugend- und Behindertenhilfe spürbar.[230]

---
229 Siehe dazu in Kap. 2.2.1 die beschriebenen ökonomischen Nachteile.
230 Vgl. auch die diesbezüglichen Überlegungen zum Grundmodell „NB" in Kap. 2.1.6.

Positiv schlägt dagegen zu Buche, dass das Grundmodell „RB" einfach ist; der Kommunikations- und Koordinationsaufwand ist (außer bei Variante 2) denkbar gering. Zudem schätzen viele Mitarbeiter lange Dienste im Vergleich zur Alternative kürzerer auch deshalb, weil sie dadurch insgesamt weniger Dienste erbringen müssen, was sich positiv auf „Freizeitverluste" durch Neben- und Rüstzeiten (Wegezeiten etc.) auswirkt. Ein Punkt, der insbesondere bei der Besetzung von Wochenenddiensten ins Gewicht fällt. Hiermit beschäftigt sich der nachfolgende Abschnitt.

2.1.4 Exkurs: Bereitschaftsdienst am Wochenende
Prinzip und Varianten
Am Wochenende kommen prinzipiell nur zwei Alternativen in Frage:
1. Die Besetzung mit 24-Stunden-Diensten:
   Dann müssen diese Dienste wegen der „Schallmauer" von exakt 24 Stunden Dienstdauer, die nicht überschritten werden darf, um die Übergabezeiten gegeneinander versetzt werden (siehe erneut *Abbildung 3*, S. 119). Dies erzwingt einen späteren Dienstbeginn des FR-Dienstes. In den 24-Stunden-Dienst sollten in ausreichendem Umfang Vollarbeitszeiten für die regelhaft zu erledigenden Arbeiten (Übergaben, Visiten, Entlassungen, elektive Patientenversorgung) eingebaut werden.
   Beispielsweise dauert der Dienst am Samstag von 09:00 – 09:00 (mit Bereitschaftsdienstzeit von 15:00 – 08:00), der Dienst am Sonntag von 08:00 – 08:00 (mit Bereitschaftsdienstzeit von 15:00 – 07:00). Der in den Samstag überlappende FR-Dienst kann, wenn er um 10:00 enden soll, am FR-Vormittag auch erst frühestens um 10:00 beginnen. Dabei dürfen diese Vollarbeitszeiten auch hier in der Regel 8 Stunden nicht überschreiten. Wird binnen der 24 Stunden mehr als 8 Stunden Regeldienstanteil benötigt, insbesondere um die Bereitschaftsdienstschwelle realistisch zu erreichen, kann der 24 Stunden-Dienst nicht praktiziert werden.
2. Die Besetzung mit zwei ca. 12 Stunden langen Diensten:
   Hier ist eine abendliche zusätzliche Übergabezeit erforderlich. Ist keiner der beiden Dienste länger als 13 Stunden (inklusive Pausenzeit), können sie wegen der dann gegebenen Einhaltung der gesetzlichen Mindestruhezeit geblockt vergeben werden. Der Diensthabende des SA-Tagdienstes erbringt auch den SO-Tagdienst. Ebenso kann bzgl. der Nachtdienste verfahren werden. Umgekehrt hat die Verkürzung des Tagdienstes am Samstag und Sonntag auf 10 – 11 Stunden (und eine entsprechende Verlängerung der Nacht[bereitschafts]dienste) Vorteile:
   a) Der Dienst kann bei nicht mehr als 10 Stunden Arbeitszeit (zzgl. Pause) auch in solchen Kliniken durchgehend als Vollarbeit ausgestaltet werden, die über keine tarifvertragliche Öffnungsmöglichkeit für Arbeitszeiten über 10 Stunden verfügen. Durchgehende Vollarbeit ist am Wochenende tagsüber in vielen Kliniken realistisch.
   b) Der Dienst endet früher und erlaubt noch eine gute private Abendnutzung, die an den Tagen SA/SO besonders bedeutsam ist.
   Beispielsweise reicht ein Dienst T+ (verlängerter Tagdienst) in Vollarbeit von 08:00 – 19:00, und es schließt sich ein Nachtbereitschaftsdienst „NB" von 18:30 –

08:30 (Bereitschaftsdienstphase von 19:00 – 08:00) an. Etwaige Vollarbeit am Wochenende finanziert sich, mit Ausnahme der dann anfallenden tarifvertraglichen Zeitzuschläge, unter dem Strich ohne Mehrkosten gegenüber dem früheren Modell und ohne Schmälerung der unständigen Bezüge.

Bei einem 24-Stunden-Dienst am Sonntag, dessen (24-stündige) Bereitschaftsdienstzeit mit dem arbeitsfreien Montag teilweise verrechnet wird („Freizeitausgleich nach Dienst"), ergibt sich folgende Abrechnungsregel, wenn dieser Dienst nun 8 Stunden Vollarbeitszeit (Regeldienst) enthält:

Alt: (24 h × 80 % [Beispiel für „BD" der Stufe D gemäß BAT]) ./. 7,5 h [Freizeitausgleich am Montag nach Übergabe] = **11,7 h** gesondert vergütet;
Neu: (24 h ./. 8,5 h [Regeldienst zzgl. 0,5 h Pause]) × 80 % = **12,4 h** gesondert vergütet.

Dieser eher geringfügigen Kostensteigerung steht folgender positiver Kapazitätseffekt gegenüber (der real allerdings nur eintritt, wenn der vormalige Dienst rechtskonform ein maximal zu 49 % ausgelasteter Bereitschaftsdienst war):

Alt: 24 h × 49 % [Beispiel für „ausgereizte" Stufe D) = **11,8 h** effektiv nutzbare Arbeitszeitkapazität;
Neu: (24 h ./. 8,5 h [Vollarbeit zzgl. 0,5 h Pause]) × 49 % + 8 h [Vollarbeit] = **15,6 h** Arbeitszeitkapazität.

Mit anderen Worten: Für 0,7 h zusätzlich zu vergütende Arbeitszeit werden 3,8 h regelhaft nutzbare Arbeitszeitkapazität gewonnen!

Fallbeispiele

Ein typisches Missverständnis besteht in der Praxis darin, dass mit der Abkehr von 24-Stunden-Diensten eine Erhöhung der Anzahl der pro Mitarbeiter zu leistenden Arbeits-Wochenenden einhergeht.

Dies ist jedoch nicht der Fall, denn die Zahl der Arbeits-Wochenenden hängt von der Zahl der pro Wochenende benötigten Ärzte pro Bereitschaftsdienstreihe ab und diese kann bei beiden Varianten, 24-Stunden-Dienst wie 2 × ca. 12-Stunden-Dienst, durch entsprechende Dienstblockung gleich hoch ausgestaltet werden, wie die *Abbildungen 5a – c* zeigen.

Mit sich verkürzender Verweildauer ist in Krankenhäusern von einem zunehmenden Arbeitsanfall am Wochenende auszugehen. Vor diesem Hintergrund wird sich am Wochenende zukünftig verstärkt die Aufteilung in Tag- und Nacht(bereitschafts)dienste durchsetzen müssen. Die Auseinandersetzung mit gegenteiligen Präferenzen der Beteiligten, die Wochenendarbeit möglichst vermeiden wollen, gehört mit zu einem der wichtigsten Bestandteile der Neuausrichtung der Arbeits(zeit)organisation: Keine Zeitspanne darf für den Regeldienst „tabu" sein! Umgekehrt lässt sich bereits vielerorts beobachten, dass die Beibehaltung 24 Stunden langer Wochenenddienste auch bei sehr hohem Arbeitsanfall die erforderliche Erweiterung der Betriebszeiten in das Wochenende hinein behindert. Immer mehr Mitarbeiter ziehen aber die Aufteilung der Dienste in zwei Dienstlagen pro Tag den langen Diensten vor – insbesondere der Samstag-Bereitschaftsdienst wird bei hohem Arbeitsaufkom-

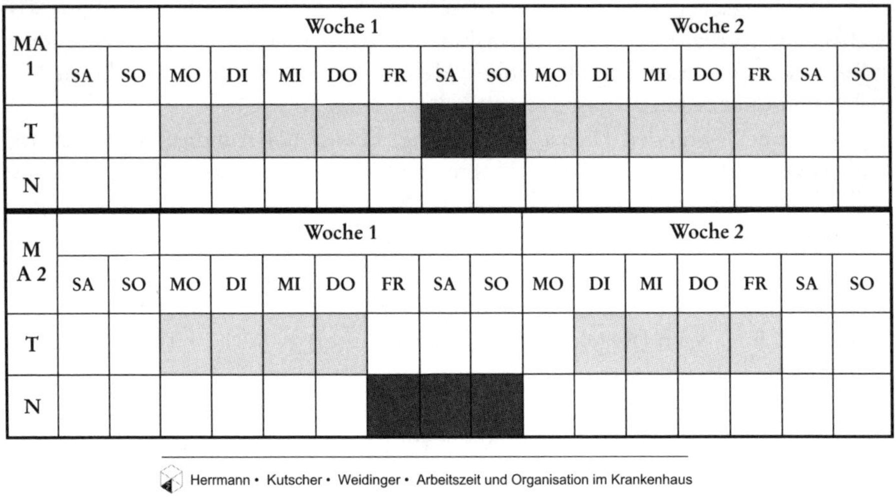

Kapitel 2: Arbeitszeitmodelle

Abb. 5a: Wochenend-Dienste geteilt, Variante 1 – bindet 2 Mitarbeiter/innen

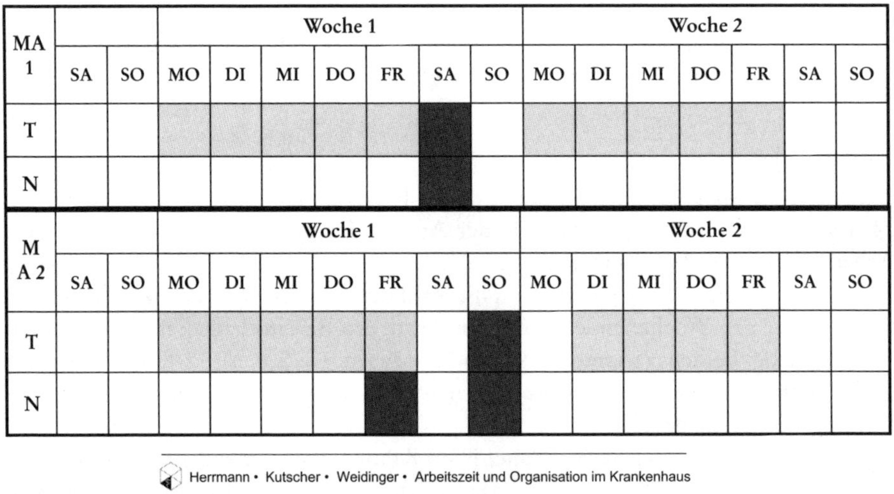

Abb. 5b: Wochenend-Dienste „klassisch" á 24 h – bindet 2 Mitarbeiter/innen

men in der Notaufnahme in seiner durchgehenden Langvariante als nicht mehr belastungsgerecht empfunden.

Eine Untervariante besteht bei der Aufteilung der Wochenenddienste in Tag- und Nachtbereitschaftsdienste darin, dem Nachtbereitschaftsdienst am Sonntag, am Montag einen Regeldienst folgen zu lassen. In niedrigstufigen Bereitschaftsdiensten konnte vor der Novellierung des Arbeitszeitgesetzes am Folgetag nach einem 24-Stunden-Dienst ein weiterer Regeldienst geleistet werden. Der durch die Abkehr von ca. 32 Stunden langen Diensten ansonsten auftretende Besetzungsverlust am

Bereitschaftsdienstmodelle

Abb. 5c: Wochenend-Dienste geteilt, Variante 2 – bindet 3 Mitarbeiter/innen

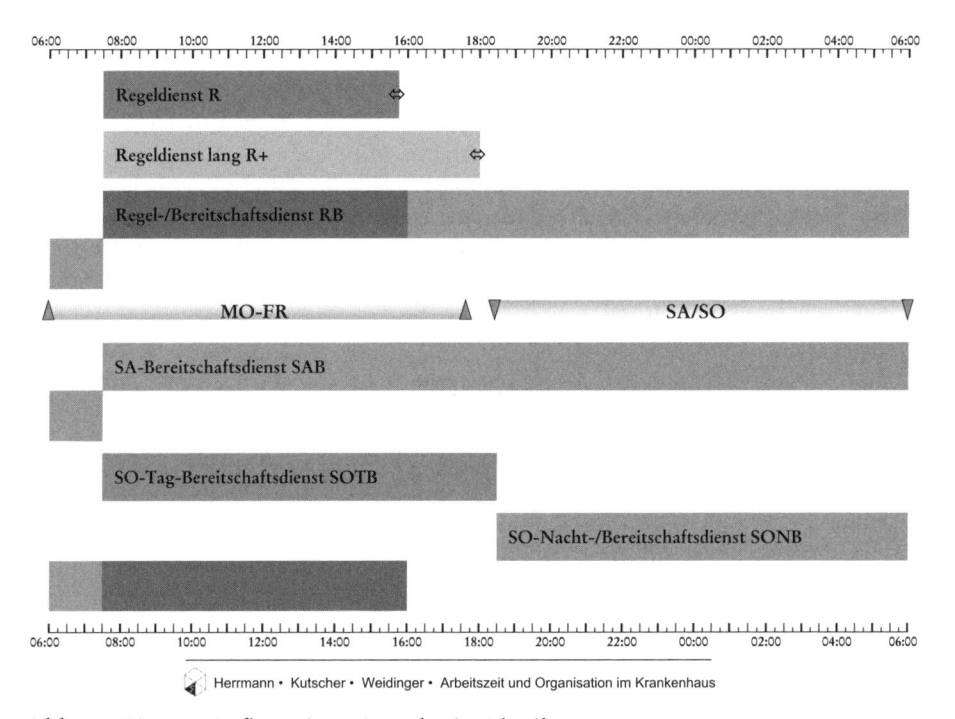

Abb. 6: Dienste-Aufbau einer Anästhesie-Abteilung

Folgetag kann durch die am Beispiel der in *Abbildung 6* dargestellten Dienststruktur zumindest am Montag aufgefangen werden, auch zugunsten des Erhalts der unständigen Bezüge aus dem SO-Dienst.[231] Aus arbeitsmedizinischen Gründen kann diese Variante aber nur bei durchschnittlich geringer Inanspruchnahme und ausreichender Schlafmöglichkeit im Nachtbereitschaftsdienst empfohlen werden.

2.1.5 Grundmodell „SB"
Prinzip und Varianten

Zum Grundmodell Spätdienst-/Bereitschaftsdienst „SB" zählen sämtliche Dienst-Aufbauten, in denen die Bereitschaftsdienstzeit später beginnt als mit Ende des Regeldienstes. Der Diensthabende weist jedoch während seiner Vollarbeitszeitphase Überlappungen zum Regeldienst auf. Es eignet sich also gut für Szenarien, in denen die Bereitschaftsdienstschwelle erst in den Abendstunden angesiedelt werden kann. Die Gesamtdienstdauer ist hier in der Regel kürzer als 24 Stunden, jedoch selten kürzer als 16 Stunden, damit der Dienst mit dem Regeldienstende des einen und dem Regeldienstbeginn des anderen Tages überlappen kann. In der Praxis kommt das Grundmodell „SB" in folgenden vier Varianten vor:

– **Variante 1**:

Der Dienst „SB" schlägt eine „Brücke" zwischen den Regel-Tagesdiensten der übrigen Mitarbeiter; dabei enthält er selber einen ausreichend hohen Vollarbeitszeit-Anteil, um allen regelhaft anfallenden Aufgaben gerecht zu werden.

Beispielsweise reicht der Dienst „SB" von 16:00 – 08:30 und enthält darin ein Bereitschaftsdienstfenster von 00:00 – 08:00. Die übrige Zeit, also abzüglich der Pause 8 Stunden, ist als Vollarbeit ausgestaltet. Mit diesem Modell lassen sich sehr späte Bereitschaftsdienstschwellen realisieren; fällt die durchschnittliche nächtliche Inanspruchnahme danach jedoch steil ab, kann es hierdurch ggf. zu Absenkungen der Bereitschaftsdienststufe kommen. Zudem nimmt der Diensthabende an zwei Tagen hintereinander, mit Ausnahme der Übergabezeiten, vollständig nicht am Tagesgeschäft teil.

– **Variante 2**:

Der Vollarbeitszeitanteil des Dienstes „SB" überlappt mit der nachmittäglichen Regel-Tagesdienstzeit der übrigen Mitarbeiter.

Beispielsweise reicht der Dienst „SB" von 12:00 – 08:30 mit einer Bereitschaftsdienstzeit von 20:00 – 08:00. Hier kann und muss die nachmittägliche Überlappungszeit für das Tagesgeschäft nutzbar gemacht werden, so dass sich der Besetzungsverlust eines Mitarbeiters gegenüber einem 24 Stunden-Modell auf die Vormittagsstunden beschränkt.

– **Variante 3**:

Hier überlappt, im Unterschied zu Variante 2, der Dienst „SB" am Folgetag in Vollarbeit mit dem Regel-Tagesdienst – der Nachtdiensthabende hat also nicht direkt nach der Übergabe arbeitsfrei.

---

231 Siehe hierzu Kap. 2.1.3.

Ein Dienstzeiten-Beispiel ist ein Dienst „SB" von 16:00 – 12:00 mit einem Bereitschaftsdienstanteil von 20:00 – 08:00. Dadurch kann der Besetzungsverlust im Tagesgeschäft gegenüber einem 24 Stunden-Modell auf die Nachmittagsstunden beschränkt werden, was oft eher vertretbar ist als am Vormittag. So steht der Diensthabende insbesondere für Visitentätigkeiten in seinem Arbeitsbereich zur Verfügung. Allerdings setzt Vollarbeit nach einem nächtlichen Bereitschaftsdienst aus arbeitsmedizinischer Sicht voraus, dass die nächtlichen Inanspruchnahmen möglichst niedrig sind, so dass diese Variante nur in solchen Fällen zu empfehlen ist.

- **Variante 4:**
Hier schließt sich der Bereitschaftsdienst an einen geteilten Dienst „GD" an (so dass der Dienst statt „SB" eigentlich „GDB" heißen müsste).
Beispiel: Geteilter Regeldienst 08:30 – 12:00/16:00 – 20:00 mit anschließendem Bereitschaftsdienst bis 08:00 und Übergabe (Regeldienst) bis 08:30. Damit lässt sich der Vorteil des langen Dienstes, die lange Verfügbarkeit desselben Mitarbeiters innerhalb des Tages, mit der Notwendigkeit einer abendlichen Bereitschaftsdienstschwelle kombinieren.
Allerdings hat das Modell folgende Voraussetzungen:
1. Die Dienstteilung wird arbeitsorganisatorisch auch tatsächlich realisiert, indem die Zeit der Arbeitsunterbrechung dem Mitarbeiter auch effektiv zur freien Verfügung steht.
2. Von den Beteiligten wird die Teilung des Regeldienstes akzeptiert. Dies ist in Deutschland wegen der hierzulande fehlenden „Siesta-Kultur" oft nicht der Fall. Allerdings erscheint die beschriebene Variante gerade auch deshalb interessant, weil die mittägliche Arbeitsunterbrechung gezielt zur Regeneration (Mittagsschlaf) für den bevorstehenden Nachtdienst genutzt werden kann (und sollte).

Alternativ dazu kann die Zeit der Arbeitsunterbrechung als Bereitschaftsdienstzeit ausgewiesen werden. Dann bleibt der Mitarbeiter in der Einrichtung, wird aber nur abrufweise aus dem Bereitschaftsdienst heraus eingesetzt. Diese Konstruktion setzt voraus, dass der mittägliche Bereitschaftsdienst tatsächlich nur Bereitschaft beinhaltet, was in der Praxis oft zweifelhaft ist.

Generell ist bei der Gestaltung von „SB"-Diensten in vergütungsrechtlicher Hinsicht darauf zu achten, dass neben Zeitzuschlägen für Vollarbeit in zuschlagspflichtigen Zeiten auch Schichtzulagen anfallen können. Die sog. „kleine Schichtzulage" wird im öffentlichen Dienst bereits dann ausgelöst, wenn sich die geplanten Regeldienstzeiten über mehr als 13 Stunden eines Tages erstrecken; in unserem Beispiel mit Regeldienstbeginn um 08:00 wäre das der Fall, wenn der Dienst „SB" mindestens noch bis 21:00 Regeldienst enthält.

Fallbeispiele
Ein Beispiel für Variante 1 zeigt die *Abbildung 7*. Hier wird neben dem Spät-/Bereitschaftsdienst „SB", bei dem der Mitarbeiter seine Arbeit mit Dienstende des Re-

Kapitel 2: Arbeitszeitmodelle

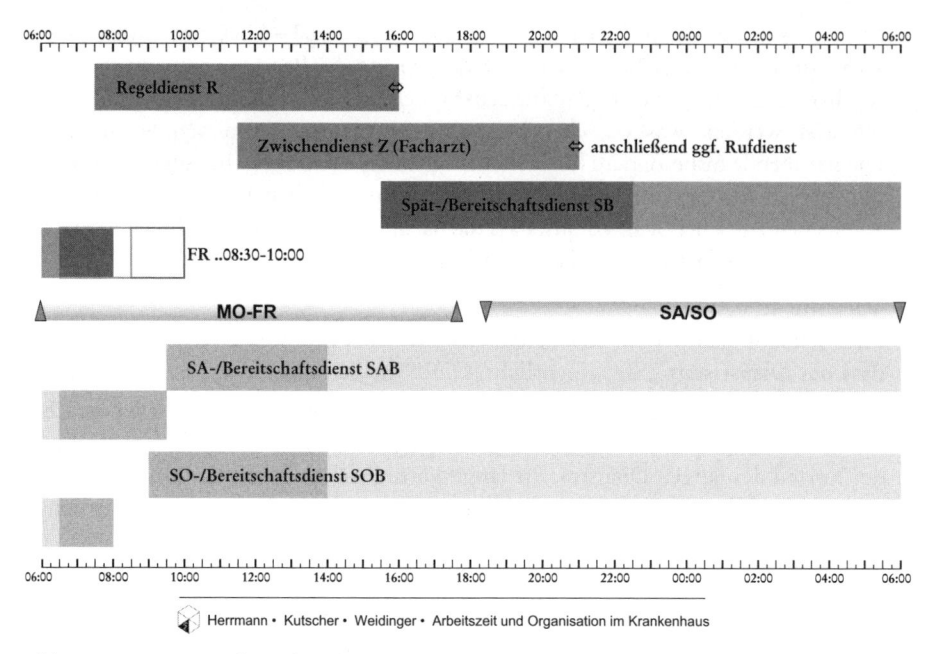

Abb. 7: Dienste-Aufbau für die Anästhesie

geldienstes aufnimmt, noch ein Zwischendienst Z besetzt, um die Besetzung in den Abendstunden im Spät-OP-Saal und auf der Intensivstation zu verstärken.

Am Freitag endet der Dienst „SB" später, um an die leicht gestaffelten 24 Stunden-Dienste am Wochenende[232] anschließen zu können. Die Besetzungslücke tagsüber wurde hier durch die Einstellung eines zusätzlichen Arztes, der aus reduzierten unständigen Bezügen größtenteils gegenfinanziert wurde, geschlossen.

Variante 1 wird mit *Abbildung 8* an einem Beispiel einer urologischen Klinik vertieft. Die Besonderheit besteht darin, dass der Dienst SB eine unterhalb von 8 Stunden liegende Vollarbeit beinhaltet. Dadurch schafft sich der Diensthabende an dem Tag an dem SB beginnt eine Arbeitszeitreserve, die hier zum einen für die Verlängerung des Regeldienstes auf 9,25 Stunden (zzgl. Pausenzeit beträgt die Dienstdauer 10 Stunden) genutzt wird und zum anderen für die „Finanzierung" der Vollarbeitsphasen am Wochenende. Darüber hinaus wird hier, entsprechend den allgemeinen Empfehlungen und anders als im Beispiel aus *Abbildung 7*, die gesamte Bereitschaftsdienstzeit vergütet. Die durch den arbeitsfreien Folgetag nach dem Dienst zusätzlich geschaffene Zeitreserve wird ebenfalls in die (zeitliche) „Finanzierung" längerer Regeldienste investiert.

Damit werden zwei Bedingungen erfüllt, die auch auf viele andere Modellkonstellationen zutreffen:

---

232 Siehe Kap. 2.1.4.

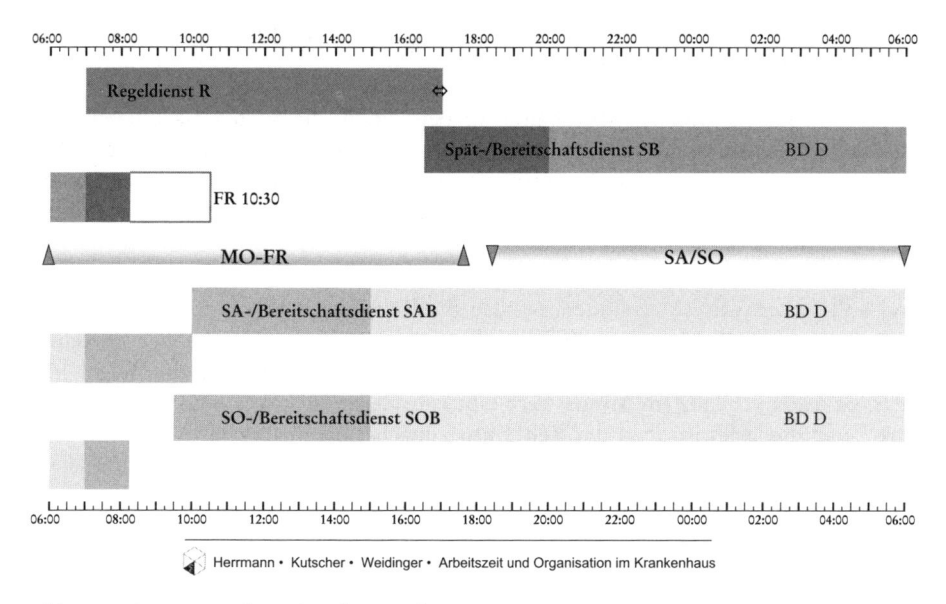

Abb. 8: Dienste-Aufbau für die Urologie

1. Die unständigen Bezüge können auch bei deutlich gekürzten Bereitschaftsdienstzeiten erhalten bleiben. Wurden bislang von den ca. 125 Stunden Bereitschaftsdienstzeit pro Woche (Bereitschaftsdienste MO – SO zusammengerechnet) in einem Bereitschaftsdienst der Stufe-D (Beispiel aus den AVR-Caritas oder dem BAT-West) 125 h/w × 80 % ./. 38,5h/w [Freizeitausgleich] = **61,5 h/w** gesondert vergütet, fallen nun unständige Bezüge für ca. 87 h/w × 80 % = **69,6 h/w** an. In diesem Fall ergibt sich also sogar eine ansteigende Zusatzvergütung, trotz erheblich verkürzter Dienstdauer. Die durchgehende Vergütung von Bereitschaftsdienstzeiten ist immer dann möglich, wenn die arbeitszeitschutzrechtliche wöchentliche Höchstarbeitszeit, ggf. inklusive „opt-out", durchschnittlich nicht überschritten wird. Dies zu überprüfen, ist auf sehr einfache Weise möglich.[233]
2. Die entstehende Zeitreserve (Mitarbeiter kommen zunächst nicht auf „ihre Arbeitszeit") ist sinnvoll für Vollarbeit am Wochenende sowie für die Verlängerung des Regeldienstes einsetzbar. Im vorliegenden Fallbeispiel wurden längere OP-Laufzeiten benötigt, für die die Regeldienste entsprechend verlängert wurden.

(Regel-)Arbeitszeit-Gesamtbilanz

Zur Überprüfung, ob die Vertragsarbeitszeit dienstplanmäßig durchschnittlich eingehalten werden kann, sollte eine (Regel-)Arbeitszeit-Gesamtbilanz erstellt werden. In der (Regel-)Arbeitszeit-Gesamtbilanz werden sämtliche Abweichungen der für eine Dienstgruppe geplanten Regeldienste gegenüber der üblicherweise geplanten Soll-Arbeitszeit saldiert, also:

---

[233] Siehe Kap. 3.7.

- MO – FR = 1/5 der Vollzeit-Vertragsarbeitszeit (z.B. bei 38,5 h/w = 7,7 h/Tag);
- SA/SO = 0 h.

Dabei sind jedoch nur die Mitarbeiter zu betrachten, die auch tatsächlich Bereitschaftsdienst leisten („BD-Dienstgruppe"). Sind mehrere Mitarbeiter für denselben Dienst eingeplant, so müssen die entsprechenden Werte mit der Zahl der eingeplanten Mitarbeiter multipliziert werden (im u.g. Beispiel je 5 Mitarbeiter im Regeldienst MO – FR mit je 9,25 Stunden Dauer).

Ergibt die Summe der Abweichungen zwischen geplanten Regeldienststunden und Soll-Arbeitszeit „0" Stunden, ist also die Regeldienst-Bilanz ausgeglichen, bedeutet das, dass die Vertragsarbeitszeit bei gleichmäßiger Vergabe der einzelnen Dienste unter den Mitarbeitern im Durchschnitt (!) erreicht wird. Ist die (Regel-)Arbeitszeit-Gesamtbilanz im Minus, verbleibt eine Zeitreserve (etwa für unvorhersehbare Zusatzbedarfe), so dass das Zeitkonto zunächst planmäßig ins Minus läuft. Ist die (Regel-)Arbeitszeit-Gesamtbilanz im Plus, müssen zusätzliche Freizeitausgleiche geplant werden. Oder die Dienststruktur muss vor diesem Hintergrund erneut überprüft und angepasst werden.

In der (Regel-)Arbeitszeit-Gesamtbilanz bleiben selbstverständlich nicht auf die Arbeitszeit angerechnete Bereitschaftsdienstzeiten außer Betracht, da sie ja über die Vertragsarbeitszeit hinaus vergütet werden. Die (Regel-)Arbeitszeit-Gesamtbilanz für das Beispiel aus *Abbildung 8* sieht wie folgt aus:

(Regel-)Arbeitszeit-Gesamtbilanz für ein Dienstmodell SB (Beispiel)

Dienststart

R MO – FR	5 Tage x 5 MA × [9,25 h RegD ./. 7,7 h Soll-AZ]	=	38,75 h
SB MO – DO	4 Tage x 1 MA × [4,75 h RegD ./. (2 x 7,7) h) Soll-AZ]	=	– 42,65 h
SB FR	1 Tag x 1 MA × [7 h RegD ./. 7,7 h Soll-AZ]	=	– 0,7 h
SAB	1 Tag x 1 MA × [8 h RegD ./. 0 h Soll-AZ]	=	8,0 h
SOB	1 Tag x 1 MA × [6,75 h RegD ./. 7,7 h Soll-AZ MO]	=	– 0,95 h
Ergebnis: „Regeldienstplus" 46,75 h/w ./. „Regeldienstminus" 44,25 h/w		=	**2,5 h/w**

Die Tabelle ist wie folgt zu lesen:

1. Durchschnittlich wird der Regeldienst R an den Tagen MO – FR von 5 auch in Bereitschaftsdiensten eingesetzten Mitarbeitern besetzt (andere Mitarbeiter – im ärztlichen Dienst meist Oberärzte und Chefarzt – werden nicht mitgerechnet). Die Mitarbeiter der BD-Dienstgruppe arbeiten MO – FR im Regeldienst („R") dienstplanmäßig durchschnittlich 9,25 h ./. 7,7 h = 1,55 h über ihre anteilige Vertragsarbeitszeit (7,7 h) hinaus, sofern sie nicht zum Dienst „SB" eingeteilt sind, so dass dieser Dienst in der (Regel-)Arbeitszeit-Gesamtbilanz MO – FR je 5 mal zu berücksichtigen ist.
2. Die übrigen Dienste („SB" und die Wochenenddienste SAB und SOB), werden pro Tag einmal eingeteilt und werden in der Tabelle nach dem gleichen Prinzip berücksichtigt. An den Tagen MO – DO wird der Dienst „SB" gegen eine Soll-Arbeitszeit von 2 × 7,7 h saldiert, da sich der Dienst „SB" an diesen Tagen über zwei Arbeitstage erstreckt.

3. Dagegen wird der Dienst „SB" am Freitag nur gegen 7,7 h saldiert, da ja der „2. Tag" (Samstag) keine Soll-Arbeitszeit enthält. Entsprechendes gilt für die Dienste SAB (Saldierung gegen „0", da keine Tage mit Soll-Arbeitszeit berührt) und SOB (Saldierung gegen 7,7 h, da nur MO mit 7,7 h Soll-Arbeitszeit berührt).

Im Ergebnis ist in diesem Beispiel die (Regel-)Arbeitszeit-Gesamtbilanz nahezu ausgeglichen. Bei gleichmäßiger Verteilung der Dienste wird die Vertragsarbeitszeit nur ganz geringfügig überschritten (bei z.B. 8 Mitarbeitern in der „BD"-Dienstgruppe wären dies [46,75 h ./. 44,25 h] : 8 = 0,31 h pro Woche), so dass einige arbeitsfreie Tage (hier ca. 2 Tage pro Mitarbeiter und Jahr oder 4 freie Nachmittage) ausreichen, um diese Überschreitung der Vertragsarbeitszeit auszugleichen. Bei Führung eines Arbeitszeitkontos können Abweichungen zwischen geschuldeter und geleisteter (Regel-)Arbeitszeit ohnehin fortlaufend saldiert werden.

Dennoch haben durchschnittliche Saldierungen über die Bereitschaftsdienste hinweg, wie sie in der (Regel)Arbeitszeit-Gesamtbilanz zum Ausdruck kommen, den Nachteil, dass der einzelne Dienst nicht zeitkontenneutral ausgestaltet wird. Daher kommt es, wenn die einzelnen Dienste bei der Dienstplanung nicht durchschnittlich gleichmäßig über die Diensttuenden hinweg verteilt werden, zum Auflaufen von Plussalden bei den einen und Minussalden bei den anderen Mitarbeitern; für einzelne Dienste ist das ohnehin nicht zu vermeiden. Daher hat die Durchschnittssaldierung der (Regel)Arbeitszeit-Gesamtbilanz zwei Nachteile:

Ungleichverteilungen bei der Dienstvergabe in Anzahl und Lage der Dienste, wie sie zum Beispiel auch aus Mitarbeiter-Perspektive Präferenzen gerecht gewünscht sein können, führen zu einem dienstplanmäßigen Auseinanderfallen der Zeitsalden, für das dann Rücksteuerungsmechanismen durch weniger oder mehr Arbeitszeit erforderlich werden.

Das Verfahren wird oft – auch bei durchschnittlicher Gleichverteilung der Dienste – als nicht anreizkompatibel angesehen, wenn Modelle vorsehen, mehr Bereitschaftsdienst unter der Woche zu vergüten und dafür Dienste am Wochenende als Ausgleich herangezogen werden, in dem diese auf die Arbeitszeit angerechnet werden (Freizeitausgleich); dabei wird gerade für die Wochenenddienste die gesonderte Vergütung erwartet.

Diese Nachteile können zwar durch höheren Freizeitausgleichsanteil in der Abrechnungsregel ausgeglichen werden – führen dann aber entsprechend zu niedrigeren unständigen Bezügen. Daher gehen immer mehr Kliniken dazu über, Bereitschaftsdienste zeitkontenneutral zu stellen, indem der Freizeitausgleich unter der Woche mit dem arbeitsfreien Tag realisiert wird und dafür Vollarbeit am Wochenende gesondert vergütet wird, so dass aus dem Wochenende heraus keine Freizeit-Altlasten entstehen. Dies entspricht oft nicht den tarifvertraglichen Regelungen, führt aber zu akzeptierten und anreizkompatibleren Lösungen und wird daher oft dann praktiziert, wenn die Mitarbeiter mit der gesonderten Vergütung von Vollarbeit im Zusammenhang mit Bereitschaftsdiensten einverstanden sind.

Der Besetzungsverlust im Tagesdienst im Spätmodell von zusätzlich einem Mitarbeiter („ein MA geht morgens; einer kommt erst nachmittags") muss bei Anwendung des Modells verkraftbar sein (denn durch Zusatzpersonal kann diese Lücke unter Kostengesichtspunkten im Falle der Beibehaltung unständiger Bezüge in der

Regel nicht geschlossen werden). Im dargestellten Fallbeispiel lag die Priorität auf der Realisierung längerer Regeldienste, auch zum „Einfangen" bisher regelmäßig anfallender Überstunden nach Regeldienstende. Und die Besetzung des Regeldienstes mit durchgehend 5 Assistenzärzten wurde bei gleichzeitiger Verlängerung der Regeldienstzeit als ausreichend angesehen.

Variante 2 wird am Beispiel einer gynäkologischen Abteilung verdeutlicht (nachfolgend *Abbildung 9*). Hier reicht der SB weit in den Regeldienst hinein, so dass die nachmittägliche Dienstzeit für den eigenen Arbeitsbereich noch gut nutzbar ist. In dieser Klinik entschied man sich zudem am Wochenende unter Belastungsgesichtspunkten für die Aufteilung der Dienste in Tag- und Nachtbereitschaftsdienste. Auch in diesem Beispiel dient, bei durchgehend vergütetem Bereitschaftsdienst, die Zeitreserve aufgrund des arbeitsfreien Tages nach den Diensten „SB" bzw. „NB" am Sonntag zur Verlängerung des Regeldienstes auf 8,5 h und für die Finanzierung der Vollarbeit am SA/SO.

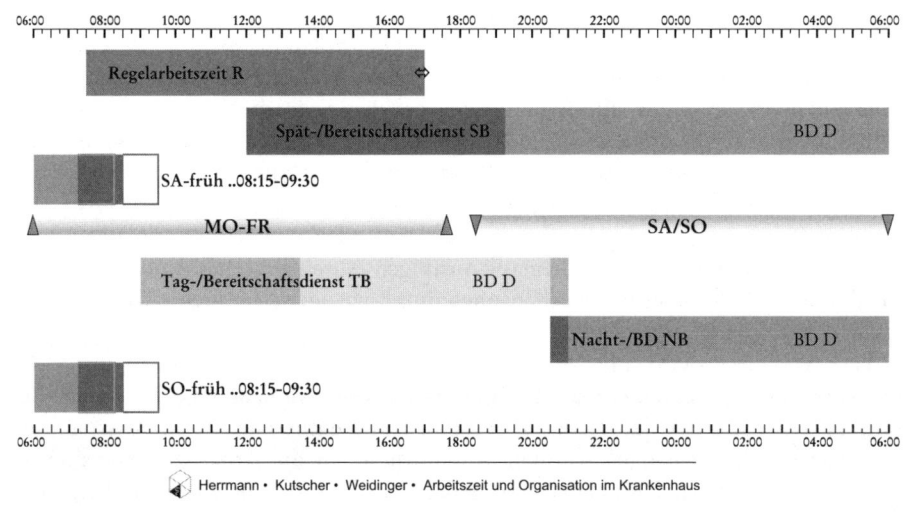

Abb. 9: Dienste-Aufbau für eine gynäkologische Klinik

Variante 3, die eher auf den Erhalt der vormittäglichen Besetzung setzt, zeigt das Fallbeispiel in *Abbildung 10*. In dieser Inneren Medizin eines kleineren Krankenhauses mit der für die Häuser typischen Bereitschaftsdienstschwelle 20:00 kann der Arzt nach seinem Dienst die „eigene" Station bis 11:00 noch versorgen und verlässt erst dann das Haus. Allerdings fehlt er am Vortag im Tagesgeschäft komplett.

Bewertung
Mit dem Grundmodell „SB" lassen sich auch späte Bereitschaftsdienstschwellen rechtskonform abdecken. Je weiter diese jedoch in den Abend reichen, desto kürzer ist das Potenzial für Überlappungen der Vollarbeitszeit in den Regeldienst des Nachmittags (Variante 2) oder folgenden Vormittags (Variante 3). Im Tagesgeschäft findet eine diskontinuierliche personelle Besetzung der Arbeitsbereiche (Stationen,

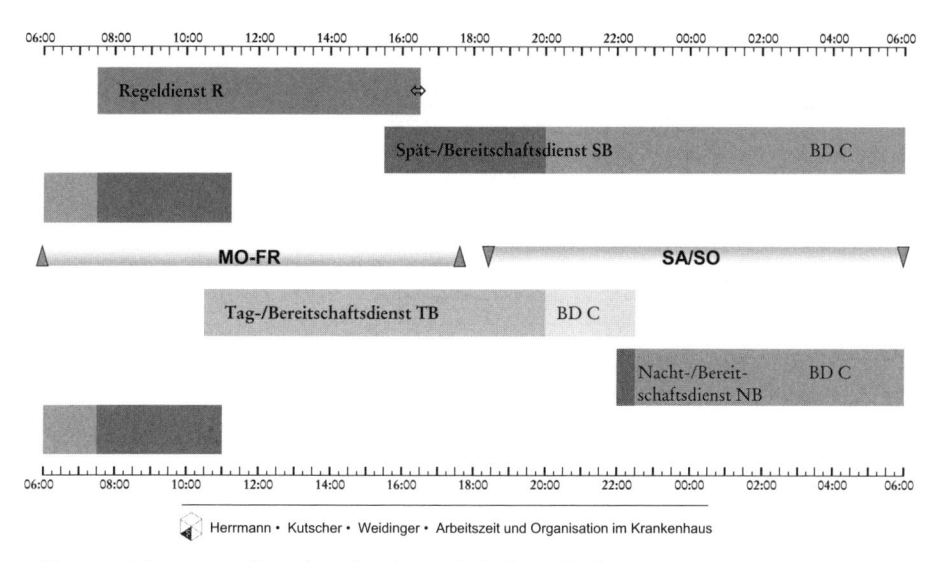

Abb. 10: Dienste-Aufbau für eine internistische Klinik

Funktionen, Ambulanz) statt. Hierdurch können sich die schon beim Grundmodell „RB" benannten Nachteile einer Einzelbesetzung verstärken.

Zudem ist das Modell „SB" stets dann mit einem Verlust an Tagesbesetzung verbunden, wenn die Besetzungslücke aufgrund des späteren Dienstbeginns nicht durch Zusatzpersonal geschlossen wird. Dies ist jedoch regelmäßig nur dann möglich, wenn die unständigen Bezüge zur Teilfinanzierung eingesetzt werden können, was wiederum das Bereitschaftsdienstmodell für viele Ärzte unattraktiv machen würde. Daher wird „SB" unter Maßgabe einer Kostenneutralität nur dann praktiziert werden können, wenn der Besetzungsverlust verkraftbar ist. Dies ist insbesondere in folgenden Fällen möglich:

1. Schon bisher wurden, zum Ausgleich längerer Tagesarbeitszeiten, arbeitsfreie Tage gewährt, die nun einfach systematisch in Verbindung mit dem Dienst „SB" eingesetzt werden.
2. Längere Regeldienste haben Priorität gegenüber der Anzahl der Mitarbeiter im Tagesdienst. Dies ist in chirurgischen Kliniken nicht selten der Fall; siehe unser Beispiel aus *Abbildung 8*.
3. Die Verschiebung der Vollarbeitszeit in die späteren Nachmittagsstunden kann produktiv gemacht werden, indem auch die Arbeitsaufgaben in diese Zeit verschoben werden: Können beispielsweise die OP-Auslastungen durch längere Saallaufzeiten optimiert werden und auf diese Weise ein OP-Saal geschlossen werden, können auch die Arbeitszeiten diese Verschiebung nachvollziehen, wofür das Grundmodell „SB" eine passende Grundlage ist. Siehe das Fallbeispiel in *Abbildung 11a und 11b*.

Kapitel 2: Arbeitszeitmodelle

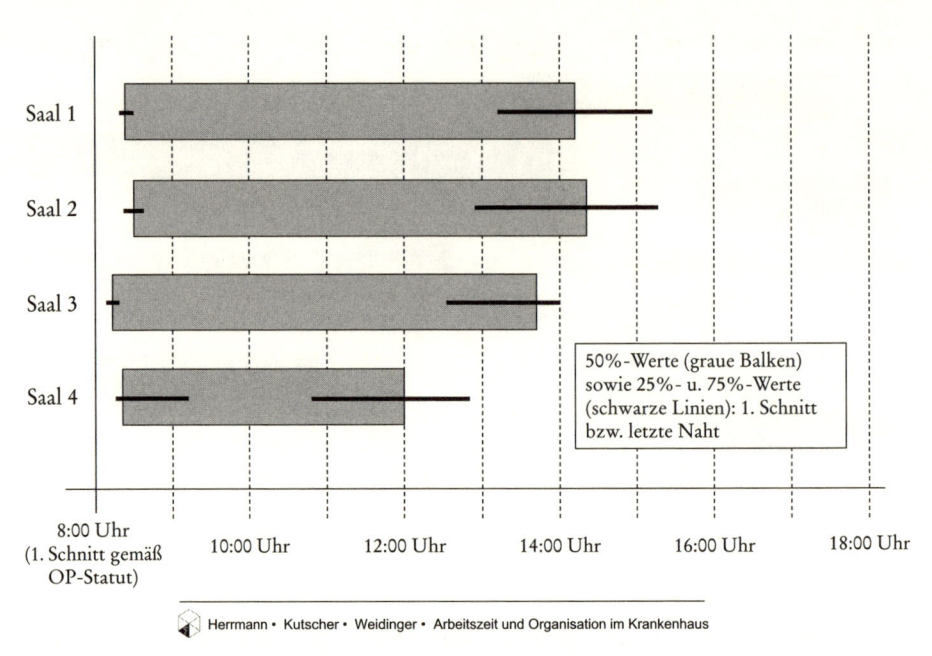

Abb. 11a: Optimierung der OP-Auslastung durch Saalschließung (1)
Tägliche OP-Zeit (Zeit zw. 1. Schnitt und letzter Naht Mo – Fr)

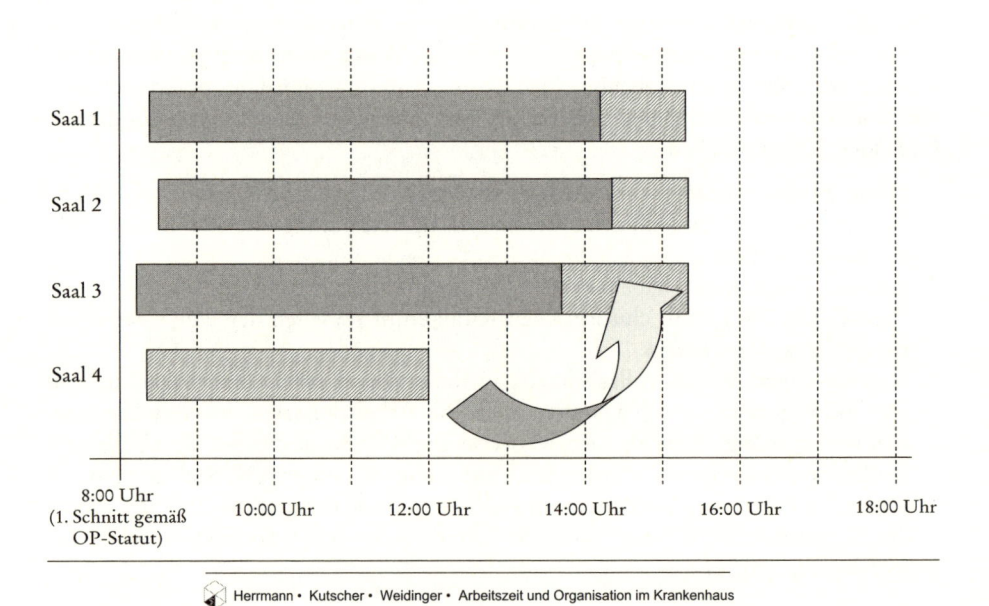

Abb. 11b: Optimierung der OP-Auslastung durch Saalschließung (2)
Umverteilung der OP-Zeit des Saals 4 auf die anderen drei Säle

2.1.6 Grundmodell „NB"
Prinzip und Varianten
Der Bereitschaftsdiensthabende beginnt seinen Dienst „NB" außerhalb des Regeldienstes. Da keine Überlappung von „NB" zum Regeldienst gegeben ist, muss ein aus dem Regeldienst herausreichender langer Tagdienst L oder Spätdienst S oder ein versetzter Dienst V an den Nachtdienst übergeben. Dadurch ergibt sich eine prinzipielle Zweiteilung des Tages in Tagdienste, während der Hauptleistungszeit, und Nachtbereitschaftsdienste, außerhalb dieser Zeit, und damit die gleiche Struktur wie die bereits in Kapitel 2.1.4 für Wochenenddienste eingeführte Zweiteilung. Dieses Grundmodell ist bzgl. der Lage der Bereitschaftsdienstschwelle das offenste. Je nach Bedarf kann der Nachtbereitschaftsdienst mit kürzeren oder längeren Vollarbeitsanteilen (statt reiner Bereitschaftsdienst plus Übergaben) ausgestattet werden. Zwischen den „Extremvarianten"

a) verlängerter Tagdienst beginnt mit Bereitschaftsdienstzeiten, die dann der Nachtbereitschaftsdienst nach einer Übergabezeit fortsetzt und

b) sämtliche Dienste werden durchgehend als Vollarbeit ausgestaltet, auch der Nachtdienst

sind beinahe beliebige Skalierungen der Bereitschaftsdienstdauer innerhalb des Dienstes möglich, so dass eine breite Anwendbarkeit dieses Grundmodells gegeben ist. Zudem bedürfen die Dienste, sofern sie die Gesamtdauer von 13 Stunden (inklusive Pausenzeiten) nicht überschreiten, in der Regel keiner ausführlichen Belastungsanalyse als Voraussetzung für die Einrichtung solcher Dienste.[234]

Da das Dienstmodell „NB" strukturell zwischen Tagabdeckung einerseits und Nachtabdeckung andererseits unterscheidet, werden auch die nachstehenden Varianten entsprechend gegliedert, beginnend bei den Tagesdienst-Varianten:

- **Variante T1:**
  Ein langer Dienst L von maximal 12 Stunden Dauer überdeckt die gesamte Zeit zwischen Regeldienstbeginn und „NB"-Beginn. Zum Beispiel reicht er von 08:00 – 20:00 (mit 11 h Arbeitszeit und 60 min Pausenzeit). Dies ist die einfachste Variante, da hier ein gemeinsamer Regeldienstbeginn für sämtliche verfügbaren Mitarbeiter und eine gemeinsame Teilnahme an der morgendlichen Übergabe (einschließlich des „NB"-Diensthabenden, der ja am Folgemorgen übergibt) möglich ist. Zudem passt er gut am Wochenende, an dem mit Ausnahme der Variante T2 (siehe nachfolgend) keine anderen Optionen zur Verfügung stehen. Er kann und sollte aufgrund seiner Dauer möglichst arbeitstäglich wechselnd vergeben werden, ohne dass es zu personellen Besetzungsproblemen oder Organisationsbedarf kommt, weil die gesamte Regeldienstzeit mit abgedeckt ist. Die über die Soll-Arbeitszeit hinausgehende Arbeitszeit („Regeldienst-Plus") kann dadurch ausgeglichen werden, dass im Dienst „NB" entsprechend weniger Regeldienst enthalten ist („Regeldienst-Minus").

---
234 Siehe Kap. 1.4.7.

Möglich ist dieser Dienst aus arbeitszeitrechtlicher Sicht, wenn im Tarifvertrag die Öffnung auf 12 Stunden-Regeldienste vorhanden ist.

- **Variante T2:**
  Ein Tagbereitschaftsdienst „TB" reicht an den Dienst „NB" heran. Beispielsweise geht der Dienst von 08:00–20:00, mit Bereitschaftsdienstzeit von 16:00–19:30; 19:30-20:00 Übergabe (Regeldienst). Ein solcher Dienst ist vor allem am Wochenende denkbar,[235] während er unter der Woche in der Regel unrealistisch ist, da in den Nachmittagsstunden nur in wenigen Fällen Bereitschaftsdienstzeiten erreichbar sind.

- **Variante T3:**
  Ein versetzter Zwischendienst („Z") reicht an den Dienst „NB" heran. Zum Beispiel beträgt die Dienstzeit im Zwischendienst 11:30–20:00. Damit können durchgehend 8 Stunden lange Tagesdienste praktiziert werden, so dass dieser Dienst keine Ausgleichserfordernisse erzeugt und damit sehr ressourcenschonend ist. Allerdings ist dann eine Besetzungslücke am Morgen zu realisieren. Weitere Untervarianten in Form differenzierter Dienstdauern und -lagen sind insbesondere bei einem Einsatz von Teilzeit-Mitarbeitern denkbar.

- **Variante T4:**
  Einer der Tagesdienste wird als geteilter Dienst „GD" ausgestaltet. Eine denkbare Dienstzeit ist hier 08:00–12:00/16:00–20:00, die ressourcenschonend eine Abdeckung auch der vormittäglichen Hauptleistungszeit ermöglicht, aber in der Regel unrealistisch bzw. zumindest für die meisten Mitarbeiter unattraktiv ist.[236]

- **Variante T5:**
  Hier wird eine erweiterte Servicezeit festgelegt, die mit Beginn des Dienstes „NB" endet und die individuelle Gestaltungsspielräume auf der Grundlage von Absprachen im Team im Rahmen einer flexiblen Arbeitszeit eröffnet.[237] Flexible Tagesdienste werden auf der Basis des Besetzungsbedarfs innerhalb der Servicezeit aufgefächert unter der Maßgabe, dass das Team auch eine qualifizierte Übergabe an den NB-Dienst sicherstellt.

Bezüglich Diensten zur Abdeckung der Nachtzeit kann zwischen zwei Varianten unterschieden werden:

- **Variante N1:**
  Der Nachtbereitschaftsdienst „NB" wird grundsätzlich einzeln vergeben. Der Diensthabende hat am Tag vor und am Tag nach dem Dienst arbeitsfrei. Es fehlt also im Tagesgeschäft ein Arzt mehr als bei 24-Stunden-Diensten. Die einzige Berührung zum Tagesgeschäft besteht in den Übergaben aus dem Tagesdienst (je nach Variante T1 bis T5) und der morgendlichen Übergabe an den Regeldienst. Eine beispielhafte Dienstzeit wäre 19:00–09:00 mit einer Bereitschaftsdienstphase von 22:00–08:00. Der Dienst kann bei Bedarf auch nach „vorne" oder „hinten" verlängert werden (Diensthabender kommt früher/bleibt länger). Dies ermöglicht

---

235 Siehe Kap. 2.1.4.
236 Siehe Kap. 2.1.7.
237 Siehe Kap. 2.3.2.

bei kurzfristigem Personalausfall und/oder erhöhtem Arbeitsanfall eine flexible Anpassung der Besetzungsstärke an den tatsächlichen Bedarf. Der im Beispiel genannte Dienst könnte etwa bis maximal 13:00 verlängert werden, wenn man eine Begrenzung des Regeldienstanteils auf 8 Stunden Vollarbeit innerhalb des Gesamtdienstes unterstellt.

- **Variante N2:**
Der Dienst „NB" wird so ausgestaltet, dass er „verblockt" geleistet werden kann, also mehrere Dienste in Folge von einem Mitarbeiter erbracht werden können (aber nicht müssen). Grundsätzlich ist das Dienstmodell auf seine Verblockung ausgerichtet. Die Verblockung von Nachtdiensten ermöglicht es, dass der Besetzungsverlust im Tages-Regeldienst minimiert wird: Denn wenn ein- und derselbe Mitarbeiter einen „NB"-Block leistet, so fehlt im Tagesdienst nur der diensthabende Arzt selbst. Gegenüber dem traditionellen Dienstmodell „RB" mit anschließendem „frei nach Dienst" ist dies „netto" kein Unterschied: Denn bei einem 24-Stunden-Dienst fehlt der am Folgetag arbeitsfreie Arzt, so dass immer mindestens ein Mitarbeiter „nachtdienstbedingt" im Tages-Regeldienst fehlt.

Um eine Verblockung zu ermöglichen, muss die Dienstdauer von „NB"-Diensten jedoch auf maximal 13 Stunden (inklusive Pausenzeit) begrenzt werden, denn nur so ist die gemäß § 7 Abs. 9 ArbZG zu gewährleistende Ruhezeit von 11 Stunden einzuhalten.

Ein typisches Beispiel: Der Dienst „NB" erstreckt sich von 19:30 – 08:30 mit einer (realistischen) Bereitschaftsdienstphase von 22:00 – 07:00. Nach der morgendlichen Übergabe verlässt der Arzt die Klinik. Zu Dienstbeginn abends erhält er eine Übergabe durch einen Tagesdienst der Variante T1 bis T5. Der (Nacht-)Diensthabende ist in das Tagesgeschäft also nicht eingebunden. Dies gilt erst recht, wenn er mehrere Dienste in Folge erbringt. In der Regel wird die Form der Dienst-Verblockung im Voraus nach einem bestimmten Muster festgelegt, das auch „Dienstmodul" genannt wird.

Ein **Dienstmodul** ist eine festgelegte Folge von Diensten und arbeitsfreien Tagen. Ein im Dienstmodul eingeteilter Arzt wechselt aus dem Tagesdienst in das Dienstmodul und durchläuft es jeweils komplett. Danach wechselt er in den Tagesdienst zurück oder durchläuft, soweit dies möglich ist, das Dienstmodul erneut. Dieses Verfahren bietet sich vor allem bei relativ geringem Besetzungsbedarf außerhalb des Tagesdienstes an. Da die im Dienstmodul enthaltenen Dienste nicht einzeln, sondern in definierter Abfolge verplant werden, wird die Dienstplanung vereinfacht. Durch Dienstmodule können sinnvolle und arbeitsmedizinisch vernünftige Folgen aus Diensten und arbeitsfreien Tagen vorgegeben werden. Planbare Ausfallzeiten (Urlaub, Fortbildung, etc.) werden dadurch berücksichtigt, dass die betreffenden Mitarbeiter während solcher Zeiten nicht im Dienstmodul eingeteilt werden. Im Folgenden werden eine Reihe von Modulvarianten vorgestellt.

Fallbeispiele

Abbildung 12 zeigt den Dienstaufbau einer neurologischen Klinik mit großer Stroke Unit, der auf den Varianten T1 und N2 basiert, also langen Tagesdiensten (hier: T)

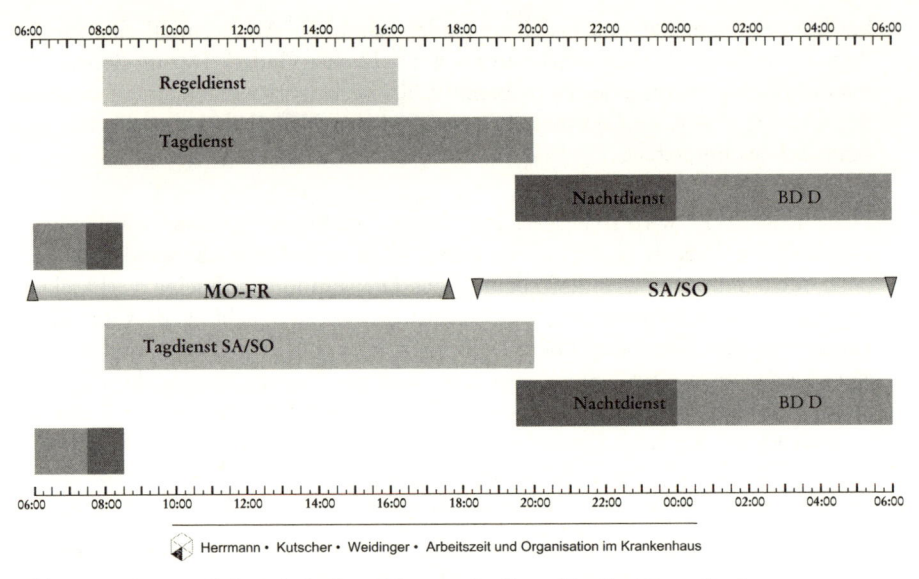

Abb. 12: Ein möglichst einfacher Dienste-Aufbau für die Neurologie

und blockbaren Nachtbereitschaftsdiensten „NB" mit hier erst um 00:00 beginnendem Bereitschaftsdienstfenster. Die Dienststruktur ist die einfachst mögliche, zumal sie auch am Wochenende so fortgeführt wird. Die dienstplanmäßige Blockung der Dienste „NB" erfolgt in einem Dienstmodul, indem ein Arzt die Dienste SO/MO (mit Dienstag arbeitsfrei) erbringt, ein zweiter Arzt die Dienste DI – DO (mit FR – SO arbeitsfrei) und ein dritter Arzt die Dienste FR/SA (mit arbeitsfreiem Sonntag), wie *Abbildung 13* zeigt.

An diesem Fallbeispiel lassen sich einige methodische Details illustrieren: Die Bereitschaftsdienstphase sollte grundsätzlich im vollen Umfang zusätzlich zum Grundgehalt vergütet werden. Dadurch können nicht nur die unständigen Bezüge aus Bereitschaftsdiensten in den meisten Fällen trotz erheblich verkürzter Bereitschaftsdienstdauern gesichert werden. Zugleich wird bei reiner Betrachtung der Regeldienst-Anteile der Dienst „NB" dadurch zu einem „kurzen Dienst", in dem der Diensthabende nicht die für den Tag an sich geschuldete Soll-Arbeitszeit erreicht. Damit entsteht eine „Zeitreserve" für verlängerte Regeldienste zur (zeitlichen) „Finanzierung" von Vollarbeitszeiten am Wochenende und von etwaigen längeren Diensten im Tagesdienst, etwa dem Langdienst L in Variante T1.

Ob sich diese Dienste im Durchschnitt dienstplanmäßig wiederum auf die Vertragsarbeitszeit ausgleichen, kann am einfachsten mit Hilfe der (Regel-)Arbeitszeit-Gesamtbilanz überprüft werden, in der die Dienste aufgelistet werden, die einen gegenüber der Soll-Arbeitszeit ($1/5$ MO – FR) abweichende Regeldienstdauer aufweisen. Im obigen Beispiel führt diese zu folgendem Ergebnis (hier auf der Basis einer 40-Stunden-Vollzeit-Vertragsarbeitszeit):

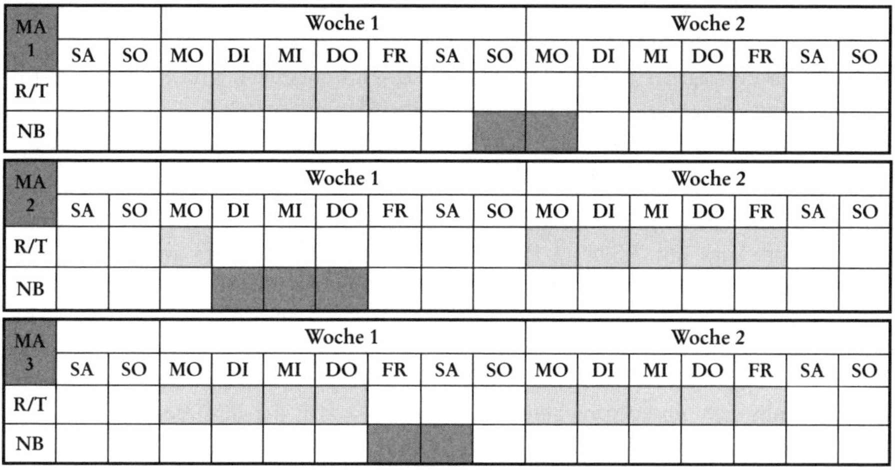

MA 1			Woche 1						Woche 2					
	SA	SO	MO	DI	MI	DO	FR	SA	SO	MO	DI	MI	DO	FR	SA	SO
R/T																
NB																

MA 2			Woche 1						Woche 2					
	SA	SO	MO	DI	MI	DO	FR	SA	SO	MO	DI	MI	DO	FR	SA	SO
R/T																
NB																

MA 3			Woche 1						Woche 2					
	SA	SO	MO	DI	MI	DO	FR	SA	SO	MO	DI	MI	DO	FR	SA	SO
R/T																
NB																

⇨ DI und FR ein/e zweite/r Mitarbeiter/in weniger

Herrmann • Kutscher • Weidinger • Arbeitszeit und Organisation im Krankenhaus

Abb. 13: Dienstmodule mit minimiertem Besetzungsverlust tagsüber

(Regel-)Arbeitszeit-Gesamtbilanz für ein Dienstmodell NB (Beispiel)

Dienststart

T	MO – FR: 1 MA × 5 Tage × [11 h RegD ./. 8 h Soll-AZ]	=	15,0 h
T	SA/SO: 1 MA × 2 Tage × [11 h RegD ./. 0 h Soll-AZ]	=	22,0 h
NB	SO/MO: 1 MA × 2 Tage × [5,5 h RegD ./. 8 h Soll-AZ]	=	– 5,0 h
FREI	DI: 1 MA × 1 Tag × [0 h RegD ./. 8 h Soll-AZ]	=	– 8,0 h
NB DI – DO	DI – DO: 1 MA × 3 Tage × [5,5 h RegD ./. 8 h Soll-AZ]	=	– 7,5 h
FREI	FR: 1 MA × 1 Tag × [0 h RegD ./. 8 h Soll-AZ]	=	– 8,0 h
NB FR/SA	FR/SA: 1 MA × 2 Tage × [5,5 h RegD ./. 8 h Soll-AZ]	=	– 5,0 h
Ergebnis: 37 h/w „Regeldienst-Plus" ./. 33,5 h/w „Regeldienst-Minus"		=	**3,5 h/w**

Bezüglich der Alternativen zur Handhabung der Abrechnungsregel mittels (Regel)Arbeitszeit-Gesamtbilanz verweisen wir auf die vorstehenden Ausführungen zur zeitkontenneutralen Ausgestaltung der Abrechnungsregeln mittels gesonderter Vergütung von Regelarbeitszeitanteilen.

Der Tages-Regeldienst R wird nicht integriert, denn er ist 8 Stunden lang und entspricht damit der Zeitdauer, gegen die die (Regel-)Arbeitszeit-Gesamtbilanz saldiert. Diese Tabelle liest sich wie folgt:

1. Im langen Tagdienst T werden MO – FR je 3 h „zu viel" Regeldienst geleistet;
2. im langen Tagdienst T werden SA/SO je 11 h „zu viel" Regeldienst geleistet, da an diesen Tagen gegen „0" saldiert wird (keine Soll-AZ);
3. im kurzen NB-Dienstmodul SO/MO werden je 5,5 h Vollarbeitszeit benötigt, die gegen die Soll-AZ des MO saldiert werden;
4. am freien DI nach Nachtdienstblock SO/MO entstehen 8 Stunden „Regeldienst-Minus", denn dieser Tag ist für den Diensthabenden arbeitsfrei;

5. im „NB"-Dienstmodul DI–DO werden je 5,5 h Vollarbeitszeit pro Dienst benötigt, die gegen die Soll-AZ des DI–DO saldiert werden;
6. am freien Freitag nach Nachtdienstblock DI–DO entstehen 8 h „Regeldienst-Minus", denn dieser Tag ist für den Diensthabenden arbeitsfrei;
7. im kurzen „NB"-Dienstmodul FR/SA werden je 5,5 h Vollarbeitszeit benötigt, die gegen die Soll-AZ des FR saldiert werden.

Aufgrund der sehr langen Vollarbeitsspanne bis Mitternacht ist die (Regel-)Arbeitszeit-Gesamtbilanz mit 3,5 h im Plus – mit anderen Worten: Es sind „unter dem Strich" Woche für Woche 3,5 Stunden mehr Regeldienst eingeteilt, als eigentlich zur Verfügung stehen. Bei angenommen 10 Mitarbeitern in der „BD"-Dienstgruppe bedeutet dies pro Mitarbeiter ein „Plus" von 21 Minuten/Woche, was einer durchschnittlich eingeteilten Wochenarbeitszeit von 40,35 Stunden/Woche entspräche. Daraus ergibt sich ein entsprechender Ausgleichsbedarf, der in diesem Fall bei ca. 2 arbeitsfreien Tagen pro Jahr läge, die im Rahmen der Dienstplangestaltung einkalkuliert werden müssen.

An den Tagen, an denen ein Dienstmodul endet (hier DI und FR), fehlt ein zweiter Mitarbeiter im Tagesgeschäft. Daher sollten Dienstmodule idealerweise so gestaltet werden, dass sie an solchen Tagen enden, an denen tatsächlich ein geringerer Besetzungsbedarf besteht; oder von SO – FR durchlaufen. Im zweiten Fall ergibt sich kein Besetzungsverlust im Regel-Tagesdienst MO – FR. Allerdings muss diese Variante unter Belastungsgesichtspunkten vertretbar sein. Zudem fallen dann zusätzliche Ausgleichszeiten an, da ja die freien Tage DI und FR entfallen. Dies könnte durch kürzere Dienste T, weniger Vollarbeit am Wochenende und längere Bereitschaftsdienstphasen ausgeglichen werden. Des Weiteren können an den Dienstmodul-Wechseltagen (im Beispiel: DI und FR) die Dienste über 13 Stunden hinaus verlängert werden, um so die Besetzungslücke zu schließen.

Abbildung 14 zeigt, wie die dienstmodulbedingte Besetzungslücke (hier am Mittwoch) durch Verlängerung des Dienstes am Dienstag und durch früheren Beginn des Dienstes am Mittwoch geschlossen werden konnte. Als weitere Option kann der Diensthabende, der das nachfolgende Modul besetzt, seinem Nachtdienst einen kurzen Tagdienst voranstellen. *Abbildung 15* zeigt ein Dienstmodul von SO – DO, das vergleichsweise attraktiv ist, weil es mit einem guten Wochenende von FR – SO endet und weil nur zwei Diensthabende benötigt werden, um die Wochenenden abzudecken: ein Arzt für die „NB"-Dienste FR/SA und ein Arzt für die beiden Tagdienste am Wochenende.

Zur anteiligen Schließung der Besetzungslücke, die in diesem Fall am Freitag entsteht und zur Wahrung der personellen Kontinuität ist hier am Freitag ein vorlaufender Kurzdienst vor dem Dienst „NB" mit anschließender großer Unterbrechung eingeführt worden. Im Falle mehrerer Dienstreihen, die parallel besetzt werden, sind die Dienstmodulwechsel zwischen den Dienstmodulen gestaffelt, um die Ausfälle durch freie Tage nach dem letzten Nachtdienst weitest möglich gleichmäßig über die Woche zu verteilen. Ein Beispiel zeigt *Abbildung 16*.

Bereitschaftsdienstmodelle

- Samstag und Sonntag jeweils 1 Dienst
- Der Samstag kann auch außerhalb des Moduls besetzt werden

Mitarbeiter/in 1	Sa	So	Woche 1						Sa	So	Woche 2						Sa	So
			Mo	Di	Mi	Do	Fr			Mo	Di	Mi	Do	Fr		
Regeldienst/Tagdienst																
Nacht-/Bereitschaftsdienst																

Mitarbeiter/in 2	Sa	So	Woche 1						Sa	So	Woche 2						Sa	So
			Mo	Di	Mi	Do	Fr			Mo	Di	Mi	Do	Fr		
Regeldienst/Tagdienst																
Nacht-/Bereitschaftsdienst																

Beginn am Mittwoch Mittag

Ende am Mittwoch Mittag

Herrmann • Kutscher • Weidinger • Arbeitszeit und Organisation im Krankenhaus

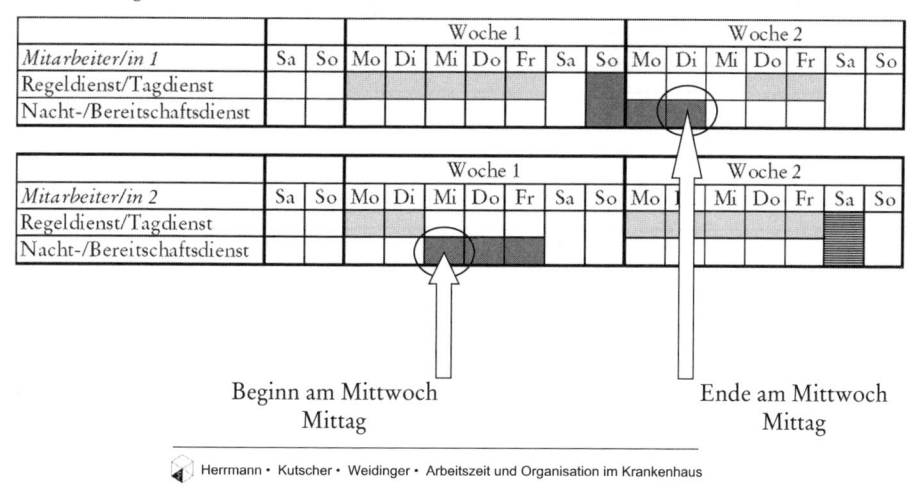

Abb. 14: Ein Dienstmodul mit 2 Nacht-/Bereitschaftsdienstblöcken ohne Besetzungsverlust tagsüber bei Verlängerung von 2 Diensten

Herrmann • Kutscher • Weidinger • Arbeitszeit und Organisation im Krankenhaus

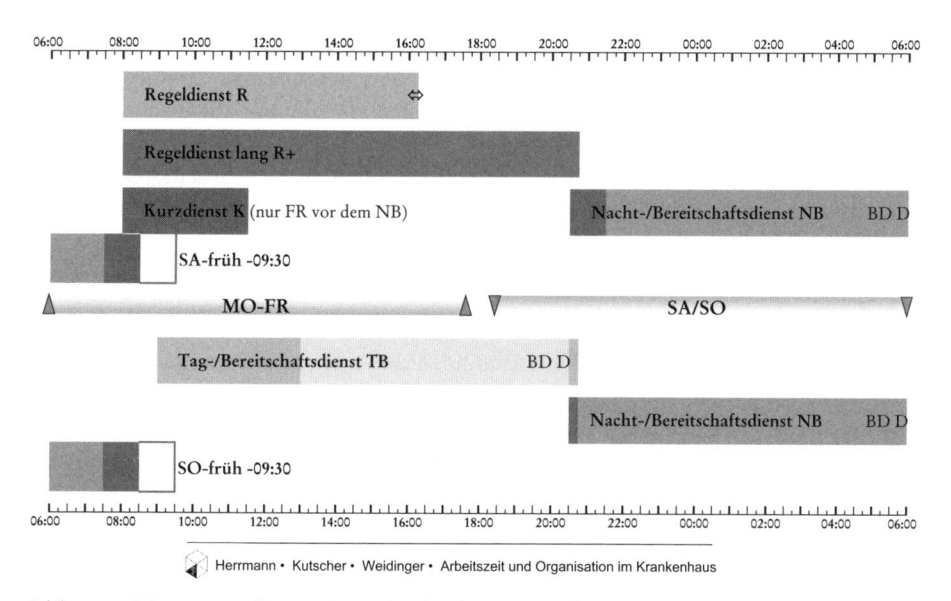

Abb. 15: Dienste-Aufbau mit vorlaufendem Kurzdienst am FR für eine Medizinische Klinik mit NB-Blockung SO – DO/FR – SA

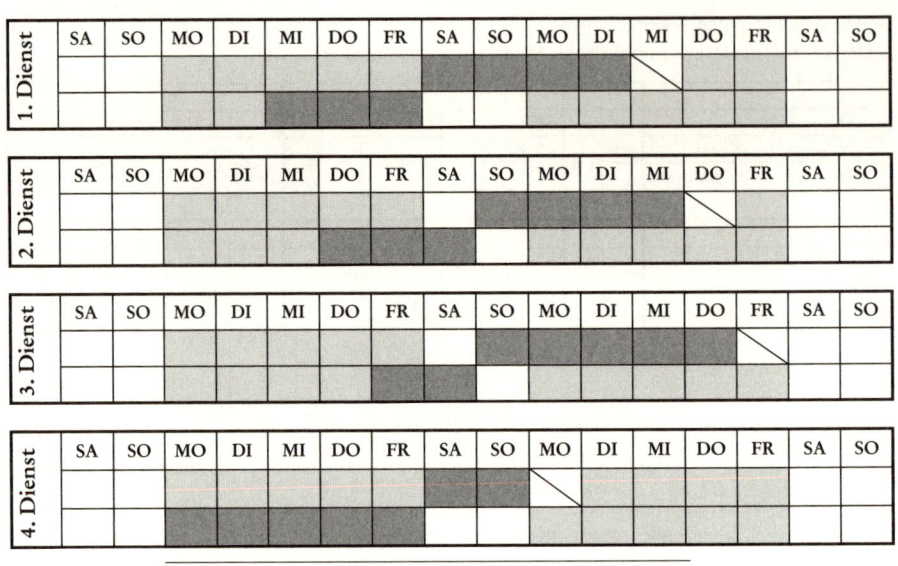

Kapitel 2: Arbeitszeitmodelle

Abb. 16: Dienstplanmäßige Staffelung von Nachtdienstfolgen in einer -chirurgischen Universitätsklinik mit 4 Dienstreihen

Dienstmodule sollten längerfristig, zum Beispiel quartalsweise und stets in Verbindung mit der Abwesenheitsplanung (insbesondere der Urlaubsplanung) verplant werden. Ein Beispiel für eine besonders langfristige Planung mit zugleich grundsätzlicher personeller Gleichverteilung eines in diesem Fall über vier Wochen laufenden Dienstmoduls (in dem neben Nachtbereitschaftsdiensten und arbeitsfreien Tagen auch Spätdienste sowie Wochenend-Tagdienste integriert waren) zeigt anonymisiert *Abbildung 17*.

Bewertung

Geblockte Dienste in Form von Dienstmodulen sind insbesondere wegen der Abkehr vom tradierten Prinzip der Einzeldienstvergabe im ärztlichen Dienst gewöhnungsbedürftig, setzen sich aber, wenn sie eine Zeit lang ausprobiert wurden, in der Praxis insbesondere dann erfahrungsgemäß gut durch, wenn die Auswahl der Dienstmodule den Präferenzen der Mitarbeiter weitest möglich entspricht. Dienstmodule etablieren sich in den Krankenhäusern im ärztlichen Dienst als wichtigste und realistischste Alternative zu langen Bereitschaftsdiensten. Während in einigen Kliniken Dienstmodule bevorzugt werden, die eine relativ lange Dienstfolge vorsehen, wählen andere möglichst aufgelockerte Dienstfolgen mit wenigen Nachtdiensten in Folge bis hin zur Einzelbesetzung. Aus Mitarbeitersicht am beliebtesten ist in der Praxis die Blockung MO–DO (mit FR–SO arbeitsfrei) für einen und FR–SO (mit MO arbeitsfrei) für den zweiten Mitarbeiter; bei diesem Modell ist der 4er-Block in zwei lange Wochenenden eingebettet und erstreckt sich der zweite Block über die Wochenenddienste, so dass

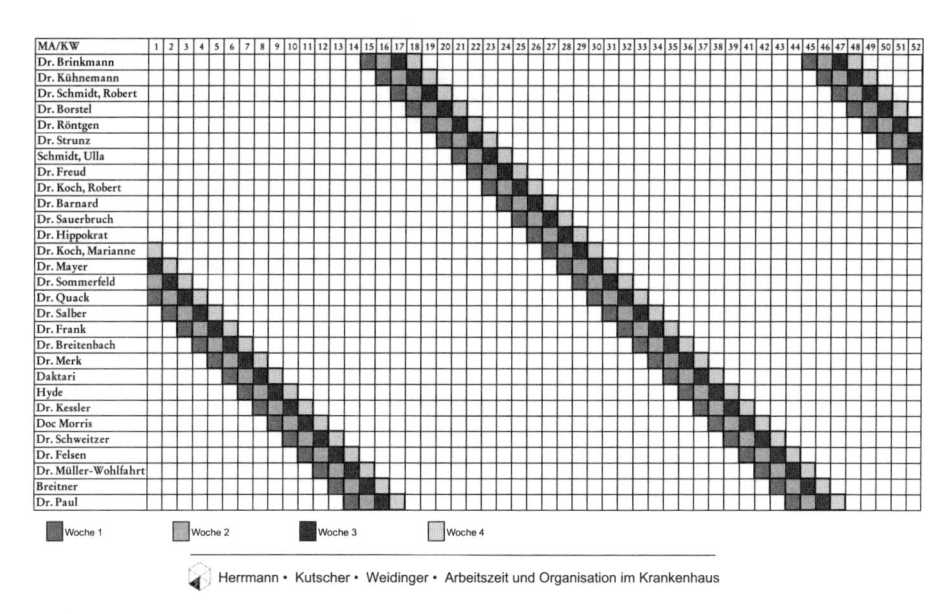

Abb. 17: Gleichverteilender Jahresdienstplan für ein Vier-Wochen-Dienstmodul -einer Kinderklinik (anonymisiert)

so wenig Mitarbeiter wie möglich am Wochenende dienstplanmäßig eingeteilt werden müssen. Für verschiedene Konstellationen werden nachfolgend einige Fallbeispiele vorgestellt.

Abbildung 18 zeigt ein Beispiel für eine lange Dienstfolge, hier am Wochenende mit 24-Stunden-Diensten, mit denen die Dienstfolge beginnt. Diese Struktur bietet sich vor allem in folgenden Fällen an:

Abb. 18: Wochenweise Blockung der Nacht-/Bereitschaftsdienste bei 24 h-Wochenenddiensten

Kapitel 2: Arbeitszeitmodelle

⇨ MO und FR ein/e zweite/r Mitarbeiter/in weniger
(reduzierbar durch späteres Ende DO/SO-NB und früheren Beginn FR/MO-NB)

Herrmann • Kutscher • Weidinger • Arbeitszeit und Organisation im Krankenhaus

Abb. 19: Dienstmodul mit attraktiver Wochenendstruktur

1. Besetzungsverluste im Tagesdienst unter der Woche sollen gänzlich vermieden werden;
2. die Dienstbelastung weist eher geringe Inanspruchnahmen auf;
3. die Mitarbeiter wollen viele nachtdienstfreie Wochen.[238]

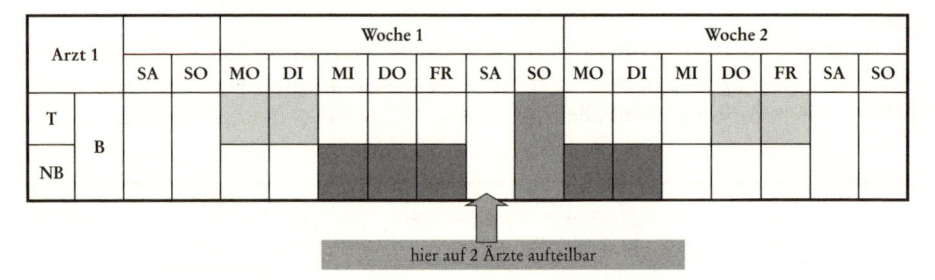

Herrmann • Kutscher • Weidinger • Arbeitszeit und Organisation im Krankenhaus

Abb. 20: Ein teilbares Dienstmodul für eine ZMK-Uniklinik

---

[238] Bei z. B. 7 Mitarbeitern sind in ca. 5 von 6 Wochen keine Dienste zu erbringen – mit Ausnahme des in dem Modul noch fehlenden 24 h-Dienstes am Samstag.

	SA	SO	Woche 1							Woche 2					
			MO	DI	MI	DO	FR	SA	SO	MO	DI	MI	DO	FR	SA	SO
T																
N																

Herrmann • Kutscher • Weidinger • Arbeitszeit und Organisation im Krankenhaus

Abb. 21: 2-Wochen-Dienstmodul mit allen Nachtdiensten und Tagdienst-Wochenende

Ebenfalls eine „dichte" Dienstfolge mit einer Besetzungslücke am Mittwoch und mit der Option, je nach Präferenz der Mitarbeiter das Dienstmodul in der Mitte der sechs Dienste aufzuteilen, zeigt *Abbildung 20*.

Das nachfolgende, in zwei Teile à 4 sowie 3 „NB"-Diensten aufgeteilte Dienstmodul (*Abbildung 19*) trifft auf die Vorliebe der Mitarbeiter, lässt sich aber oft nicht realisieren. Sein Vorteil ist, dass das 4er Dienstmodul eingerahmt wird von zwei sehr attraktiven Wochenenden und zudem der andere 3er Dienstblock sämtliche Wochenenddienste beinhaltet, was die Anzahl der Arbeits-Wochenenden pro Mitarbeiter minimiert. Gegen das Dienstmodul spricht hingegen, dass es am Montag und Freitag zu (allerdings schließbaren; siehe oben) Besetzungslücken kommt. Der Montag ist hierfür aufgrund des Arbeitsaufkommens besonders ungünstig.

Herrmann • Kutscher • Weidinger • Arbeitszeit und Organisation im Krankenhaus

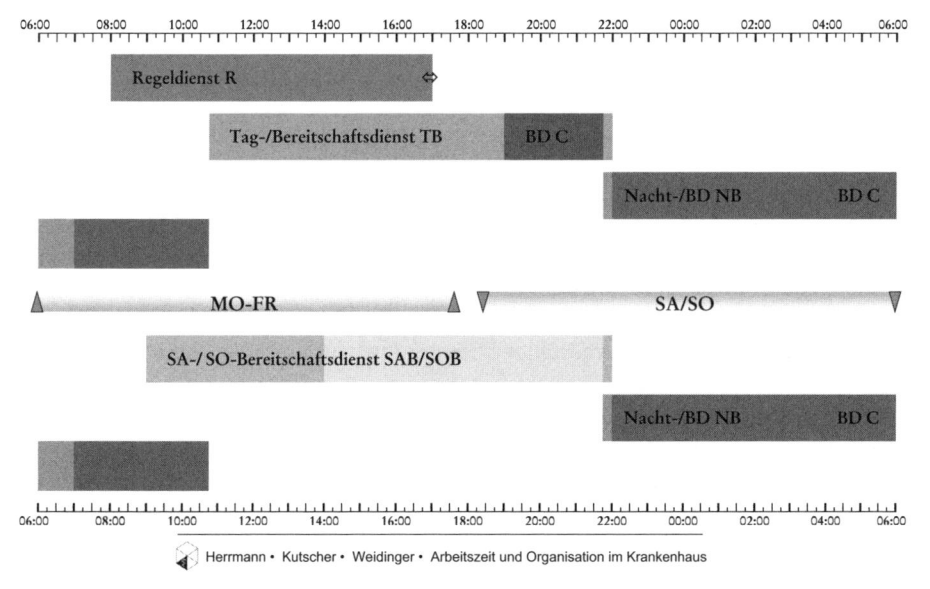

Abb. 22: Dienste-Aufbau für eine Augenklinik

Kapitel 2: Arbeitszeitmodelle

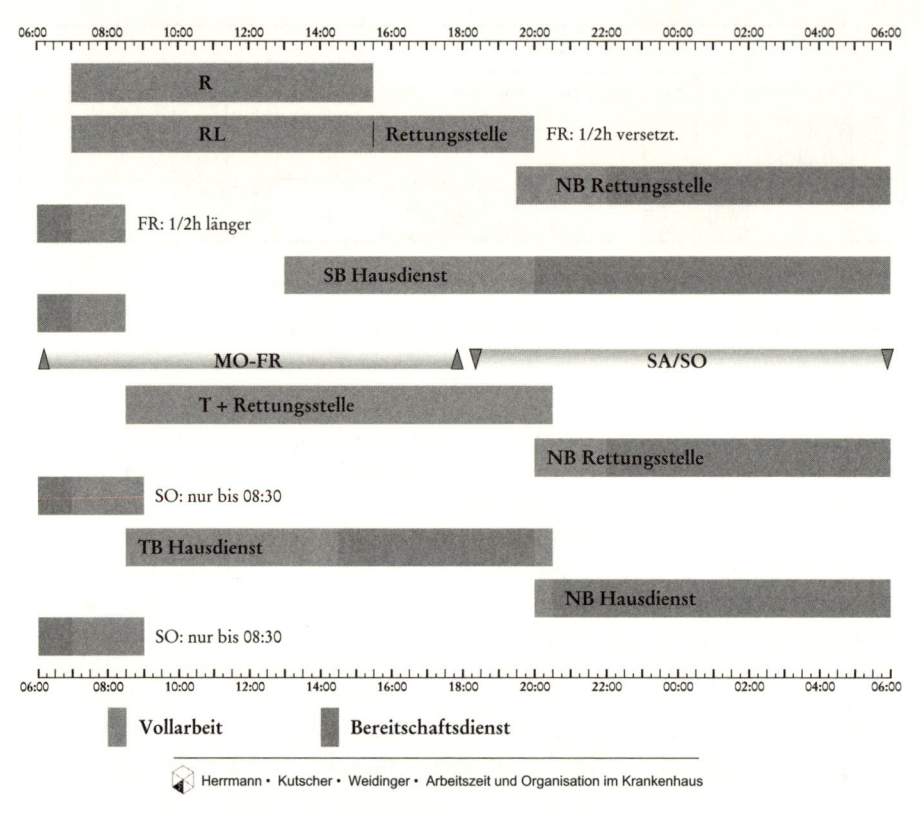

Abb. 23: Dienste-Aufbau für den integrierten unfallchirurgischen und orthopädischen Dienst in einer Universitätsklinik

An diesem Beispiel lässt sich ein häufiger Konfliktpunkt bei der Dienstmodulgestaltung ablesen. Die für die Mitarbeiter interessanteren Dienstfolgen führen zu Besetzungsverlusten an ungeeigneten Tagen. In der Praxis zeichnet sich ab, dass bei der Abwägung zwischen diesen Positionen häufig das Interesse der Mitarbeiter berücksichtigt wird, weil dies die Akzeptanz von Dienstmodulen deutlich erhöht. Daher wird das in *Abbildung 19* dargestellte Dienstmodul zukünftig stärkere Verbreitung finden.

Die Dienstmodulstruktur kann dadurch „aufgelockert" werden, dass es über zwei Wochen läuft, wie das Beispiel aus *Abbildung 21* zeigt. Dann bindet es allerdings auch zugleich zwei Ärzte, die wochenweise versetzt in das Dienstmodul einsteigen. Es zieht also einen Arzt aus dem Tagesdienst ab und führt damit im Regeldienst zu einer Besetzung, die mit dem Dienst SB (Variante 1) vergleichbar ist, hier allerdings mit personell deutlich kontinuierlicherer Besetzung. In diesem Fall wurden zugleich die Tagesdienste am Wochenende in das Dienstmodul integriert.

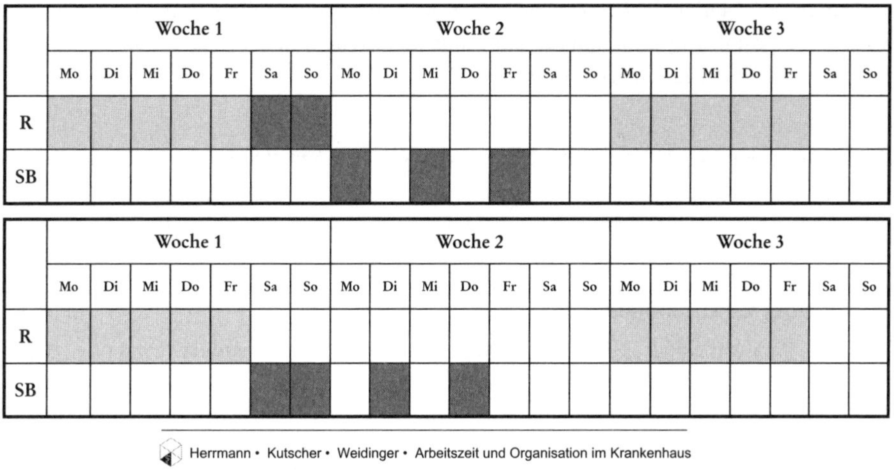

	Woche 1							Woche 2							Woche 3						
	Mo	Di	Mi	Do	Fr	Sa	So	Mo	Di	Mi	Do	Fr	Sa	So	Mo	Di	Mi	Do	Fr	Sa	So
R																					
SB																					

	Woche 1							Woche 2							Woche 3						
	Mo	Di	Mi	Do	Fr	Sa	So	Mo	Di	Mi	Do	Fr	Sa	So	Mo	Di	Mi	Do	Fr	Sa	So
R																					
SB																					

Herrmann • Kutscher • Weidinger • Arbeitszeit und Organisation im Krankenhaus

Abb. 24: Kombination von Grundmodell „SB" und „NB" in einer gynäkologisch-geburtshilflichen Klinik

Ein Fallbeispiel für die Variantenkombination T2/N1, also die Besetzung mit Einzel-Nachtbereitschaftsdiensten in Verbindung mit einem Abendbereitschaftsdienst, zeigt *Abbildung 22*. Hier gab es in einer Augenklinik, bei moderater Bereitschaftsdienst-Inanspruchnahme die Anforderung, dass der NB-Diensthabende in den Vormittagsstunden des Folgetages das Tagesgeschäft unterstützen können muss, was zu der dargestellten Dienststruktur führte. Dadurch fehlt trotz Einzeldienstbesetzung in den wichtigen Vormittagsstunden nur ein Arzt, wie bei einem 24 h-Dienst.

Für die Bewertung des Grundmodells „NB" ist vor allem sein Vergleich mit der Alternative „SB" interessant. Allerdings können die beiden Grundmodelle auch miteinander kombiniert wurden.

Abbildung 23 zeigt eine Kombination der Grundmodelle „NB" und „SB" nach Integration der Dienststrukturen aus Unfallchirurgie und Orthopädie in einer Universitätsklinik. Während die Rettungsstelle gemäß Variante T1/N2 mittels Nachtdienstmodul mit relativ spätem Bereitschaftsdiensteintritt MO – FR um 22:00 besetzt wird, ist für den überwiegend im Haus eingesetzten Diensthabenden eine Spätdienst-Nachtbereitschaftsdienst-Kombination eingeführt worden, die eine große Überlappung zum Tagesgeschäft hat und haben sollte.

Abbildung 24 stellt die Kombination der beiden Grundmodelle innerhalb eines Dienstes dar. Das Fallbeispiel zeigt in einer gynäkologisch-geburtshilflichen Klinik ein aus zwei Teilen bestehendes Dienstmodul, in dem an den Tagen MO – FR Spätdienst-Nachtbereitschaftsdienste mit anschließend jeweils arbeitsfreiem Tag besetzt werden. Das Wochenende wird dagegen mit dem Grundmodell „NB" abgedeckt. Der Hintergrund dieser Dienststruktur war es, zwei wesentliche Vorteile beider Grundmodelle miteinander kombinieren zu können. Den Regeldienst ohne weitere Dienstbedarfe einrahmenden Dienst „SB" und das personelle Kontinuität ermöglichende Dienstmodul.

Aus diesen beiden Fallbeispielen lassen sich die prinzipiellen, stark von der konkreten Ausgestaltung abhängigen Vor- und Nachteile beider Grundmodelle gut herausarbeiten und gegenüberstellen:

Bewertung der Grundmodelle „SB" und „NB" im Vergleich

Nachstehend werden die in der Praxis besonders häufig diskutierten Modellvarianten „SB" und „NB" mit ihren Vor- und Nachteilen gegenübergestellt.

Vorteile des Grundmodells „SB"

Für das Grundmodell „SB"[239] sprechen prinzipiell insbesondere folgende Argumente: Der Umstellungsaufwand gegenüber dem zumeist bislang praktizierten Regeldienst-Bereitschaftsdienst-Schema ist relativ gering, weil beide von einer Einzeldienstbesetzung ausgehen. Allerdings mindert sich dieser Vorteil dadurch, dass ohne arbeitsorganisatorische Umstellungen eine sinnvolle und kostenneutrale Umsetzung des „SB"-Grundmodells oft nicht möglich ist. Hier geht es vor allem um die Verlagerung von Tätigkeiten aus dem Tagesgeschäft in Spät- und Wochenendschichten, ohne die der Besetzungsverlust im Tagesdienst oft nicht ohne Personalzuführung aufgefangen werden kann. Sind ohnehin erweiterte Servicezeiten vorgesehen, passt ein „SB"-Dienst hingegen meist sehr gut.

Für die Einzeldienstbesetzung spricht ihr arbeitsmedizinischer Vorteil. Einzeln „eingestreute" Nachtdienste erweisen sich in der Regel wegen der dann nicht stattfindenden Umstellung auf den Nachtrhythmus diesbezüglich als günstig. Zudem ist er gut geeignet für Teilzeitbeschäftigte und Externe, die nur einzelne Dienste abdecken möchten. Allerdings kann der arbeitsmedizinische Vorteil durch (zu) lange Gesamtdienstdauern auch wieder zunichte gemacht werden. Der Übergabeaufwand ist gering, denn der „SB"-Dienst bedarf, anders als „NB", keines Dienstes der speziell für die Übergabe eingerichtet werden muss.

Nachteile des Grundmodells „SB"

Dem stehen jedoch einige Nachteile gegenüber: Der gravierendste Nachteil ist die personelle Diskontinuität der Patientenversorgung (Wechsel der nachtdienstbedingten Abwesenheit von Tag zu Tag – „Taubenschlag-Syndrom"). Dies macht diese Dienststruktur insbesondere für Einrichtungen problematisch, in denen hoher Wert auf einen intensiven täglichen Bezug zwischen Mitarbeiter und Patient/Bewohner gelegt wird – in dieser Hinsicht sollen vor allem die Innere Medizin, Psychiatrie und Einrichtungen der Jugend- und Behindertenhilfe genannt werden. Das Dienstmodell „SB" verstärkt hier auch bei „RB" auftretende Probleme weiter und macht entsprechend verbesserte Organisationsstrukturen (z. B. Vertretungsregelungen) erforderlich, damit Qualität und Intensität der Behandlung/Betreuung an allen Tagen in allen Arbeitsbereichen gesichert werden.

---

239 Siehe Kap. 2.1.5.

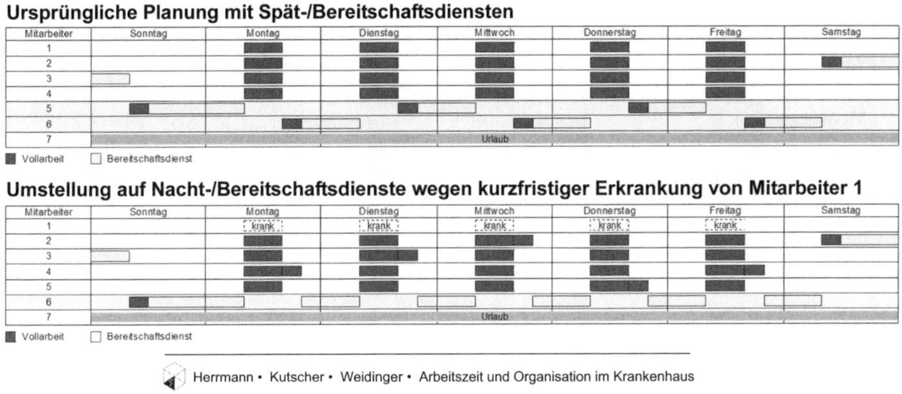

Abb. 25: Krankheitsvertretung ohne Besetzungsverlust im Tagdienst durch Umstellung von Spät-/Bereitschaftsdiensten in Nacht-/Bereitschaftsdienste

Der „SB"-Dienst bindet stets zwei Mitarbeiter: Den in den Dienst „einsteigenden" und den aus dem Dienst „aussteigenden" Mitarbeiter. Dieser Nachteil kann – etwa im Falle von krankheitsbedingten Ausfällen nur dadurch gemildert werden, dass dann die Dienstorganisation auf „NB"-Dienstmodule umgestellt wird; ein solches Fallbeispiel zeigt *Abbildung 25*.

Für längere Dienstdauern im Regeldienst, die zum Ausgleich der fehlenden Arbeitszeit bei voller Vergütung der Bereitschaftsdienstzeit (kein Freizeitausgleich) erforderlich sind (siehe Arbeitszeit-Gesamtbilanz), muss ein tatsächlicher Bedarf durch längere Servicezeiten vorliegen (OP-Laufzeiten etc.). Wirtschaftlich problematisch ist es, wenn bei optimierter Arbeitsorganisation ein solcher Bedarf gar nicht besteht. Dann werden durch längere Dienste arbeitsorganisatorische Optimierungsbedarfe überdeckt, was der Förderung eines effizienten Arbeitszeitumgangs zuwiderläuft. Wird auf die planmäßige Verlängerung von Regeldiensten verzichtet, so führt dies auf der vergütungsrechtlichen „Kehrseite" dazu, dass Freizeitausgleich für Bereitschaftsdienste erforderlich wird, was das Grundmodell SB allerdings vor allem für entgeltorientierte Mitarbeiter unattraktiv macht.

Zudem ist für die Wochenendbesetzung die Dienstkombination „SB" in der Regel nicht geeignet, weshalb hier Wechsel zu anderen Grundmodellen („RB" oder „TB"/ „NB") erforderlich sind.

Vorteile des Grundmodells „NB"

Für das Grundmodell „NB" (insbesondere in der geblockten Variante N2) sprechen vor allem folgende Aspekte: Dienstmodule ermöglichen gegenüber den Grundmodellen „RB" und „SB" eine höhere personelle Kontinuität im Tagesgeschäft wie in der Nacht-Versorgung. Einige Einrichtungen haben deshalb ihre Arbeitszeitmodelle bereits vor dem „EuGH-Schock" umgestellt, als durch die Einführung von „Frei nach Bereitschaftsdienst" Anfang der 90er-Jahre das Kontinuitätsproblem erstmals entstand. Bei dem zum Beispiel in der *Abbildung 16* vorgestellten Dienstmodul

Kapitel 2: Arbeitszeitmodelle

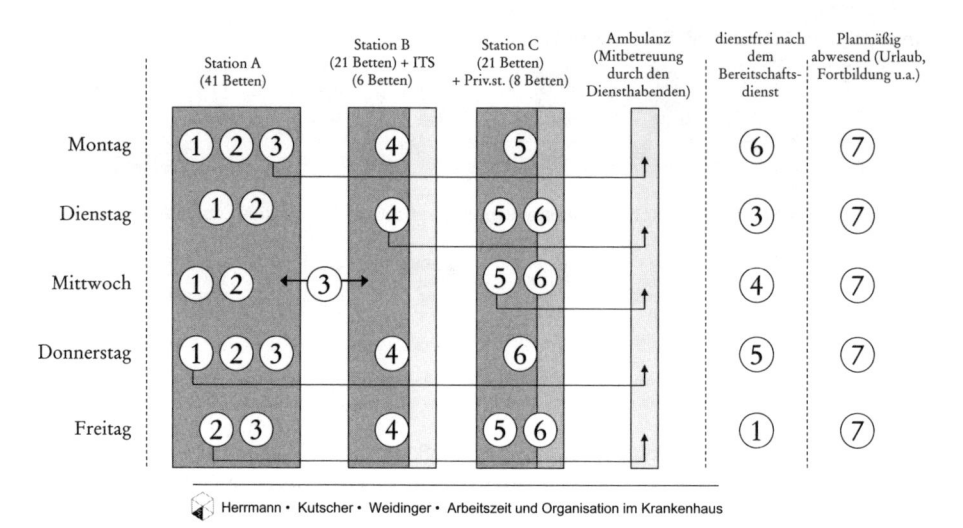

Abb. 26a: Stationszuordnung der internistischen Assistenzärzte im Tagdienst in Abhängigkeit vom Arbeitszeitmodell (1)
I: einzelne Bereitschaftsdienste im Anschluss an den Tagdienst (derzeitige Organisation)

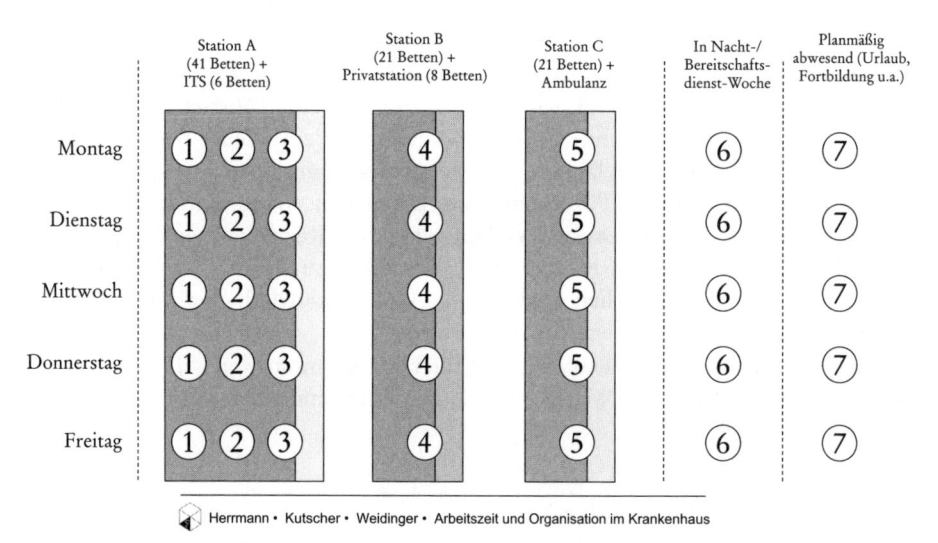

Abb. 26b: Stationszuordnung der internistischen Assistenzärzte im Tagdienst in Abhängigkeit vom Arbeitszeitmodell (2)
II: in Folge eingeteilte Nacht-/Bereitschaftsdienste im Dienstmodul

SO – DO sowie FR/SA ist der erste Mitarbeiter eine Woche lang vollständig aus dem Tagesgeschäft entbunden; er kennt dafür Patienten mit erhöhtem nächtlichen Aufmerksamkeitsbedarf besonders gut.

Noch wichtiger aber ist, dass der zweite Mitarbeiter ganzwöchentlich von MO – FR (in diesem Modul am Freitag nur vormittags) wie grundsätzlich alle übrigen verfügbaren Ärzte kontinuierlich im Tagesgeschäft zur Verfügung steht. Dagegen führt die Einzelbesetzung zu Besetzungssprüngen auf den Stationen und damit zu einer vergleichsweise unruhigen Tagdienstbesetzung („Taubenschlag-Syndrom"). Dieses Phänomen zeigen die *Abbildungen 26a/b* im Vergleich – hier zwischen „RB" (dieser Effekt verstärkt sich beim Grundmodell SB eher noch) und einem „NB"-Dienstmodul.

Im Grundmodell „NB" ist die eingeteilte Dienstdauer durchgehend kürzer als im Modell „SB". Dies gilt auch für das im Bereitschaftsdienst häufig besonders stark beanspruchte Wochenende, das im Grundmodell „NB" ohne Weiteres eingebunden werden kann. Kürzere Dienstzeiten (von bis zu ca. 13 Stunden Dauer) sind arbeitsmedizinisch vorteilhaft, weil die durchschnittliche Belastung des Mitarbeiters unter Berücksichtigung von darin enthaltenen Bereitschaftsdienstzeiten und Vollarbeitszeit nicht weit über die gesetzliche Höchstarbeitszeit von 10 Stunden Vollarbeit hinausgeht.

Im Rahmen der grundsätzlich auch in diesem Fall gebotenen Belastungsanalyse gemäß § 5 ArbSchG sind solche Dienste in der Regel unproblematischer als etwa 24-Stunden-Dienste. Zwar verzichtet etwa § 45 Abs. 3 TVöD/BT-K bei Dienstmodellen mit bis zu 13 Stunden Dauer (8 Stunden Regeldienst; 5 Stunden Bereitschaftsdienst mit max. 49 % Inanspruchnahme) auf den sog. „Prüfungs-Dreisprung" (Belastungsanalyse, Prüfung alternativer Modelle, Gesundheitsschutzmaßnahmen). Eine besondere Belastungsanalyse ist aber wegen der allgemeinen Geltung des § 5 ArbSchG für alle Arbeitsplätze stets erforderlich, wenn Dienstdauern über die allgemeinen Grenzen der Höchstarbeitszeit hinaus verlängert werden.

In den meisten Tarifverträgen und kirchenrechtlichen Regelungen ist auch keine gesonderte Dienst- oder Betriebsvereinbarung für die für das Grundmodell „NB" erforderlichen Dienste erforderlich, so dass ihre Einführung einfach und gegenüber aufsichtsbehördlichen Prüfungen sehr gut darstellbar ist. Die zumindest am Wochenende häufig erforderliche Verlängerung der Regeldienstzeit auf über 10 Stunden ist jedenfalls im ärztlichen Bereich in der Regel durch entsprechende Abweichungsklauseln der tarif- und kirchenrechtlichen Regelungen gedeckt; im Übrigen bestehen insoweit gute Aussichten, behördliche Ausnahmebewilligungen zu erreichen.

Wie oben bereits erwähnt, weist das Grundmodell „NB" eine annähernd beliebige Skalierbarkeit der Bereitschaftsdienstschwelle auf. Auch sehr späte Bereitschaftsdienstschwellen (z.B. Bereitschaftsdienstphase 01:00 – 06:00) lassen sich noch abbilden. Dies führt nicht nur zu einem breiten Einsatzspektrum des Grundmodells „NB", sondern auch dazu, dass die Dienststruktur nicht geändert werden muss, wenn sich die Intensität der Bereitschaftsdienst-Inanspruchnahme mit der Zeit ändert. In diesem Fall wird einfach das „Mischungsverhältnis" aus Bereitschaftsdienstzeit und Vollarbeit angepasst. Das Grundmodell „SB" ist dagegen weniger „elastisch", da dieses den zulässigen Regeldienstanteil meist von vornherein schon ausschöpft. Eine Steigerung der Arbeitsbelastung des Bereitschaftsdienstes kann dann oft nur durch eine Verlagerung des Dienstbeginns aufgefangen werden.

Für die Mitarbeiter ermöglichen Dienstmodule im Rahmen des Grundmodells NB viele Arbeitswochen ganz ohne Nachtdienste und bei mittelfristiger und rollierender Dienstplanung auch eine vereinfachte Dienstplanung der NB-Arbeitsblöcke, auf die sich die Mitarbeiter verlässlich einstellen können. Zudem ist bei NB-Diensten, anders als das auf den ersten Blick erscheint, der Erhalt unständiger Bezüge besonders einfach zu organisieren. Die aufgrund der Vergütung der Bereitschaftsdienstzeiten in den Nachtdienstblöcken fehlende Arbeitszeit kann sehr gut durch lange Dienste MO – FR und Wochenend-Vollarbeit hereingearbeitet werden, wie die obige beispielhafte (Regel-)Arbeitszeit-Gesamtbilanz gezeigt hat. Im Grundmodell SB ist dies oftmals wegen der hier zum Ausgleich der fehlenden Arbeitszeit erforderlichen Regeldienstverlängerung nicht unproblematisch.

Nachteile des Grundmodells „NB"
Allerdings gibt es neben dem Argument, dass das Grundmodell „NB" wegen der Abkehr vom Einzeldienstprinzip und von der größtmöglichen Überschneidung des Diensthabenden mit dem Regeldienst gewöhnungsbedürftig ist, weitere Nachteile:

1. Zunächst sind die in der Regel „nur" 13-stündigen Nachtdienste darauf angewiesen, dass sie an Tagdienste anschließen können. Dabei ist nur die Variante T1 (langer 12 h-Tagdienst) arbeitsorganisatorisch unproblematisch umzusetzen. Dies kann wegen der Zweiteilung des Tages höheren Übergabeaufwand erzeugen. Dieser Umstand ist häufig nicht allzu gravierend, weil sich die Übergabeinhalte wegen der ausschließlich auf das Nachtgeschäft konzentrierten Themen zugleich reduzieren.
2. Mehrere Nachtdienste in Folge zu leisten, läuft der arbeitsmedizinischen Empfehlung zuwider, solche Dienste möglichst einzeln „einzustreuen". Empfehlenswert sind lange Nachtbereitschaftsdienstblöcke (von bis zu 6 oder 7 Nachtbereitschaftsdiensten) lediglich bei hoher Wahrscheinlichkeit, mindestens 3–4 Stunden in der Nacht schlafen zu können. Andernfalls sollten nicht mehr als 4 Nachtbereitschaftsdienste in ein Dienstmodul integriert werden.
3. Nachtdienstmodule müssen Vorkehrungen für den Fall treffen, dass der im Dienstmodul eingeteilte Arzt kurzfristig krankheitsbedingt ausfällt. Dafür gibt es prinzipiell zwei Lösungsmöglichkeiten: den kurzfristigen Einstieg eines Kollegen in das Dienstmodul, was bedeutet, dass dieser Mitarbeiter möglichst seinen Tagdienst vorzeitig beendet, um im Nachtdienst eingesetzt werden zu können. Dabei kann ein Kollege auch bereits dienstplanmäßig für den Fall als „Stand-by" eingetragen werden, dass der im Dienstmodul eingesetzte Kollege kurzfristig ausfällt.

2.1.7 Grundmodell Geteilter Dienst „K+NB" bzw. „K+NB+R"
Prinzip und Varianten
Von den vorgestellten Grundmodellen mit Bereitschaftsdienst ist das Modell „K+NB" das „Exotischste". Aufgrund seiner ungewöhnlichen und (wegen der Dienstteilung) nicht unproblematischen Konstruktion findet es in der Praxis nur wenig Verbreitung.

In diesem Modell kommt der Diensthabende zunächst zu einem Kurzdienst K am Vormittag seines Dienstes ins Haus, verlässt dann die Klinik, um nach der Mindestruhezeit (von 10 Stunden, bei kollektivrechtlicher Verkürzbarkeit zum Beispiel in den AVR Caritas 9 Stunden) wieder zum Nachtbereitschaftsdienst „NB" zu erscheinen. An diesen Nachtdienst kann sich nun, sofern nicht mehr als 8 Stunden Vollarbeit zusammenkommen, ein Regeldienst R anschließen („K+NB+R"), denn durch die gesetzliche Mindestruhezeit zwischen den Diensten K und NB beginnt, arbeitszeitrechtlich gesehen, mit „NB" ein neuer "individueller Werktag".[240]

Beispielsweise geht der Dienst „K" zunächst von 08:00–12:00, dann „NB" von 22:00–08:00, mit einer Bereitschaftsdienstphase von 22:15–08:00; anschließend ein Regel-Tagesdienst (R) von 08:00–16:00. Die zeitliche Lücke zwischen Regeldienstende und „NB"-Beginn (in unserem Beispiel also inklusive abendlicher Übergabezeit von 15 Minuten von 16:30–22:15) schließt ein zweiter Mitarbeiter, der einen versetzten und/oder mit Abendbereitschaftsdienst ausgestatteten Dienst besetzt. Zum Beispiel besetzt er den Dienst 08:15–22:15 mit einer Bereitschaftsdienstzeit von 16:30–22:00. Da Vollarbeit nach einem nächtlichen Bereitschaftsdienst arbeitsmedizinisch ungünstig ist, kann das Modell „K+NB+R" nur bei niedrig in Anspruch genommenen Bereitschaftsdiensten (Stufe I bzw. Stufe A/B) empfohlen werden. Hier finden sich auch seine beiden vorrangigen Einsatzgebiete:

1. Einrichtungen mit niedriger Inanspruchnahme im Bereitschaftsdienst, aber hohem Bedarf an personeller Kontinuität sämtlicher verfügbarer Mitarbeiter, und dies bei einzelbesetzten NB-Diensten: Denn in diesem Grundmodell sind im Tagesbetrieb am Vormittag grundsätzlich sämtliche Mitarbeiter eingesetzt. Damit können in diesem Modell – ähnlich wie früher beim „Weiterarbeiten nach Dienst" – alle Mitarbeiter am oft besonders wichtigen Vormittag im Tagesdienst präsent sein. Dies ist in keinem der anderen Grundmodelle möglich!
2. Einrichtungen mit geringer Inanspruchnahme des Bereitschaftsdienstes, die bislang nach Ende des Bereitschaftsdienstes einen Regeldienst angeschlossen haben und empfindliche Einbußen bei unständigen Bezügen auf jeden Fall vermeiden wollen.

Die vergütungsrechtliche Betrachtung basiert dabei auf folgender Grundlage: Bei Diensten der Stufe B wurde bislang oft die gesamte Bereitschaftsdienstzeit gesondert vergütet, da wegen des Weiterarbeitens am Folgetag kein Freizeitausgleich von der Zusatzvergütung abgezogen werden musste. Infolgedessen ergibt sich hier im alten Modell ein Wert von ca. 125 h/w (Bereitschaftsdienstdauer pro Woche über alle Dienst MO–SO) × 50 % (Anrechnung bei Stufe B) = ca. 62 (Über-)Stunden, die pro Woche gesondert vergütet wurden. Im Modell RB verringert sich dieser Wert unter sonst gleichen Umständen auf 125 h/w × 50 % ./. 37,5 h/w (Freizeitausgleich MO–FR bei 0,5 h Übergabe) = ca. 25 h/w, also nur ca. 40 % des bisherigen Wertes – also ein Rückgang um ca. 60 %! Der verbleibende Betrag steht zur Teilfinanzierung, der unter sonst gleichen Umständen erforderlichen Stellenaufstockung zur Kompensation der arbeitsfreien Tage „nach Dienst" zur Verfügung. Vermeiden lässt

---

240 Vgl. dazu Kap. 1.3.

sich die Entgelt-Einbuße bei „RB" nur dann, wenn die Regeldienste R der Nichtdiensthabenden erheblich verlängert werden und dafür dann die Bereitschaftsdienstzeit weiterhin durchgehend vergütet wird, wofür ein entsprechender Bedarf bestehen muss.

Im Modell K+NB+R fällt demgegenüber deutlich weniger Freizeitausgleich an. Geht man davon aus, dass dieses Modell nur an den Tagen MO – DO praktiziert wird (von FR auf SA kann ein „klassischer" Regeldienst mit anschließendem Bereitschaftsdienst RB praktiziert werden; von SO auf MO wird ein Dienst NB+R geleistet), so fällt nur an den Tagen MO – DO die Differenz zwischen Soll-Arbeitszeit (im Beispiel 8 h) und Regeldienstdauer im „K"-Abschnitt (im Beispiel je 4,0 h) nachtdienstbedingt aus, insgesamt also 4 Tage × 4 h = 16 h. Damit ließe sich der Rückgang der Zusatzvergütung auf ca. 25 % begrenzen.

Die Höhe der Vergütungseinbuße kann durch verlängerte Regeldienste MO – FR und Vollarbeitsanteile am Wochenende weiter abgemildert werden. Zugleich sinkt dadurch das „Gegenfinanzierungsvolumen" für eventuelle neue (Teilzeit-)Stellen.

Im Ergebnis können durch das Modell „NB" unständige Bezüge auch ohne Verlängerung der Regeldienste in etwa bisheriger Größenordnung verdient werden. Voraussetzung ist jedoch, dass die Dienste auf genügend Mitarbeiter verteilt werden, damit dieses Grundmodell nicht zu unzulässig hohen Wochenarbeitszeiten führt oder eine „opt-out"-Regelung genutzt werden kann. Ist dies nicht der Fall, ist eine anteilige Anrechnung von Bereitschaftsdienstzeiten auf die Vertragsarbeitszeit (Freizeitausgleich) unvermeidbar. Zugleich werden Personalzuwächse vermieden, da die Besetzung im Tagesdienst nur leicht abgesenkt ist. Lediglich an den Nachmittagen MO – DO fehlt aufgrund des Kurzdienstes ein Arzt, was aber auch aufgrund bisheriger Freizeitausgleichsregelungen – etwa nach ungewöhnlich hoch in Anspruch genommenen Bereitschaftsdiensten – der Fall gewesen sein kann.

Fallbeispiel

Abbildung 27 zeigt, exemplarisch für den Anwendungsbereich „Kontinuitätsmaximierung", den Dienst-Aufbau einer psychiatrischen Klinik.

In diesem Beispiel wird der durch die gesetzliche Mindestruhezeit unterbrochene Dienst „K+NB" durch einen leicht versetzten Dienst mit anschließendem kurzem Abendbereitschaftsdienst abgesichert. Die Bereitschaftsdienstschwelle liegt hier bei ca. 18:00 und anschließend ergibt sich lediglich eine durchschnittlich niedrige Inanspruchnahme für die beiden Bereitschaftsdienste des Tages. An NB schließt sich planmäßig nur ein kurzer Regeldienst an, der jedoch bei Bedarf bis ca. 16:00, also 8 Stunden Vollarbeitszeit, verlängert werden kann.

Bewertung

Der Einsatz des Grundmodells ist auf die beiden obigen Anwendungsfälle beschränkt, sollte also nur bei niedrigen Inanspruchnahmen erwogen werden. Abzuwägen ist dabei insbesondere zwischen den Vorteilen, unständige Bezüge aus Bereitschaftsdiensten verdienen zu können, ohne Zusatzpersonalbedarf auszukommen, eine Blockung der „NB"-Dienste zu vermeiden und folgenden Nachteilen:

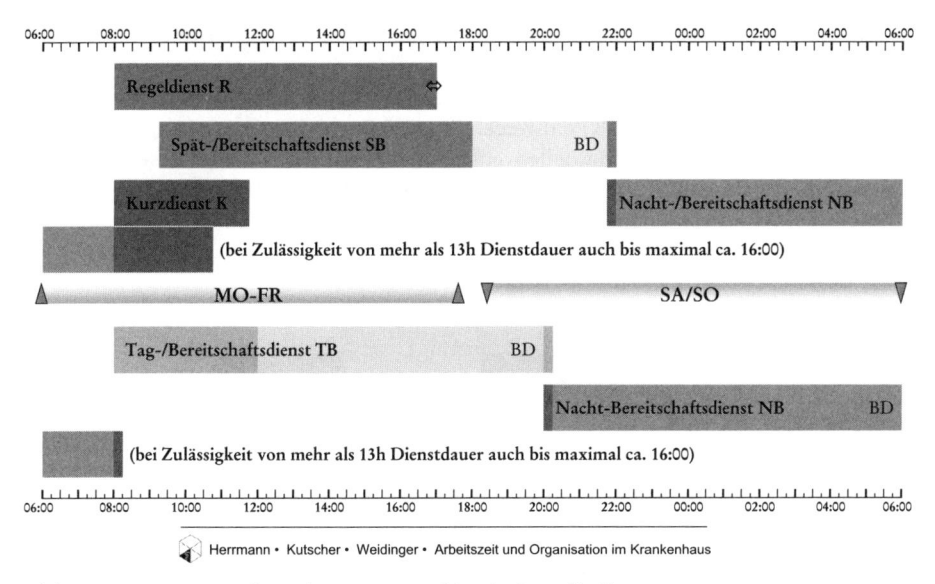

Abb. 27: Dienste-Aufbau für eine psychiatrische Klinik

1. Es werden, zumindest an den Tagen MO – DO, zwei Mitarbeiter für die Besetzung einer Bereitschaftsdienstreihe benötigt, die die Dienstfrequenz unter sonst gleichen Bedingungen deutlich erhöht.
2. Die lange Arbeitsunterbrechung zwischen K und NB wird wegen des oft eingeschränkten Freizeitwertes als unattraktiv empfunden. Dies gilt insbesondere bei längeren Wegezeiten zwischen Wohnung und Arbeitsplatz.

2.1.8 Dienstmodelle im Rahmen notärztlicher Versorgung (NAW/NEF)

Die nachstehenden Ausführungen beziehen sich auf die Abdeckung solcher Dienste, die in Form abhängiger Beschäftigung besetzt werden. Nur dann nämlich sind die arbeitszeitgesetzlichen Rahmenbedingungen auch bei diesem Dienst zu berücksichtigen.

Grundsätzlich stehen die vier oben beschriebenen Grundmodelle mit Bereitschaftsdienst auch für notärztliche Dienste zur Verfügung. Soweit sie zusätzlich vergütet werden, schmälern sie allerdings die arbeitszeitschutzrechtliche Wochenarbeitszeit-„Luft" für weitere Arbeitszeiten über die Vertragsarbeitszeit hinaus. Daher muss bei der Ausgestaltung der Dienstmodelle darauf geachtet werden, dass die Anzahl der Ärzte, die diese Dienste erbringen, möglichst breit über die Kliniken verteilt ist und diese möglichst durchschnittlich gleichmäßig zu den Diensten herangezogen werden (oder aber externe Ärzte einzelne Dienste abdecken). Ferner ist häufig Voraussetzung, dass die „opt-out"-Regelung für Arbeitszeiten von durchschnittlich über 48 Stunden/Woche genutzt werden kann.

Eine besondere arbeitsorganisatorische Herausforderung bei der NAW-Besetzung besteht darin, dass die Tagesbesetzung in der Klinik möglichst nicht gefährdet werden darf. Eine Lösung hierfür bietet die Aufspaltung des NAW in zwei Dienste:

1. Tagbereitschaftsdienst TB, der während seiner Regel-Tagesdienstzeit auch in der Klinik eingesetzt wird;
2. Nachtbereitschaftsdienst NB, durchgehend als Bereitschaftsdienst ausgestaltet, dem am Folgetag (MO – FR) ein Regel-Tagesdienst in der Klinik folgt. In Verbindung mit anderen Dienstmodellen entsteht aufgrund der NAW-Besetzung kein zusätzlicher Besetzungsverlust im Tagesdienst. *Abbildung 28* zeigt ein Fallbeispiel, bei dem diese Dienstkonstruktion in Verbindung mit einem Dienst SB für den Hausdienst im Krankenhaus gewählt wurde.

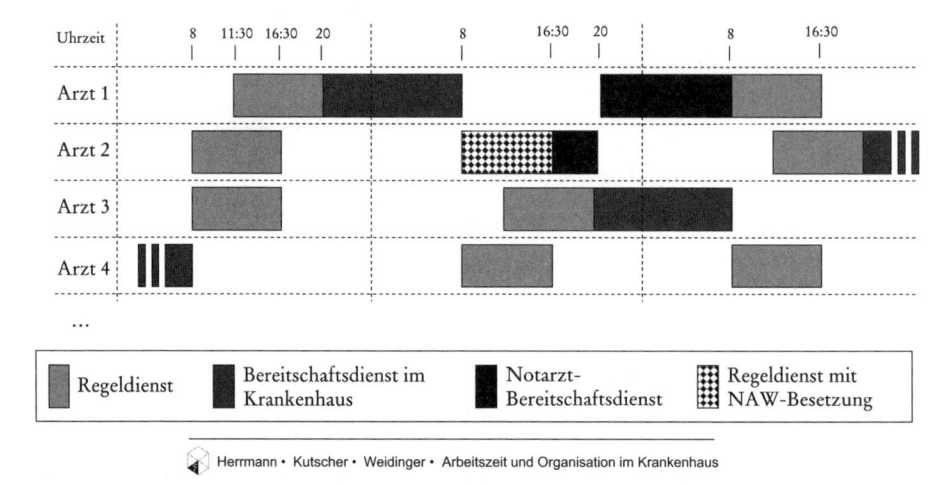

Abb. 28: Notarzt-Bereitschaftsdienst ohne zusätzlichen Besetzungsverlust im Tagdienst – Beispiel mit versetzten Tag-/Bereitschaftsdiensten

2.1.9 Umwandlung von Bereitschaftsdienstteilen in Rufbereitschaft und umgekehrt

Viele Verlaufskurven von Bereitschaftsdiensten weisen nach Zeiten hoher Inanspruchnahmen jenseits von durchschnittlich 50 % in den Nachmittags- und Abendstunden einen deutlichen Rückgang der Inanspruchnahmen in den Nachtstunden auf. Daher stellt sich bei solchen Konstellationen die Frage, ob der Bereitschaftsdienst in diesen Stunden in einen Rufdienst umgewandelt werden kann. Das hat den Vorteil, dass die Tagesbesetzung am Folgetag erhöht werden kann (sofern eine 5,5 Stunden lange ununterbrochene Ruhezeit in einer Rufbereitschaft eingehalten werden konnte, kann am Folgetag nach dem Rufbereitschaftsdienst ein weiterer Regel-Tagesdienst folgen). Außerdem lassen sich Personalkosten aufgrund der niedriger vergüteten Rufbereitschaftsdienste und der Erhöhung der Besetzung im Tagesdienst reduzieren.

Das Prinzip zeigt *Abbildung 29* anhand einer urologischen Abteilung. Die Abdeckung akuter Anforderungen während der Latenzzeit zwischen Aktivierung des Rufbereitschaftsdiensthabenden und seinem Eintreffen erfolgt hier durch die chirurgischen Diensthabenden.[241]

---

241 Siehe Kap. 1.16 zur Thematik fachübergreifender Bereitschaftsdienste.

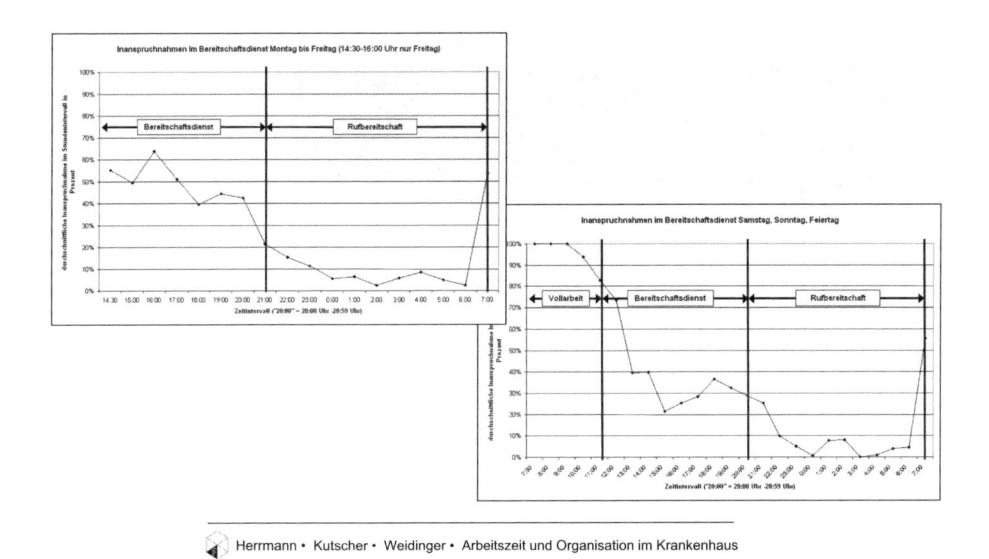

Abb. 29: Umwandlung von Bereitschaftsdienstzeiten in Rufbereitschaft auf Basis von Inanspruchnahme-Aufzeichnungen – urologische Abteilung eines kommunalen Krankenhauses

Der Rufbereitschaftsdienst darf dann im Anschluss an einen Bereitschaftsdienst von demselben Diensthabenden erbracht werden, wenn die Bereitschaftsdienstdauer einschließlich von Vollarbeitszeitanteilen 12 Stunden (zzgl. Pausenzeit) nicht übersteigt. Denn gemäß § 7 Abs. 9 ArbZG muss nach einer Dienstdauer von über 12 Stunden eine mindestens 11 Stunden dauernde Ruhezeit folgen, was jegliche Inanspruchnahme in der Rufbereitschaft ausschlösse. Für die Besetzung solcher Dienste gibt es daher zwei Varianten:

1. Der Rufbereitschaftsdienst wird an einen Abendbereitschaftsdienst oder einen Spätdienst angehängt. Zum Beispiel wird ein Dienst von 08:00 – 20:00 besetzt, mit 08:00 – 16:30 Regeldienst und 16:30 – 20:00 Bereitschaftsdienst, woran sich bis 08:00 des Folgetages ein Rufbereitschaftsdienst anschließt. Der dem Rufbereitschaftsdienst vorangehende Dienst ist nicht länger als 12 Stunden. Sofern die 5,5 h ununterbrochene Ruhezeit innerhalb der Rufbereitschaft eingehalten wurde, kann grundsätzlich am Folgetag ein Regeldienst angeschlossen werden.

2. Sind Vollarbeitszeit und Bereitschaftsdienst zusammen länger als 12 Stunden (zzgl. Pausenzeit) und/oder soll sicher gewährleistet sein, dass die 5,5 h Ruhezeit innerhalb der Rufbereitschaftsdienstzeit auch tatsächlich eingehalten werden (damit am nächsten Tag der Regeldienst verlässlich besetzt werden kann), müssen Bereitschaftsdienst und Rufdienst voneinander entkoppelt werden. Dann besetzt ein Arzt den Vollarbeitszeit-/Bereitschaftsdienst, zum Beispiel von 08:00 – 22:00, mit Bereitschaftsdienstzeit von 16:30 – 22:00, ein zweiter Arzt besetzt einen Rufbereitschaftsdienst im Anschluss an den Regeldienst, also in diesem Beispiel ab 16:30. Dieser Arzt wird grundsätzlich in der Zeit bis 22:00 nicht in Anspruch ge-

Kapitel 2: Arbeitszeitmodelle

	Montag	Dienstag	Mittwoch	Donnerstag	Freitag	Samstag	Sonntag
	Regeldienst						
	Bereitschaftsdienst						
	Rufdienst						

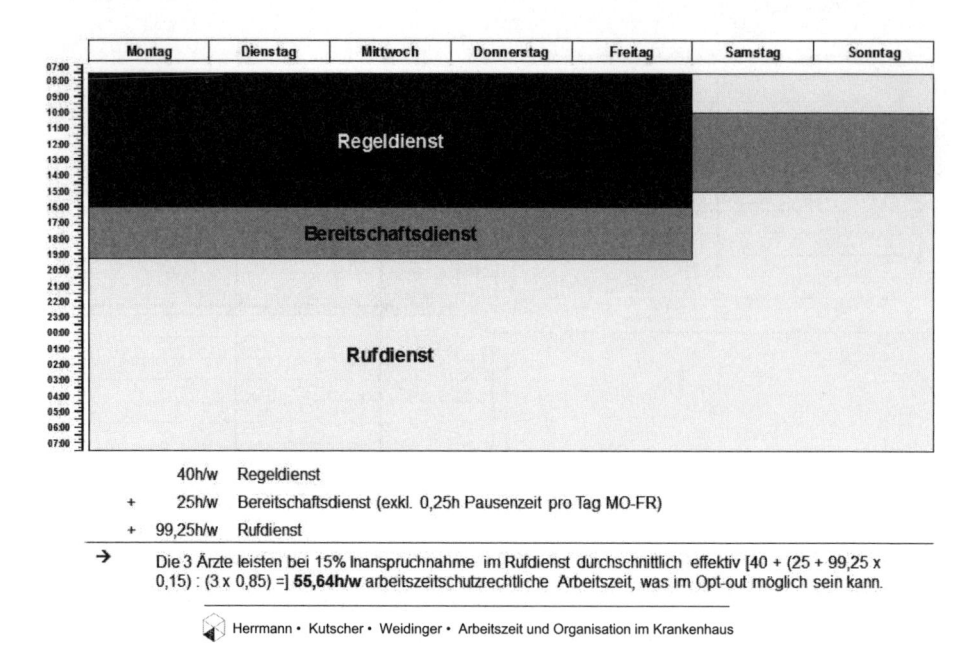

	40h/w	Regeldienst
+	25h/w	Bereitschaftsdienst (exkl. 0,25h Pausenzeit pro Tag MO-FR)
+	99,25h/w	Rufdienst

→ Die 3 Ärzte leisten bei 15% Inanspruchnahme im Rufdienst durchschnittlich effektiv [40 + (25 + 99,25 x 0,15) : (3 x 0,85) =] **55,64h/w** arbeitszeitschutzrechtliche Arbeitszeit, was im Opt-out möglich sein kann.

Herrmann • Kutscher • Weidinger • Arbeitszeit und Organisation im Krankenhaus

Abb. 30: Kombinierter Ruf-/Bereitschaftsdienst für 3 Ärzte

nommen, denn während dieser Zeit ist der Bereitschaftsdiensthabende im Haus, und erreicht auf diese Weise gleich zu Beginn seines Rufbereitschaftsdienstes die arbeitszeitrechtlich erforderliche 5,5 h Mindestruhezeit. Allerdings bindet diese Variante arbeitstäglich zwei Diensthabende, so dass zunächst versucht werden sollte, mit der obigen Variante auszukommen.

Das umgekehrte Prinzip, ein bisheriger Rufbereitschaftsdienst wird mit Bereitschaftsdienstanteilen „befüllt", kann unter folgenden Bedingungen sinnvoll sein:

1. Die Inanspruchnahme in den ersten Rufbereitschaftsdienststunden des Tages übersteigt die an einen Rufbereitschaftsdienst gestellten Anforderungen.[242]
2. Infolge der Inanspruchnahme im Rufbereitschaftsdienst wird die durchschnittlich höchstzulässige Grenze der zulässigen Arbeitszeit von 48 Stunden/Woche überschritten.

Da die Nutzung der „opt-out"-Regelung nur für Arbeitszeiten aus Bereitschaftsdienst möglich ist, eröffnet die „Umwidmung" von Rufbereitschafts- in Bereitschaftsdienst die Teilnahme am „opt-out". Daher werden die typischerweise stark beanspruchten Zeitspannen der Rufbereitschaft am späten Nachmittag und an den Wochenend-Vormittagen nunmehr als Bereitschaftsdienst eingestuft. Dadurch kann zugleich die Rufdienst-Gesamtbelastung auf zulässige Werte gesenkt werden. Das Prinzip zeigt *Abbildung 30* anhand eines Dienstes, den sich drei Ärzte teilen, und die

---

242 Siehe Kap. 1.4.6.

mit diesem Dienstsystem eine wöchentliche Höchstarbeitszeit von ca. 56 h/w erreichen, was unter Nutzung der „opt-out"-Regelung zulässig sein kann.

2.2 Arbeitszeitmodelle im Schichtdienst (ohne Bereitschaftsdienstanteile)

2.2.1 Überblick

Ein durchgehender Schichtbetrieb ohne Bereitschaftsdienstzeiten wird im ärztlichen Dienst in solchen Fällen benötigt, in denen entweder ein Besetzungsbedarf besteht, der selbst nächtliche Bereitschaftsdienstfenster ausschließt, oder Abrechnungsvorgaben (OPS-Ziffern) eine durchgehende Besetzung in Vollarbeit als Qualitätskriterium vorgeben. Grundsätzlich wird durchgehende Schichtarbeit im ärztlichen Dienst aus vier Gründen weitest möglich beschränkt werden, wenngleich der Bedarf dafür aufgrund höherer Notaufnahme- bzw. Intensivstationsdichte aufgrund „schwerer" kranker Patienten weiter zunehmen wird.

1. Wenn irgend möglich, sollten nachts Bereitschaftsdienstzeiten eingebaut werden, die mehr oder weniger komfortable Schlafphasen für die Mitarbeiter ermöglichen. Selbst kürzere Schlafphasen von lediglich etwa drei Stunden sind aus arbeitsphysiologischer Sicht stets durchgehender Nachtarbeit vorzuziehen. Aus diesem Grund ist die Vorgehensweise mancher Krankenhäuser, auf Bereitschaftsdienste gänzlich zu verzichten (etwa weil sie teuer sind oder weil man die Beschäftigung mit ihnen leid ist) und dann nächtliche Arbeitsanfall-Täler mit „Stapelarbeit", etwa administrativen ärztlichen Tätigkeiten zu füllen, nicht empfehlenswert.
2. Die Mitarbeiter sind an Schichtsystemen wegen der dann deutlich geschmälerten Vergütungsmöglichkeiten, da unständige Bezüge aus Bereitschaftsdiensten entfallen, oftmals nicht interessiert. Zudem nimmt die Verträglichkeit von Schichtarbeit einerseits mit zunehmendem Alter und andererseits mit höherem Teilzeitanteil der Mitarbeiter im Durchschnitt ab. Bei absehbar längerfristigen Beschäftigungsdauern (Krankenhaus als „Lebensarbeitsplatz") und eines ebenfalls absehbar höheren Anteils von Frauen, die eine deutlich höhere Teilzeitneigung haben als Männer, werden beide Faktoren jedenfalls im Krankenhaus dazu führen, Schichtsysteme weiterhin auf die unvermeidbaren Anwendungsfälle zu beschränken. Zugleich werden Schichtsysteme, wo sie unvermeidbar sind, so viele individuelle Flexibilitätsoptionen wie möglich beinhalten müssen.
3. Schichtsysteme sind teurer: Beispielsweise werden in einem 2-Schicht-Betrieb mit Schichten à 11,75 Stunden (jeweils zzgl. 45 Minuten gesetzlicher Pausenzeit, so dass je 30 Minuten Übergabezeit gewährleistet sind) pro zu besetzender Position bei durchschnittlich 15 % Gesamt-Ausfallzeit, also 85 % Personalverfügbarkeit, $(2 \times 7\,d \times 11{,}75\,h : (40\,h/w \times 0{,}85))$ = knapp 5 Stellen benötigt. Hinzu kommen im Schichtbetrieb stets Zeitzuschläge für zuschlagspflichtige Zeiten und Zulagen für Wechselschicht- bzw. Schichtarbeit. Zudem ist die Nutzung der „opt-out"-Regelung im Schichtbetrieb nicht möglich, was die verfügbare Arbeitszeitkapazität massiv beschränkt und damit Personalkosten tendenziell erhöht. Der Kostenunterschied zum Bereitschaftsdienst liegt – rechnet man die unständigen Bezüge mit ein – je nach tarifvertraglicher Ausgestaltung in der Größenordnung von 1 Stelle pro Dienstreihe.

4. Schichtsysteme können der personell kontinuierlichen Patientenversorgung abträglich sein. Allerdings hängt dieser Punkt sehr stark von der arbeitsorganisatorischen Ausgestaltung ab. So können beispielsweise verlässliche Schichtbesetzungen in einem eigenen Schichtsystem einer Intensivstation dafür sorgen, die personelle Kontinuität auf den Normalstationen gegenüber einer Variante zu erhöhen, in der die Intensivstation aus dem Gesamtdienstpool heraus abgedeckt wird.

2.2.2 Schichtmodelle bei durchgehend hohem Besetzungsbedarf

Durchgehend hoher Besetzungsbedarf kennzeichnet größere Intensivstationen sowie (zentrale) Notaufnahmen diesbezüglich hoch frequentierter Krankenhäuser. *Abbildung 31* zeigt den klinikübergreifenden internistischen Dienstaufbau im Schichtbetrieb einer Medizinischen Notaufnahme, der dort im Rotationsverfahren besetzt wird. An den Tagen MO – FR wird in 3 Schichtlagen gearbeitet, an den Tagen SA/SO in zwei Schichten à ca. 12 Stunden. Die beiden zudem eingeteilten Hausdienste werden MO – FR im Grundmodell NB mittels Dienstmodul besetzt. Am SA/SO sind auch hier zwei Schichtlagen mit in der Notaufnahme identischen Dienstzeiten besetzt.

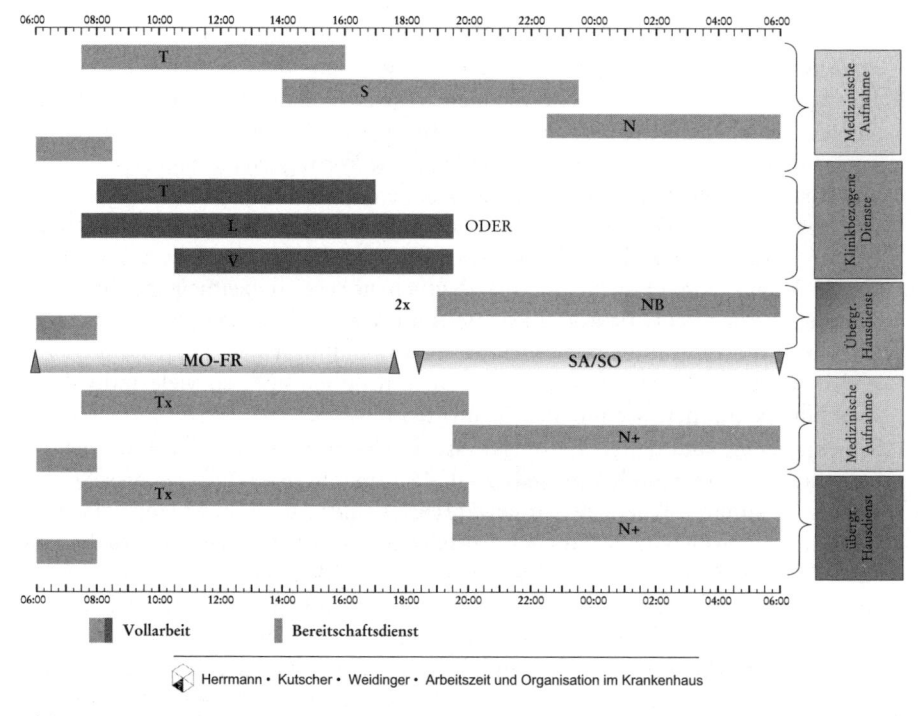

Abb. 31: Klinikübergreifende Dienststruktur der internistischen Kliniken mit Schichtbetrieb in der Notaufnahme und Nachtbereitschaftsdienst in den Hausdiensten

Arbeitszeitmodelle im Schichtdienst (ohne Bereitschaftsdienstanteile)

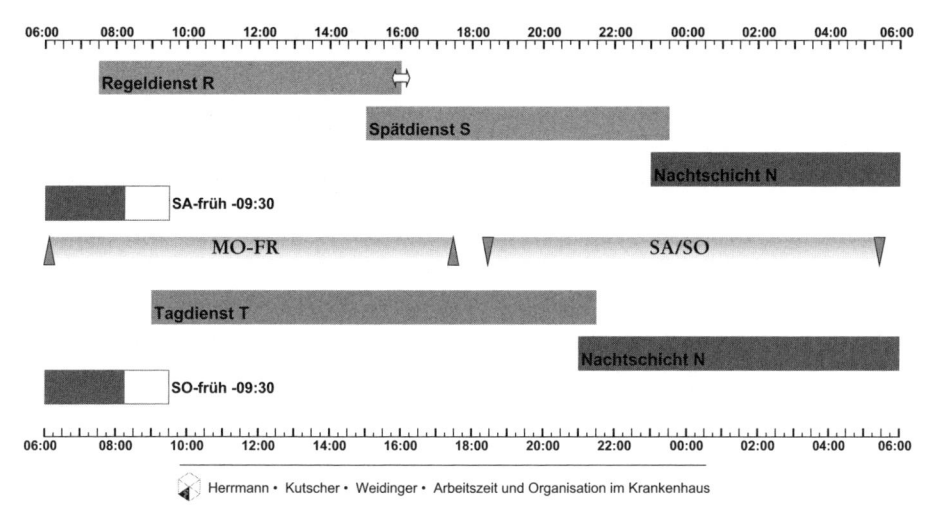

Abb. 32: Universitätsklinik

Abbildung 32 zeigt den – ungewöhnlichen – Fall eines Schichtbetriebs in einer Inneren Medizin, der den viel zu hoch belasteten Bereitschaftsdienst ablöste. Um die Schichtstruktur möglichst einfach und kontinuierlich zu halten und um unständige Bezüge der Mitarbeiter über im Schichtbetrieb anfallende Zeitzuschläge und Zeitzulagen hinaus zu ermöglichen, werden die Wochenendschichten als Überstunden vergütet. Dies war im vorliegenden Fall tarifvertraglich zulässig. Alternativ kann, sofern dies tarifvertraglich zugelassen wurde, auch eine auf bis zu 48 Stunden/Woche erhöhte Vertragsarbeitszeit individuell mit den Mitarbeitern vereinbart werden. Die Schichtlagen werden hier wochenweise besetzt, die Nachtschicht beginnend mit der SO-Nachtschicht.

2.2.3 Schichtmodelle aufgrund von Abrechnungsvorgaben

Bestehen entsprechende Vorgaben zur Abrechenbarkeit bestimmter Fallpauschalen, aufgrund fachgesellschaftlicher Empfehlungen o.ä. muss ein durchgehender Schichtbetrieb praktiziert werden. Für die Ausgestaltung von Schichtsystemen müssen drei Ausgangsfragen geklärt werden:

Dauer der Schichten

Soll in zwei (Tag-/Nacht-Schichten mit ca.12-stündigen Schichten) oder in drei Schichtlagen (Früh-/Spät-/Nachtschichten, mit ca. 8-stündigen Schichten) gearbeitet werden? Oder ist eine Kombination wie in den obigen Fallbeispielen mit MO – FR drei, SA/SO zwei Schichtlagen sinnvoll, um die Wochenendfreundlichkeit des Schichtsystems zu erhöhen? 12 h-Schichtsysteme ermöglichen arbeitsmedizinisch günstige kurze und zudem regelhafte Arbeitsblöcke bis hin zu einzeln besetzten Nachtdiensten. Sie bieten zudem eine deutlich höhere, auch für persönliche Zwecke nutzbare Vertretungsflexibilität in „Brutto"-Systemen. 12-Stunden-Schichtsysteme finden eine relativ hohe Akzeptanz bei den Mitarbeitern, und zwar aus folgenden Gründen:

1. Sie führen zu deutlich weniger Arbeitstagen, nämlich bei durchgehend zwei Schichtlagen MO – SO zu einem Drittel, also deutlich mehr arbeitsfreien Tagen (und damit auch geringeren Wegezeiten/-kosten) und mehr arbeitsfreien Wochenenden.
2. Sie ermöglichen einen relativ frühen Wechsel von Tag- zu Nachtschicht, etwa um 19:00 und damit 50 % mehr arbeitsfreie Abende (und eine bessere ÖPNV-Anbindung); allerdings ist die an Tagdiensten nutzbare Freizeit auch deutlich begrenzt.
3. Sie sind mit längeren Vertragsarbeitszeiten (zum Beispiel von 42 Stunden/Woche oder gar 48 Stunden/Woche, wie sie in einigen Einrichtungen möglich sind) viel besser kompatibel. Bei 3 Schichtlagen kann dies zu durchschnittlich deutlich mehr als 5 Arbeitstagen pro Woche oder zu langen Überlappungszeiten zwischen den Schichten führen.
4. Sie sind deutlich patientenverträglicher und qualitätsförderlicher als 3 Schichtlagen, weil sie nicht nur eine Übergabe pro Tag weniger erfordern, sondern die Übergaben auch häufig zwischen dem gleichen Kollegenpaar von Tag- auf Nachtschicht wie von Nacht- auf Frühschicht erfolgt, während bei den Übergaben im Schichtdienst in drei Schichtlagen Kommunikationsdefizite häufig anzutreffen sind („Stille-Post-Syndrom"). Allerdings sind die Übergabezeiten dafür bei zwei Schichtlagen auch zeitlich eng begrenzt, weil die 12 Stunden Schichtdauer (zzgl. Pausenzeit) grundsätzlich nicht überschritten werden darf.

„Brutto"- oder „Netto"-System?

Weiter ist zu entscheiden, ob das Schichtsystem als „Brutto"- oder als „Netto"-Schichtplan ausgestaltet werden soll. Bei einem Schichtmodell als „Brutto"-System vertreten die Mitarbeiter untereinander ihre Ausfallzeiten (Urlaub, Kongress, Krankheit etc.) weitestgehend autark innerhalb der Schichtmannschaft. Hierfür müssen bei einem nach festem Schichtrhythmus durchlaufenden Schichtbetrieb von vornherein entsprechende Vertretungszeiträume eingeplant werden, aus denen heraus die Ärzte dann ausfallende Mitarbeiter vertreten, ohne dass der Schichtrhythmus selbst durchbrochen werden muss. Wird die Schichteinteilung etwa monatsweise neu erstellt, müssen Ausfallzeiten bei der Planung berücksichtigt werden, ggf. durch kurzfristige Umplanung im Falle unvorhergesehener Ausfallzeiten (insbesondere bei Krankheit).

Im Schichtmodell als „Netto"-System hingegen werden die Schichten immer nur von solchen Mitarbeitern besetzt, die nicht ausfallzeitbedingt fehlen, was bei der Dienstplanung berücksichtigt wird. Ggf. werden kurzfristig ausfallende Mitarbeiter aus anderen Bereichen heraus vertreten, im Krankenhaus etwa durch Kollegen der Normalstationen. Dies ist dann sinnvoll, wenn keine festen Schichtteams besetzt werden sollen, sondern die Schichtabdeckung aus dem Gesamt-Mitarbeiter-Team heraus erfolgt. Dies ist auch bei den oben vorgestellten Dienstmodulen der Fall. Bei zumindest für bestimmte Zeiträume festen (etwa nach einem Rotationsplan) Schichtmannschaften empfehlen sich hingegen „Brutto"-Systeme, weil das Team dann autark in Teamverantwortung für die qualifizierte Rund-um-die-Uhr-Besetzung des Arbeitsplatzes oder der Arbeitsplätze sorgen kann.

Gestaltung des Schichtrhythmus

Schließlich muss in jedem Schichtmodell die wiederkehrende Abfolge der Schichten (Schichtrhythmus) bestimmt werden. Hierbei ist gemäß § 6 Abs. 1 ArbZG die Berücksichtigung arbeitsmedizinischer Empfehlungen gesetzlich vorgeschrieben. *Abbildung 33* zeigt den Schichtplan einer durchgehend mit 12-Stunden-Diensten besetzten neonatologischen Intensivstation, hier im Schichtdienst als „Brutto"-System, also mit zeitlicher „Vertretungsreserve" innerhalb des Schichtsystems (graue Felder).

	Woche 1							Woche 2							Woche 3							Woche 4							Woche 5						
	Mo	Di	Mi	Do	Fr	Sa	So	Mo	Di	Mi	Do	Fr	Sa	So	Mo	Di	Mi	Do	Fr	Sa	So	Mo	Di	Mi	Do	Fr	Sa	So	Mo	Di	Mi	Do	Fr	Sa	So
Frühdienst																																			
Nachtdienst																																			

Besetzungsplan

	Woche 1							Woche 2							Woche 3							Woche 4							Woche 5						
	Mo	Di	Mi	Do	Fr	Sa	So	Mo	Di	Mi	Do	Fr	Sa	So	Mo	Di	Mi	Do	Fr	Sa	So	Mo	Di	Mi	Do	Fr	Sa	So	Mo	Di	Mi	Do	Fr	Sa	So
Frühdienst	1	1	1	1	4	4	4	2	2	2	2	5	5	5	3	3	3	3	1	1	1	4	4	4	4	2	2	2	5	5	5	5	3	3	3
Nachtdienst	5	5	5	5	3	3	3	1	1	1	1	4	4	4	2	2	2	2	5	5	5	3	3	3	3	1	1	1	4	4	4	4	2	2	2

| Vertretungs-dienste, ggf. | 4|4|2|2|2|2|5|5|5|3|3|3|3|1|1|4|4|4|4|2|2|2|5|5|5|3|3|3|3|1|1|1|1|4 |

Herrmann • Kutscher • Weidinger • Arbeitszeit und Organisation im Krankenhaus

Abb. 33: Vertretungsflexibler 5:1-Schichtplan in einer neonatologischen Intensivstation (Level 1)

Personalbedarf

Die Frage des Brutto- oder Netto-Systems hat zunächst Auswirkungen auf den Personalbedarf, der nur arbeitsplatzmethodischer Überprüfung des Personalbedarfs mit Hilfe der nachfolgenden beiden Formeln ermittelt werden kann. Hingegen beeinflusst die Entscheidung zwischen 12-Stunden- und 8-Stunden-Schichten den Personalbedarf allenfalls aufgrund höheren Übergabebedarfs bei drei Schichtlagen geringfügig.

1. Grundformel zur Berechnung des Netto-Personalbedarfs

$$\frac{\text{Arbeitszeitbedarf (h/w)}}{\text{Arbeitszeit/MA (h/w)}} = \text{Netto-Personalbedarf (vor Ausfallzeiten)}$$

Erläuterung:
Arbeitszeitbedarf: Besetzungszeit x Besetzungsstärke/n, ggf. im Jahresdurchschnitt und abzüglich nicht auf die Arbeitszeit angerechneter Pausenzeit
Arbeitszeit/MA: Regelarbeitszeit oder hiervon abweichende Planarbeitszeit

Kapitel 2: Arbeitszeitmodelle

2. Grundformel zur Berechnung des Brutto-Personalbedarfs

$$\frac{\text{Netto-Personalbedarf}}{1 ./. (\text{Ausfallzeitenquote (\%)} : 100\ (\%))} = \text{Brutto-Personalbedarf}$$

Der tatsächliche Personalbedarf – in der Regel mindestens 1 und höchstens 2 – bestimmt sich vor allem unter Berücksichtigung der systemextern („Netto"-System) oder systemintern („Brutto"-System) abgedeckten Ausfallzeiten.

Hierzu ein **Beispiel**: Eine universitätsklinische Intensivstation soll in durchgehend zwei Schichten mit tagsüber zwei Ärzten und nachts einem Arzt in je 11,75-Stunden-Schichten (zzgl. je 60 min Pausenzeit) besetzt werden. Zusätzlich soll ein Arzt von MO – FR mit 8-stündigem Regeldienst (zzgl. 30 min Pausenzeit) eingeplant werden. Die Vertragsarbeitszeit beträgt hier 42 h/w. Die Ausfallzeiten sollen sämtlich systemintern vertreten werden können, mit Ausnahme des Stationsarztes, der bei Urlaub und Krankheit von Kollegen von außerhalb der Intensivstation vertreten wird. Dann ergibt sich gemäß der 1. Formel:

1. Berechnung des Netto-Personalbedarfs (Beispiel)

$$\frac{11{,}75\ h \times 21 + 8\ h \times 5\ d/w}{42 h/w} = 6{,}83\ \text{VK ("netto")}$$

Nun müssen noch die systemintern zu vertretenden Ausfallzeiten berücksichtigt werden, die den Personalbedarf entsprechend erhöhen, wie in der nachstehend aufgeführten Berechnung des Brutto-Personalbedarfs gezeigt wird, die einen Bedarf von ca. 8 Mitarbeitern „brutto" ergibt. Wird das Schichtsystem im vorliegenden Beispiel mit 8 VK betrieben, lassen sich die oben beschriebenen Arbeitsplätze stets besetzen und die Ausfallzeiten im Team vertreten. Bei (monatlicher und rollierender) Dienstplanung geschieht dies durch Berücksichtigung der Ausfallzeiten. Bei, nach einem vordefinierten Schichtrhythmus, durchlaufender Schichtplanung kann der Schichtplan durch den Einbau von Vertretungszeiträumen hierauf vorbereitet werden.

2. Berechnung des Brutto-Personalbedarfs (Beispiel)

$$\frac{6{,}83}{1 ./. (13{,}125\ \% : 100\ \%)} = 7{,}86\ \text{VK ("brutto")}$$

Die Ausfallzeiten der Ärzte betragen insgesamt 15 %, von denen 1/8 (= der Stationsarzt) vorgabegemäß nicht berücksichtigt wurde; dies ergibt 13,125 %.

Schichtplan

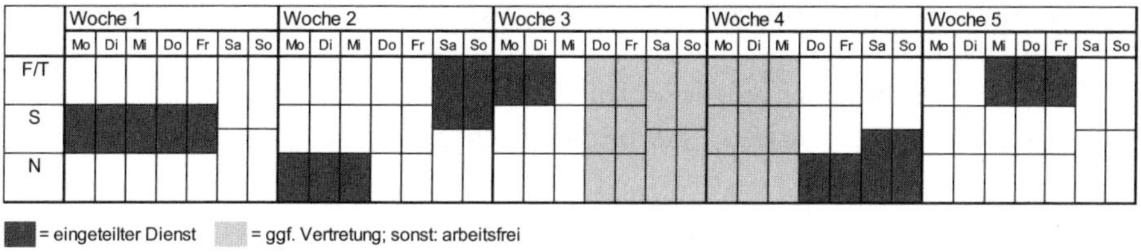

	Woche 1							Woche 2							Woche 3							Woche 4							Woche 5						
	Mo	Di	Mi	Do	Fr	Sa	So	Mo	Di	Mi	Do	Fr	Sa	So	Mo	Di	Mi	Do	Fr	Sa	So	Mo	Di	Mi	Do	Fr	Sa	So	Mo	Di	Mi	Do	Fr	Sa	So
F/T																																			
S																																			
N																																			

■ = eingeteilter Dienst   ▨ = ggf. Vertretung; sonst: arbeitsfrei

Dienstarten
- F, S, N   MO-FR à 8,25h Arbeitszeit
- T, N   SA/SO à 12h Arbeitszeit (mit aufsichtsbehördlicher Zustimmung)

Herrmann • Kutscher • Weidinger • Arbeitszeit und Organisation im Krankenhaus

Abb. 34: Schichtsystem mit interner Vertretung in einer Kinder-Intensivstation

Abbildung 34 zeigt für die zweite Konstellation ein Schichtplanbeispiel einer Kinder-Intensivstation, in dem in einem 5-Wochen-Zyklus, der sich regelmäßig wiederholt, eine komplette Vertretungswoche eingebaut wurde. Je 2 Ärzte (davon ein „Alt"-Assistent) besetzen hier wochenweise versetzt den Schichtplan; insgesamt werden daher 10 Ärzte im Schichtsystem eingesetzt. Die interne Vertretung der Ausfallzeiten (Urlaub, Fortbildung, Krankheit) erfolgt entweder aus der Vertretungswoche heraus oder durch im Tagesdienst eingeteilte Ärzte der Intensivstation, notfalls durch Verzicht auf einen der Spätdiensthabenden durch Verlängerung der Arbeitszeit je eines Arztes in Früh- und Nachtdienst auf 12 Stunden.

Die Vertretungsdienste sind langfristig planbar durch ebenso langfristige Planung der (planbaren) Ausfallzeiten (Urlaub, Fortbildung). Die Abrechnung von Vertretungsdiensten erfolgt im Rahmen einer flexiblen Arbeitszeitregelung über persönliche Zeitkonten.[243]

Bei der Frage nach dem richtigen Schichtrhythmus geht es vor allem um die Frage der Berücksichtigung arbeitsmedizinischer Empfehlungen[244], von denen die Wichtigsten hier genannt werden:

1. Die Anzahl der aufeinander folgenden Nachtschichten sollte möglichst gering sein. Empfehlenswert ist es, nicht mehr als vier Nachtschichten in Folge einzuteilen.
2. Nach einer Nachtschichtphase sollte eine möglichst lange Ruhephase folgen. Sie sollte auf keinen Fall weniger als 24 Stunden betragen.
3. Geblockte Wochenendfreizeiten sind besser als einzelne freie Tage am Wochenende.

---
243 Siehe Kap. 2.3.3.
244 Vgl. *Beate Beermann*, Bilanzierung arbeitswissenschaftlicher Erkenntnisse zur Nacht- und Schichtarbeit. Amtliche Mitteilungen der Bundesanstalt für Arbeitsschutz, Sonderausgabe 1/96, S. 35 ff. Hinweis: Diese Empfehlungen müssen zum einen vor dem Hintergrund mitarbeiterseitig sehr unterschiedlicher individueller Sichtweisen und Verträglichkeiten gesehen werden und können zum anderen auch nur bedingt als empirisch gesichert gelten.

4. Bei drei Schichtlagen pro Tag sollten ungünstige Schichtfolgen vermieden werden, d. h. immer vorwärts rotieren: von Früh- nach Spätschicht bzw. von Spät- nach Nachtschicht.
5. Die Nachtschicht sollte möglichst früh enden.
6. Schichtpläne sollten vorhersagbar und überschaubar sein.

2.3 Modelle zur Flexibilisierung des Tagesdienstes

2.3.1 Herausforderungen im Tagesdienst

Krankenhäuser, Pflege- und Betreuungseinrichtungen verfügen meist noch über wenig Erfahrung mit flexiblen Arbeitszeitsystemen. Ihre Ausbreitung wird oft dadurch behindert, dass Arbeitsorganisation und Führung noch auf dem überkommenen Stand verharren. Teilweise werden flexible Arbeitszeiten als Lösung zum Auffangen unstrukturierter Arbeitsabläufe angesehen; dabei muss genau umgekehrt die Arbeitsorganisation so umgestellt werden, dass die von den Mitarbeitern gewünschten verlässlichen Dienstzeiten realisierbar sind und auf dieser Grundlage dann bei Bedarf und Interesse eine flexible Abweichung möglich ist.

Die Bereitschaft der Mitarbeiter, überlange Arbeitszeiten und überkommene hierarchiebetonte Formen der Arbeitsorganisation weiter hinzunehmen, ist in den letzten Jahren deutlich gesunken. Mit zunehmendem Frauenanteil im ärztlichen Dienst und in einem enger werdenden Arbeitsmarkt für Fachkräfte verstärken die Häuser ihre Anstrengungen, an verlässlichen sowie vereinbarkeitsorientierten Arbeitszeitoptionen zu arbeiten. Schließlich erkennen immer mehr Einrichtungen, dass der Wettbewerb um exzellente Mitarbeiter auch über zeitgemäße Arbeitsbedingungen und persönliche zeitliche Handlungsspielräume für individuelle Arbeitszeiten entschieden wird. Darüber hinaus steigen die Anforderungen an eine effiziente Leistungserbringung und damit an einen sparsamen Umgang mit der knappen Ressource Arbeitszeit weiter an. Bei der Ausgestaltung der Tagesarbeitszeiten geht es insbesondere um folgende Themen:

1. Die Öffnung der Arbeitszeitsysteme für individuelle Arbeitszeiten, insbesondere auch für einen verstärkten Einsatz von Teilzeitarbeit, wofür es vor allem aufgrund des zunehmenden Frauenanteils im ärztlichen Dienst der Krankenhäuser einen steigenden Bedarf geben wird. Voraussetzung hierfür sind vollständig flexible Arbeitszeitsysteme (nicht etwa „Sonderdienste" für Teilzeit-Mitarbeiter) und ein höheres Maß an Einsatzflexibilität (also an der Bereitschaft und Fähigkeit, an einer breiten Einsetzbarkeit zu arbeiten und die gerade im ärztlichen Dienst verbreiteten Überspezialisierungen zurückzuführen).
2. Die verlässliche Einhaltung von Dienstzeiten, die durch effiziente Arbeitsorganisation, Aufgabenverlagerungen zwischen den Berufsgruppen und einen ergebnis- statt zeitverbrauchsorientierten Führungsstil abgesichert werden müssen. Grundlage jeder flexiblen Arbeitszeitgestaltung in Krankenhäusern und Betreuungseinrichtungen ist zudem eine bedarfsgerechte Dienstplangestaltung und Abwesenheitsplanung – möglichst mit Hilfe elektronischer Personaleinsatzplanungssysteme (PEPS).

3. Die Berücksichtigung individueller Arbeitsstile durch flexible Arbeitszeitsysteme, in denen die Mitarbeiter jedoch nicht nur Handlungsspielräume bezüglich ihrer Arbeitszeitverteilung haben, sondern auch die Arbeitszeitdichte entsprechend ihren Vorstellungen variieren können. Das bedeutet insbesondere, dass sie, anders als oftmals bislang, bei individuell unerwünscht längeren Arbeitszeiten führungskräfteseitige Unterstützung bei der Entlastung finden. Eine wesentliche Voraussetzung für so ausgerichtete Arbeitszeitsysteme ist die Selbsterfassung der Arbeitszeiten in Form einer Abweichungserfassung und damit der Verzicht auf elektronische Kommt-Geht-Anwesenheitserfassungssysteme, wie sie sich in Krankenhäusern und Betreuungseinrichtungen ohnehin nicht durchzusetzen scheinen und vielmehr mancherorts wegen Erfolglosigkeit wieder zugunsten der Abweichungserfassung im PEPS abgeschafft werden.[245]
4. Die Bereitschaft der ärztliche Führungskräfte, diese Veränderungsprozesse mit zu gestalten und zu unterstützen – von bewussten Freiräumen von Flexibilitätspotenzialen an den Tagesrändern (Beispiele: Verzicht auf ritualisierte kollektive Morgenbesprechungen, Visiten zu Regeldienstende und „Ist-eh-da"-Mentalitäten) bis zur konsequenten Unterstützung der Mitarbeiter bei der Beseitigung von „Zeitfressern" und beim Aufspüren von „Arbeitsanfall-Tälern" sowie eigenem diesbezüglichen Vorbild.

Zusammenfassend bewegt sich das Handlungsspektrum betrieblicher Arbeitszeitorganisation in den in *Abbildung 35* dargestellten Feldern.

Herrmann • Kutscher • Weidinger • Arbeitszeit und Organisation im Krankenhaus

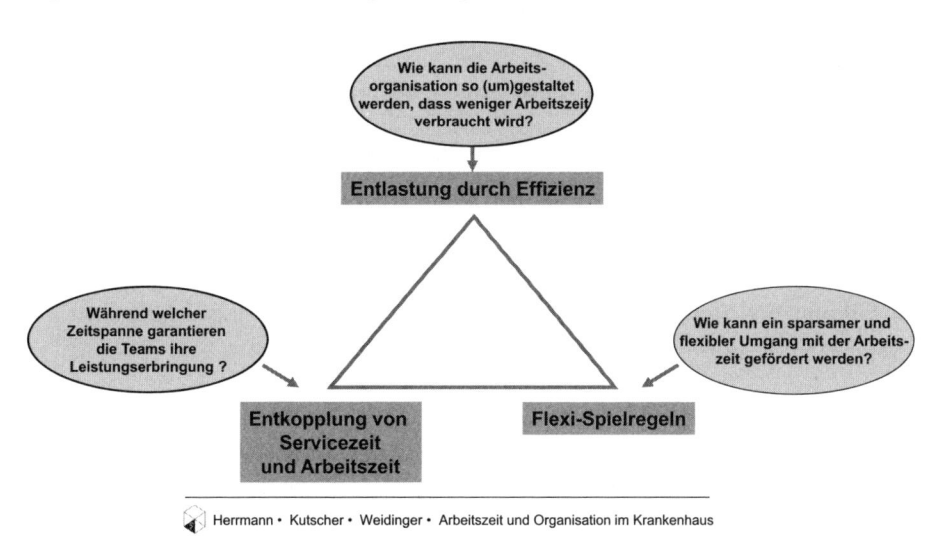

Abb. 35: Das Handlungsdreieck ärztlicher Arbeits(zeit)organisation

Das Interesse der Führungskräfte an der Arbeitszeitflexibilisierung wird in dem Maße steigen, wie ihnen bewusst wird, dass ihre Mitarbeiter die Fähigkeit, das au-

---

245 Siehe Kap. 2.3.3.

ßerberufliche Leben (zeitlich) befriedigend zu gestalten, als wesentliche Voraussetzung für die Kompetenzerweiterung auch im Beruf begreifen. Das häufig zu beobachtende „Verstecken" einer Führungskraft vor Überlastsignalen ihrer Mitarbeiter wird immer weniger akzeptiert – und ist nie akzeptabel: Überlastsymptome weisen auf organisatorische Schwachstellen, Planungs- und Steuerungsdefizite, Überspezialisierung und ineffiziente Kommunikation hin. Der Entlastungswunsch des Mitarbeiters sollte daher Hebelwirkung im Hinblick auf die Behebung solcher Probleme haben. Dass dabei ein eigener Lösungsbeitrag des Arztes erwartet wird, versteht sich von selbst. Einige mögliche Ursachen für überlange Arbeitszeiten im ärztlichen Dienst zeigt *Abbildung 36*.

- Mangelnde Standardisierung und Evidenzbasierung [„Schrotschussprinzip"]
- Individuell *objektiv* ineffizientes Arbeiten – auch aufgrund von Lernkurven
- Mangelnde Assistenz der Ober- und Chefärzte [„Jugend forscht"] .
- Berufsethische und führungskulturelle Effizienz-Barrieren [Statussymbol lange Arbeitszeit]
- Mangelnde Flexibilisierung der Arbeitszeit [keine Abwesenheitssteuerung, keine Servicezeiten]
- Bereitschaftsdienst / ggf. Überstunden als einzige Chance, das eigene Entgelt zu beeinflussen
- Zu kleine Organisationseinheiten
- Überfrachtung mit nicht-ärztlichen und administrativen Aufgaben
- Mangelnde „Passung" zwischen Mitarbeiter und Arbeitsaufgabe / Überspezialisierung
- Mangelnde Prozesssteuerung / tradierte Abteilungsegoismen
- Flexibilisierungsfeindliche Besprechungs- und Fixtermine an den Dienstränder
- Zunehmende Arbeitsvolumina und Fallzahlen bei gleicher/sinkender Personalkapazität
- Schwache Führung / mangelnde Kostenrelevanz überlanger Arbeitszeiten
- Unklare Definition von „Arbeitszeit"

Welche dieser Problemursachen können mit welchen Mitteln beseitigt werden?

Herrmann • Kutscher • Weidinger • Arbeitszeit und Organisation im Krankenhaus

Abb. 36: Einige Ursachen für überlange Arbeitszeiten im ärztlichen Dienst

Zunächst geht es nun um die Festlegung und Abdeckung von Servicezeiten (Betriebszeiten) und abschließend um sog. Flexi-Spielregeln; dazu gehört beispielsweise die Führung und Steuerung persönlicher Zeitkonten, die das Herzstück flexibler Arbeitszeitsysteme bilden.

2.3.2 Servicezeit-Modelle

Arbeitszeiten und Betriebszeiten müssen im Krankenhaus voneinander entkoppelt werden. Andernfalls wäre die Leistungserbringungszeit des Krankenhauses auf das Volumen der verfügbaren Arbeitszeitdauer beschränkt. Sind beide Dimensionen voneinander entkoppelt, fächern sich die Arbeitszeitlagen zwischen den Mitarbeitern dem tatsächlichen Besetzungsbedarf entsprechend auf. In vielen Bereichen orientiert sich die Betriebszeit an der Vollzeit-Tagesarbeitszeit der Mitarbeiter. So gilt bis heute vielerorts ein OP-Saal als „ausgelastet", wenn er in der Regel von MO – FR 8 Stunden betrieben wird. Dabei müsste es ein seltener Zufall sein, würden (z. B. tarifvertraglich) vereinbarte Arbeitszeitdauern mit dem zeitlichen Besetzungsbedarf aufgrund von Patientenaufkommen und Auslastungserfordernissen stets übereinstimmen. Übersteigt der tatsächliche Betriebszeitbedarf die verfügbare Tages-Regelarbeitszeit, leidet die Wirtschaftlichkeit durch nicht optimale Nutzung der Betriebsmittel sowie Prozessdauerverlängerung aufgrund verzögerter Diagnostik und Therapie. Auf Seiten der Mitarbeiter führt dies häufig zu überlangen Arbeitszeiten. Darüber hinaus bestehen Mängel in der Serviceorientierung durch zeitlich unzureichende Ansprechbarkeit des Personals und eine nicht ausreichende Berücksichtigung patientenseitiger Terminvorstellungen. Insbesondere aufgrund des letztgenannten Punktes hält in Krankenhäusern als Bezeichnung für die Betriebszeit der bei anderen Dienstleistern verbreitete Begriff „Servicezeit" Einzug.

Abbildung 37 zeigt ein Beispiel für eine Umstellung einheitlich kurzer OP-Laufzeiten auf zeitlich, dem prognostizierten Bedarf entsprechend, gestaffelte OP-Laufzeiten unter Schließung eines OP-Saals. Dies kam hier einer Umstellung langer Bereitschaftsdienste auf das Grundmodell SB sehr entgegen.

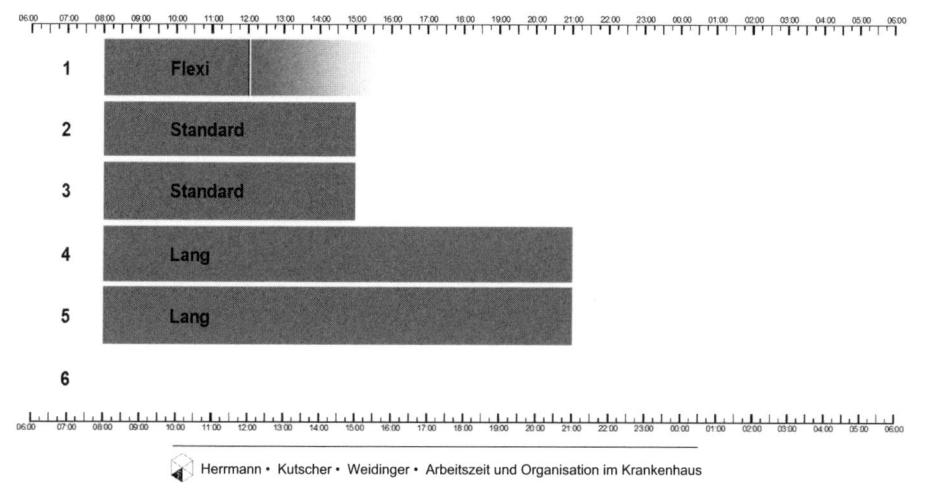

Abb. 37: Differenzierte OP-Saallaufzeiten sowie Einsparung des 6. OP-Saals in einer Universitätsklinik

Hinsichtlich der Betriebszeiten ist es auch bei Entkopplung von der Arbeitszeit regelmäßig kein Ziel, diese zu maximieren. Gegen zu lange Betriebszeiten sprechen nicht nur die aufgrund von Zeitzuschlägen und -zulagen verteuernden Stundenentgeltkosten, sondern ggf. fehlender Besetzungsbedarf zu bestimmten Zeiten, aber auch medizinische Erwägungen, insbesondere hinsichtlich elektiver Untersuchungen oder OPs in Nachtstunden.

Der Weg zur Entkopplung von Betriebs- und Arbeitszeiten fällt im Krankenhaus insbesondere wegen des im ärztlichen Dienst traditionell verbreiteten Organisationsmusters der gleichzeitigen Anwesenheit möglichst aller Ärzte schwer, für das es im Übrigen bei hohem Kommunikationserfordernis auch gute Gründe gibt, allerdings mit starken „Nebenwirkungen": Bei gleichzeitiger Anwesenheit aller Mitarbeiter macht man sich weniger Gedanken um funktionierende Teamstrukturen und die Einsatzflexibilität der Mitarbeiter, weil ja „alle immer da sind" – was schon angesichts der zwangsläufigen Ausfallzeiten (Urlaub etc.) niemals zutrifft. Betriebszeit und Arbeitszeit eng zu koppeln bedeutet nämlich auf der arbeitsorganisatorischen Seite, dass Person und Funktion ebenfalls eng verzahnt werden, häufig mit der Folge überspezialisierter Strukturen: Es „läuft" nur, wenn bestimmte Mitarbeiter anwesend sind – diese dafür umso länger. Daher stößt eine Entkopplungsstrategie zunächst insbesondere auf arbeitsorganisatorische, „kulturelle" und zum Teil qualifikatorische Schranken.

Ein wichtiger „Treiber" erweiterter Servicezeiten wird ein zunehmender Teilzeitanteil der Beschäftigten sein. Hier bleibt gar kein anderer Weg, als kürzere Tagesarbeitszeiten in längere Betriebszeiten einzupassen. Die Abdeckung der Servicezeit sollte, wo dies möglich ist, in Teamabsprache eigenverantwortlich gesteuert werden. Ein Beispiel für eine eigenverantwortlich besetzte Servicezeit im 2er-Team zeigt *Abbildung 38* anhand eines Fallbeispiels einer Inneren Medizin.

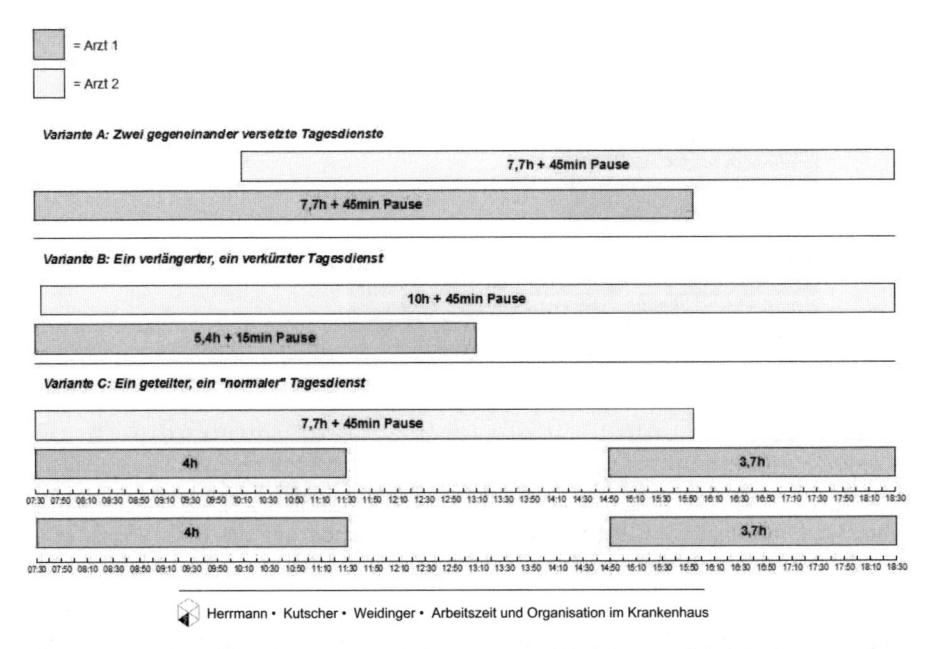

Abb. 38: Beispiele für eine eigenverantwortlich besetzte Servicezeit (MO – FR 7:30 – 18:30) in der Inneren Medizin eines Krankenhauses mit 2 Ärzten

Im vorstehenden Fallbeispiel kann die Dienstplanung wochenweise durch die Mitarbeiter konkretisiert werden, in dem zunächst nur Regeldienste R im Dienstplan eingetragen werden, die dann sukzessive bedarfsgemäß aufgefächert werden.

Eine weitere, bislang in der Praxis kaum genutzte Option der Steuerung der Tagesarbeitszeit innerhalb bestimmter Betriebszeiten ist die im TV-Ä/VKA vorgesehene Möglichkeit der sogenannten Rahmenzeit. Gemäß § 7 Abs. 8 TV-Ä/VKA kann durch Betriebs-/Dienstvereinbarung in der Zeit von 6:00 bis 20:00 eine tägliche Rahmenzeit von bis zu 12 Stunden eingeführt werden. Im Unterschied zur eigenverantwortlich besetzten Servicezeit, die vorstehend beschrieben wurde, ermöglicht es die

Rahmenzeit, die Tagesarbeitszeit bedarfsgerecht auch durch führungsseitige Disposition festzulegen und innerhalb der Ausgleichszeiträume (im TV-Ärzte/VKA also von bis zu einem Jahr) über das Zeitkonto auszugleichen, ohne dass also Überstunden entstehen.

Dies soll am Beispiel einer Regelung für eine Kinderklinik verdeutlicht werden: Hier wurde **an den Tagen MO-FR eine Rahmenzeit von 07:00 – 18:00** festgelegt. Da das Arbeitsaufkommen in der Kinderklinik, wie in Kinderkliniken üblich, relativ stark schwankt – insbesondere auch zwischen der kalten und der warmen Jahreszeit – diese Schwankungen im Einzelnen aber nur vergleichsweise kurzfristig vorhersehbar sind, wurde in einer Betriebsvereinbarung des Krankenhauses zwischen den Betriebsparteien festgelegt, dass sich Beginn und Ende der Arbeitszeit innerhalb der Rahmenzeit nach der abteilungsbezogenen Arbeitszeitplanung richten. Diese erfolgt insbesondere in Form der Monatsdienstplanung, von der aber innerhalb der Rahmenarbeitszeit – also in den Tagdiensten – flexibel aufgrund abteilungsinterner Abstimmung mit dem Fachvorgesetzten abgewichen werden kann. In diesem Rahmen sind auch eigenverantwortliche Gestaltungsspielräume für die Lage und Verteilung der Arbeitszeit möglich. Soweit innerhalb der Rahmenzeit keine bestimmte Arbeitszeitdauer geplant ist, wird eine Arbeitszeit von je $1/5$ der individuellen Wochenarbeitszeit, bei Vollzeit: 8 Stunden, als dienstplanmäßige Arbeitszeit zugrunde gelegt. Überstunden können nur außerhalb der Rahmenzeit entstehen. Soweit die Arbeitszeit außerhalb der Rahmenzeit geleistet wird, werden Beginn und Ende der Arbeitszeit wie üblich durch Dienst- und Schichtpläne eingeteilt, für die dann die üblichen Regelungen gelten, auch hinsichtlich der Entstehung und Abgeltung von Überstunden.

Zur Dienstplanung werden sich, wie dies im Bereich der Pflege und des Funktionsdienstes überwiegend bereits praktiziert wird, EDV-gestützte Dienstplanprogramme durchsetzen. Hierbei können auch einfache Tools[246] auf Excel-Basis zum Einsatz kommen, die in ihrer Funktionalität einfach handhabbar sind und daher unnötigen zeitlichen Aufwand vermeiden helfen. Bei der Dienstplanung kommt es nicht nur darauf an, die zu besetzenden Dienste einzuteilen, sondern auch darauf, Abwesenheitszeiten bewusst zu planen – von der Urlaubsplanung bis hin zur Planung von arbeitsfreien oder kürzeren Arbeitstagen je nach Auslastungsstand. Die Dienst- und Abwesenheitsplanung kann in drei Varianten erfolgen:

1. Es werden in den (in der Regel monatlichen) Dienstplan sämtliche Dienste und vorhersehbaren Abwesenheitszeiten (Urlaub, längere Krankheit, Fortbildung, arbeitsfreie Tage) eingeplant.
2. Es werden lediglich vom Regeldienst abweichende Dienste sowie die Abwesenheitszeiten im Dienstplan eingetragen. Dies kann dann unaufwändiger als das erste Verfahren sein, wenn die Mehrzahl der Dienste, wie dies für den ärztlichen Dienst typisch ist, Tagdienste sind. Sie werden dann vom Dienstplanprogramm

---

[246] Ein Beispiel für ein einfach nutzbares Dienstplantool, in das auch die Zeiterfassung integriert ist, ist das Tool „Dienstplanung und Flexikonto"; es kann zur kostenlosen Verwendung unter www.arbeitszeitberatung.de heruntergeladen werden.

für die nicht eingetragenen Felder an den Tagen MO – FR mit der gefünftelten Wochenarbeitszeit (bei 40 h-Woche also 8 h) unterstellt. Manche Dienstplanprogramme unterstützen dies, indem solche Lücken automatisch mit dem Standard-Tagesdienst auffüllbar sind.
3. Es wird zumindest durch einen Teil der ärztlichen Mitarbeiter mit durchlaufenden („Brutto"-)Schichtplänen gearbeitet.[247] Der Schichtplan kann dann monatsübergreifend im Dienstplan hinterlegt werden und es müssen lediglich die Ausfallzeiten und die damit einhergehenden Vertretungsschichten, vorrangig in den Vertretungszeiträumen, nachgetragen werden. Mit Dienstplanprogrammen kann der Schichtplan leicht über längere Zeiträume „ausgerollt" werden.

2.3.3 Flexi-Spielregeln

Die Entkopplung von (Vollzeit-)Vertragsarbeitszeit und Betriebszeit eröffnet insbesondere Gestaltungsspielräume für die Flexibilisierung der Arbeitszeitregelung, um einen sowohl auslastungsgerechten als auch die Interessen der Mitarbeiter berücksichtigenden Arbeitszeit-Einsatz zu ermöglichen. Dabei basieren sämtliche flexiblen Arbeitszeitsysteme auf zwei Grundgedanken:

1. Die Verteilung der Arbeitszeit bestimmt sich nach der Arbeitsaufgabe und nicht umgekehrt. Flexible Arbeitszeitgestaltung bedeutet, die Arbeitszeit so zu gestalten, wie sie nachgefragt wird, also länger zu arbeiten, wenn mehr zu tun ist, und weniger, wenn weniger Arbeit anfällt. Dies ist insbesondere dann nur eingeschränkt möglich, wenn sich führungsseitige Erwartungen und Leistungsbeurteilungen der Mitarbeiter an den Anwesenheitszeiten ausrichten.
2. Mit diesem Grundsatz vereinbare zeitliche Interessen der Mitarbeiter müssen realisiert werden können. Dies bedeutet, dass flexible Arbeitszeitsysteme einen Anreiz für sämtliche Beteiligten setzen, Einschränkungen von persönlichen zeitlichen Gestaltungsspielräumen, insbesondere durch starre Anwesenheitsvorgaben, die oft auch nicht bedarfsgerecht sind, abzuschaffen. In der Möglichkeit, in Zeiten geringeren Arbeitsanfalls tatsächlich weniger zu arbeiten, liegt zugleich das entscheidende ökonomische Potenzial flexibler Arbeitszeitsysteme. Dies gilt auch dann, wenn Überstunden im ärztlichen Dienst bislang gar nicht dokumentiert worden sind. Auf nichts sind die Krankenhäuser im DRG-Zeitalter so angewiesen, wie auf die Fähigkeit, ihre Leistungsträger in die erforderlichen Verbesserungen ihrer Organisationsabläufe aktiv einzubeziehen. Wird dieser Grundsatz anerkannt, kann und muss die Steuerung der Arbeitszeiten weitest möglich dezentral erfolgen, in den Teams, Bereichen und Abteilungen und nicht zuletzt durch Gestaltungsspielräume jedes einzelnen Mitarbeiters.

Ihre konkrete Ausgestaltung finden diese Grundsätze in sogenannten „Flexi-Spielregeln". Flexi-Spielregeln sind betrieblich vereinbarte Regelungen für den flexiblen Einsatz der Arbeitszeit, wodurch diese knappe Ressource bedarfsgerecht, sparsam und, in diesem Rahmen, Präferenzen gerecht eingesetzt werden soll. Dabei soll

---

247 Vgl. Kap. 2.2.

durch Flexi-Spielregeln eine möglichst eigenverantwortliche Steuerung durch die Mitarbeiter gefördert werden, also ohne disponierenden Führungskräfteeinsatz, bei Bedarf jedoch mit ihrer Unterstützung. Einige mögliche Flexi-Spielregeln werden nun vorgestellt:

Tages-Flexibilität

Zu den Flexi-Spielregeln sollte insbesondere gehören, dass von sämtlichen dienstplanmäßig eingeteilten Diensten bedarfsgerecht nach „unten" und (im Rahmen des gesetzlich Zulässigen) nach „oben" abgewichen werden kann, sofern sich solche Abweichungen gegeneinander ausgleichen. Dieser Ausgleich wird in flexiblen Arbeitszeitsystemen in der Regel über persönliche Zeitkonten (siehe hierzu unten) der Mitarbeiter gesteuert. Tages-Flexibilität ist dann erfolgreich, wenn sich hieraus kein permanenter Zeitguthabenaufbau im Zeitkonto ergibt. Dies organisatorisch und kulturell abzusichern, ist eine wesentliche Voraussetzung zukunftssicherer Arbeitszeitgestaltung im ärztlichen Dienst.

Abbildung 39 zeigt ein Beispiel zu den Maßnahmen, die in einer Inneren Medizin zur Ermöglichung eines pünktlichen Feierabends (hier: nach einem SB-Dienst) vereinbart wurden.

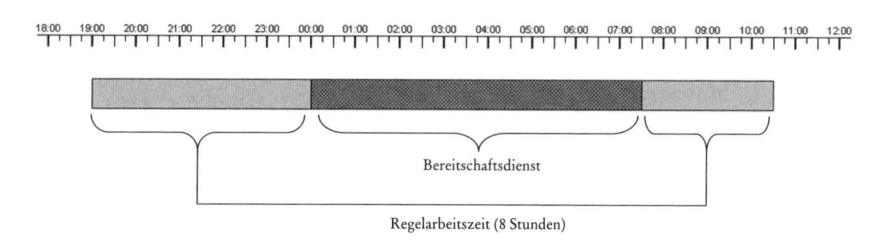

Pünktlicher Beginn um 09:00 Uhr und Durchführung der Visite ohne vermeidbare Unterbrechungen durch erhöhte „Funkdisziplin":

- Die Pforte verbindet eingehende Telefonate ausschließlich mit dem „Thekendienst" der Station – und nicht direkt mit den Ärzten
- In Notfällen informiert der Thekendienst den betreffenden Arzt über den eingegangenen Anruf
- Der Thekendienst trifft verbindliche Rückrufvereinbarungen mit den Anrufern innerhalb der von den einzelnen Ärzten zuvor festgelegten Telefonzeitfenster am betreffenden Tag
- Patientenangehörige werden gebeten, zur Visitenzeit nicht auf der Station zu sein; dafür besteht die Möglichkeit zur verbindlichen Gesprächsterminvereinbarung mit dem behandelnden Arzt

Herrmann • Kutscher • Weidinger • Arbeitszeit und Organisation im Krankenhaus

Abb. 39: Sicherstellung des pünktlichen Arbeitsendes im Spät-/Bereitschaftsdienst einer Inneren Medizin

In vielen Fällen ist hingegen eine Ausdehnung der geplanten Regeldienst-Dauer keine geeignete Antwort auf überlange Arbeitszeiten, weil die daraus folgenden arbeitsfreien Tage die Tagesbesetzung und die Kontinuität der Patientenversorgung beeinträchtigen. Insbesondere in konservativen Fächern sollte mithin darauf geachtet werden, mit den „normalen" Tagesdienstdauern (á ca. ¹/₅ der wöchentlichen Vertragsarbeitszeit) auszukommen, ggf. durch entsprechend gestaffelte Dienstarten.

Ebenso sollte bei einer Verlängerung der Tarifarbeitszeit, im kommunalen Bereich (nun 40 Stunden/Woche auch in den alten Bundesländern) und für Ärzte an Universitätskliniken (nun 42 Stunden/Woche), von einer Verlängerung der Regel-Tagesdienste abgesehen werden. Stattdessen kommen bevorzugt folgende Umsetzungsformen in Frage:

1. Einzelne verlängerte Dienste zur bedarfsgerechten Differenzierung der Dienstdauern;
2. eine dienstplanmäßige Zeitreserve für flexiblen Mehrbedarf (statt „Rundlaufen" des Dienstplans auf 42-Stunden- bzw. 40-Stunden-Basis);
3. Visitendienste und andere Formen der Vollarbeit am Wochenende, auch zur Reduzierung des (Regeldienstkapazität reduzierenden) Freizeitausgleichs von Bereitschaftsdienstzeit, der mit verlängerten Regelarbeitszeiten bei Beibehaltung der traditionellen Arbeitszeitmodelle sonst sogar zunimmt;
4. 12-Stunden-Dienste zur Förderung der Tagesflexibilität der übrigen Dienste und
5. jahresbezogene (saisonale) Differenzierung der Dienstdauern anhand von Schwankungen des Besetzungsbedarfs.

Das Äquivalenzprinzip flexibler Arbeitszeiten

Ein wichtiges Unterstützungsprinzip für die Herausbildung von Tages-Flexibilität ist das sogenannte Äquivalenzprinzip. Während Zusatzbedarfe aufgrund wechselnden Arbeitsanfalls in aller Regel stundenweise entstehen und nicht tageweise, erfolgt der Zeitausgleich in der Praxis oft in Form ganzer arbeitsfreier Tage. Auch wenn dies von den Mitarbeitern oftmals als attraktiver angesehen wird als stundenweises „Abbummeln": Es bleiben Potenziale zur stundenweisen Verkürzung geplanter Dienste, also zur Tages-Flexibilität, ungenutzt, die jedoch besondere Vorteile für Effizienz und Patientenversorgung darstellen können. Ohne stundenweise Freizeit können tatsächliche Besetzungsbedarfe unterhalb der geplanten Dienstdauern nicht berücksichtigt werden, obwohl sie, wenn der Besetzungsbedarf durchschnittlich richtig bestimmt ist und die arbeitsorganisatorischen Spielräume hierfür geschaffen wurden, in vielen Fällen ebenso häufig vorkommen wie stundenweise Längerarbeit. Die Nutzung der Tages-Flexibilität auch „nach unten" bestimmt die Qualität eines flexiblen Arbeitszeitsystems insgesamt. Tageweise Freizeitnahme führt gegenüber kurzfristig verkürzten Arbeitstagen zu erhöhtem Koordinations- und Kommunikationsaufwand sowie zu „Brüchen" in der Kontinuität der Patientenversorgung.

Das Äquivalenzprinzip (siehe auch *Abbildung 40*) bedeutet nun, dass ein (in einem Dienstplan eingeteilter) Dienst verlängert oder verkürzt werden kann, während ein zusätzlicher arbeitsfreier Tag unter der Woche einen zusätzlichen Arbeitstag (etwa an einem dienstplanmäßig arbeitsfreien Tag) voraussetzt. Dadurch wird Längerarbeit tatsächlich stets durch Kürzerarbeit – und umgekehrt – ausgeglichen, was nicht zuletzt gezieltes „Zeitsparen" der Mitarbeiter mit dem Ziel attraktiver zusätzlicher freier Tage verhindert.

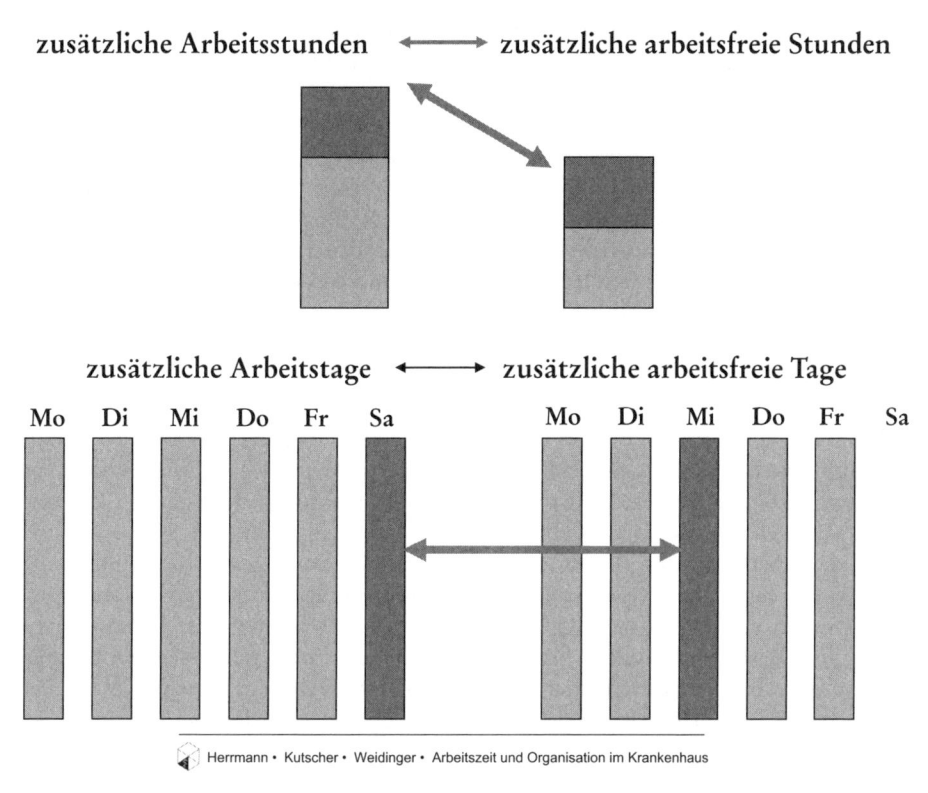

Abb. 40: Das Äquivalenz-Prinzip der flexiblen Arbeitszeit

Ohne eine solche Spielregel lässt sich das organisatorische Paradoxon beobachten, dass es leichter fällt, Mitarbeiter zum Ausgleich längerer Arbeitszeit ganztägig freizustellen als stundenweise, obwohl ersteres arbeitsorganisatorisch ungünstiger und anspruchsvoller ist – ein Hinweis auf arbeitsorganisatorische und kulturelle Flexibilitätsbarrieren im Tagesgeschäft. Liegen beispielsweise an den Tagesrändern zeitlich fixe Besprechungen, an denen sämtliche verfügbaren Mitarbeiter teilnehmen sollen, ist eine Tagesflexibilität „nach unten" nahezu ausgeschlossen – und ein Auflaufen von Zeitguthaben im Zeitkonto prognostizierbar. Praktisch überwachen lässt sich das Äquivalenzprinzip am einfachsten im Zusammenhang mit sog. Flexi-Zeitkonten, die nachstehend beschrieben werden.

Abwesenheitsplanung

Eine weitere mit hohem Nutzenpotential ausgestaltete Flexi-Spielregel ist die sog. Abwesenheitsplanung. Sie ergänzt das Äquivalenzprinzip, in dem sie bereits bei der Dienstplanung die Abwesenheit zur richtigen Zeit und damit das wichtigste Produktivitätspotenzial flexibler Arbeitszeitsysteme fördert. Sie setzt an einem im ärztlichen Dienst ebenso wesentlichen wie bisher meist vernachlässigten Punkt an. Der erreichbare Nutzen ist deshalb besonders groß. Abwesenheitsplanung durchbricht das gängige Prinzip, wonach sämtliche Mitarbeiter anwesend sind, die nicht gerade aufgrund von Ausfallzeiten oder durch arbeitsfrei nach Dienst fehlen.

Abwesenheitsplanung bedeutet, je nach Auslastung die Besetzung gezielt durch das Einteilen arbeitsfreier Tage unabhängig vom Zeitkontenstand abzusenken. Die Auslastung bestimmt sich dabei durch die Dimensionen Arbeitsanfall (Zeiten schwächeren Arbeitsaufkommens) und Personalverfügbarkeit (Abwesenheit durch Ausfallzeiten). So führt beispielsweise die Vorgabe, dass in einem Team von 7 Mitarbeitern (außerhalb der Haupturlaubszeit) stets 1 Mitarbeiter abwesend sein muss, weil der Besetzungsbedarf vergleichsweise konstant und insbesondere unabhängig von Urlaubszeiten ist, dazu, dass außerhalb von planbaren Ausfallzeiten (Urlaub, Fortbildung etc.) stets ein Mitarbeiter arbeitsfrei nimmt. Oder kurzfristig zeichnet sich ein geringerer Besetzungsbedarf ab, so dass eine zusätzliche Abwesenheit eines Mitarbeiters sinnvoll ist.

Ein Beispiel für eine in diesem Fall aufgrund der kleinzahlig besetzten Abteilungen klinikübergreifende Abwesenheitsplanung zeigt *Abbildung 41*. Ein Beispiel für eine teambezogene Abwesenheitsplanung zeigt *Abbildung 42*. Hier achten 4 Oberärzte darauf, dass stets genau 3 von ihnen im Dienst eingeteilt sind, vorrangig aufgrund der Absprache der planbaren Ausfallzeiten, nachrangig durch die Einteilung arbeitsfreier Tage, mit denen die Oberärzte ihre bisherigen Überstunden antizipieren. Dadurch verstetigen sie zugleich ihre Besetzung, während diese bislang unabhängig vom Besetzungsbedarf schwankte. *Abbildung 43* zeigt schließlich ein Beispiel für eine jahresbezogen differenzierte Abwesenheitsplanung – in diesem Fall in einer Anästhesie auf der Basis längerfristig schwankender OP-Auslastung.

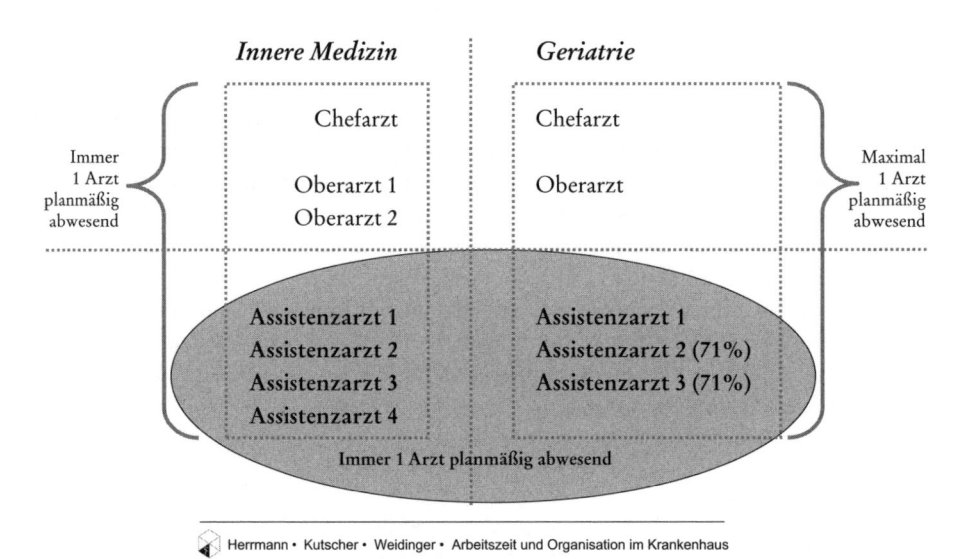

Abb. 41: Abteilungsübergreifende Abwesenheitssteuerung in kleinzahlig besetzten Abteilungen mit erforderlicher Besetzungsverstetigung MO–FR
– Beispiel: Assistenzärzte Innere Medizin und Geriatrie besetzen gemeinsam 1 Bereitschaftsdienstreihe

Modelle zur Flexibilisierung des Tagesdienstes

Prinzip: 4 Oberärzte sorgen für die gleichmäßige Besetzung des Tagdienstes mit stets 3 Ärzten – durch systematische Abwesenheitsplanung im Team, vorrangig durch Urlaub und sonstige Ausfallzeiten, nachrangig durch arbeitsfreie Tage.

Auszug aus einem Jahresdienstkalender

	Woche 1							Woche 2							Woche 3							Woche 4						
	MO	DI	MI	DO	FR	SA	SO	MO	DI	MI	DO	FR	SA	SO	MO	DI	MI	DO	FR	SA	SO	MO	DI	MI	DO	FR	SA	SO
Oberarzt 1															FB	AF	AF							FB	AF	AF		
Oberarzt 2																	AF	AF				AF	AF					
Oberarzt 3																												
Oberarzt 4		U							U																			

	Woche 5							Woche 6							Woche 7							Woche 8						
	MO	DI	MI	DO	FR	SA	SO	MO	DI	MI	DO	FR	SA	SO	MO	DI	MI	DO	FR	SA	SO	MO	DI	MI	DO	FR	SA	SO
Oberarzt 1		AF	AF	AF																								
Oberarzt 2	FB	FB																										
Oberarzt 3										U							U							U				
Oberarzt 4																												

	Woche 9							Woche 10							Woche 11							Woche 12						
	MO	DI	MI	DO	FR	SA	SO	MO	DI	MI	DO	FR	SA	SO	MO	DI	MI	DO	FR	SA	SO	MO	DI	MI	DO	FR	SA	SO
Oberarzt 1				AF											AF	AF		AF	AF			AF						
Oberarzt 2			FB						U							AF							AF				AF	
Oberarzt 3																												
Oberarzt 4	AF	AF	AF																						AF	AF		

Herrmann • Kutscher • Weidinger • Arbeitszeit und Organisation im Krankenhaus

Abb. 42: 4:3-System im auf 9h (+ Pause) verlängerten Tagdienst der Oberärzte einer internistischen Klinik

Beispiel: Anästhesie eines nordrhein-westfälischen Krankenhauses

Herrmann • Kutscher • Weidinger • Arbeitszeit und Organisation im Krankenhaus

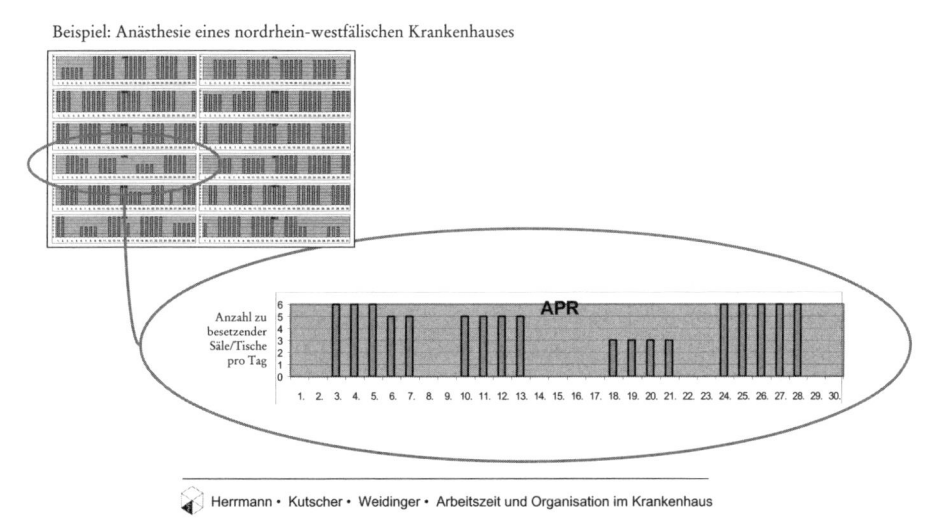

Abb. 43: Das Jahres-OP-Programm als Grundlage für die tagesgenaue Steuerung von Abwesenheitszeiten in einer Anästhesie eines nordrhein-westfälischen Krankenhauses

Persönliche Zeitkonten
Abweichungen von der Vertragsarbeitszeit sind in flexiblen Arbeitszeitsystemen der Normalfall. Allerdings müssen solche Abweichungen im Zeitablauf ausgeglichen werden, damit die vertraglich vereinbarte Arbeitszeit eingehalten wird. In der Regel lassen tarifvertragliche Ausgleichszeiträume derzeit ein Jahr (zum Teil länger) Zeit, um die Vertragsarbeitszeit zu erreichen. Persönliche Zeitkonten haben sich hierfür zum „Herzstück" vieler flexibler Arbeitszeitregelungen entwickelt.

Auf Zeitkonten werden Abweichungen der tatsächlich verbrauchten von der Vertragsarbeitszeit saldiert, um auf diese Weise betriebsseitig im Zeitablauf eine Rückführung der Zeitsalden auf die Nulllinie („Zeitausgleich") überwachen zu können. Üblicherweise werden Zeitkonten arbeitstäglich saldiert, das heißt, der Referenzwert, um den herum sich das Zeitkonto bewegt, ist die sog. anteilige Vertragsarbeitszeit, denn nur so können Ausfallzeiten (wie Urlaub, Krankheit etc.) korrekt berücksichtigt werden. Die einfachste und in hochflexiblen Systemen nahe liegende Möglichkeit, die anteilige Vertragsarbeitszeit zu ermitteln, besteht darin, die tarifliche bzw. einzelvertragliche Wochenarbeitszeit gleichmäßig mit $1/5$ auf die Tage MO – FR zu verteilen – bei 40 h-Wochenarbeitszeiten mithin MO – FR 8 h, SA/SO 0 h.

Zeitkonten sollten möglichst ohne zwischenzeitliche Abrechnung „durchlaufen", hierbei aber unter permanentem Ausgleichsdruck stehen – aus Gründen des effizienten Arbeitszeitumgangs ebenso wie im Interesse der Entlastung der Mitarbeiter. Hierzu sollten Zeitkonten nahe Null gehalten werden. Übergroße Bandbreiten sind in der Regel kein Ausweis hoher Flexibilität, sondern Ausdruck mangelnden Steuerungsinteresses. Das lässt sich daran ablesen, dass von großen Zeitsalden-Bandbreiten oft nur kleine Segmente, in der Regel im oberen Plusbereich genutzt werden. Wird ein Zeitkonto nicht gesteuert, stellt es sich erfahrungsgemäß unabhängig vom tatsächlichen Arbeitsanfall in dieser Zone ein – gewissermaßen der „Wohlfühlzone" des Mitarbeiters, die sowohl ein hohes Arbeitsaufkommen signalisiert als auch einen angenehmen „Freizeitpuffer" bedeutet.

Dies unterstützen falsch konstruierte Zeitkonten sogar noch dadurch, dass sie Signale zum Guthabenaufbau geben, etwa indem höhere Plus- als Minusbandbreiten vorgesehen werden oder indem die Mitarbeiter Zeitausgleichs-Spielräume nur bei Plussalden „eingeräumt" bekommen. Führungskräfte blockieren im ungünstigsten Fall den Zeitausgleich, indem Mitarbeiter bei Minusstunden mit kritischen Aussagen der Führungskraft rechnen müssen oder bei „Minus" zu unattraktiven Tätigkeiten zum „Auffüllen" des Zeitkontos eingeteilt werden. Letzteres wird von den Mitarbeitern dann dadurch unterlaufen, indem sie die ungeliebten Minusstunden vermeiden, eine klassische „selbsterfüllende Prophezeiung".

Festzuhalten bleibt: Zeitkonten schaffen keine Kapazität, sondern sind nur Hilfsmittel der flexiblen Arbeitszeitgestaltung. Sie dürfen daher nicht zum Instrument einer verdeckten Zuführung von Arbeitszeit-Kapazität werden, so dass die Zeitkontensalden in einer Größenordnung bleiben müssen, die möglichst kurzfristig zurückgeführt werden kann. Für die Steuerung von Zeitkonten haben sich sogenannte Ampelkonten etabliert und finden sukzessive auch hier Einzug. Ein Beispiel zeigt *Abbildung 44*.

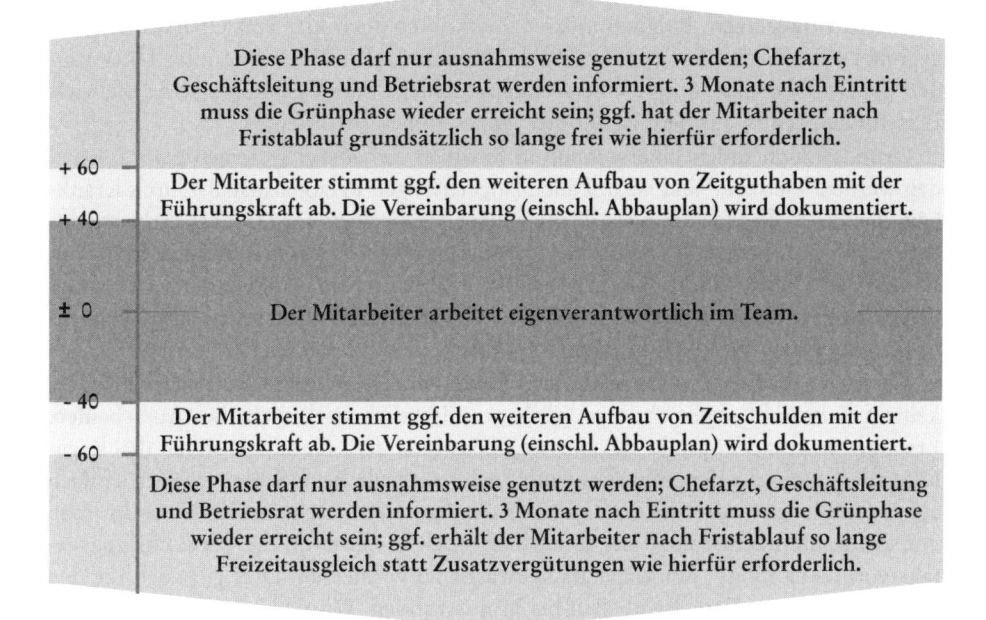

+ 60	Diese Phase darf nur ausnahmsweise genutzt werden; Chefarzt, Geschäftsleitung und Betriebsrat werden informiert. 3 Monate nach Eintritt muss die Grünphase wieder erreicht sein; ggf. hat der Mitarbeiter nach Fristablauf grundsätzlich so lange frei wie hierfür erforderlich.
+ 40	Der Mitarbeiter stimmt ggf. den weiteren Aufbau von Zeitguthaben mit der Führungskraft ab. Die Vereinbarung (einschl. Abbauplan) wird dokumentiert.
± 0	Der Mitarbeiter arbeitet eigenverantwortlich im Team.
- 40	Der Mitarbeiter stimmt ggf. den weiteren Aufbau von Zeitschulden mit der Führungskraft ab. Die Vereinbarung (einschl. Abbauplan) wird dokumentiert.
- 60	Diese Phase darf nur ausnahmsweise genutzt werden; Chefarzt, Geschäftsleitung und Betriebsrat werden informiert. 3 Monate nach Eintritt muss die Grünphase wieder erreicht sein; ggf. erhält der Mitarbeiter nach Fristablauf so lange Freizeitausgleich statt Zusatzvergütungen wie hierfür erforderlich.

Herrmann • Kutscher • Weidinger • Arbeitszeit und Organisation im Krankenhaus

Abb. 44: Ampelkonto für den ärztlichen Dienst

Solange der persönliche Zeitsaldo in der Grünphase bleibt, erfolgt die Steuerung der Arbeitszeit nach den hierfür geltenden betrieblichen Regeln: also etwa mit vorrangiger Orientierung an den zu erfüllenden Arbeitsanforderungen und auf der Basis der Flexi-Spielregeln. Meist umfasst die Grünphase maximal eine Vollzeit-Wochenarbeitszeit, höchstens sollte sie jedoch im zweistelligen Stundenbereich bleiben, um ein Ausufern der Salden zu vermeiden. Überschreitet der Zeitsaldo die festgelegte Bandbreite, schließt sich die Gelbphase an, die üblicherweise in der Größenordnung einer halben Vollzeit-Wochenarbeitszeit liegt, also deutlich kleiner ist als die Grünphase. In der Gelbphase setzt das Zeitkonto einen eigenen Rücksteuerungs-Impuls, und die Verantwortung für die Zeitkonten(rück)steuerung geht auf die dienstplanverantwortliche Führungskraft (in der Regel ein Oberarzt) über bzw. nimmt diese zumindest mit in die Pflicht, den Zeitsaldo zurückzusteuern. Letzteres kann etwa durch die Regel erfolgen, dass ohne vorheriges Einverständnis dieser Führungskraft keine weitere Entfernung von der Nulllinie mehr zulässig ist – und die Führungskraft dieses Einverständnis nur erteilen darf, wenn sie auch den Abbau der zusätzlich aufgebauten Zeitsalden als möglich einschätzt.

Tritt der Zeitkontensaldo dennoch in die Rotphase ein, was nur ausnahmsweise der Fall sein darf, müssen verbindliche Rücksteuerungsvereinbarungen getroffen werden, die innerhalb einer bestimmten Frist die Rückführung in die Grünphase ermöglichen. Oftmals wird hierzu die nächst höhere Führungsebene einbezogen. Eine Auszahlung von Zeitguthaben verbietet sich hier wie in jeder anderen Phase. Dies wäre ein großer Anreiz, Arbeitszeit verschwenderisch zu verausgaben statt sie wirtschaftlich einzusetzen. Folglich müssen Zeitkonten auch klar von Überstunden abgegrenzt sein. Weder darf es einen Zeitkontenüberlauf in Form bezahlter Überstunden geben noch dürfen ggf. Überstundenzuschläge daran geknüpft sein, wie viele Plusstunden schon auf dem Zeitkonto „angesammelt" wurden.

Grundsätzlich sollen Überstunden in flexiblen Arbeitszeitsystemen ganz vermieden werden. Denkbar sind sie in Fällen längerfristigen Personalausfalls durch Krankheit, den die Kollegen auffangen. Dann sollten die hierfür erforderlichen Arbeitsstunden – jedoch unabhängig vom Zeitkontenstand und nicht aus dem Zeitkonto heraus, sondern im Dienstplanprogramm gesondert verbucht – im Rahmen der tarifvertraglichen Möglichkeiten und unter Beachtung der arbeitszeitschutzrechtlichen Wochenhöchstarbeitszeit (zuschlagspflichtig) gesondert vergütet werden.

Zeitkonten sollten (sofern nicht tarifvertragliche Regelungen entgegenstehen) zu keinem Zeitpunkt abgerechnet werden, grundsätzlich auch nicht bei Ausscheiden. Etwaige bis zum Zeitpunkt des Ausscheidens (aus dem Geltungsbereich der Regelung, also auch aus dem Krankenhaus) nicht ausgeglichene Salden werden einfach auf 0 gestellt, um jedwede Zeitverbrauchsanreize zu vermeiden. Das Grundprinzip von Zeitkonten lautet auch hier „Zeit bleibt Zeit", schon um die Verwechslungsgefahr von Flexibilitäts- mit Kapazitätszuwachs zu vermeiden. Dies gilt auch für den Verzicht auf einen Entgelteinbehalt bei Minusstunden. Würde hiervon Gebrauch gemacht, bestünde, abgesehen von rechtlichen Bedenken, nämlich für den Mitarbeiter ein Anreiz, den Zeitschulden-Fall durch entsprechendes Anwesenheits-Engagement unabhängig vom Arbeitsanfall zu vermeiden – und damit mögliche Produktivitätspotenziale zu verschenken. Auch wenn umgekehrt der Arbeitgeber dem Mitarbeiter die Minusstunden ersatzlos streicht, profitiert er davon: Die Arbeit wurde schließlich schneller erledigt, und zudem hat der Mitarbeiter ggf. wertvolle Verbesserungsmöglichkeiten aufgedeckt, die bei der künftigen Kapazitätsplanung berücksichtigt werden können. Und für die Mitarbeiter ist es ein weiteres Signal, mit Minusstunden „gelassener" umzugehen.

Eine mögliche **Variante** der Zeitkontengestaltung ist die Aufteilung des Zeitkontos in ein Plan-Zeitkonto (teilweise auch „Dienstplankonto" oder „Regelarbeitszeitkonto" genannt) und ein Flexi-Zeitkonto (teilweise auch einfach persönliches Zeitkonto genannt). Dies ermöglicht eine bessere Unterscheidung zwischen der Planungsseite der Arbeitszeitgestaltung und der Flexibilitätsseite – und damit auch der Funktionsfähigkeit beider Komponenten.

Das Plan-Zeitkonto wird wesentlich durch die dienstplanführende Führungskraft beeinflusst. Es saldiert im Dienstplanprogramm arbeitstäglich automatisch Abweichungen der eingeteilten Dienstdauer von der anteiligen Vertragsarbeitszeit. Ein 10 Stunden langer Dienst L läuft bei 40 h-Vertragsarbeitszeit mithin automatisch 2 h ins Plus. Die Führungskraft steuert den Zeitsaldo des Plan-Zeitkontos dann so, dass sich die Zeitsalden

(a) zwischen den Mitarbeitern in vergleichbarer Größenordnung befinden,
(b) auslastungsgerecht im Plus oder Minus befinden und
(c) auf Sicht immer wieder ausgeglichen werden.

Auch dies kann durch eine Ampellogik unterstützt werden, die dann jedoch anders ausgestaltet werden muss als im Beispiel aus *Abbildung 44*. Bei Überschreitung einer bestimmten Bandbreite (Gelbphase) des Zeitkontos wäre hier zwischen dem Dienstplanführenden und dem Budgetverantwortlichen (z.B. Chefarzt) zu besprechen, durch welche Maßnahmen die Grünphase wieder erreicht werden soll. Gelingt dies dennoch nicht (Rotphase), ist der gesamte Dienstaufbau auf den Prüfstand zu stellen, sind arbeitsorganisatorische Maßnahmen einzuleiten und ggf. die personelle Kapazitätsausstattung zu überprüfen.

Auf dem Flexi-Zeitkonto werden bei dieser Zeitkonten-Struktur lediglich die kurzfristigen Abweichungen der tatsächlich verbrauchten von der dienstplanmäßig geplanten Arbeitszeit aufgrund der Erfassung solcher Abweichungen saldiert. Es zeigt also an, wie oft und wie stark von geplanten Dienstzeiten abgewichen wurde. Es unterstützt zudem die Umsetzung des Äquivalenzprinzips besonders gut, in dem aus ihm heraus grundsätzlich keine arbeitsfreien Tage entnommen werden können (sondern nur aus dem Plan-Zeitkonto). Bei Aufteilung des Zeitkontos in Plan- und Flexi-Zeitkonto, zwischen denen dann im Übrigen keine Überträge erfolgen, muss Letzteres in einer sehr kleinen Bandbreite gehalten werden, beispielsweise zwischen –20 und +20 h. Das reicht für die Bewältigung kurzfristiger Flexibilität, sei es aus betrieblichem oder persönlichem Grund, in der Regel auch aus. Bei Überschreitungen der festgelegten Bandbreite sollten die zeitlichen Gestaltungsspielräume eingeschränkt werden – etwa dadurch, dass weitere Über- bzw. Unterschreitungen nur nach vorheriger Zustimmung der Führungskraft erfolgen können, die insofern dann auch die Mitverantwortung für die Rückführung solcher Zeitsalden im Zeitablauf trägt.

Abweichungserfassung

Zu den wesentlichen Flexi-Spielregeln gehört auch der Umgang mit der Zeiterfassung. Sie ist erforderlich, um Zeitkonten führen zu können. Wichtige Unterschiede in der Handhabung und Wirkung entstehen aber durch die Form der Zeiterfassung.

Die besten Ergebnisse werden hierbei mit der Abweichungserfassung erzielt – bei Nutzung eines EDV-gestützten Dienstplanprogramms (PEPS) erfolgt die Abweichungserfassung direkt im System, ggf. über Selbsteingabe, zum Beispiel über sogenannte Employer Self Service-Systeme. Entweder erfolgt die Eingabe durch die dienstplanführende Führungskraft oder aber – grundsätzlich vorzuziehen – durch die Mitarbeiter selbst. Der hiermit verbundene Vertrauensvorschuss gegenüber den Mitarbeitern ist ein erwünschter Nebeneffekt. Bei der Abweichungserfassung werden ausschließlich Zeitvolumina (eine halbe Stunden länger/weniger gearbeitet etc.) und keine Zeitpunkte („bis 17:34 Uhr gearbeitet" etc.) erfasst. Hierbei sollte die Viertelstunde als kleinste Erfassungseinheit fungieren – als Unschärfebereich (und nicht etwa als Rundungsregel!). Abweichungserfassung ermöglicht es zugleich, dass den Mitarbeitern in folgenden Bereichen Gestaltungsspielräume eröffnet werden:

1. Gestaltung der Arbeitszeitlage: Verschiebungen der Dienstzeit, die die dienstplanmäßige Arbeitszeitdauer unberührt lassen, müssen dann gar nicht erfasst werden (außer bei Veränderung zeitzuschlagspflichtiger Zeiten);

2. Gestaltung der Arbeitszeitdauer: Privatzeiten im Haus – etwa längere private Arbeitsunterbrechungen oder Pausenzeiten – oder auch Arbeitszeiten außerhalb des Hauses können bei der Erfassung der Arbeitszeit unaufwändig berücksichtigt werden;
3. Gestaltung der Arbeitszeitdichte: Eigenzeiten, etwa gewünschte persönliche Investitionen in die Weiterbildung im ärztlichen Dienst, oder Arbeitsstile, etwa aufgrund der persönlichen Disposition oder des Berufsverständnisses, können bei der Aufschreibung oder der Eingabe in das Dienstplanprogramm berücksichtigt werden.

Zudem muss bei Abweichungserfassung nur die Abweichung von dienstplanmäßig eingeteilten Diensten erfasst werden, was die Festlegung realistischer Dienstarten und deren Einhaltung fördert. Schließlich muss an Tagen, an denen die Dienstzeit in etwa eingehalten wurde, gar nichts erfasst werden. Ein einfaches Formular für eine Abweichungserfassung enthält *Abbildung 45*. Es ist zum Beispiel dann gut einsetzbar, wenn noch kein EDV-gestütztes Dienstplanprogramm (PEPS) verwendet wird oder für die Saldierung von Flexi-Zeitkonten, wenn Plan- und Flexi-Zeitkonten voneinander getrennt geführt werden.[248]

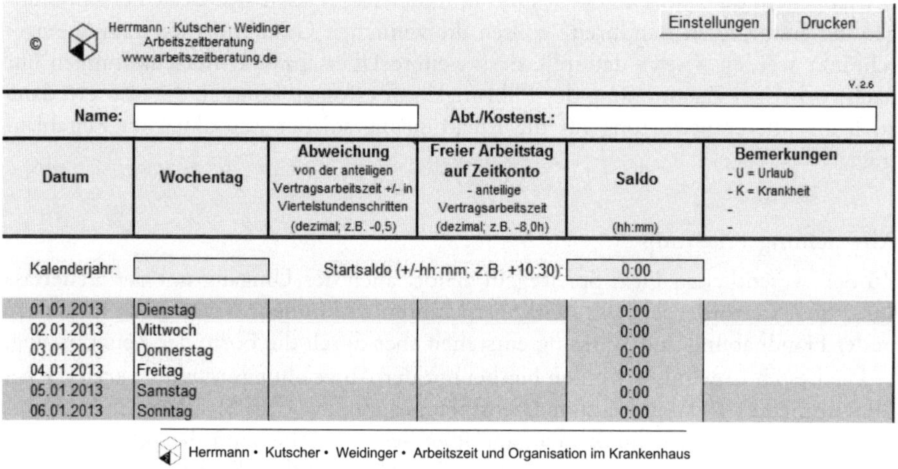
© Herrmann · Kutscher · Weidinger
Arbeitszeitberatung
www.arbeitszeitberatung.de

Einstellungen | Drucken

V. 2.6

Name: | Abt./Kostenst.:

Datum	Wochentag	Abweichung von der anteiligen Vertragsarbeitszeit +/- in Viertelstundenschritten (dezimal; z.B. -0,5)	Freier Arbeitstag auf Zeitkonto - anteilige Vertragsarbeitszeit (dezimal; z.B. -8,0h)	Saldo (hh:mm)	Bemerkungen - U = Urlaub - K = Krankheit - -
Kalenderjahr:		Startsaldo (+/-hh:mm; z.B. +10:30):		0:00	
01.01.2013	Dienstag			0:00	
02.01.2013	Mittwoch			0:00	
03.01.2013	Donnerstag			0:00	
04.01.2013	Freitag			0:00	
05.01.2013	Samstag			0:00	
06.01.2013	Sonntag			0:00	

Herrmann • Kutscher • Weidinger • Arbeitszeit und Organisation im Krankenhaus

Abb. 45: Excel-Formular für die Abweichungserfassung

248 Hinweis: Das dargestellte Formular kann kostenlos über die Website der Herrmann · Kutscher · Weidinger · Arbeitszeit und Organisation im Krankenhaus (www.arbeitszeitberatung.de) heruntergeladen werden.

Eine elektronische Kommt-Geht-Zeiterfassung („Stechkarte") behindert flexible Arbeitszeiten dagegen eher: Wenn jede gebuchte Minute (der Anwesenheit!) zählt, verleitet das zur zu Recht berüchtigten „Minutenmentalität" und aufgrund ihres Automatismus zu einem gedanken- und damit oft verantwortungslosen Umgang mit der kostbaren Ressource Arbeitszeit. Zusätzlich zu diesen Nachteilen macht die Kommt-Geht-Zeiterfassung in mittels PEPS dienstplangesteuerten Arbeitsbereichen keinen Sinn:

- Festgelegte Dienstzeiten verlieren durch Überschreibung mit erfassten Zeiten ihre Verbindlichkeit.
- Durch die Möglichkeit zur Längerarbeit auf Zeitkonto nimmt der Effizienzanreiz für den einzelnen Mitarbeiter ab.
- Der Dienstplaner ist für die Steuerung von Zeitsalden verantwortlich, deren Entstehen er nur zum Teil beeinflussen kann.
- Die pünktliche Einhaltung von (ggf. zudem bewusst „runden") Dienstzeiten wird weder kontrolliert noch unterstützt.
- Dienstzeiten werden u.U. mit Anwesenheits- statt mit Arbeitszeiten gleichgesetzt – was die flexible Durchmischung von Arbeits- und Privatzeiten erschweren kann.
- Der Aufwand gegenüber der Alternative Abweichungserfassung ist umso höher, je mehr Letztere dazu führt, dass Dienstzeiten verbindlich eingehalten werden.
- Der zeiterfassungsbedingte Regelungs-, Kontroll- und Pflegeaufwand erhöht sich – etwa für andernfalls unnötige Konten, für die Terminal-Positionierung, für Rüst- und Wege-Zeiten, für die technische Schnittstelle zum PEP-System ...
- Eine Kontrolle hinsichtlich der Einhaltung der arbeitszeitrechtlichen Bestimmungen ist praktisch nur noch ex post möglich – und auch dann wegen des Bezugs auf die Anwesenheitszeiten nicht unbedingt verlässlich.

Daher setzt sich als Standardmodell in Arbeitsbereichen mit fortlaufender Dienstplanung der Einsatz eines PEPS zuzüglich Regeln zur Abweichungserfassung von eingeteilten Dienstzeiten (meist via Selbsterfassung zuvor abgesprochener Dienstzeitabweichungen) durch.

KAPITEL 3
Der Weg zum neuen Arbeitszeitmodell

3. Überblick

Die Erarbeitung neuer Arbeitszeitmodelle – mit oder ohne Bereitschaftsdienst – erfolgt idealerweise im Rahmen eines betrieblichen Arbeitszeitprojekts. Nachfolgend werden die nach Auffassung d. Verf. wesentlichen Schritte bei der Entwicklung und Umsetzung neuer Arbeitszeitmodelle dargestellt und anhand von Praxisbeispielen und Arbeitshilfen erläutert.

3.1 Bildung einer Projektgruppe

Für die Erarbeitung neuer Arbeitszeitmodelle ist es grundsätzlich sinnvoll, eine Projektgruppe zu bilden, in der alle für ein Arbeitszeitmodell relevanten Perspektiven durch Vertreter in der Projektgruppe repräsentiert sind, und zwar:

- Kunde/Patient/Bewohner (repräsentiert durch Führungsverantwortliche, z.B. Chefarzt, dienstplanverantwortlicher Oberarzt bzw. Stations-/Bereichsleitung);
- Mitarbeiter (repräsentiert durch Mitglieder der Arbeitnehmervertretung, ggf. auch weitere Mitarbeiter, insbesondere dann, wenn die betroffene Berufsgruppe nicht oder nicht ausreichend in der Arbeitnehmervertretung repräsentiert ist (bei Arbeitszeitmodellen im Krankenhaus z. B. Assistentensprecher).
- Wirtschaftlichkeit (repräsentiert durch Vertreter der Geschäfts- und/oder Personalleitung).

3.2 Bestimmung des Projektziels

Zu Beginn der Projektarbeit sollte das Projektziel klar festgelegt und dokumentiert werden. Dabei ist insbesondere zu klären, ob es

- „nur" um die Anpassung des gegenwärtigen Arbeitszeitmodells an die Vorgaben von Arbeitszeitgesetz und Tarifrecht/kirchenrechtlichen Regelungen geht – bei weitestmöglicher Beibehaltung der praktizierten Abläufe im tagesbezogenen Regeldienst
- oder darüber hinaus eine grundsätzliche Neubestimmung der Arbeits(zeit)organisation einer Organisationseinheit oder des gesamten Betriebes beabsichtigt ist.

Im letztgenannten Fall ist insbesondere ein größerer Zeitbedarf für Fragen der Optimierung der Regeldienstorganisation und der damit verbundenen Veränderung betriebsinterner Arbeitsabläufe einzuplanen. Die Weichenstellung für eine „kleine" oder „große" Lösung hängt nicht zuletzt vom Grad der Veränderungsbereitschaft der für die Umsetzung eines Projektergebnisses Verantwortlichen ab (Krankenhausleitung, Chefärzte). Außerdem kann sich der für eine „große" Lösung erforderliche Projektaufwand als so hoch erweisen, dass eine Realisierung der Umsetzung in der zur Verfügung stehenden Zeit nicht realistisch ist. Dies kann insbesondere dann der Fall sein, wenn die Zahl der von Veränderungen betroffenen organisatorischen Schnittstellen sehr hoch ist, wie dies etwa bei Projekten zur Reorganisation der Arbeits(zeit)strukturen von OP-Bereichen in Krankenhäusern der Fall ist. Derartige Projekte sind ohne die Einbeziehung aller beteiligten Fachdisziplinen und Berufsgruppen zum Scheitern verurteilt.

3.3 Festlegung eines Projektfahrplans

Jedes Projekt sollte einen klar abgesteckten „Projektfahrplan" haben, der einen Termin für die Erreichung des Projektziels (die Umsetzung eines neuen Arbeitszeitmodells bzw. mehrere Arbeitszeitmodelle) und der wesentlichen Zwischenschritte enthält. Nach Erfahrung d. Verf. sollte der Zeitrahmen für ein Arbeitszeitprojekt nicht zu weit gesteckt werden. Eine (zu) lange Projektlaufzeit steigert die Skepsis der Projektteilnehmer hinsichtlich Aufwand und möglichem Ertrag des Projekts und wirkt auf die Beteiligten eher motivationshemmend. Hinzu kommt die Wahrscheinlichkeit, dass mit steigender Projektdauer die konstante Zusammensetzung der Projektgruppe aufgrund geplanter Abwesenheitszeiten und personeller Fluktuation leidet. Die Dauer der meisten erfolgreichen Arbeitszeit-Projekte bewegt sich in einem Rahmen von ca. 3-6 Monaten zwischen Projektstart und Umsetzung.

3.4 Erhebung der erforderlichen Basisdaten

Zu Beginn des Projekts sollte der Ist-Stand der arbeits(zeit)organisatorischen Struktur erhoben werden. Dazu gehören insbesondere folgende Daten:

- Anzahl der Mitarbeiter nach Vollstellen und „Köpfen", ggf. nach Berufsgruppen getrennt (Chefarzt/Oberarzt/Facharzt/Assistent);
- Anzahl der Mitarbeiter, die am Bereitschaftsdienst bzw. weiteren Diensten teilnehmen können („Dienstgruppe");
- Aktuelle Dienstzeiten in Regeldienst, Bereitschaftsdienst und Rufbereitschaftsdienst;
- Aktuelle Besetzungsstärken der einzelnen Stationen/Funktionen/Arbeitsplätze unter realistischer Berücksichtigung von Ausfallzeiten;
- Gegenwärtiges Niveau der zusätzlich zu den Grundvergütungen ausgezahlten unständigen Bezüge für Überstunden, Bereitschaftsdienste und Rufbereitschaft;
- Analyse der Inanspruchnahmen im Bereitschafts- und Rufbereitschaftsdienst;
  1. Aufzeichnung der Inanspruchnahmen des jeweiligen Bereitschafsdiensthabenden;
  2. Differenzierung nach bereitschaftsdiensttypischen und bereitschaftsdienstfremden Tätigkeiten;
  3. Bewertung der Aufzeichnungen im Rahmen der Belastungsanalyse.
- Statistische Daten zur Leistungserbringung im Tages-,[249] Wochen-, Monats-, und Jahresverlauf.

---

[249] Vgl. Ziff. 1.4.6.

3.5 Bestimmung der „Bereitschaftsdienstschwellen"

Die Entwicklung rechtskonformer Arbeitszeitmodelle mit den Arbeits(zeit)formen Bereitschaftsdienst und Rufbereitschaft setzt voraus, dass Klarheit über Umfang und Verlauf der Inanspruchnahmen im Bereitschafts- bzw. Rufbereitschaftsdienst besteht. Eine solche Erhebung sollte grundsätzlich vor der Umsetzung eines neuen Arbeitszeitmodells erfolgen. Wurde ein neues Arbeitszeitmodell bereits umgesetzt, so sollte die Erhebung unverzüglich nachgeholt werden, da die Durchführung einer arbeitsschutzrechtlichen Belastungsanalyse in der Regel Voraussetzung einer Verlängerung der werktäglichen oder wöchentlichen Arbeitszeit durch Bereitschaftsdienst ist.[250] Wie in Kapitel 1 ausgeführt, sollte eine Erhebung der Inanspruchnahmen über einen Zeitraum von 3 Monaten hinweg erfolgen, um verlässliche Ergebnisse zu gewinnen. Bei Zweifel, ob die nach 3 Monaten vorliegenden Ergebnisse repräsentativ sind, sollte die Erhebung für 3 weitere Monate fortgesetzt werden.

Es empfiehlt sich, die Erhebung mittels eines elektronischen Erfassungsmediums durchzuführen, um die Auswertung so leicht wie möglich vornehmen zu können. Sind mehrere Bereitschaftsdienste und/oder Rufbereitschaftsdienste eingerichtet, so ist für jeden Dienst eine separate Auswertung vorzunehmen. Die nachstehenden Abbildungen 1–5 zeigen die Erfassungs- und Auswertungsmasken eines einfach zu handhabenden Erfassungsprogramms auf Excel-Basis.[251]

---

250 Eingehend dazu Kapitel 1.4.
251 Hinweis: Das Excel-Tool kann kostenlos über die Website der Arbeitszeitberatung Herrmann Kutscher Weidinger, Berlin, heruntergeladen werden (www.arbeitszeitberatung.de).

Kapitel 3: Der Weg zum neuen Arbeitszeitmodell

	Mo	Di	Mi	Do	Fr	Sa	So	FT		Mo-Fr	Sa/So/FT	Gesamt
Anzahl	14	14	13	13	13	13	13	0		67 Tage	26 Tage	93 Tage
BD-Dauer	13440	13020	12090	12090	12090	18720	18720	0		1045,50 Std.	624,00 Std.	1669,50 Std.
∑ Inanspruchnahmen:	6245	4945	5320	5670	4890	10335	10825	0		451,17 Std.	352,67 Std.	803,83 Std.
% von BD-Dauer:	46,5%	38,0%	44,0%	46,9%	40,4%	55,2%	57,8%	0,0%		43,15%	56,52%	48,15%
kleinster Wert:	175	115	260	210	195	455	550	0				
größter Wert:	595	575	560	655	540	1005	1155	0				
Durchschnittswert:	446	353	409	436	376	795	833	0				

☑ Tage ohne Daten nicht in die Berechnung einbeziehen

Summen									Mittelwerte								aggregierte Werte						
																	Durchschnitte			Prozente			
Uhrzeit	Mo	Di	Mi	Do	Fr	Sa	So	FT	Mo	Di	Mi	Do	Fr	Sa	So	FT	Mo-Fr	Sa/So/FT	Gesamt	Mo-Fr	Sa/So/FT	Gesamt
00:00 - 01:00	270	110	145	205	125	295	190	0	19,29	7,86	11,15	15,77	9,62	22,69	14,62	n.d.	12,76	18,65	14,41	21,27%	31,09%	24,01%
01:00 - 02:00	180	75	60	90	75	305	195	0	12,86	5,36	4,62	6,92	5,77	23,46	15,00	n.d.	7,16	19,23	10,54	11,94%	32,05%	17,56%
02:00 - 03:00	175	75	60	190	50	130	245	0	12,50	5,36	4,62	14,62	3,85	10,00	18,85	n.d.	8,21	14,42	9,95	13,68%	24,04%	16,58%
03:00 - 04:00	90	110	15	110	50	45	200	0	6,43	7,86	1,15	8,46	3,85	3,46	15,38	n.d.	5,60	9,42	6,67	9,33%	15,71%	11,11%
04:00 - 05:00	50	70	135	90	115	50	270	0	3,57	5,00	10,38	6,92	8,85	3,85	20,77	n.d.	6,87	12,31	8,39	11,44%	20,51%	13,98%
05:00 - 06:00	180	110	25	100	20	100	175	0	12,86	7,86	1,92	7,69	1,54	7,69	13,46	n.d.	6,49	10,58	7,63	10,82%	17,63%	12,72%
06:00 - 07:00	160	50	40	305	75	100	115	0	11,43	3,57	3,08	23,46	5,77	7,69	8,85	n.d.	9,40	8,27	9,09	15,67%	13,78%	15,14%
07:00 - 08:00	350	235	240	280	260	360	580	0	25,00	16,79	18,46	21,54	20,00	27,69	44,62	n.d.	20,37	36,15	24,78	33,96%	60,26%	41,31%
08:00 - 09:00	0	0	0	0	0	635	545	0	0,00	0,00	0,00	0,00	0,00	48,85	41,92	n.d.	0,00	45,38	12,69	0,00%	75,64%	21,15%
09:00 - 10:00	0	0	0	0	0	755	780	0	0,00	0,00	0,00	0,00	0,00	58,08	60,00	n.d.	0,00	59,04	16,51	0,00%	98,40%	27,51%
10:00 - 11:00	0	0	0	0	0	575	745	0	0,00	0,00	0,00	0,00	0,00	44,23	57,31	n.d.	0,00	50,77	14,19	0,00%	84,62%	23,66%
11:00 - 12:00	0	0	0	0	0	630	695	0	0,00	0,00	0,00	0,00	0,00	48,46	53,46	n.d.	0,00	50,96	14,25	0,00%	84,94%	23,75%
12:00 - 13:00	0	0	0	0	0	610	525	0	0,00	0,00	0,00	0,00	0,00	46,92	40,38	n.d.	0,00	43,65	12,20	0,00%	72,76%	20,34%
13:00 - 14:00	0	0	0	0	0	645	570	0	0,00	0,00	0,00	0,00	0,00	49,62	43,85	n.d.	0,00	46,73	13,06	0,00%	77,88%	21,77%
14:00 - 15:00	0	0	0	0	0	585	465	0	0,00	0,00	0,00	0,00	0,00	45,00	35,77	n.d.	0,00	40,38	11,29	0,00%	67,31%	18,82%
15:00 - 16:00	0	0	0	0	0	605	615	0	0,00	0,00	0,00	0,00	0,00	46,54	47,31	n.d.	0,00	46,92	13,12	0,00%	78,21%	21,86%
16:00 - 17:00	640	600	745	590	685	475	600	0	45,71	42,86	57,31	45,38	52,69	36,54	46,15	n.d.	48,66	41,35	46,61	81,09%	68,91%	77,69%
17:00 - 18:00	660	650	645	630	650	565	580	0	47,14	46,43	49,62	48,46	50,00	43,46	44,62	n.d.	48,28	44,04	47,10	80,47%	73,40%	78,49%
18:00 - 19:00	725	650	665	520	645	500	595	0	51,79	46,43	51,15	40,00	49,62	38,46	45,77	n.d.	47,84	42,12	46,24	79,73%	70,19%	77,06%
19:00 - 20:00	680	605	615	655	500	580	470	0	48,57	43,21	47,31	50,38	38,46	44,62	36,15	n.d.	45,60	40,38	44,14	76,00%	67,31%	73,57%
20:00 - 21:00	720	500	590	545	470	490	565	0	51,43	35,71	45,38	41,92	36,15	37,69	43,46	n.d.	42,16	40,58	41,72	70,27%	67,63%	69,53%
21:00 - 22:00	620	405	610	580	400	635	405	0	44,29	28,93	46,92	44,62	30,77	48,85	31,15	n.d.	39,03	40,00	39,30	65,05%	66,67%	65,50%
22:00 - 23:00	560	355	400	370	445	345	410	0	40,00	25,36	30,77	28,46	34,23	26,54	31,54	n.d.	31,79	29,04	31,02	52,99%	48,40%	51,70%
23:00 - 00:00	185	345	330	410	325	320	290	0	13,21	24,64	25,38	31,54	25,00	24,62	22,31	n.d.	23,81	23,46	23,71	39,68%	39,10%	39,52%

* n.d. = nicht definiert

Abb. 1:

Dr. Hoff · Weidinger · Herrmann
www.arbeitszeitberatung.de

Inanspruchnahmeerfassung im Bereitschaftsdienst

V.1.0.1

Startdatum: 12.06.2006
Enddatum: 12.09.2006

Intervall: 60 Min.

Abteilung / Klinik: Chirurgie

	Mo	Di	Mi	Do	Fr	Sa	So	FT
BD-Dauer in min:	960	930	930	930	930	1440	1440	1440

Datum	12.06.2006	13.06.2006	14.06.2006	15.06.2006	16.06.2006	17.06.2006	18.06.2006	19.06.2006	20.06.2006	21.06.2006	22.06.2006	23.06.2006	24.06.2006	25.06.2006	26.06.2006	27.06.2006	28.06.2006	29.06.2006	30.06.2006	01.07.2006	02.07.2006
Uhrzeit	Mo	Di	Mi	Do	Fr	Sa	So	Mo	Di	Mi	Do	Fr	Sa	So	Mo	Di	Mi	Do	Fr	Sa	So
00:00 - 01:00	0	0	0	0	45	0	20	0	50	0	0	0	0	50	0	0	0	30	0	30	15
01:00 - 02:00	0	0	0	0	15	0	40	0	0	30	0	0	30	0	0	0	0	0	0	40	15
02:00 - 03:00	0	0	0	0	0	0	40	0	0	0	30	0	40	0	0	10	0	0	0	0	0
03:00 - 04:00	0	0	0	0	0	0	0	0	0	0	0	0	15	40	0	25	0	0	0	0	10
04:00 - 05:00	0	0	0	0	0	0	0	0	20	0	0	0	0	0	0	0	0	0	0	0	0
05:00 - 06:00	0	0	0	0	0	0	50	0	20	0	0	20	20	0	0	0	0	0	0	0	0
06:00 - 07:00	0	0	0	0	10	0	10	0	10	0	60	30	60	0	0	0	0	0	20	0	0
07:00 - 08:00	0	0	30	0	30	5	55	60	30	30	30	30	0	50	20	25	10	30	30	60	5
08:00 - 09:00	0	0	0	0	0	50	0	0	0	0	0	0	40	0	0	0	0	0	0	60	35
09:00 - 10:00	0	0	0	0	0	60	60	0	0	0	0	0	60	60	0	0	0	0	0	50	60
10:00 - 11:00	0	0	0	0	0	0	60	0	0	0	0	0	50	40	0	0	0	0	0	15	60
11:00 - 12:00	0	0	0	0	0	0	60	0	0	0	0	0	60	45	0	0	0	0	0	60	60
12:00 - 13:00	0	0	0	0	0	15	30	0	0	0	0	0	60	20	0	0	0	0	0	45	60
13:00 - 14:00	0	0	0	0	0	30	20	0	0	0	0	0	50	30	0	0	0	0	0	60	60
14:00 - 15:00	0	0	0	0	0	60	0	0	0	0	0	0	55	55	0	0	0	0	0	60	60
15:00 - 16:00	0	0	0	0	0	60	55	0	0	0	0	0	60	30	0	0	0	0	0	60	60
16:00 - 17:00	40	60	60	60	60	0	60	60	50	50	0	10	40	20	50	60	60	20	60	60	60
17:00 - 18:00	0	60	50	60	35	0	35	60	50	45	60	60	60	35	55	60	60	60	40	55	60
18:00 - 19:00	40	40	55	50	35	15	15	60	40	20	60	35	15	40	60	60	60	60	50	35	60
19:00 - 20:00	55	45	60	50	60	60	15	60	55	10	60	0	10	35	10	50	60	60	40	30	10
20:00 - 21:00	40	20	45	60	50	60	20	60	60	15	60	10	50	0	55	20	60	60	40	30	60
21:00 - 22:00	0	0	45	60	60	30	20	60	0	50	60	20	60	0	60	60	60	60	20	45	60
22:00 - 23:00	0	10	20	20	15	0	60	60	10	10	25	20	45	0	35	0	50	0	60	15	0
23:00 - 00:00	0	0	60	30	25	10	15	40	0	0	40	20	60	0	0	0	60	30	60	30	30

Datum	03.07.2006	04.07.2006	05.07.2006	06.07.2006	07.07.2006	08.07.2006	09.07.2006	10.07.2006	11.07.2006	12.07.2006	13.07.2006	14.07.2006	15.07.2006	16.07.2006	17.07.2006	18.07.2006	19.07.2006	20.07.2006	21.07.2006	22.07.2006	23.07.2006	24.07.2006	25.07.2006	26.07.2006	27.07.2006
Uhrzeit	Mo	Di	Mi	Do	Fr	Sa	So	Mo	Di	Mi	Do	Fr	Sa	So	Mo	Di	Mi	Do	Fr	Sa	So	Mo	Di	Mi	Do
00:00 - 01:00	0	0	10	40	5	60	0	55	0	0	0	0	60	0	0	10	60	0	25	0	15	60	10	0	60
01:00 - 02:00	40	0	0	0	0	60	0	60	0	10	0	0	0	15	10	45	20	0	20	25	0	30	0	0	60
02:00 - 03:00	0	0	0	0	0	20	0	55	0	30	0	0	45	50	60	0	0	0	20	0	0	30	0	0	60
03:00 - 04:00	0	0	0	0	0	0	0	50	0	0	0	0	0	30	0	15	0	0	0	0	45	30	40	0	40
04:00 - 05:00	0	0	0	0	0	0	45	0	0	40	0	0	0	30	10	35	0	10	45	0	45	0	0	30	0
05:00 - 06:00	0	0	0	35	0	15	20	0	0	20	0	0	40	0	60	50	0	60	0	0	60	0	0	0	0
06:00 - 07:00	10	0	0	20	5	0	0	0	0	0	60	10	30	0	0	0	0	30	0	0	15	0	0	20	15
07:00 - 08:00	30	0	30	10	30	20	20	0	30	10	0	30	45	60	30	0	0	30	0	60	60	30	30	30	30
08:00 - 09:00	0	0	0	0	0	45	40	0	0	0	0	0	40	40	0	0	0	0	0	60	60	0	0	0	0
09:00 - 10:00	0	0	0	0	0	60	60	0	0	0	0	0	60	60	0	0	0	0	0	60	60	0	0	0	0
10:00 - 11:00	0	0	0	0	0	60	45	0	0	0	0	0	60	60	0	0	0	0	0	60	60	0	0	0	0
11:00 - 12:00	0	0	0	0	0	60	20	0	0	0	0	0	60	60	0	0	0	0	0	60	60	0	0	0	0
12:00 - 13:00	0	0	0	0	0	40	40	0	0	0	0	0	40	60	0	0	0	0	0	60	60	0	0	0	0
13:00 - 14:00	0	0	0	0	0	30	40	0	0	0	0	0	60	60	0	0	0	0	0	60	60	0	0	0	0
14:00 - 15:00	0	0	0	0	0	50	25	0	0	0	0	0	0	30	0	0	0	0	0	50	60	0	0	0	0
15:00 - 16:00	0	0	0	0	0	60	30	0	0	0	0	0	20	60	0	0	0	0	0	55	60	0	0	0	0
16:00 - 17:00	0	60	55	60	50	60	20	60	60	60	60	60	60	60	60	60	60	40	60	0	60	10	60	60	60
17:00 - 18:00	35	55	60	60	35	50	55	30	60	60	60	60	40	60	60	60	30	50	60	60	60	60	60	60	60
18:00 - 19:00	35	60	60	20	60	40	40	60	60	60	30	60	60	40	60	30	30	20	60	40	45	20	15	60	15
19:00 - 20:00	30	60	30	35	55	60	20	60	60	40	60	60	45	60	60	60	40	40	60	60	30	45	0	60	60
20:00 - 21:00	60	40	10	50	40	60	35	55	60	0	40	60	50	40	60	60	60	0	60	60	60	15	20	60	60
21:00 - 22:00	60	0	50	25	0	60	5	55	60	40	60	60	40	60	30	60	60	50	40	55	60	45	20	60	60
22:00 - 23:00	20	0	60	45	30	50	20	30	30	0	60	60	0	60	60	30	60	0	60	40	60	55	35	60	55
23:00 - 00:00	0	30	55	40	60	45	60	20	30	0	60	55	20	60	35	60	30	30	30	25	60	0	55	60	20

Abb. 2:

Kapitel 3: Der Weg zum neuen Arbeitszeitmodell

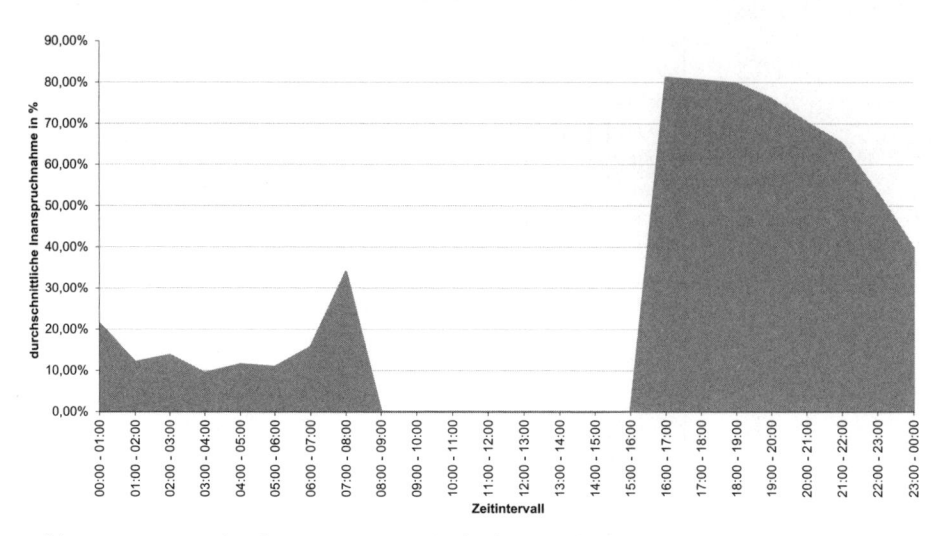

Abb. 3: Inanspruchnahme im Bereitschaftsdienst Chirurgie 12. 6. 2006 – 12. 9. 2006 Montag – Freitag (ohne Feiertage)

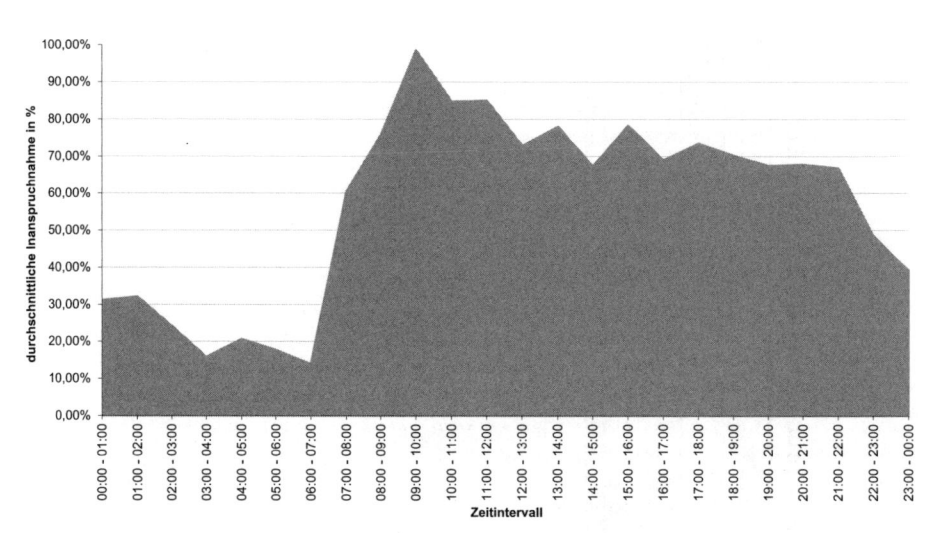

Abb. 4: Inanspruchnahme im Bereitschaftsdienst Chirurgie 12. 6. 2006 – 12. 9. 2006 Samstag/Sonntag/Feiertag

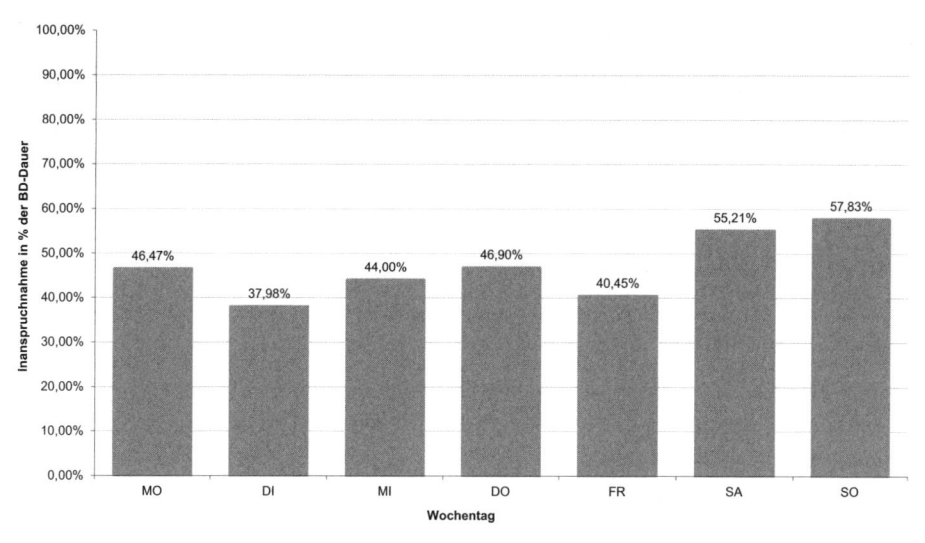

Abb. 5: Inanspruchnahme im Bereitschaftsdienst Chirurgie 12. 6. 2006 – 12. 9. 2006

3.6 Optimierung der Regeldienstbesetzung und Ermittlung des Personalbedarfs

Auf der Grundlage der unter Ziff. 3.4. genannten Daten ist eine an den tatsächlichen Aufgabenanfall angepasste Regeldienstbesetzung zu erarbeiten. Die Kernfrage lautet:

> „Wie viele Mitarbeiter/innen werden in welchen Zeitspannen an welchen Arbeitsplätzen im Regeldienst benötigt?"

Je nach Organisationsstand der betroffenen Bereiche kann dies mehrere Projektgruppensitzungen sowie Detailerhebungen vor Ort erforderlich machen. Denn Ziel der Arbeitszeit-Innovation kann es nicht sein, bestehende Organisationsdefizite und Reibungsverluste abzubilden. Als Beispiel sei hier die Optimierung der Dienststrukturen des OP-Bereichs genannt: Hier würde es zu kurz greifen, sich etwa ausschließlich an den tatsächlichen Zeitspannen für Beginn und Ende des „Vollbetriebs" zu orientieren. Vielmehr müssen in diesem Bereich auch die feststellbaren Soll-/Ist-Abweichungen ermittelt werden, um das vorhandene Optimierungspotenzial ermessen und ausschöpfen zu können. Dies betrifft u.a. folgende Parameter:

- Häufigkeit und Ausmaß der Abweichung der tatsächlichen Zeit des ersten Hautschnitts in den einzelnen OP-Sälen vom geplanten Beginn;
- Dauer der Einschleusungs- und anästhesiologischen Einleitungszeiten;
- Dauer der OP Schnitt/Naht-Zeiten, ggf. nach OP-Typ differenziert;
- Dauer der Wechselzeiten;
- Relation zwischen insgesamt verbrauchter Arbeitszeit und Schnitt-Naht-Zeiten.

Durch die Erhebung und Auswertung entsprechender Daten und den Abgleich mit Soll-Werten sollten vor der Erarbeitung eines Arbeitszeitmodells ggf. eine oder mehrere Teilprojekte der Reorganisation betrieblicher Abläufe durchgeführt werden.

Hilfsweise kann die gegenwärtige Regeldienst-Besetzungsstruktur – ggf. „bereinigt" um die Ergebnisse der Belastungsanalyse im Bereitschaftsdienst, die häufig zu „Umwidmungen" von Bereitschaftsdienstzeiten zu Regeldienstzeiten führt – als Ausgangspunkt der Formulierung eines neuen Arbeitszeitmodells angenommen werden. Dies kommt insbesondere dann in Betracht, wenn Ziel des Projekts die kurzfristige Anpassung der Arbeitszeiten an die Vorgaben des Arbeitszeitgesetzes ist.

Ermittlung des Personalbedarfs auf Basis von Besetzungsstärken

Hat man die im Regeldienst erforderlichen Besetzungsstärken ermittelt, so kann daraus der Personalbedarf abgeleitet werden:

1. Hierzu werden an den einzelnen Arbeitsplätzen die erforderlichen Stundenbedarfe mit der Anzahl der Wochentage multipliziert und zu einem Arbeitszeit-Gesamtbedarf zusammengerechnet.
2. Dieser Wert wird durch die tarif- oder arbeitsvertragliche Wochenarbeitszeit eines Vollzeit-Mitarbeiters geteilt, so dass man als Ergebnis den Vollkräfte-Bedarf erhält. Der so errechnete „Netto-Personalbedarf" berücksichtigt jedoch noch nicht die planbaren Ausfallzeiten wie Urlaub, Fortbildung etc.
3. Zur Berücksichtigung der planbaren Ausfallzeiten im Personalbedarf ist der Netto-Personalbedarf durch die durchschnittliche Verfügbarkeitsquote eines Mitarbeiters zu teilen. Diese Verfügbarkeitsquote errechnet sich aus der durchschnittlich zu kalkulierenden Ausfallzeit. Diese ist in der Regel mit einem Wert von 15 - 20 % anzusetzen[252], wenn die planbaren Ausfallzeiten auch tatsächlich innerhalb des jeweiligen Bereiches vertreten werden müssen. Bei einer Ausfallzeit von 15% ist die Verfügbarkeitsquote 100 % ./. 15 % = 85 % (bzw. 0,85). Der so ermittelte Personalbedarf (nach Ausfallzeiten) wird auch als der „Brutto-Personalbedarf" bezeichnet.

Abbildung 6 und 7 zeigen beispielhaft die Berechnungen des Personalbedarfs auf der Basis einer einfachen Excel-Tabelle, die die erforderlichen Verknüpfungen über Formeln enthält. Die dargestellten Beispielberechnungen gehen davon aus, dass Freizeitausgleich für Bereitschaftsdienst nicht erforderlich ist, weil die für jeden Mitarbeiter zur Verfügung stehende Regeldienstkapazität von 40 Stunden/Woche im Rahmen der zu leistenden Regeldienste erreicht wird. Soll Freizeitausgleich gewährt werden, so sind die Zeitspannen des Freizeitausgleichs wie ein Regeldienst anzusetzen (z.B. „Freizeitausgleich MO-FR 08:00–16:00 = 7,5 h × 5 Tage = 37,5h „Regeldienstbedarf").

Hinweis:
Die Ermittlung des Personalbedarfs auf der Basis von Besetzungsstärken („Arbeitsplatzmethode") darf allerdings nicht isoliert betrachtet werden. Im „Hintergrund" einer solchen Berechnung sollte zusätzlich eine Ermittlung des Personalbedarfs auf der Basis einzelleis-

---

252 Im ärztlichen Dienst wird in der Regel eine Ausfallzeit von 15 % einkalkuliert; im Pflegedienst (Wechselschicht mit erhöhtem Zusatzurlaubsanspruch) meist 20 %.

tungsbezogener Daten erfolgen, um beurteilen zu können, ob bzw. inwieweit sich das Arbeitszeitmodell „rechnet".

Ermittlung der Bereitschaftsdienstkosten

Analog zur Ermittlung der Regeldienst-Besetzungsbedarfe werden anschließend die Zeitspannen des Bereitschaftsdienstes ermittelt, in eine Tabelle eingetragen und mit dem „Wochenfaktor" multipliziert. Allerdings ist hier zusätzlich eine Bewertung mit dem tarif- oder arbeitsvertraglich festgelegten Vergütungswert vorzunehmen. Denn der Bereitschaftsdienst wird ja in der Regel nicht wie Regeldienst vergütet, sondern geringer. Sofern Freizeitausgleich für Bereitschaftsdienst gewährt wird, ist der entsprechende Stundenwert mindernd zu berücksichtigen. Zusätzlich ist ein Aufschlag für Entgeltfortzahlungskosten zu bilden, da die Berechnung der Entgeltfortzahlung bei regelmäßiger Leistung von Bereitschaftsdienst einen entsprechenden Aufschlag enthält (sog. Urlaubs- und Krankenlohnaufschlag). Die Höhe des Aufschlags sollte dem Umfang der planbaren Ausfallzeiten entsprechen, so dass im Ergebnis analog dem Schritt vom Netto-Personalbedarf zum Brutto-Personalbedarf der Vergütungsstundenwert durch die Verfügbarkeitsquote zu teilen ist.

Im Ergebnis erhält man die für eine Woche einzuplanenden „Vergütungsstunden" als Summe der zusätzlich zum Regeldienst auszuzahlenden Vergütungsbestandteile für Bereitschaftsdienst. Dieser Wert ist mit Hilfe des durchschnittlichen Brutto-Stundenlohnsatzes eines Mitarbeiters der Bereitschaftsdienstgruppe auf Jahresbasis hochzurechnen. In dem in den *Abbildung 6 und 7* gezeigten Beispiel errechnet sich ein „Vergütungswert" der auszuzahlenden Zeiten des Bereitschaftsdienstes von 63 Stunden/Woche. Auf der Basis eines Durchschnittsstundensatzes von EUR 25,00/Stunde errechnet sich daraus überschlägig ein Betrag von 63 h/w × EUR 30,00/h[253] × 52,2 w = EUR 82.215,00 BD-Kosten pro Jahr.

In dieser Rechnung sind noch nicht (!) berücksichtigt:

– Zeitzuschläge für zuschlagspflichtige Regel- und ggf. Bereitschaftsdienstzeiten nachts sowie an Samstagen, Sonntagen und Feiertagen;
– Zusätzliche Kosten für gesetzliche Feiertage, an denen mehr „Auszahlungsstunden" anfallen als an Wochentagen MO-FR, da an gesetzlichen Feiertagen in der Regel Entgeltfortzahlung oder Freizeitausgleich zusätzlich zur Vergütung der geleisteten Regeldienst- bzw. Bereitschaftsdienststunden gewährt wird.[254]

Vorsorglich sollte daher zusätzlich ein „Sicherheitsaufschlag" von ca. 10 % eingerechnet werden, so dass sich ein Personalkostenansatz von EUR 82.215,00 × 110 % = EUR 90.436,50 ergibt. Zum Vergleich: Ein klassischer Bereitschaftsdienst nach 8-stündigem Regeldienst mit anschließendem Freizeitausgleich nach halbstündiger Übergabe führt bei einer 40-Stunden-Woche und 90 % Vergütungsfaktor für den Bereitschaftsdienst (BD der Stufe III gemäß TV-Ä/VKA zu ca. 75,5 Stunden/Woche,

---

253 Angenommener Kalkulationswert; die Brutto-Stundensätze für Bereitschaftsdienst (nach Faktorisierung) gemäß TV-Ä/VKA betragen EUR 25,73 (Entgeltgruppe I) bzw. EUR 29,84 (Entgeltgruppe II, Stand jeweils März 2013).
254 Vgl. etwa § 49 TVöD/BT-K.

- Soll-Arbeitszeit/Woche: 40,0
- Zu vertretende Ausfallzeiten (%) 15,0%

Besetzungsvorgaben:

1. Regeldienst					
Dienst/Funktion	h/Tag	MA	Verg.Faktor	Tage/wo	Σ ArbZ/wo (h)
Station Früh lang MO-FR 07:30-16:30	8,50	1,0	1,00	5,00	42,50
OP Früh lang MO-FR 07:30-16:30	8,50	2,0	1,00	5,00	85,00
Notaufnahme Früh kurz 07:30-15:30	7,50	1,0	1,00	5,00	37,50
Notaufnahme Spät+BD 15:00-23:00 / 07:30-08:00	8,00	1,0	1,00	5,00	40,00
OP Früh MO-DO 07:30-16:00	8,00	1,0	1,00	4,00	32,00
Notaufnahme Tag lang SA/SO 07:30-19:30	11,00	1,0	1,00	2,00	22,00
Nachtdienst SA/SO 19:00-23:00 / 07:30-08:00	4,50	1,0	1,00	2,00	9,00
Visitendienst SA 09:00-12:00	3,00	1,0	1,00	1,00	3,00
SUMME					271,00
Personalbedarf "netto" (ohne Ausfall)					6,78
Personalbedarf "brutto" (15% Ausfall)					7,97

2. Bereitschaftsdienst					
Dienst/Funktion	h/Tag	MA	Verg.Faktor	Tage/wo	Σ ArbZ/wo (h)
Spätdienst + BD MO-FR 23:00-07:30	8,50	1,0	90,0%	5,00	38,25
BD Nachtdienst SA/SO 23:00-07:30	8,50	1,0	90,0%	2,00	15,30
SUMME (ohne Aufschlag für EFZ)					53,55
SUMME (mit Aufschlag für EFZ)					63,00

Abb. 6: Klinikum ABC – CHIRURGIE (Arbeitszeit-/Stellenbedarf Assistenten)

die auszuzahlen sind.[255] Ohne Freizeitausgleich (mit „Weiterarbeit nach Dienst") errechnet sich sogar ein Wert von ca. 134 Stunden/Woche[256] – mit anderen Worten: Im klassischen Bereitschaftsdienst „stecken" budgetmäßig bis zu ca. 3,5 Stellen!

3.7 Erarbeitung einer Dienstplansimulation

Zur Erhöhung der „Anschaulichkeit" eines neuen Arbeitszeitmodells empfiehlt es sich, eine sog. Dienstplansimulation anzulegen, in der ein möglicher „Dienstplandurchlauf" aus Sicht des einzelnen Mitarbeiters einerseits sowie die an den einzelnen Wochentagen verfügbaren Mitarbeiter bzw. Dienste andererseits auf einen Blick erkennbar sind.

Die Grundlage einer solchen Dienstplansimulation ist eine einfache Excel-Datei, in der eine Wochenmatrix MO-SO für mehrere Wochen eingegeben wird. Die Anzahl der Wochen bestimmt sich nach der Anzahl der Mitarbeiter, die für die Abdeckung eines bestimmten Dienstmodells zur Verfügung stehen (Dienstgruppe). Auf diesem Wege kann am einfachsten ein „Dienstplandurchlauf" so dargestellt werden, dass bei gleichmäßiger Verteilung der Dienste auf die einzelnen Mitarbeiter jeder Dienst für jeden Mitarbeiter einmal innerhalb des fiktiven Dienstplans vorkommt.

---

255 Basis: [(126,5h/w BD) × 90 % ./. (5d × 7,5h FZA)] : 0,85 (EFZ-Aufschlag) = 89,8 h/w.
256 Basis: [(126,5h/w BD) × 90 %] : 0,85 (EFZ-Aufschlag) = 133,9 h/w.

- Soll-Arbeitszeit/Woche:	40,0
- Zu vertretende Ausfallzeiten (%)	15,0%

Besetzungsvorgaben:

1. Regeldienst					
Dienst/Funktion	h/Tag	MA	Verg.Faktor	Tage/wo	Σ ArbZ/wo (h)
Station Früh lang MO-FR 07:30-17:30	9,25	1,0	1,00	5,00	46,25
Station Früh kurz MO-FR 07:30-15:30	7,50	1,0	1,00	5,00	37,50
Station Tag MO-DO 09:30-19:30	9,25	1,0	1,00	4,00	37,00
Notaufnahme Tag lang MO-SO 07:30-19:30	11,00	1,0	1,00	7,00	77,00
Funktionsdiagnostik Früh MO-FR 07:30-16:00	8,00	1,0	1,00	5,00	40,00
Nachtdienst MO-SO 19:00-23:00 / 07:30-08:00	4,50	1,0	1,00	7,00	31,50
Visitendienst SA 09:00-12:00	3,00	1,0	1,00	1,00	3,00
SUMME					272,25
Personalbedarf "netto" (ohne Ausfall)					6,81
Personalbedarf "brutto" (15% Ausfall)					8,01

2. Bereitschaftsdienst					
Dienst/Funktion	h/Tag	MA	Verg.Faktor	Tage/wo	Σ ArbZ/wo (h)
BD Nachtdienst MO-SO 23:00-07:30	8,50	1,0	90,0%	7,00	53,55
SUMME (ohne Aufschlag für EFZ)					53,55
SUMME (mit Aufschlag für EFZ)					63,00

Abb. 7: Klinikum ABC – INNERE MEDIZIN (Arbeitszeit-/Stellenbedarf Assistenten)

Für die in diesem Kapitel beispielhaft entwickelten Arbeitszeitmodelle sind in den *Abbildungen 8 und 9* Dienstplansimulationen für je 8 Mitarbeiter dargestellt.

Neben der Dienstfolge sollten für jeden Dienst die „Arbeitszeitwerte" der verschiedenen Arbeitszeitformen eingetragen werden (Zellen unterhalb der Dienstkürzel). Dabei können auch Dienste mit Kombinationen aus Regeldienst, Bereitschaftsdienst und/oder Rufbereitschaft dargestellt werden. Durch eine Addition der Arbeitszeitwerte über die Woche und den gesamten Dienstplandurchlauf hinweg kann die Einhaltung arbeitszeitschutzrechtlicher Grenzen und das Volumen der zu erzielenden Zusatzvergütung aus unständigen Bezügen kalkuliert werden.

Eine realistische Personaleinsatzplanung muss stets auch Ausfallzeiten einkalkulieren. Insoweit gehen die in den *Abbildungen 8 und 9* dargestellten Dienstplansimulationen davon aus, dass eine Ausfallzeit von 15% zu veranschlagen ist. Das bedeutet, dass an 15 % der in den Dienstplänen enthaltenen Arbeitstagen MO-FR kein Dienst eingetragen werden darf, da in diesem Umfang Mitarbeiter als abwesend einkalkuliert werden müssen.

Kapitel 3: Der Weg zum neuen Arbeitszeitmodell

- Anzahl MA in Dienstgruppe: 8
- Soll-Arbeitszeit/Woche (Ø; h): 40,0
- Ausfallzeiten (Ø; %): 15,0%

- Vergütungsfaktor für BD (%): 90,0%
- Ind. Stundensatz (Ø; brutto): 25,00

Dienstplanszenario für	8		Wochen bzw. Wocheneinsatzplan für				8	MA	
	MO	DI	MI	DO	FR	SA	SO	ArbZG	Regeld.	BD
1 / Dr.A Spät+BD	FREI	F lang	F lang	F lang	FREI	FREI			
ArbZG	16,00	0,00	8,50	8,50	8,50	0,00	0,00	41,50		
Regeld.	8,00	0,00	8,50	8,50	8,50	0,00	0,00		33,50	
BD	8,50	0,00	0,00	0,00	0,00	0,00	0,00			8,50
2 / Dr.B F lang	Spät+BD	FREI	F kurz	F kurz	Tag lang	Nacht			
ArbZG	8,50	16,00	0,00	7,50	7,50	11,00	12,00	62,50		
Regeld.	8,50	8,00	0,00	7,50	7,50	11,00	4,50		47,00	
BD	0,00	8,50	0,00	0,00	0,00	0,00	8,50			17,00
3 / Dr.C FREI	F lang	Spät+BD	FREI	F lang	Visite	FREI			
ArbZG	0,00	8,50	16,00	0,00	8,50	3,00	0,00	36,00		
Regeld.	0,00	8,50	8,00	0,00	8,50	3,00	0,00		28,00	
BD	0,00	0,00	8,50	0,00	0,00	0,00	0,00			8,50
4 / Dr.D F lang	F lang	F lang	Spät+BD	FREI	FREI	FREI			
ArbZG	8,50	8,50	8,50	16,00	0,00	0,00	0,00	41,50		
Regeld.	8,50	8,50	8,50	8,00	0,00	0,00	0,00		33,50	
BD	0,00	0,00	0,00	8,50	0,00	0,00	0,00			8,50
5 / Dr.E F lang	F lang	F lang	F lang	Spät+BD	FREI	Tag lang			
ArbZG	8,50	8,50	8,50	8,50	16,00	0,00	11,00	61,00		
Regeld.	8,50	8,50	8,50	8,50	8,00	0,00	11,00		53,00	
BD	0,00	0,00	0,00	0,00	8,50	0,00	0,00			8,50
6 / Dr.F F kurz	F kurz	F kurz	F lang	F lang	Nacht	FREI			
ArbZG	7,50	7,50	7,50	8,50	8,50	12,00	0,00	51,50		
Regeld.	7,50	7,50	7,50	8,50	8,50	4,50	0,00		44,00	
BD	0,00	0,00	0,00	0,00	0,00	8,50	0,00			8,50
7 / Dr.G Früh	Früh	Früh	Früh	(Abw.)	FREI	FREI			
ArbZG	8,00	8,00	8,00	8,00	8,00	0,00	0,00	40,00		
Regeld.	8,00	8,00	8,00	8,00	8,00	0,00	0,00		40,00	
BD	0,00	0,00	0,00	0,00	0,00	0,00	0,00			0,00
8 / Dr.H (Abw.)	(Abw.)	(Abw.)	(Abw.)	(Abw.)	FREI	FREI			
ArbZG	8,00	8,00	8,00	8,00	8,00	0,00	0,00	40,00		
Regeld.	8,00	8,00	8,00	8,00	8,00	0,00	0,00		40,00	
BD	0,00	0,00	0,00	0,00	0,00	0,00	0,00			0,00
								374,0	319,0	59,5
(Abw.) = geplant abwesend (Urlaub etc.)					Durchschnitt/wo.			46,8	39,9	7,4

ArbZG/wo: 46,8
AZ-Wert/wo: 46,6
Mehrstd./wo: 6,6
Mehrstd./m: 28,6
Zusatzverg./m (brutto): ≈ 840
zzgl. Zeitzuschläge und Schichtzulage!

Abb. 8: Klinikum ABC – CHIRURGIE

Erarbeitung einer Dienstplansimulation

- Anzahl MA in Dienstgruppe: 8
- Soll-Arbeitszeit/Woche (Ø; h): 40,0
- Ausfallzeiten (Ø; %): 15,0%
- Vergütungsfaktor für BD (%): 90,0%
- Ind. Stundensatz (Ø; brutto): 25,00

Dienstplanszenario für	8	Wochen bzw. Wocheneinsatzplan für					8	MA	
	MO	DI	MI	DO	FR	SA	SO	ArbZG	Regeld.	BD
1 / Dr.A	F lang	F lang	F lang	F lang	F lang	FREI	FREI			
ArbZG	9,25	9,25	9,25	9,25	9,25	0,00	0,00	46,25		
Regeld.	9,25	9,25	9,25	9,25	9,25	0,00	0,00		46,25	
BD	0,00	0,00	0,00	0,00	0,00	0,00	0,00			0,00
2 / Dr.B	F kurz	F kurz	F kurz	F kurz	F kurz	Tag lang	Tag lang			
ArbZG	7,50	7,50	7,50	7,50	7,50	11,00	11,00	59,50		
Regeld.	7,50	7,50	7,50	7,50	7,50	11,00	11,00		59,50	
BD	0,00	0,00	0,00	0,00	0,00	0,00	0,00			0,00
3 / Dr.C	FREI	FREI	Tag	Tag	Nacht	Nacht	FREI			
ArbZG	0,00	0,00	9,25	9,25	12,00	12,00	0,00	42,50		
Regeld.	0,00	0,00	9,25	9,25	4,50	4,50	0,00		27,50	
BD	0,00	0,00	0,00	0,00	8,50	8,50	0,00			17,00
4 / Dr.D	Früh	Früh	Früh	Früh	Früh	FREI	FREI			
ArbZG	8,00	8,00	8,00	8,00	8,00	0,00	0,00	40,00		
Regeld.	8,00	8,00	8,00	8,00	8,00	0,00	0,00		40,00	
BD	0,00	0,00	0,00	0,00	0,00	0,00	0,00			0,00
5 / Dr.E	Tag lang	Tag lang	FREI	Tag lang	Tag lang	Visite	Nacht			
ArbZG	11,00	11,00	0,00	11,00	11,00	3,00	12,00	59,00		
Regeld.	11,00	11,00	0,00	11,00	11,00	3,00	4,50		51,50	
BD	0,00	0,00	0,00	0,00	0,00	0,00	8,50			8,50
6 / Dr.F	Nacht	Nacht	Nacht	Nacht	FREI	FREI	FREI			
ArbZG	12,00	12,00	12,00	12,00	0,00	0,00	0,00	48,00		
Regeld.	4,50	4,50	4,50	4,50	0,00	0,00	0,00		18,00	
BD	8,50	8,50	8,50	8,50	0,00	0,00	0,00			34,00
7 / Dr.G	Tag	Tag	Tag lang	FREI	(Abw.)	FREI	FREI			
ArbZG	9,25	9,25	11,00	0,00	8,00	0,00	0,00	37,50		
Regeld.	9,25	9,25	11,00	0,00	8,00	0,00	0,00		37,50	
BD	0,00	0,00	0,00	0,00	0,00	0,00	0,00			0,00
8 / Dr.H	(Abw.)	(Abw.)	(Abw.)	(Abw.)	(Abw.)	FREI	FREI			
ArbZG	8,00	8,00	8,00	8,00	8,00	0,00	0,00	40,00		
Regeld.	8,00	8,00	8,00	8,00	8,00	0,00	0,00		40,00	
BD	0,00	0,00	0,00	0,00	0,00	0,00	0,00			0,00
								372,8	320,3	59,5
(Abw.) = geplant abwesend (Urlaub etc.)					Durchschnitt/wo.			46,6	40,0	7,4

ArbZG/wo: 46,6
AZ-Wert/wo: 46,7
Mehrstd./wo: 6,7
Mehrstd./m: 29,2
Zusatzverg./m (brutto) ≈ 860
zzgl. Zeitzuschläge und Schichtzulage!

Abb. 9: Klinikum ABC – INNERE MEDIZIN

Allgemeine Erläuterungen zur Dienstplansimulation
Darstellung

Der dargestellte Plan simuliert einen möglichen Dienstablauf für einen MA mit der angegebenen Wochenarbeitszeit. Der Plan ist „von links nach rechts" und der Wochenreihenfolge folgend (Woche 1, Woche 2, Woche 3 etc.) zu lesen. Nach Durchlaufen des dargestellten Planungszeitraums würde der Plan von vorne beginnen. Am Ende des Planungszeitraums sind eine Reihe von Arbeitstagen schraffiert dargestellt. Dies symbolisiert den bei realistischer Ausfallzeitenplanung üblicherweise einzukalkulierenden Ausfall in Höhe von 15 % der Arbeitstage MO – FR, so dass es (je nach Zahl der Arbeitstage im Plan) „optisch" zu einzelnen Ausfalltagen kommen kann. In der Praxis würden diese Ausfallzeiten natürlich nicht derart "gestückelt" genommen.

Anzurechnende „Arbeitszeitwerte" für Regeldienst, Bereitschaftsdienst und Rufbereitschaft

In der Tabelle „Überblick der Dienstzeiten" sind die jeweils einzuteilenden Dienste dargestellt. Soweit die Dienste Bereitschaftsdienst oder Rufbereitschaft enthalten, ist dies jeweils vermerkt („BD von ... bis"). Für die vergütungsrechtliche (!) Bewertung des BD ist der im Feld „Vergütungsfaktor für BD" genannte Wert maßgeblich. Für den Rufbereitschaftsdienst ist nur die Grundvergütung in der Kalkulation enthalten. In den Spalten/Zeilen „ArbZG" wird der für die Berechnung nach dem Arbeitszeitgesetz (!) anzusetzende jeweilige Stundenwert genannt. In den Spalten/Zeilen „Regeld." werden die Anteile an Voll-Arbeitszeit (Regeldienst) abzüglich der Pause genannt. Dadurch kann festgehalten werden, ob insgesamt die Regelarbeitszeit erreicht oder sogar überschritten wird. In den Spalten/Zeilen „BD" werden die Zeitdauern/Zeitsummen des Bereitschaftsdienstes ausgewiesen. In den Spalten/Zeilen „Rufd." werden die Zeitdauern/Zeitsummen des Rufbereitschaftsdienstes ausgewiesen.

Es wird für die genannten „Arbeitszeitwerte" jeweils eine „Wochenbilanz" (rechts neben den einzelnen Wochen) sowie eine „Gesamtbilanz" dargestellt (Felder rechts unterhalb des Plans). Für die Berechnung der arbeitszeitgesetzlichen Arbeitszeit („ArbZG/wo.") werden Zeiten des Bereitschaftsdienstes voll zur Arbeitszeit gerechnet. Beim Rufdienst zählen nur die Zeiten der Inanspruchnahme („Aktivzeit") zur Arbeitszeit im Sinne des ArbZG. Die diesbezügliche „Aktivquote" ist oberhalb der Tabelle genannt und kann ggf. verändert werden.

Auswirkungen auf unständige Bezüge (Zusatzvergütung)

Die Zusatzvergütung ist auf Basis des sich aus Regeldiensten, Bereitschaftsdiensten und Rufdiensten ergebenden vergütungsrechtlichen Gesamtwertes der geleisteten Dienstzeiten errechnet. Dieser Wert wird der Soll-Arbeitszeit/Woche gegenübergestellt, auf Monatsbasis hochgerechnet und mit dem durchschnittlichen Stundenlohnsatz multipliziert (Stundenlohn kann verändert werden.) Zusätzlich erfolgt ein Aufschlag für Entgeltfortzahlung, da Zusatzvergütungen auch bei Urlaub und Krankheit gezahlt werden. Evtl. Schichtzulage und Zeitzuschläge sind nicht berücksichtigt und erhöhen die Zusatzvergütung. Entsprechendes gilt für Vergütungen von Inanspruchnahmen der Rufbereitschaft.

3.8 Einholung erforderlicher Bewilligungen

Vor der Umsetzung eines neuen Arbeitszeitmodells ist zu prüfen, ob für einzelne Dienste Bewilligungen der zuständigen Aufsichtsbehörde einzuholen sind. Vielfach wird dies nicht (!) erforderlich sein, weil die in Tarifverträgen und kirchenrechtlichen Regelungen enthaltenen Regelungen zur zulässigen Verlängerung der Arbeitszeit und Verkürzung der Ruhezeit meist ausreichend sind. Für den Fall, dass derartige Abweichungsregelungen nicht bestehen, wird insbesondere ein Antrag auf Bewilligung der Verlängerung der werktäglichen Arbeitszeit gemäß § 15 Abs. 1 Nr. 1a) ArbZG zur Verlängerung der Arbeitszeit zur Erreichung zusätzlicher Freischichten in Frage kommen. Ein Beispiel ist nachstehend dargestellt. Dabei ist zu beachten, dass die darin aufgeführten Argumente nicht ohne Weiteres auf andere Konstellationen übertragbar sind. Das Beispiel soll daher vor allem die Struktur eines solchen Antrags verdeutlichen. Ein Antrag, mit dem eine Bewilligung nach § 15 Abs. 1 Nr. 1a) ArbZG erstrebt wird, sollte insbesondere enthalten:

1. Beschreibung des betroffenen Arbeitsbereiches;
2. Erläuterung der Arbeitsinhalte in den verlängerten Schichten bzw. Diensten (Anteil der körperlichen Tätigkeit, Umfang und Lage der Pausen, Möglichkeit des Ruhens bei Bereitschaft bei Nachweis von Umfang und Verlauf der Inanspruchnahmen etc.);
3. Darlegung der Erreichung zusätzlicher Freischichten durch verlängerte Dienste gegenüber einem Arbeitszeitmodell mit Schichten/Diensten von max. 10 Stunden Arbeitszeit (zzgl. Pausen), etwa durch Vorlegung alternativer Schichtpläne;
4. Anzahl der betroffenen Mitarbeiter;
5. Stellungnahme des Betriebsarztes;
6. Stellungnahme des Betriebsrates.

Die Bewilligung ist in jedem Fall auf die Verlängerung der werktäglichen Arbeitszeit beschränkt. Eine Überschreitung der durchschnittlich einzuhaltenden Wochenarbeitszeit von 48 Stunden im Durchschnitt von 6 Kalendermonaten oder 24 Wochen darf nicht bewilligt werden, so dass auf diesem Wege keine „opt-out"-Modelle erreicht werden können.

Antrag auf Bewilligung der Verlängerung
der werktäglichen Arbeitszeit gemäß § 15 Abs. 1 Nr. 1a) ArbZG

[Briefkopf]

An
[Arbeitsschutzbehörde]
[Datum]

Antrag auf Ausnahmebewilligung gemäß § 15 Abs. 1 Nr. 1a) ArbZG

Hiermit wird beantragt,
gemäß § 15 Abs. 1 Nr. 1a) ArbZG abweichend von § 3 Satz 2 ArbZG die Verlängerung der werktäglichen Arbeitszeit auf bis zu 12 Stunden (zzgl. gesetzlicher Ruhepausen) zur Erreichung zusätzlicher Freischichten für die Arbeitnehmer des ärztlichen Dienstes in den Abteilungen des Klinikums [XYZ] für
– Gynäkologie und Geburtshilfe an allen Tagen;
– Innere Medizin und Chirurgie an den Tagen Samstag, Sonntag und an Feiertagen
zu bewilligen.

Begründung:

Die beantragte Bewilligung ist Teil einer Neuausrichtung der Arbeitszeitorganisation des ärztlichen Dienstes. Diese Neuausrichtung ist Ergebnis eines klinikinternen Arbeitszeitprojekts zur Anpassung der Arbeitszeiten an die durch die Rechtsprechung des Europäischen Gerichtshofes veranlassten neuen Rahmenbedingungen der Arbeitszeitgestaltung.

Ziel des Projekts war es, zeitgemäße Arbeitszeitmodelle für die einzelnen Arbeitsbereiche zu entwickeln. Dieses Arbeitszeitmodell soll eine bestmögliche Krankenversorgung gewährleisten, den Interessen der Mitarbeiterinnen und Mitarbeiter gerecht werden und die wirtschaftlichen Grundlagen des Hauses berücksichtigen.

Grundlage der Arbeitszeitgestaltung waren Erhebungen in allen Abteilungen der beteiligten Kliniken, in denen mit den Arbeitsformen Bereitschaftsdienst und Rufbereitschaft gearbeitet wird.

Die Ergebnisse dieser Erhebungen wurden an mehreren Projekttagen unter Einbeziehung einer externen Beratungsfirma mit den betroffenen Abteilungen unter Beteiligung der Arbeitnehmervertretung diskutiert. Sodann wurden Eckpunkte für die neue Dienstorganisation erarbeitet und vom Berater zu Dienstplanszenarien weiterentwickelt.

Bei der „Modellierung" der Arbeitszeitmodelle wurde ein strenger Maßstab an die Zuordnung einzelner Zeitspannen als Vollarbeitszeit, Bereitschaftsdienst oder Rufbereitschaft angelegt. So wurde nicht nur die Einhaltung äußerer Kriterien geprüft (Einhaltung der 49 %-Grenze der zulässigen Belastung im Bereitschaftsdienst über die gesamte Dienstzeitspanne), sondern auch erörtert, ob einzelne Zeitintervalle ungeachtet der Gesamtbelastung überhaupt „Bereitschaftsqualität" haben. Denn bekanntlich darf

Bereitschaftsdienst nicht angeordnet werden, wenn eine regelhafte Beanspruchung zu erwarten ist.

Diese Betrachtung führte im Ergebnis dazu, dass das „klassische" Modell des 24-stündigen Dienstes in fast allen Bereichen des ärztlichen Dienstes nunmehr aufgegeben wird. Stattdessen wird mit deutlich verkürzten Dienstdauern gearbeitet, nicht zuletzt auch mit schichtähnlichen Blockdienstmodellen, in denen ein/e Mitarbeiter/in über mehrere Tage hinweg eine bestimmte Dienstfolge leistet.

In diesem Zusammenhang wurden diverse Arbeitszeitmodelle, die zu dem hier vorliegenden Antrag auf Bewilligung der Arbeitszeitverlängerung geführt haben, erörtert. Es liegt auf der Hand, dass in „überschaubaren" Kliniken der Grund- und Regelversorgung die Einführung eines Schichtdienstes erhebliche Probleme bereitet. So bewegt sich die Zahl der für einen Schichtdienst verfügbaren Assistenzärzte in den hier betroffenen Kliniken zwischen derzeit 5 und 7 Mitarbeiter/inne/n.

Ein „lupenreines" Schichtmodell mit Früh-, Spät- und Nachtschichten würde hier zu einer „Atomisierung" der Arbeitszeiten außerhalb des regulären Tagesdienstes führen, in dem die normale Patientenversorgung stattfindet (und stattfinden soll). Hinzu kommt, dass ein traditionelles Schichtsystem hier zu einer erheblichen Belastung der beteiligten Arbeitnehmer mit sozial ungünstigen Arbeitszeiten (insbesondere Spätschichten, Nachtschichten und Wochenendschichten) führen würde.

Vor diesem Hintergrund ist die Erteilung der beantragten Bewilligung erforderlich, um den Interessen einer ordnungsgemäßen Patientenversorgung und den (Schutz-)Interessen der Mitarbeiterinnen und Mitarbeiter Rechnung zu tragen.

Im Einzelnen führe ich dazu aus:

1. Gynäkologie/Geburtshilfe ABC-Klinikum

Das Arbeitszeitmodell in der Gynäkologie/Geburtshilfe des ABC-Klinikums kommt einem traditionellen Schichtmodell am nächsten, da hier rund um die Uhr mit Regeldienst gearbeitet wird. Dies ist das Ergebnis einer Belastungsanalyse, die ergab, dass die Belastung in der Nachtzeit zwar nicht Vollarbeitszeitniveau erreicht, aber eine Anordnung von Bereitschaftsdienst zumindest fraglich ist.

Nach ausführlicher Diskussion hat sich die Abteilung für ein Arbeitszeitmodell mit 12,25 Stunden langen Nachtschichten (incl. Pause) entschieden. Dabei werden nicht mehr als 3 Nachtdienste in Folge geleistet. Dadurch kann der Spätdiensthabende bereits um 12:00 seinen Dienst beginnen, wodurch er einerseits zumindest teilweise während der üblichen Betriebszeiten zur Verfügung steht und andererseits noch sozial verwertbare Freizeit nach Dienst hat.

Nach dem Nachtdienst (20:00–08:15) sind ausreichende Ruhezeiten gewährleistet.

Die verlängerten Nachtdienste werden auch nicht als Überstunden geleistet, sondern als Regelarbeitszeit, so dass sich die Zahl der Arbeitstage infolgedessen verringert (fest geplante freie Ausgleichstage). Damit ist das von § 15 Abs. 1 Nr. 1a) ArbZG geforderte Kriterium – die Erreichung zusätzlicher Freischichten – erfüllt.

Die Belastung der einzelnen Mitarbeiter ist vertretbar. Im Projekt wurde die Frage der Belastung ausführlich erörtert. Wie ausgeführt, bewegt sich die Inanspruchnahme des Diensthabenden nachts jedoch nicht auf Vollarbeitsniveau; man könnte insbesondere im Kreißsaal bei der Begleitung überwachungsintensiver Geburtsverläufe tendenziell von Arbeitsbereitschaft als „wacher Achtsamkeit im Zustand der Entspannung" im Sinne eines „Wartens auf Arbeit" sprechen.

Die im Regelfall einzuhaltende Grenze von 60 Stunden Vollarbeitszeit pro Woche als „Spitzenwert" (6 Werktage x 10 Stunden) wird nicht erreicht. Bei einer gleichmäßigen Verteilung der 9 „langen" Dienste pro Woche leistet jeder Mitarbeiter durchschnittlich einen langen Dienst pro Woche.

Eine Verlängerung der Arbeitszeit ist, wie ausgeführt, grundsätzlich nur für die Nachtdienste vorgesehen. Lediglich am Wochenende soll tagsüber ebenfalls mit verlängerten Diensten (12,25h incl. Pause) gearbeitet werden. Dies trägt dem anzuerkennenden Interesse der Mitarbeiter Rechnung, eine für die Regeneration ausreichende Zahl von arbeitsfreien Wochenenden zu erreichen.

Das Dienstmodell wird von der Arbeitnehmervertretung und den betroffenen Mitarbeiter/inne/n befürwortet.

2. Innere Medizin und Chirurgie

Für die beiden genannten Abteilungen ist eine Verlängerung der Arbeitszeit nur für die Tagdienste des Wochenendes vorgesehen. An den Tagen Montag-Freitag ist aufgrund des Rückgangs der Inanspruchnahme des Diensthabenden ein Spätdienst mit anschließendem Bereitschaftsdienst gut vertretbar. Entsprechendes gilt für die Nachtzeit am Wochenende.

Tagsüber ist jedoch der Beanspruchung des Diensthabenden dadurch Rechnung zu tragen, dass Vollarbeitszeit angesetzt wird. Eine Aufteilung des Tages in zwei Schichten würde unter Berücksichtigung der üblichen Ausfallzeiten zu einer erheblichen Verschlechterung der „Wochenendbilanz" führen, da die Anzahl der in Frage kommenden Mitarbeiter/innen noch geringer ist als in der Gynäkologie (in der Chirurgie derzeit nur 5 Assistenzärzte, Aufstockung auf 6 ist vorgesehen; in der Inneren Med. derzeit 6 Ass.; Anhebung auf 7 Mitarb. geplant).

Die Belastung der auf 12,25 Stunden (incl. Pause) verlängerten Dienste ist vertretbar, da auch hier eine zwar hohe, aber keine durchgehende volle Beanspruchung gegeben ist.

Auch hier werden die geleisteten Arbeitszeiten nicht als Überstunden bezahlt, sondern an den Tagen MO-FR in Freizeit ausgeglichen, so dass auch hier das von § 15 Abs. 1 Nr. 1a) ArbZG geforderte Kriterium – die Erreichung zusätzlicher Freischichten – erfüllt ist.

Das Dienstmodell wird von der Arbeitnehmervertretung und den betroffenen Mitarbeiter/inne/n befürwortet.

Nach allem ist die beantragte Bewilligung unter arbeitszeitschutzrechtlichen Aspekten gut vertretbar.

Für den Fall, dass Bedenken hinsichtlich der Erteilung der Bewilligung im beantragten Umfang bestehen, bitte ich um Kontaktaufnahme.

[UNTERSCHRIFT]

3.9 Abschluss einer Dienst-/Betriebsvereinbarung

Die Festlegung von Beginn und Ende der Arbeitszeit sowie die Verteilung der Arbeitszeit auf die einzelnen Wochentage unterliegt grundsätzlich der Mitbestimmung des Betriebsrates gemäß § 87 Abs. 1 Nr. 2 BetrVG.[257]

Der Betriebsrat kann daher den Abschluss einer Betriebsvereinbarung über Arbeitszeit vom Arbeitgeber verlangen; ggf. kann die Einsetzung einer Einigungsstelle beantragt werden.

Darüber hinaus knüpfen eine Reihe von Tarifverträgen und kirchenrechtlichen Regelungen den Gebrauch der Optionen zur Abweichung von den Grundnormen des Arbeitszeitgesetzes – insbesondere die (ggf. ausgleichsfreie) Verlängerung der werktäglichen Arbeitszeit durch Bereitschaftsdienst – an den Abschluss einer Betriebs- oder Dienstvereinbarung.

Das nachstehend abgedruckte Beispiel einer Betriebsvereinbarung für ein Krankenhaus der Regelversorgung soll veranschaulichen, wie eine solche betriebliche Regelung aufgebaut werden kann. Dabei enthält die dargestellte Regelung nicht nur Regelungen über Dienstzeiten, sondern legt darüber hinaus auch einen Rahmen für die Flexibilisierung der Regelarbeitszeit fest. Dies kommt insbesondere in den Bestimmungen zur flexiblen Handhabung der dienstplanmäßigen Arbeitszeiten und dem Jahresdienstplankonto zum Ausdruck.

Auch für dieses Beispiel gilt selbstverständlich, dass die einzelnen Regelungen nicht „1:1" auf andere Einrichtungen übertragen werden können. Die einzelnen Gliederungspunkte der Regelung mögen aber anderen Einrichtungen als „Checkliste" dienen, ob – und wenn ja, welche – Regelungen zu diesen Punkten erforderlich sind.

---

[257] Zur Reichweite des Mitbestimmungsrechts, vgl. im Einzelnen Kapitel 1.14. Die mitbestimmungsrechtlichen Regelungen des öffentlichen Dienstes (Landespersonalvertretungsgesetze) und der kirchlichen Einrichtungen (MAVO) enthalten vergleichbare Regelungen.

**Rahmendienstvereinbarung über Arbeitszeit
für die [ABC-KLINIK] zur Anpassung der Arbeitszeitmodelle
an veränderte gesetzliche und tarifrechtliche Rahmenbedingungen
sowie zur Flexibilisierung der Arbeitszeit im Regeldienst**

Zwischen
[Leitung der Einrichtung]
[Adresse]
[Ort]

und

[Arbeitnehmervertretung der Einrichtung]
[Adresse]
[Ort]

wird nachstehende

Dienstvereinbarung über Arbeitszeit zur Anpassung der Arbeitszeitmodelle an veränderte gesetzliche und tarifrechtliche Rahmenbedingungen sowie zur Flexibilisierung der Arbeitszeit im Regeldienst geschlossen.

Präambel

Mit der nachstehenden Vereinbarung werden die Arbeitszeitmodelle in der ABC-KLINIK an die veränderten rechtlichen Rahmenbedingungen im Zuge des EuGH-Urteils zum Bereitschaftsdienst und der Novellierung des Arbeitszeitgesetzes sowie der für die ABC-KLINIK geltenden tarifrechtlichen Rahmenbedingungen angepasst.

Zugleich werden mit den Regelungen für eine Flexibilisierung der Arbeitszeit im Regeldienst die Voraussetzungen geschaffen, die Arbeitszeit zum Wohle der Patientinnen und Patienten bedarfsgerecht zu verteilen. In diesem Rahmen erhalten die Mitarbeiterinnen und Mitarbeiter zusätzliche Gestaltungsspielräume, die Möglichkeiten der flexiblen Arbeitszeitgestaltung auch für ihre persönlichen Zeitbedürfnisse zu nutzen. Persönliche Arbeitszeitflexibilität, die mit den betrieblichen Anforderungen vereinbar ist, kann uneingeschränkt realisiert werden.

§ 1 Geltungsbereich

1. Diese Vereinbarung gilt für alle Beschäftigten im ärztlichen, pflegerischen und medizinisch-technischen Dienste der [ABC-KLINIK].
2. Ausgenommen sind:
    a) Leitende Angestellte,
    b) Chefärzte und
    c) Beschäftigte, die nicht dem Arbeitszeitgesetz (ArbZG) unterliegen.
3. Für Teilzeitbeschäftigte finden die Regelungen dieser Vereinbarung entsprechende Anwendung, soweit nicht individualvertraglich etwas anderes vereinbart ist.

§ 2 Beginn und Ende der regelmäßigen Arbeitszeit einschließlich Ruhepausen, Bereitschaftsdienst und Rufbereitschaftsdienst

1. Die Festlegung von
   a) Beginn und Ende der regelmäßigen Arbeitszeit einschließlich Ruhepausen,
   b) Beginn und Ende der Bereitschaftsdienste[258]
   c) Beginn und Ende der Rufbereitschaftsdienste
   in den einzelnen Organisationseinheiten (bereichsspezifische Arbeitszeitmodelle) erfolgt in gesondert zu vereinbarenden Anlagen zu dieser Vereinbarung.
2. Die bereichsspezifischen Arbeitszeitmodelle müssen den Anforderungen dieser Vereinbarung entsprechen.

§ 3 Kriterien für die Erarbeitung bereichsspezifischer Arbeitszeitmodelle im Regeldienst

Für die Festlegung von Beginn und Ende des Regeldienstes einschließlich der Ruhepausen werden folgende Kriterien vereinbart:

1. Entsprechend den Vorgaben des § 3 ArbZG ist eine werktägliche Höchstarbeitszeit von 10 Stunden (zzgl. Ruhepausen) einzuhalten.
2. In vollkontinuierlichen Schichtbetrieben kann an Sonn- und Feiertagen die tägliche Arbeitszeit auf bis zu zwölf Stunden verlängert werden, wenn dadurch zusätzliche freie Schichten an Sonn- und Feiertagen erreicht werden.
3. In Schichtmodellen kann die werktägliche Arbeitszeit im ärztlichen Dienst auf bis zu 12 Stunden (zzgl. Pausen) verlängert werden (§ 41 i. V. m. § 6 Abs. 10 bzw. § 7 Abs. 3 TV-Ä). Die Einschränkungen bzgl. der Schichtfolge (max. 4 Schichten in Folge, max. 8 Schichten innerhalb von 2 Kalenderwochen) sind zu beachten.
4. Die Ruhepausen sind grundsätzlich im Umfang der gesetzlich einzuhaltenden Ruhepausen vorzusehen. Bei 12-Stunden-Schichten kann bis zu 1 Stunde Ruhepause vorgesehen werden.
5. Geteilte Dienste sind nicht zulässig, es sei denn, sie werden auf Wunsch einzelner Beschäftigter festgelegt. Ein geteilter Dienst liegt vor, wenn die Regeldienstzeit in mindestens 2 Abschnitte aufgeteilt wird, zwischen denen mehr als nur die nach lit. c) festgelegte Pausenzeit liegt.

§ 4 Kriterien für die Erarbeitung bereichsspezifischer Arbeitszeitmodelle im Bereitschaftsdienst

Für die Festlegung von Beginn und Ende des Bereitschaftsdienstes einschließlich der Ruhepausen werden folgende Kriterien vereinbart:

1. Es dürfen in Verbindung mit Bereitschaftsdienst nur 8 Stunden Regeldienst (ggf. aufteilbar auf mehrere Abschnitte) geleistet werden.

---

258 Protokollnotiz: Für Zeitspannen des Bereitschaftsdienstes bedarf es keiner gesonderten Ausweisung der Ruhepause, da davon auszugehen ist, dass der gesetzliche Ruhepausenanspruch im Rahmen des Bereitschaftsdienstes erfüllt werden kann. Es erfolgt für Zeitspannen des Bereitschaftsdienstes keine Kürzung der zu gewährenden Bereitschaftsdienstvergütung wegen der gesetzlichen Ruhepausen.

2. Bereitschaftsdienst darf nur für Zeitspannen angeordnet werden, wenn erfahrungsgemäß die Zeit ohne Inanspruchnahmen die Zeit der Inanspruchnahmen überwiegt.
3. Bereitschaftsdienst darf nicht für Zeitspannen angeordnet werden, in denen eine regelhafte Auslastung des Diensthabenden zu erwarten ist. Im Einzelnen gelten dafür folgende Kriterien:
   a) Regelhafte Visiten und Sprechstunden an Samstagen, Sonn- und Feiertagen werden als Vollarbeitszeit bewertet.
   b) Arbeitszeiten oberhalb einer Inanspruchnahme von durchschnittlich >70% pro Stundenintervall werden als Vollarbeitszeit bewertet.
4. Für Arbeitszeitmodelle mit Diensten außerhalb der vom TVöD/K[259] definierten Arbeitszeitmodelle (Grundmodelle) von
   – 16 Stunden Dienstdauer (einschließlich max. 8 Stunden Regeldienst) bei einer durchschnittlichen Inanspruchnahme im Bereitschaftsdienst bis zu max. 25 %
   – 13 Stunden Dienstdauer (einschließlich max. 8 Stunden Regeldienst) bei einer durchschnittlichen Inanspruchnahme im Bereitschaftsdienst bis zu max. 49 %
   sind vor der verbindlichen Einführung des Arbeitszeitmodells folgende Kriterien zu erfüllen:
   a) Durchführung einer arbeitsschutzrechtlichen Analyse gemäß § 5 ArbSchG; diese muss eine repräsentative Erhebung (mind. 3 Monate) der Inanspruchnahmen[260] in der Zeitspanne des vorgesehenen Bereitschaftsdienstes beinhalten;
   b) Prüfung alternativer Arbeitszeitmodelle;
   c) Festlegung von Gesundheitsschutzmaßnahmen, sofern die festgelegten Maßnahmen gemäß § 8 dieser Dienstvereinbarung nicht ausreichend erscheinen.

§ 5 Kriterien für die Erarbeitung bereichsspezifischer Arbeitszeitmodelle im Rufbereitschaftsdienst

Für die Festlegung von Beginn und Ende des Rufbereitschaftsdienstes einschließlich der Ruhepausen werden folgende Kriterien vereinbart:
1. Rufbereitschaft darf nur für Zeitspannen angeordnet werden, in denen eine Inanspruchnahme nur in Ausnahmefällen zu erwarten ist. Bei einer durchschnittlichen Inanspruchnahme von mehr als 20 % der Rufbereitschaftszeitspanne ist nicht mehr von Ausnahmefällen auszugehen.
2. Rufbereitschaftsdienst darf nicht für Zeitspannen angeordnet werden, in denen eine Auslastung des Diensthabenden auf Regeldienst- oder Bereitschaftsdienstniveau zu erwarten ist. Eine durchschnittlichen Inanspruchnahme von > 30 % pro Stundenintervall kann nicht als Zeitspanne der Rufbereitschaft bewertet werden.
3. Durch Inanspruchnahmen im Rufbereitschaftsdienst darf die werktägliche Höchstarbeitszeit von 10 Stunden (zzgl. Pausen) überschritten werden.

---

259 Protokollnotiz: Dies gilt auch für Arbeitszeitmodelle auf der Grundlage des TV-Ä.
260 Protokollnotiz: Die Erhebung erfolgt grundsätzlich über eine nach Tätigkeitsarten differenzierende Erfassung der Inanspruchnahmen, ggf. auch durch die Auswertung entsprechender Daten der Leistungsdokumentation.

4. Nach einem Regel- und/oder Bereitschaftsdienst von mehr als 12 Stunden Dauer (abzüglich Pausen) darf keine Rufbereitschaft angeordnet werden. Davon ausgenommen sind Rufbereitschaften für Notfälle und außergewöhnliche Fälle im Sinne des § 14 ArbZG.

§ 6 Ausgleich der durch Bereitschaftsdienste verlängerten werktäglichen -Arbeitszeit auf durchschnittlich 48 Stunden pro Woche

Beschäftigte, deren werktägliche Arbeitszeit durch Bereitschaftsdienst verlängert wird, dürfen nur in dem Maße zu Bereitschaftsdiensten eingeteilt werden, dass im Durchschnitt von 12 Kalendermonaten eine wöchentliche Arbeitszeit von 48 Stunden nicht überschritten wird (§ 7 Abs. 8 ArbZG). Urlaubstage im Rahmen des gesetzlichen Mindesturlaubs und Krankheitstage sind bei dieser Berechnung mit 8 Stunden anzusetzen.

§ 7 Ausgleichsfreie Verlängerung der werktäglichen Arbeitszeit durch Bereitschaftsdienst („opt-out-Modelle")

1. Für Beschäftigte, die an Bereitschaftsdiensten teilnehmen, kann der Arbeitgeber im Rahmen der jeweiligen tarifvertraglichen Voraussetzungen und unter Beachtung der Regelungen dieser Dienstvereinbarung die ausgleichsfreie Verlängerung der Wochenarbeitszeit durch Bereitschaftsdienst vorsehen („opt-out-Modelle"). Insbesondere gelten für die Einteilung dieser Beschäftigten zu Regeldiensten, Bereitschaftsdiensten und Rufbereitschaftsdiensten die in §§ 3–5 dieser Vereinbarung geregelten Kriterien.
2. Die ausgleichsfreie Überschreitung der ansonsten geltenden Höchstarbeitszeit von durchschnittlich 48 Stunden pro Woche ist nur in dem Maße zulässig, wie tatsächlich Bereitschaftsdienst geleistet wird.
3. Die ausgleichsfreie Überschreitung der Höchstarbeitszeit von durchschnittlich 48 Stunden pro Woche ist nur zulässig, wenn der/die betreffende Mitarbeiter/in zuvor seine/ihre Zustimmung zu dieser Überschreitung erklärt hat. Teilzeitbeschäftigte sind in der Erklärung auf ihre besonderen Rechte hinzuweisen. Ein Muster der abzugebenden Erklärung wird als Anlage dieser Vereinbarung beigefügt.

§ 8 Gesundheitsschutzmaßnahmen

1. Für Beschäftigte, die in Arbeitszeitmodellen gemäß § 4 Ziff. 4 (Bereitschaftsdienstmodelle mit Dienstdauer außerhalb Grundmodellen TVöD/K) und/oder opt-out-Modellen eingesetzt werden, werden folgende Gesundheitsschutzmaßnahmen vereinbart:
    a) Es werden maximal 5 Nachtdienste in Folge geleistet[261],
    b) Innerhalb einer Kalenderwoche können einschließlich Bereitschaftsdienst max. 75 Stunden Arbeitszeit geleistet werden;

---

261 Protokollnotiz: Die für 12-Stunden-Schichtdienst maßgeblichen Begrenzungen der Schichtfolgen bleiben unberührt.

c) Innerhalb einer Kalenderwoche dürfen nicht mehr als 60 Stunden „Aktivzeit" (Vollarbeitszeit aus Regeldiensten, Überstunden, Inanspruchnahmen im Bereitschafts-und Rufbereitschaftsdienst) geleistet werden;
d) Von dem dem/der Beschäftigten zustehenden Jahresurlaub sind 4 Wochen zwingend innerhalb des jeweiligen Kalenderjahres zu nehmen;
e) Beschäftigte können sich auf Verlangen (jedoch höchstens einmal jährlich) auf Kosten des Arbeitgebers arbeitsmedizinisch untersuchen lassen.

§ 9 Aufstellung von Dienstplänen

1. Für die einzelnen Organisationseinheiten sind durch den bzw. die Dienstplanverantwortliche(n) Monatsdienstpläne aufzustellen, in denen die einzelnen Beschäftigten tagesbezogen bestimmten Diensten bzw. Kombinationen von Diensten zugeordnet werden. Bei der Aufstellung der Dienstpläne ist auf eine gleichmäßige Auslastung der Beschäftigten zu achten. Die zeitlichen Interessen der Beschäftigten sind angemessen zu berücksichtigen.
2. Die Monatsdienstpläne sind jeweils bis zum [15.] des Vormonats aufzustellen und der Arbeitnehmervertretung zuzuleiten.
3. Die Dienstpläne werden verbindlich, sofern der Personalrat nicht innerhalb von 7 Tagen nach Erhalt der Dienstpläne unter Angabe von Gründen widerspricht.

§ 10 Jahresdienstplankonto (JDK)

1. Für jede/n Beschäftigte/n wird ein sog. Jahresdienstplankonto (JDK) eingerichtet, auf dem Abweichungen tatsächlich geleistete Arbeitszeit von der regelmäßigen bzw. individualvertraglichen Arbeitszeit saldiert werden, um den tarifvertraglich vorgesehenen jahresbezogenen Ausgleich der regelmäßigen Arbeitszeit sicherzustellen.
2. Das JDK wird fortlaufend innerhalb einer Bandbreite von ± 60 Stunden (Teilzeitbeschäftigte anteilig) geführt und zu keinem Zeitpunkt abgerechnet. Es ist so zu steuern, dass spätestens nach 12 Monaten der Saldo „0" erreicht wird. Die Erreichung des „0"-Saldos setzt den Lauf eines neuen Ausgleichszeitraums von 12 Monaten in Gang.
3. Bei Ausscheiden eines/einer Beschäftigten ist das JDK durch entsprechende Arbeitszeitdisposition so zu steuern, dass es mit Ausscheiden bei „0" ausläuft. Ist dies aus betrieblichen Gründen nicht möglich, werden verbliebene Salden gemäß den jeweiligen tarifvertraglichen Bestimmungen ausgezahlt; Minussalden verfallen zu Lasten des Arbeitgebers soweit der/die Beschäftigte den fehlenden Ausgleich nicht zu vertreten hat.

§ 11 Flexibilisierung des Regeldienstes

1. Von den nach § 9 dieser Vereinbarung aufgestellten Dienstplänen kann – ggf. auch kurzfristig – abgewichen werden, um einen bedarfsgerechten Einsatz der Arbeitszeit und/oder die Realisierung von zeitlichen Interessen der Beschäftigten zu ermöglichen.

2. Abweichungen von Dienstplänen sind im Einvernehmen mit dem/der betreffenden Beschäftigten im Rahmen von Arbeitszeitgesetz, tarifvertraglichen Vorschriften und nach den Regelungen dieser Dienstvereinbarung zulässigen Arbeitszeitmodellen jederzeit möglich.
3. Bei der Abweichung von Dienstplänen im Rahmen sind die zeitlichen Belange der betroffenen Beschäftigten angemessen zu berücksichtigen. Abweichungen von Dienstplänen sind grundsätzlich jeweils bis Ende der Vorwoche mitzuteilen und unverzüglich im Dienstplan einzutragen. Das Recht des Arbeitgebers, zur Anordnung von Überstunden bzw. Freizeitausgleich von Überstunden bleibt unberührt.
4. Der/die Beschäftigte kann zur Realisierung persönlicher Zeitinteressen stunden- oder tageweise Zeitsalden vom JDK entnehmen. Entnahmen sind rechtzeitig mit dem/der Dienstplanverantwortlichen abzusprechen.
5. Im Rahmen der quantitativen und qualitativen Besetzungsbedarfe und arbeitsschutzrechtlicher Vorschriften können Mitarbeiter z. B. durch Tausch von Diensten oder Dienstabschnitten eigenverantwortlich von Dienstplänen abweichen. Der/die Dienstplanverantwortliche ist rechtzeitig zu informieren.
6. Der/die Dienstplanverantwortliche kann der Entnahme von Zeitsalden vom JDK oder der Abweichung vom Dienstplan widersprechen, wenn ansonsten die Aufgabenerfüllung nicht sichergestellt wäre, insbesondere, wenn die erforderlichen quantitativen und qualitativen Besetzungsbedarfe nicht eingehalten werden könnten oder sich eine Überbesetzung ergäbe. Der Widerspruch soll möglichst frühzeitig unter Angabe der Gründe erfolgen.

§ 12 Arbeitszeiterfassung

Die Arbeitszeiten der Beschäftigten sind in einer den Anforderungen des Arbeitszeitgesetzes (§ 16 Abs. 2 ArbZG) und der tarifvertraglichen Bestimmungen zu dokumentieren. Erfolgt die Dokumentation durch Dienstpläne, so sind Abweichungen von den Dienstplänen so zu erfassen, dass ein nachträglicher Soll-/Ist-Vergleich möglich ist.

§ 13 „2+2-Team"

Arbeitgeber und Arbeitnehmervertretung benennen je zwei Vertreter („2+2-Team"), die die Umsetzung dieser Regelung begleiten und fallbezogen Meinungsverschiedenheiten bei der Handhabung dieser Regelung erörtern. Das „2+2-Team" überprüft durch gemeinsame Stichprobenkontrollen die Vereinbarkeit der für die einzelnen Organisationseinheiten festgelegten Arbeitszeitmodelle mit den in dieser Dienstvereinbarung festgelegten Kriterien. Zu diesem Zweck können auch geeignete Leistungsdokumentationen herangezogen werden.

§ 14 Salvatorische Klausel

Sollten eine oder mehrere Bestimmungen dieser Dienstvereinbarung ganz oder teilweise rechtsunwirksam sein, so wird dadurch die Gültigkeit der übrigen Bestimmungen nicht berührt. An die Stelle der unwirksamen Bestimmungen tritt rückwirkend eine inhaltlich möglichst gleiche Regelung, die dem Zweck der gewollten Regelung am nächsten kommt.

§ 15 Inkrafttreten/Übergang
1. Diese Dienstvereinbarung tritt zum [DATUM] in Kraft. Sie kann von jeder Partei mit einer Frist von 6 Wochen zum Quartalsende gekündigt werden.
2. Zum Zeitpunkt des Inkrafttretens dieser Vereinbarung eventuell bestehende positive oder negative Differenzen zwischen geleisteter und vertraglich vereinbarter Arbeitszeit werden in das Jahresausgleichskonto übernommen.

[Ort], den [Datum]

....
[Unterschrift Arbeitgeber] [Unterschrift Arbeitnehmervertreter]

Anlage A1: Dienstzeiten Chirurgie
1. Reiner Regeldienst

Dienst	Tage	Beginn	Ende	Pause
Früh lang	MO – FR	07:30	17:15	45min

2. Regeldienst mit anschließendem Bereitschaftsdienst und Übergabe (Regeldienst)

Dienst	Tage	Beginn	Ende	Pause
Spätd. (Regeld.)	MO – FR	15:00	23:00	30min
anschl. BD		23:00	07:30	(30min)*
Übergabe (Regeld.)		07:30	08:00	keine Pause
Nachtd. (Regeld.)	SA/SO/FT	19:00	23:00	keine Pause
anschl. BD		23:00	07:30	(60min)*
Übergabe (Regeld.)	07:30	08:00	keine Pause	

* Die Ruhepause während des Bereitschaftsdienstes wird in Zeiten ohne Inanspruchnahme genommen; die Vergütung für Bereitschaftsdienst wird durchgehend gewährt

Hinweis zu Ziff. 1 und 2:

Für Teilzeitbeschäftigte können abweichende Regeldienstzeiten festgelegt werden, jedoch können nicht mehr als 8 Stunden Regeldienst in Verbindung mit einem Bereitschaftsdienst geleistet werden.

Anlage A2: Dienstzeiten Innere Medizin

1. Reiner Regeldienst

Dienst	Tage	Beginn	Ende	Pause
Früh kurz	MO – FR	07:30	15:30	30min
Früh	MO – FR	07:30	16:00	30min
Früh lang	MO – FR	07:30	17:30	45min
Tag	MO – DO	09:30	19:30	45min
Tag lang	MO – SO	07:30	19:30	60min
Visitendienst	SA	09:00	12:00	

2. Regeldienst mit anschließendem Bereitschaftsdienst und Übergabe

Dienst	Tage	Beginn	Ende	Pause
Nachtd. (Regeld.)	SA/SO/FT	19:00	23:00	keine Pause
anschl. BD		23:00	07:30	(60min)*
Übergabe (Regeld.)		07:30	08:00	keine Pause

* Die Ruhepause während des Bereitschaftsdienstes wird in Zeiten ohne Inanspruchnahme genommen; die Vergütung für Bereitschaftsdienst wird durchgehend gewährt

Hinweis zu Ziff. 1 und 2:

Für Teilzeitbeschäftigte können abweichende Regeldienstzeiten festgelegt werden, jedoch können nicht mehr als 8 Stunden Regeldienst in Verbindung mit einem Bereitschaftsdienst geleistet werden.

Anlage A3: Dienstzeiten INTENSIVSTATION

1. Reiner Regeldienst

Dienst	Tage	Beginn	Ende	Pause
Tag lang (Tag/L)	MO – SO	07:00	20:00	60min
Nacht lang (Nacht/L)	MO – SO	19:00	08:00	60min

Schichtfolge:

	MO	DI	MI	DO	FR	SA	SO
Woche 1	TAG/L	TAG/L	TAG/L	TAG/L	FREI	FREI	FREI
Woche 2	TAG/L	TAG/L	TAG/L	TAG/L	NACHT/L	NACHT/L	NACHT/L
Woche 3	NACHT/L	FREI	FREI	FREI	FREI	TAG/L	TAG/L
Woche 4	FREI	NACHT/L	NACHT/L	NACHT/L	FREI	FREI	FREI

Hinweis:

Für Teilzeitbeschäftigte können abweichende Dienstzeiten festgelegt werden.

Anlage A4: Individuelle opt-out-Erklärung des Arbeitnehmers[262]

Name, Vorname

Personalnummer

Klinik
An die
ABC-Klinik
Bereich Personal
Postfach
12345 ABC-Stadt

Einwilligung in die ausgleichsfreie Verlängerung der werktäglichen Arbeitszeit durch Bereitschaftsdienst („opt-out") gem. § 7 Abs. 2a i.V.m. Abs. 7 Arbeitszeitgesetz

---

[262] Hinweis: Die nachstehend dargestellte Erklärung bezieht sich beispielhaft auf den TVöD/K. Die im Text genannten Bezüge zu Tarifnormen sind gegebenenfalls durch die entsprechenden Regelungen anderer Tarifverträge bzw. kirchenrechtlichen Regelungen zu ersetzen.

Unter Bezugnahme auf § 45 TVöD/BT-K erkläre ich,

[Vorname, Name, Adresse Arbeitnehmer]

gemäß § 7 Abs. 2a ArbZG i.V.m. Abs. 7 ArbZG meine Einwilligung in die ausgleichsfreie Verlängerung der werktäglichen Arbeitszeit durch Bereitschaftsdienst gemäß nachstehend gekennzeichneter Variante:

*Bitte nur **eine** der nachstehenden Varianten ankreuzen!* –
O Ich bin voll(zeit)beschäftigt und erkläre gemäß § 45 Abs. 4 b) TVöD/BT-K meine Einwilligung in die ausgleichsfreie Verlängerung der werktäglichen Arbeitszeit (Arbeitszeitschutzzeit) durch Bereitschaftsdienst auf über 8 Stunden pro Werktag bzw. über 48 Stunden pro Woche bis auf zu 54 Stunden pro Woche im Durchschnitt von bis zu einem Jahr.

O Ich bin **teilzeitbeschäftigt** und erkläre gemäß § 45 Abs. 4 b) TVöD/BT-K meine Einwilligung in die ausgleichsfreie Verlängerung der werktäglichen Arbeitszeit durch Bereitschaftsdienst auf über 8 Stunden pro Werktag bzw. über 48 Stunden pro Woche mit der Maßgabe, dass § 45 Abs. 7 Satz 1 TVöD/BT-K Anwendung finden soll. Dementsprechend verringert sich für mich die für Vollbeschäftigte maßgebliche wöchentliche Arbeitsschutzzeit von maximal 54 Stunden pro Woche im Durchschnitt von bis zu einem Jahr in demselben Verhältnis, wie meine regelmäßige Arbeitszeit im Verhältnis zur regelmäßigen Arbeitszeit der Vollbeschäftigten verringert worden ist.

O Ich bin **teilzeitbeschäftigt** und erkläre gemäß § 45 Abs. 4 b) TVöD/BT-K meine Einwilligung in die ausgleichsfreie Verlängerung der werktäglichen Arbeitszeit durch Bereitschaftsdienst auf über 8 Stunden pro Werktag bzw. über 48 Stunden pro Woche gemäß § 45 Abs. 7 Satz 2 TVöD/BT-K mit der Maßgabe, dass § 45 Abs. 7 Satz 2 TVöD/BT-K keine Anwendung finden soll. Die durchschnittliche wöchentliche Arbeitsschutzzeit von maximal 48 Wochenstunden soll sich nicht in demselben Verhältnis verringern, wie meine regelmäßige Arbeitszeit im Verhältnis zur regelmäßigen Arbeitszeit der Vollbeschäftigten verringert worden ist. Dementsprechend gilt für mich die für Vollbeschäftigte maßgebliche wöchentliche Arbeitsschutzzeit von maximal 54 Stunden pro Woche im Durchschnitt von bis zu einem Jahr.

Mir ist bekannt, dass ich meine Einwilligung in die ausgleichsfreie Arbeitszeitverlängerung gegenüber dem Arbeitgeber mit einer Frist von sechs Monaten ohne Begründung widerrufen kann. Der Widerruf bedarf der Schriftform. Mir ist ferner bekannt, dass ich wegen der Nichtabgabe oder des Widerrufs meiner Einwilligung nicht benachteiligt werden darf.

Ich bestätige, ein Exemplar dieser Erklärung erhalten zu haben.

[Ort], den [Datum]

....
[Unterschrift Arbeitnehmer]

3.10 Personaleinsatzplanung

Zur fortlaufenden Steuerung des Arbeitszeitmodells empfiehlt es sich, definierte Dienste und eventuelle Abweichungen fortlaufend in einer elektronischen Dienstplanung abzubilden, um auf diese Weise

- die Einhaltung der gesetzlichen Rahmenbedingungen sicherzustellen,
- den gesetzlichen bzw. tarifvertraglichen Aufzeichnungspflichten gerecht zu werden,
- Regelungen der Flexibilisierung des Regeldienstes abbilden zu können,
- die für die Abrechnung der unständigen Bezüge erforderlichen Daten leichter zu ermitteln.[263]

---

263 Ein entsprechendes EDV-Tool kann kostenlos über die Website der Arbeitszeitberatung Dr. Hoff Weidinger Herrmann, Berlin, heruntergeladen werden (www.arbeitszeitberatung.de)

KAPITEL 4
Anhang: Gesetzliche, tarifvertragliche und kirchenrechtliche Regelungen

4. Überblick

In diesem Kapitel werden die für Krankenhäuser und Einrichtungen des Pflege- und Betreuungsbereiches wesentlichen europa- und bundesrechtlichen sowie (auszugsweise) die wichtigsten tarifvertraglichen und kirchenrechtlichen Regelungen wiedergegeben, soweit sie Rahmenbedingungen der Gestaltung von Arbeitszeitmodellen – einschließlich der relevanten Vergütungsregelungen – enthalten. Die Wiedergabe der tarifvertraglichen und kirchenrechtlichen Vorschriften konzentriert sich auf die Normen, die für Nutzung arbeitszeitgesetzlicher Abweichungsoptionen bedeutsam sein können. Aus Platzgründen können nicht alle Vorschriften abgedruckt werden, die darüber hinaus bei der Entwicklung und Umsetzung von Arbeitszeitmodellen bedeutsam sein können. Dies sind insbesondere:

– Bestimmungen zum Geltungsbereich der einzelnen Regelungen; hier finden sich u. U. Klauseln, die bestimmte Arbeitnehmergruppen von der Anwendung ausnehmen;
– Bestimmungen zum Erholungsurlaub;
– Bestimmungen zum Zusatzurlaub und für Freistellungen aus besonderem Anlass; diese Bestimmungen können insbesondere bei der Personalbedarfs- und Kostenkalkulation für Schichtmodelle relevant sein, weil sich etwa bei der Umstellung auf ein Wechselschichtmodell erhebliche Zusatzurlaubsansprüche der betroffenen Mitarbeiter sowie Kosten für die Gewährung von Schichtzulagen ergeben können;
– Bestimmungen zur Vergütung (insb. Entgeltgruppen, Überstunden- und Bereitschaftsdienstvergütung, Zeitzuschläge, Zulagen, Anordnung von Freizeitausgleich etc.); diese Bestimmungen sind u. U. bedeutsam, wenn die exakten Kosten der in einem Arbeitszeitmodell anfallenden Zusatzvergütungen für Bereitschaftsdienst und Rufbereitschaft kalkulieren zu können.

4.1 EU-Richtlinie über bestimmte Aspekte der Arbeitszeitgestaltung (2003/88 EG)

DAS EUROPÄISCHE PARLAMENT UND DER RAT DER EUROPÄISCHEN UNION gestützt auf den Vertrag zur Gründung der Europäischen Gemeinschaft, insbesondere auf Artikel 137 Absatz 2, auf Vorschlag der Kommission, nach Stellungnahme des Europäischen Wirtschafts- und Sozialausschusses[1], nach Anhörung des Ausschusses der Regionen, gemäß dem Verfahren des Artikels 251 des Vertrags[2], in Erwägung nachstehender Gründe:

(1) Die Richtlinie 93/104/EG des Rates vom 23. November 1993 über bestimmte Aspekte der Arbeitszeitgestaltung[3], die Mindestvorschriften für Sicherheit und Ge-

---
1 ABl. C 61 vom 14.3.2003, S. 123.
2 Stellungnahme des Europäischen Parlaments vom 17. Dezember 2002 (noch nicht im Amtsblat veröffentlicht) und Beschluss des Rates vom 22. September 2003.

sundheitsschutz bei der Arbeitszeitgestaltung im Hinblick auf tägliche Ruhezeiten, Ruhepausen, wöchentliche Ruhezeiten, wöchentliche Höchstarbeitszeit, Jahresurlaub sowie Aspekte der Nacht- und der Schichtarbeit und des Arbeitsrhythmus enthält, ist in wesentlichen Punkten geändert worden. Aus Gründen der Übersichtlichkeit und Klarheit empfiehlt es sich deshalb, die genannten Bestimmungen zu kodifizieren.

(2) Nach Artikel 137 des Vertrags unterstützt und ergänzt die Gemeinschaft die Tätigkeit der Mitgliedstaaten, um die Arbeitsumwelt zum Schutz der Sicherheit und der Gesundheit der Arbeitnehmer zu verbessern. Richtlinien, die auf der Grundlage dieses Artikels angenommen werden, sollten keine verwaltungsmäßigen, finanziellen oder rechtlichen Auflagen vorschreiben, die der Gründung und Entwicklung von kleinen und mittleren Unternehmen entgegenstehen.

(3) Die Bestimmungen der Richtlinie 89/391/EWG des Rates vom 12. Juni 1989 über die Durchführung von Maßnahmen zur Verbesserung der Sicherheit und des Gesundheitsschutzes der Arbeitnehmer bei der Arbeit[4] bleiben auf die durch die vorliegende Richtlinie geregelte Materie – unbeschadet der darin enthaltenen strengeren und/oder spezifischen Vorschriften – in vollem Umfang anwendbar.

(4) Die Verbesserung von Sicherheit, Arbeitshygiene und Gesundheitsschutz der Arbeitnehmer bei der Arbeit stellen Zielsetzungen dar, die keinen rein wirtschaftlichen Überlegungen untergeordnet werden dürfen.

(5) Alle Arbeitnehmer sollten angemessene Ruhezeiten erhalten. Der Begriff „Ruhezeit" muss in Zeiteinheiten ausgedrückt werden, d.h. in Tagen, Stunden und/oder Teilen davon. Arbeitnehmern in der Gemeinschaft müssen Mindestruhezeiten – je Tag, Woche und Jahr – sowie angemessene Ruhepausen zugestanden werden. In diesem Zusammenhang muss auch eine wöchentliche Höchstarbeitszeit festgelegt werden.

(6) Hinsichtlich der Arbeitszeitgestaltung ist den Grundsätzen der Internationalen Arbeitsorganisation Rechnung zu tragen; dies betrifft auch die für Nachtarbeit geltenden Grundsätze.

(7) Untersuchungen zeigen, dass der menschliche Organismus während der Nacht besonders empfindlich auf Umweltstörungen und auf bestimmte belastende Formen der Arbeitsorganisation reagiert und dass lange Nachtarbeitszeiträume für die Gesundheit der Arbeitnehmer nachteilig sind und ihre Sicherheit bei der Arbeit beeinträchtigen können.

(8) Infolgedessen ist die Dauer der Nachtarbeit, auch in Bezug auf die Mehrarbeit, einzuschränken und vorzusehen, dass der Arbeitgeber im Fall regelmäßiger Inanspruchnahme von Nachtarbeitern die zuständigen Behörden auf Ersuchen davon in Kenntnis setzt.

(9) Nachtarbeiter haben vor Aufnahme der Arbeit – und danach regelmäßig – Anspruch auf eine unentgeltliche Untersuchung ihres Gesundheitszustands und müs-

---

3 ABl. L 307 vom 13.12.1993, S. 18. Geändert durch die Richtlinie 2000/34/EG des Europäischen Parlaments und des Rates (ABl. L 195 vom 1.8.2000, S. 41).
4 ABl. L 183 vom 29.6.1989, S. 1.

sen, wenn sie gesundheitliche Schwierigkeiten haben, soweit jeweils möglich auf eine für sie geeignete Arbeitsstelle mit Tagarbeit versetzt werden.

(10) In Anbetracht der besonderen Lage von Nacht- und Schichtarbeitern müssen deren Sicherheit und Gesundheit in einem Maß geschützt werden, das der Art ihrer Arbeit entspricht, und die Schutz- und Vorsorgeleistungen oder -mittel müssen effizient organisiert und eingesetzt werden.

(11) Die Arbeitsbedingungen können die Sicherheit und Gesundheit der Arbeitnehmer beeinträchtigen. Die Gestaltung der Arbeit nach einem bestimmten Rhythmus muss dem allgemeinen Grundsatz Rechnung tragen, dass die Arbeitsgestaltung dem Menschen angepasst sein muss.

(12) Eine europäische Vereinbarung über die Regelung der Arbeitszeit von Seeleuten ist gemäß Artikel 139 Absatz 2 des Vertrags durch die Richtlinie 1999/63/EG des Rates vom 21. Juni 1999 zu der vom Verband der Reeder in der Europäischen Gemeinschaft (European Community Shipowners' Association ECSA) und dem Verband der Verkehrsgewerkschaften in der Europäischen Union (Federation of Transport Workers' Unions in the European Union FST) getroffenen Vereinbarung über die Regelung der Arbeitszeit von Seeleuten[5] durchgeführt worden. Daher sollten die Bestimmungen dieser Richtlinie nicht für Seeleute gelten.

(13) Im Fall jener „am Ertrag beteiligten Fischer", die in einem Arbeitsverhältnis stehen, ist es Aufgabe der Mitgliedstaaten, gemäß dieser Richtlinie die Bedingungen für das Recht auf und die Gewährung von Jahresurlaub einschließlich der Regelungen für die Bezahlung festzulegen.

(14) Die spezifischen Vorschriften anderer gemeinschaftlicher Rechtsakte über zum Beispiel Ruhezeiten, Arbeitszeit, Jahresurlaub und Nachtarbeit bestimmter Gruppen von Arbeitnehmern sollten Vorrang vor den Bestimmungen dieser Richtlinie haben.

(15) In Anbetracht der Fragen, die sich aufgrund der Arbeitszeitgestaltung im Unternehmen stellen können, ist eine gewisse Flexibilität bei der Anwendung einzelner Bestimmungen dieser Richtlinie vorzusehen, wobei jedoch die Grundsätze des Schutzes der Sicherheit und der Gesundheit der Arbeitnehmer zu beachten sind.

(16) Je nach Lage des Falles sollten die Mitgliedstaaten oder die Sozialpartner die Möglichkeit haben, von einzelnen Bestimmungen dieser Richtlinie abzuweichen. Im Fall einer Abweichung müssen jedoch den betroffenen Arbeitnehmern in der Regel gleichwertige Ausgleichsruhezeiten gewährt werden.

(17) Diese Richtlinie sollte die Pflichten der Mitgliedstaaten hinsichtlich der in Anhang I Teil B aufgeführten Richtlinien und deren Umsetzungsfristen unberührt lassen – HABEN FOLGENDE RICHTLINIE ERLASSEN:

---

5 ABl. L 167 vom 2.7.1999, S. 33.

Kapitel 1
Anwendungsbereich und Begriffsbestimmungen

Artikel 1 Gegenstand und Anwendungsbereich

(1) Diese Richtlinie enthält Mindestvorschriften für Sicherheit und Gesundheitsschutz bei der Arbeitszeitgestaltung.

(2) Gegenstand dieser Richtlinie sind

a) die täglichen und wöchentlichen Mindestruhezeiten, der Mindestjahresurlaub, die Ruhepausen und die wöchentliche Höchstarbeitszeit sowie

b) bestimmte Aspekte der Nacht- und der Schichtarbeit sowie des Arbeitsrhythmus.

(3) Diese Richtlinie gilt unbeschadet ihrer Artikel 14, 17, 18 und 19 für alle privaten oder öffentlichen Tätigkeitsbereiche im Sinne des Artikels 2 der Richtlinie 89/391/EWG. Diese Richtlinie gilt unbeschadet des Artikels 2 Nummer 8 nicht für Seeleute gemäß der Definition in der Richtlinie 1999/63/EG.

(4) Die Bestimmungen der Richtlinie 89/391/EWG finden unbeschadet strengerer und/oder spezifischer Vorschriften in der vorliegenden Richtlinie auf die in Absatz 2 genannten Bereiche voll Anwendung.

Artikel 2 Begriffsbestimmungen

Im Sinne dieser Richtlinie sind:

1. Arbeitszeit: jede Zeitspanne, während der ein Arbeitnehmer gemäß den einzelstaatlichen Rechtsvorschriften und/oder Gepflogenheiten arbeitet, dem Arbeitgeber zur Verfügung steht und seine Tätigkeit ausübt oder Aufgaben wahrnimmt;
2. Ruhezeit: jede Zeitspanne außerhalb der Arbeitszeit;
3. Nachtzeit: jede, in den einzelstaatlichen Rechtsvorschriften festgelegte Zeitspanne von mindestens sieben Stunden, welche auf jeden Fall die Zeitspanne zwischen 24 Uhr und 5 Uhr umfasst;
4. Nachtarbeiter:
    a) einerseits: jeder Arbeitnehmer, der während der Nachtzeit normalerweise mindestens drei Stunden seiner täglichen Arbeitszeit verrichtet;
    b) andererseits: jeder Arbeitnehmer, der während der Nachtzeit gegebenenfalls einen bestimmten Teil seiner jährlichen Arbeitszeit verrichtet, der nach Wahl des jeweiligen Mitgliedstaats festgelegt wird:
        i) nach Anhörung der Sozialpartner in den einzelstaatlichen Rechtsvorschriften oder
        ii) in Tarifverträgen oder Vereinbarungen zwischen den Sozialpartnern auf nationaler oder regionaler Ebene;
5. Schichtarbeit: jede Form der Arbeitsgestaltung kontinuierlicher oder nicht kontinuierlicher Art mit Belegschaften, bei der Arbeitnehmer nach einem bestimmten Zeitplan, auch im Rotationsturnus, sukzessive an den gleichen Arbeitsstellen eingesetzt werden, so dass sie ihre Arbeit innerhalb eines Tages oder Wochen umfassenden Zeitraums zu unterschiedlichen Zeiten verrichten müssen;
6. Schichtarbeiter: jeder in einem Schichtarbeitsplan eingesetzte Arbeitnehmer;
7. (...)

8. (...)
9. ausreichende Ruhezeiten: die Arbeitnehmer müssen über regelmäßige und ausreichend lange und kontinuierliche Ruhezeiten verfügen, deren Dauer in Zeiteinheiten angegeben wird, damit sichergestellt ist, dass sie nicht wegen Übermüdung oder wegen eines unregelmäßigen Arbeitsrhythmus sich selbst, ihre Kollegen oder sonstige Personen verletzen und weder kurzfristig noch langfristig ihre Gesundheit schädigen.

Kapitel 2
Mindestruhezeiten – Sonstige Aspekte der Arbeitszeitgestaltung
Artikel 3   Tägliche Ruhezeit
Die Mitgliedstaaten treffen die erforderlichen Maßnahmen, damit jedem Arbeitnehmer pro 24-Stunden-Zeitraum eine Mindestruhezeit von elf zusammenhängenden Stunden gewährt wird.

Artikel 4   Ruhepause
Die Mitgliedstaaten treffen die erforderlichen Maßnahmen, damit jedem Arbeitnehmer bei einer täglichen Arbeitszeit von mehr als sechs Stunden eine Ruhepause gewährt wird; die Einzelheiten, insbesondere Dauer und Voraussetzung für die Gewährung dieser Ruhepause, werden in Tarifverträgen oder Vereinbarungen zwischen den Sozialpartnern oder in Ermangelung solcher Übereinkünfte in den innerstaatlichen Rechtsvorschriften festgelegt.

Artikel 5   Wöchentliche Ruhezeit
Die Mitgliedstaaten treffen die erforderlichen Maßnahmen, damit jedem Arbeitnehmer pro Siebentageszeitraum eine kontinuierliche Mindestruhezeit von 24 Stunden zuzüglich der täglichen Ruhezeit von elf Stunden gemäß Artikel 3 gewährt wird. Wenn objektive, technische oder arbeitsorganisatorische Umstände dies rechtfertigen, kann eine Mindestruhezeit von 24 Stunden gewährt werden.

Artikel 6   Wöchentliche Höchstarbeitszeit
Die Mitgliedstaaten treffen die erforderlichen Maßnahmen, damit nach Maßgabe der Erfordernisse der Sicherheit und des Gesundheitsschutzes der Arbeitnehmer:
a) die wöchentliche Arbeitszeit durch innerstaatliche Rechts- und Verwaltungsvorschriften oder in Tarifverträgen oder Vereinbarungen zwischen den Sozialpartnern festgelegt wird;
b) die durchschnittliche Arbeitszeit pro Siebentageszeitraum 48 Stunden einschließlich der Überstunden nicht überschreitet.

Artikel 7   Jahresurlaub
(1) Die Mitgliedstaaten treffen die erforderlichen Maßnahmen, damit jeder Arbeitnehmer einen bezahlten Mindestjahresurlaub von vier Wochen nach Maßgabe der

Bedingungen für die Inanspruchnahme und die Gewährung erhält, die in den einzelstaatlichen Rechtsvorschriften und/oder nach den einzelstaatlichen Gepflogenheiten vorgesehen sind.

(2) Der bezahlte Mindestjahresurlaub darf außer bei Beendigung des Arbeitsverhältnisses nicht durch eine finanzielle Vergütung ersetzt werden.

Kapitel 3
Nachtarbeit – Schichtarbeit – Arbeitsrhythmus

Artikel 8   Dauer der Nachtarbeit

Die Mitgliedstaaten treffen die erforderlichen Maßnahmen, damit:

a) die normale Arbeitszeit für Nachtarbeiter im Durchschnitt acht Stunden pro 24-Stunden-Zeitraum nicht überschreitet;

b) Nachtarbeiter, deren Arbeit mit besonderen Gefahren oder einer erheblichen körperlichen oder geistigen Anspannung verbunden ist, in einem 24-Stunden-Zeitraum, während dessen sie Nachtarbeit verrichten, nicht mehr als acht Stunden arbeiten.

Zum Zweck von Buchstabe b) wird im Rahmen von einzelstaatlichen Rechtsvorschriften und/oder Gepflogenheiten oder von Tarifverträgen oder Vereinbarungen zwischen den Sozialpartnern festgelegt, welche Arbeit unter Berücksichtigung der Auswirkungen der Nachtarbeit und der ihr eigenen Risiken mit besonderen Gefahren oder einer erheblichen körperlichen und geistigen Anspannung verbunden ist.

Artikel 9   Untersuchung des Gesundheitszustands von Nachtarbeitern und Versetzung auf Arbeitsstellen mit Tagarbeit

(1) Die Mitgliedstaaten treffen die erforderlichen Maßnahmen, damit:

a) der Gesundheitszustand der Nachtarbeiter vor Aufnahme der Arbeit und danach regelmäßig unentgeltlich untersucht wird;

b) Nachtarbeiter mit gesundheitlichen Schwierigkeiten, die nachweislich damit verbunden sind, dass sie Nachtarbeit leisten, soweit jeweils möglich auf eine Arbeitsstelle mit Tagarbeit versetzt werden, für die sie geeignet sind.

(2) Die unentgeltliche Untersuchung des Gesundheitszustands gemäß Absatz 1 Buchstabe a) unterliegt der ärztlichen Schweigepflicht.

(3) Die unentgeltliche Untersuchung des Gesundheitszustands gemäß Absatz 1 Buchstabe a) kann im Rahmen des öffentlichen Gesundheitswesens durchgeführt werden.

Artikel 10   Garantien für Arbeit während der Nachtzeit

Die Mitgliedstaaten können die Arbeit bestimmter Gruppen von Nachtarbeitern, die im Zusammenhang mit der Arbeit während der Nachtzeit einem Sicherheits- oder Gesundheitsrisiko ausgesetzt sind, nach Maßgabe der einzelstaatlichen Rechtsvorschriften und/oder Gepflogenheiten von bestimmten Garantien abhängig machen.

Artikel 11 Unterrichtung bei regelmäßiger Inanspruchnahme von Nachtarbeitern

Die Mitgliedstaaten treffen die erforderlichen Maßnahmen, damit der Arbeitgeber bei regelmäßiger Inanspruchnahme von Nachtarbeitern die zuständigen Behörden auf Ersuchen davon in Kenntnis setzt.

Artikel 12 Sicherheits- und Gesundheitsschutz

Die Mitgliedstaaten treffen die erforderlichen Maßnahmen, damit:

a) Nacht- und Schichtarbeitern hinsichtlich Sicherheit und Gesundheit in einem Maß Schutz zuteil wird, das der Art ihrer Arbeit Rechnung trägt;
b) die zur Sicherheit und zum Schutz der Gesundheit von Nacht- und Schichtarbeitern gebotenen Schutz- und Vorsorgeleistungen oder -mittel denen für die übrigen Arbeitnehmer entsprechen und jederzeit vorhanden sind

Artikel 13 Arbeitsrhythmus

Die Mitgliedstaaten treffen die erforderlichen Maßnahmen, damit ein Arbeitgeber, der beabsichtigt, die Arbeit nach einem bestimmten Rhythmus zu gestalten, dem allgemeinen Grundsatz Rechnung trägt, dass die Arbeitsgestaltung dem Menschen angepasst sein muss, insbesondere im Hinblick auf die Verringerung der eintönigen Arbeit und des maschinenbestimmten Arbeitsrhythmus, nach Maßgabe der Art der Tätigkeit und der Erfordernisse der Sicherheit und des Gesundheitsschutzes, insbesondere was die Pausen während der Arbeitszeit betrifft.

Kapitel 4
Sonstige Bestimmungen

Artikel 14 Spezifischere Gemeinschaftsvorschriften

Die Bestimmungen dieser Richtlinie gelten nicht, soweit andere Gemeinschaftsinstrumente spezifischere Vorschriften über die Arbeitszeitgestaltung für bestimmte Beschäftigungen oder berufliche Tätigkeiten enthalten.

Artikel 15 Günstigere Vorschriften

Das Recht der Mitgliedstaaten, für die Sicherheit und den Gesundheitsschutz der Arbeitnehmer günstigere Rechts- und Verwaltungsvorschriften anzuwenden oder zu erlassen oder die Anwendung von für die Sicherheit und den Gesundheitsschutz der Arbeitnehmer günstigeren Tarifverträgen oder Vereinbarungen zwischen den Sozialpartnern zu fördern oder zu gestatten, bleibt unberührt.

Artikel 16 Bezugszeiträume

Die Mitgliedstaaten können für die Anwendung der folgenden Artikel einen Bezugszeitraum vorsehen, und zwar

a) für Artikel 5 (wöchentliche Ruhezeit) einen Bezugszeitraum bis zu 14 Tagen;

b) für Artikel 6 (wöchentliche Höchstarbeitszeit) einen Bezugszeitraum bis zu vier Monaten. Die nach Artikel 7 gewährten Zeiten des bezahlten Jahresurlaubs sowie die Krankheitszeiten bleiben bei der Berechnung des Durchschnitts unberücksichtigt oder sind neutral;
c) für Artikel 8 (Dauer der Nachtarbeit) einen Bezugszeitraum, der nach Anhörung der Sozialpartner oder in Tarifverträgen oder Vereinbarungen zwischen den Sozialpartnern auf nationaler oder regionaler Ebene festgelegt wird.

Fällt die aufgrund von Artikel 5 verlangte wöchentliche Mindestruhezeit von 24 Stunden in den Bezugszeitraum, so bleibt sie bei der Berechnung des Durchschnitts unberücksichtigt.

Kapitel 5
Abweichungen und Ausnahmen

Artikel 17 Abweichungen

(1) Unter Beachtung der allgemeinen Grundsätze des Schutzes der Sicherheit und der Gesundheit der Arbeitnehmer können die Mitgliedstaaten von den Artikeln 3 bis 6, 8 und 16 abweichen, wenn die Arbeitszeit wegen der besonderen Merkmale der ausgeübten Tätigkeit nicht gemessen und/oder nicht im Voraus festgelegt wird oder von den Arbeitnehmern selbst festgelegt werden kann, und zwar insbesondere in Bezug auf nachstehende Arbeitnehmer:

a) leitende Angestellte oder sonstige Personen mit selbstständiger Entscheidungsbefugnis;
b) Arbeitskräfte, die Familienangehörige sind;
c) Arbeitnehmer, die im liturgischen Bereich von Kirchen oder Religionsgemeinschaften beschäftigt sind.

(2) Sofern die betroffenen Arbeitnehmer gleichwertige Ausgleichsruhezeiten oder in Ausnahmefällen, in denen die Gewährung solcher gleichwertigen Ausgleichsruhezeiten aus objektiven Gründen nicht möglich ist, einen angemessenen Schutz erhalten, kann im Wege von Rechts- und Verwaltungsvorschriften oder im Wege von Tarifverträgen oder Vereinbarungen zwischen den Sozialpartnern gemäß den Absätzen 3, 4 und 5 abgewichen werden.

(3) Gemäß Absatz 2 dieses Artikels sind Abweichungen von den Artikeln 3, 4, 5, 8 und 16 zulässig:

a) bis b) (…)
c) bei Tätigkeiten, die dadurch gekennzeichnet sind, dass die Kontinuität des Dienstes oder der Produktion gewährleistet sein muss, und zwar insbesondere bei
   i) Aufnahme-, Behandlungs- und/oder Pflegediensten von Krankenhäusern oder ähnlichen Einrichtungen, einschließlich der Tätigkeiten von Ärzten in der Ausbildung, Heimen so wie Gefängnissen,
   ii) bis viii) (…)
d) bis g) (…)

(4) Gemäß Absatz 2 dieses Artikels sind Abweichungen von den Artikeln 3 und 5 zulässig:

a) wenn bei Schichtarbeit der Arbeitnehmer die Gruppe wechselt und zwischen dem Ende der Arbeit in einer Schichtgruppe und dem Beginn der Arbeit in der nächsten nicht in den Genuss der täglichen und/oder wöchentlichen Ruhezeit kommen kann;
b) bei Tätigkeiten, bei denen die Arbeitszeiten über den Tag verteilt sind, insbesondere im Fall von Reinigungspersonal.

(5) Gemäß Absatz 2 dieses Artikels sind Abweichungen von Artikel 6 und von Artikel 16 Buchstabe b) bei Ärzten in der Ausbildung nach Maßgabe der Unterabsätze 2 bis 7 dieses Absatzes zulässig.

In Unterabsatz 1 genannte Abweichungen von Artikel 6 sind für eine Übergangszeit von fünf Jahren ab dem 1. August 2004 zulässig.

Die Mitgliedstaaten verfügen erforderlichenfalls über einen zusätzlichen Zeitraum von höchstens zwei Jahren, um den Schwierigkeiten bei der Einhaltung der Arbeitszeitvorschriften im Zusammenhang mit ihren Zuständigkeiten für die Organisation und Bereitstellung von Gesundheitsdiensten und medizinischer Versorgung Rechnung zu tragen. Spätestens sechs Monate vor dem Ende der Übergangszeit unterrichtet der betreffende Mitgliedstaat die Kommission hierüber unter Angabe der Gründe, so dass die Kommission nach entsprechenden Konsultationen innerhalb von drei Monaten nach dieser Unterrichtung eine Stellungnahme abgeben kann. Falls der Mitgliedstaat der Stellungnahme der Kommission nicht folgt, rechtfertigt er seine Entscheidung. Die Unterrichtung und die Rechtfertigung des Mitgliedstaats sowie die Stellungnahme der Kommission werden im Amtsblatt der Europäischen Union veröffentlicht und dem Europäischen Parlament übermittelt.

Die Mitgliedstaaten verfügen erforderlichenfalls über einen zusätzlichen Zeitraum von höchstens einem Jahr, um den besonderen Schwierigkeiten bei der Wahrnehmung der in Unterabsatz 3 genannten Zuständigkeiten Rechnung zu tragen. Sie haben das Verfahren des Unterabsatzes 3 einzuhalten.

Die Mitgliedstaaten stellen sicher, dass die Zahl der Wochenarbeitsstunden keinesfalls einen Durchschnitt von 58 während der ersten drei Jahre der Übergangszeit, von 56 während der folgenden zwei Jahre und von 52 während des gegebenenfalls verbleibenden Zeitraums übersteigt.

Der Arbeitgeber konsultiert rechtzeitig die Arbeitnehmervertreter, um – soweit möglich – eine Vereinbarung über die Regelungen zu erreichen, die während der Übergangszeit anzuwenden sind. Innerhalb der in Unterabsatz 5 festgelegten Grenzen kann eine derartige Vereinbarung sich auf Folgendes erstrecken:
a) die durchschnittliche Zahl der Wochenarbeitsstunden während der Übergangszeit und
b) Maßnahmen, die zur Verringerung der Wochenarbeitszeit
auf einen Durchschnitt von 48 Stunden bis zum Ende der Übergangszeit zu treffen sind. In Unterabsatz 1 genannte Abweichungen von Artikel 16 Buchstabe b) sind zulässig, vorausgesetzt, dass der Bezugszeitraum während des in Unterabsatz 5 festgelegten ersten Teils der Übergangszeit zwölf Monate und danach sechs Monate nicht übersteigt.

Artikel 18 Abweichungen im Wege von Tarifverträgen

Von den Artikeln 3, 4, 5, 8 und 16 kann abgewichen werden im Wege von Tarifverträgen oder Vereinbarungen zwischen den Sozialpartnern auf nationaler oder regionaler Ebene oder, bei zwischen den Sozialpartnern getroffenen Abmachungen, im Wege von Tarifverträgen oder Vereinbarungen zwischen Sozialpartnern auf niedrigerer Ebene. Mitgliedstaaten, in denen es keine rechtliche Regelung gibt, wonach über die in dieser Richtlinie geregelten Fragen zwischen den Sozialpartnern auf nationaler oder regionaler Ebene Tarifverträge oder Vereinbarungen geschlossen werden können, oder Mitgliedstaaten, in denen es einen entsprechenden rechtlichen Rahmen gibt und innerhalb dessen Grenzen, können im Einklang mit den einzelstaatlichen Rechtsvorschriften und/oder Gepflogenheiten Abweichungen von den Artikeln 3, 4, 5, 8 und 16 durch Tarifverträge oder Vereinbarungen zwischen den Sozialpartnern auf geeigneter kollektiver Ebene zulassen.

Die Abweichungen gemäß den Unterabsätzen 1 und 2 sind nur unter der Voraussetzung zulässig, dass die betroffenen Arbeitnehmer gleichwertige Ausgleichsruhezeiten oder in Ausnahmefällen, in denen die Gewährung solcher Ausgleichsruhezeiten aus objektiven Gründen nicht möglich ist, einen angemessenen Schutz erhalten. Die Mitgliedstaaten können Vorschriften vorsehen

a) für die Anwendung dieses Artikels durch die Sozialpartner und

b) für die Erstreckung der Bestimmungen von gemäß diesem Artikel geschlossenen Tarifverträgen oder Vereinbarungen auf andere Arbeitnehmer gemäß den einzelstaatlichen Rechtsvorschriften und/oder Gepflogenheiten.

Artikel 19 Grenzen der Abweichungen von Bezugszeiträumen

Die in Artikel 17 Absatz 3 und in Artikel 18 vorgesehene Möglichkeit der Abweichung von Artikel 16 Buchstabe b) darf nicht die Festlegung eines Bezugszeitraums zur Folge haben, der länger ist als sechs Monate.

Den Mitgliedstaaten ist es jedoch mit der Maßgabe, dass sie dabei die allgemeinen Grundsätze der Sicherheit und des Gesundheitsschutzes der Arbeitnehmer wahren, freigestellt zuzulassen, dass in den Tarifverträgen oder Vereinbarungen zwischen Sozialpartnern aus objektiven, technischen oder arbeitsorganisatorischen Gründen längere Bezugszeiträume festgelegt werden, die auf keinen Fall zwölf Monate überschreiten dürfen.

Der Rat überprüft vor dem 23. November 2003 anhand eines Vorschlags der Kommission, dem ein Evaluierungsbericht beigefügt ist, die Bestimmungen dieses Absatzes und befindet über das weitere Vorgehen.

Artikel 20 Mobile Arbeitnehmer und Tätigkeiten auf Offshore-Anlagen
(...)

Artikel 21 Arbeitnehmer an Bord von seegehenden Fischereifahrzeugen
(...)

Artikel 22 Sonstige Bestimmungen

(1) Es ist einem Mitgliedstaat freigestellt, Artikel 6 nicht anzuwenden, wenn er die allgemeinen Grundsätze der Sicherheit und des Gesundheitsschutzes der Arbeitnehmer einhält und mit den erforderlichen Maßnahmen dafür sorgt, dass

a) kein Arbeitgeber von einem Arbeitnehmer verlangt, im Durchschnitt des in Artikel 16 Buchstabe b) genannten Bezugszeitraums mehr als 48 Stunden innerhalb eines Siebentagezeitraums zu arbeiten, es sei denn der Arbeitnehmer hat sich hierzu bereit erklärt;

b) keinem Arbeitnehmer Nachteile daraus entstehen, dass er nicht bereit ist, eine solche Arbeit zu leisten;

c) der Arbeitgeber aktuelle Listen über alle Arbeitnehmer führt, die eine solche Arbeit leisten;

d) die Listen den zuständigen Behörden zur Verfügung gestellt werden, die aus Gründen der Sicherheit und/oder des Schutzes der Gesundheit der Arbeitnehmer die Möglichkeit zur Überschreitung der wöchentlichen Höchstarbeitszeit unterbinden oder einschränken können;

e) der Arbeitgeber die zuständigen Behörden auf Ersuchen darüber unterrichtet, welche Arbeitnehmer sich dazu bereit erklärt haben, im Durchschnitt des in Artikel 16 Buchstabe b) genannten Bezugszeitraums mehr als 48 Stunden innerhalb eines Siebentagezeitraums zu arbeiten.

Vor dem 23. November 2003 überprüft der Rat anhand eines Vorschlags der Kommission, dem ein Evaluierungsbericht beigefügt ist, die Bestimmungen dieses Absatzes und befindet über das weitere Vorgehen.

(2) Für die Anwendung des Artikels 7 ist es den Mitgliedstaaten freigestellt, eine Übergangszeit von höchstens drei Jahren ab dem 23. November 1996 in Anspruch zu nehmen, unter der Bedingung, dass während dieser Übergangszeit

a) jeder Arbeitnehmer einen bezahlten Mindestjahresurlaub von drei Wochen nach Maßgabe der in den einzelstaatlichen Rechtsvorschriften und/oder nach den einzelstaatlichen Gepflogenheiten vorgesehenen Bedingungen für dessen Inanspruchnahme und Gewährung erhält und

b) der bezahlte Jahresurlaub von drei Wochen außer im Fall der Beendigung des Arbeitsverhältnisses nicht durch eine finanzielle Vergütung ersetzt wird.

(3) Sofern die Mitgliedstaaten von den in diesem Artikel genannten Möglichkeiten Gebrauch machen, setzen sie die Kommission unverzüglich davon in Kenntnis.

Kapitel 6

Schlussbestimmungen

Artikel 23 Niveau des Arbeitnehmerschutzes

Unbeschadet des Rechts der Mitgliedstaaten, je nach der Entwicklung der Lage im Bereich der Arbeitszeit unterschiedliche Rechts- und Verwaltungsvorschriften sowie Vertragsvorschriften zu entwickeln, sofern die Mindestvorschriften dieser Richtlinie eingehalten werden, stellt die Durchführung dieser Richtlinie keine wirksame Rechtfertigung für eine Zurücknahme des allgemeinen Arbeitnehmerschutzes dar.

Artikel 24   Berichtswesen

(1) Die Mitgliedstaaten teilen der Kommission den Wortlaut der innerstaatlichen Rechtsvorschriften mit, die sie auf dem unter diese Richtlinie fallenden Gebiet erlassen oder bereits erlassen haben.

(2) Die Mitgliedstaaten erstatten der Kommission alle fünf Jahre Bericht über die Anwendung der Bestimmungen dieser Richtlinie in der Praxis und geben dabei die Standpunkte der Sozialpartner an. Die Kommission unterrichtet darüber das Europäische Parlament, den Rat, den Europäischen Wirtschafts- und Sozialausschuss sowie den Beratenden Ausschuss für Sicherheit, Arbeitshygiene und Gesundheitsschutz am Arbeitsplatz.

(3) Die Kommission legt dem Europäischen Parlament, dem Rat und dem Europäischen Wirtschafts- und Sozialausschuss nach dem 23. November 1996 alle fünf Jahre einen Bericht über die Anwendung dieser Richtlinie unter Berücksichtigung der Artikel 22 und 23 und der Absätze 1 und 2 dieses Artikels vor.

Artikel 25   Überprüfung der Durchführung der Bestimmungen für Arbeitnehmer an Bord von seegehenden Fischereifahrzeugen

(...)

Artikel 26   Überprüfung des Durchführungsstands der Bestimmungen für Arbeitnehmer, die im regelmäßigen innerstädtischen Personenverkehr beschäftigt sind

(...)

Artikel 27   Aufhebung

(1) Die Richtlinie 93/104/EG in der Fassung der in Anhang I Teil A genannten Richtlinie wird unbeschadet der Pflichten der Mitgliedstaaten hinsichtlich der in Anhang I Teil B genannten Umsetzungsfristen aufgehoben.

(2) Bezugnahmen auf die aufgehobene Richtlinie gelten als Bezugnahmen auf die vorliegende Richtlinie und sind nach Maßgabe der Entsprechungstabelle in Anhang II zu lesen.

Artikel 28   Inkrafttreten

Diese Richtlinie tritt am 2. August 2004 in Kraft.

Artikel 29 Adressaten

Diese Richtlinie ist an alle Mitgliedstaaten gerichtet.

Geschehen zu Brüssel am 4. November 2003.

In Namen des Europäischen Parlaments
Der Präsident
P. COX

4.2 Arbeitszeitgesetz

§ 1 Zweck des Gesetzes
Zweck des Gesetzes ist es,
1. die Sicherheit und den Gesundheitsschutz der Arbeitnehmer bei der Arbeitszeitgestaltung zu gewährleisten und die Rahmenbedingungen für flexible Arbeitszeiten zu verbessern sowie
2. den Sonntag und die staatlich anerkannten Feiertage als Tage der Arbeitsruhe und der seelischen Erhebung der Arbeitnehmer zu schützen.

§ 2 Begriffsbestimmungen
(1) Arbeitszeit im Sinne dieses Gesetzes ist die Zeit vom Beginn bis zum Ende der Arbeit ohne die Ruhepausen; Arbeitszeiten bei mehreren Arbeitgebern sind zusammenzurechnen. Im Bergbau unter Tage zählen die Ruhepausen zur Arbeitszeit.
(2) Arbeitnehmer im Sinne dieses Gesetzes sind Arbeiter und Angestellte sowie die zu ihrer Berufsbildung Beschäftigten.
(3) Nachtzeit im Sinne dieses Gesetzes ist die Zeit von 23 bis 6 Uhr, in Bäckereien und Konditoreien die Zeit von 22 bis 5 Uhr.
(4) Nachtarbeit im Sinne dieses Gesetzes ist jede Arbeit, die mehr als zwei Stunden der Nachtzeit umfasst.
(5) Nachtarbeitnehmer im Sinne dieses Gesetzes sind Arbeitnehmer, die
1. auf Grund ihrer Arbeitszeitgestaltung normalerweise Nachtarbeit in Wechselschicht zu leisten haben oder
2. Nachtarbeit an mindestens 48 Tagen im Kalenderjahr leisten.

§ 3 Arbeitszeit der Arbeitnehmer
Die werktägliche Arbeitszeit der Arbeitnehmer darf acht Stunden nicht überschreiten. Sie kann auf bis zu zehn Stunden nur verlängert werden, wenn innerhalb von sechs Kalendermonaten oder innerhalb von 24 Wochen im Durchschnitt acht Stunden werktäglich nicht überschritten werden.

§ 4 Ruhepausen
Die Arbeit ist durch im voraus feststehende Ruhepausen von mindestens 30 Minuten bei einer Arbeitszeit von mehr als sechs bis zu neun Stunden und 45 Minuten bei einer Arbeitszeit von mehr als neun Stunden insgesamt zu unterbrechen. Die Ruhepausen nach Satz 1 können in Zeitabschnitten von jeweils mindestens 15 Minuten aufgeteilt werden. Länger als sechs Stunden hintereinander dürfen Arbeitnehmer nicht ohne Ruhepausen beschäftigt werden.

§ 5 Ruhezeit
(1) Die Arbeitnehmer müssen nach Beendigung der täglichen Arbeitszeit eine ununterbrochene Ruhezeit von mindestens elf Stunden haben.

(2) Die Dauer der Ruhezeit des Absatzes 1 kann in Krankenhäusern und anderen Einrichtungen zur Behandlung, Pflege und Betreuung von Personen, in Gaststätten und anderen Einrichtungen zur Bewirtung und Beherbergung, in Verkehrsbetrieben, beim Rundfunk sowie in der Landwirtschaft und in der Tierhaltung um bis zu eine Stunde verkürzt werden, wenn jede Verkürzung der Ruhezeit innerhalb eines Kalendermonats oder innerhalb von vier Wochen durch Verlängerung einer anderen Ruhezeit auf mindestens zwölf Stunden ausgeglichen wird.

(3) Abweichend von Absatz 1 können in Krankenhäusern und anderen Einrichtungen zur Behandlung, Pflege und Betreuung von Personen Kürzungen der Ruhezeit durch Inanspruchnahmen während der Rufbereitschaft, die nicht mehr als die Hälfte der Ruhezeit betragen, zu anderen Zeiten ausgeglichen werden.

(4) Soweit Vorschriften der Europäischen Gemeinschaften für Kraftfahrer oder Beifahrer geringere Mindestruhezeiten zulassen, gelten abweichend von Absatz 1 diese Vorschriften.

§ 6 Nacht- und Schichtarbeit

(1) Die Arbeitszeit der Nacht- und Schichtarbeitnehmer ist nach den gesicherten arbeitswissenschaftlichen Erkenntnissen über die menschengerechte Gestaltung der Arbeit festzulegen.

(2) Die werktägliche Arbeitszeit der Nachtarbeitnehmer darf acht Stunden nicht überschreiten. Sie kann auf bis zu zehn Stunden nur verlängert werden, wenn abweichend von § 3 innerhalb von einem Kalendermonat oder innerhalb von vier Wochen im Durchschnitt acht Stunden werktäglich nicht überschritten werden. Für Zeiträume, in denen Nachtarbeitnehmer im Sinne des § 2 Abs. 5 Nr. 2 nicht zur Nachtarbeit herangezogen werden, findet § 3 Satz 2 Anwendung.

(3) Nachtarbeitnehmer sind berechtigt, sich vor Beginn der Beschäftigung und danach in regelmäßigen Zeitabständen von nicht weniger als drei Jahren arbeitsmedizinisch untersuchen zu lassen. Nach Vollendung des 50. Lebensjahres steht Nachtarbeitnehmern dieses Recht in Zeitabständen von einem Jahr zu. Die Kosten der Untersuchungen hat der Arbeitgeber zu tragen, sofern er die Untersuchungen den Nachtarbeitnehmern nicht kostenlos durch einen Betriebsarzt oder einen überbetrieblichen Dienst von Betriebsärzten anbietet.

(4) Der Arbeitgeber hat den Nachtarbeitnehmer auf dessen Verlangen auf einen für ihn geeigneten Tagesarbeitsplatz umzusetzen, wenn

a) nach arbeitsmedizinischer Feststellung die weitere Verrichtung von Nachtarbeit den Arbeitnehmer in seiner Gesundheit gefährdet oder

b) im Haushalt des Arbeitnehmers ein Kind unter zwölf Jahren lebt, das nicht von einer anderen im Haushalt lebenden Person betreut werden kann, oder

c) der Arbeitnehmer einen schwerpflegebedürftigen Angehörigen zu versorgen hat, der nicht von einem anderen im Haushalt lebenden Angehörigen versorgt werden kann,

sofern dem nicht dringende betriebliche Erfordernisse entgegenstehen. Stehen der Umsetzung des Nachtarbeitnehmers auf einen für ihn geeigneten Tagesarbeitsplatz nach Auffassung des Arbeitgebers dringende betriebliche Erfordernisse entgegen, so

ist der Betriebs- oder Personalrat zu hören. Der Betriebs- oder Personalrat kann dem Arbeitgeber Vorschläge für eine Umsetzung unterbreiten.
(5) Soweit keine tarifvertraglichen Ausgleichsregelungen bestehen, hat der Arbeitgeber dem Nachtarbeitnehmer für die während der Nachtzeit geleisteten Arbeitsstunden eine angemessene Zahl bezahlter freier Tage oder einen angemessenen Zuschlag auf das ihm hierfür zustehende Bruttoarbeitsentgelt zu gewähren.
(6) Es ist sicherzustellen, dass Nachtarbeitnehmer den gleichen Zugang zur betrieblichen Weiterbildung und zu aufstiegsfördernden Maßnahmen haben wie die übrigen Arbeitnehmer.

§ 7 Abweichungen und Ausnahmen
(1) In einem Tarifvertrag oder auf Grund eines Tarifvertrags in einer Betriebs- oder Dienstvereinbarung kann zugelassen werden,
1. abweichend von § 3
    a) die Arbeitszeit über zehn Stunden werktäglich auch zu verlängern, wenn in die Arbeitszeit regelmäßig und in erheblichem Umfang Arbeitsbereitschaft oder Bereitschaftsdienst fällt,
    b) einen anderen Ausgleichszeitraum festzulegen,
2. abweichend von § 4 Satz 2 die Gesamtdauer der Ruhepausen in Schichtbetrieben und Verkehrsbetrieben auf Kurzpausen von angemessener Dauer aufzuteilen,
3. abweichend von § 5 Abs. 1 die Ruhezeit um bis zu zwei Stunden zu kürzen, wenn die Art der Arbeit dies erfordert und die Kürzung der Ruhezeit innerhalb eines festzulegenden Ausgleichszeitraums ausgeglichen wird,
4. abweichend von § 6 Abs. 2
    a) die Arbeitszeit über zehn Stunden werktäglich hinaus zu verlängern, wenn in die Arbeitszeit regelmäßig und in erheblichem Umfang Arbeitsbereitschaft oder Bereitschaftsdienst fällt,
    b) einen anderen Ausgleichszeitraum festzulegen,
5. den Beginn des siebenstündigen Nachtzeitraums des § 2 Abs. 3 auf die Zeit zwischen 22 und 24 Uhr festzulegen.
(2) Sofern der Gesundheitsschutz der Arbeitnehmer durch einen entsprechenden Zeitausgleich gewährleistet wird, kann in einem Tarifvertrag oder auf Grund eines Tarifvertrags in einer Betriebs- oder Dienstvereinbarung ferner zugelassen werden,
1. abweichend von § 5 Abs. 1 die Ruhezeiten bei Rufbereitschaft den Besonderheiten dieses Dienstes anzupassen, insbesondere Kürzungen der Ruhezeit infolge von Inanspruchnahmen während dieses Dienstes zu anderen Zeiten auszugleichen,
2. die Regelungen der §§ 3, 5 Abs. 1 und § 6 Abs. 2 in der Landwirtschaft der Bestellungs- und Erntezeit sowie den Witterungseinflüssen anzupassen,
3. die Regelungen der §§ 3, 4, 5 Abs. 1 und § 6 Abs. 2 bei der Behandlung, Pflege und Betreuung von Personen der Eigenart dieser Tätigkeit und dem Wohl dieser Personen entsprechend anzupassen,
4. die Regelungen der §§ 3, 4, 5 Abs. 1 und § 6 Abs. 2 bei Verwaltungen und Betrieben des Bundes, der Länder, der Gemeinden und sonstigen Körperschaften,

Anstalten und Stiftungen des öffentlichen Rechts sowie bei anderen Arbeitgebern, die der Tarifbindung eines für den öffentlichen Dienst geltenden oder eines im wesentlichen inhaltsgleichen Tarifvertrags unterliegen, der Eigenart der Tätigkeit bei diesen Stellen anzupassen.

(2a) In einem Tarifvertrag oder auf Grund eines Tarifvertrags in einer Betriebs- oder Dienstvereinbarung kann abweichend von den §§ 3, 5 Abs. 1 und § 6 Abs. 2 zugelassen werden, die werktägliche Arbeitszeit auch ohne Ausgleich über acht Stunden zu verlängern, wenn in die Arbeitszeit regelmäßig und in erheblichem Umfang Arbeitsbereitschaft oder Bereitschaftsdienst fällt und durch besondere Regelungen sichergestellt wird, dass die Gesundheit der Arbeitnehmer nicht gefährdet wird.

(3) Im Geltungsbereich eines Tarifvertrags nach Absatz 1, 2 oder 2a können abweichende tarifvertragliche Regelungen im Betrieb eines nicht tarifgebundenen Arbeitgebers durch Betriebs- oder Dienstvereinbarung oder, wenn ein Betriebs- oder Personalrat nicht besteht, durch schriftliche Vereinbarung zwischen dem Arbeitgeber und dem Arbeitnehmer übernommen werden. Können auf Grund eines solchen Tarifvertrags abweichende Regelungen in einer Betriebs- oder Dienstvereinbarung getroffen werden, kann auch in Betrieben eines nicht tarifgebundenen Arbeitgebers davon Gebrauch gemacht werden. Eine nach Absatz 2 Nr. 4 getroffene abweichende tarifvertragliche Regelung hat zwischen nicht tarifgebundenen Arbeitgebern und Arbeitnehmern Geltung, wenn zwischen ihnen die Anwendung der für den öffentlichen Dienst geltenden tarifvertraglichen Bestimmungen vereinbart ist und die Arbeitgeber die Kosten des Betriebs überwiegend mit Zuwendungen im Sinne des Haushaltsrechts decken.

(4) Die Kirchen und die öffentlich-rechtlichen Religionsgesellschaften können die in Absatz 1, 2 oder 2a genannten Abweichungen in ihren Regelungen vorsehen.

(5) In einem Bereich, in dem Regelungen durch Tarifvertrag üblicherweise nicht getroffen werden, können Ausnahmen im Rahmen des Absatzes 1, 2 oder 2a durch die Aufsichtsbehörde bewilligt werden, wenn dies aus betrieblichen Gründen erforderlich ist und die Gesundheit der Arbeitnehmer nicht gefährdet wird.

(6) Die Bundesregierung kann durch Rechtsverordnung mit Zustimmung des Bundesrates Ausnahmen im Rahmen des Absatzes 1 oder 2 zulassen, sofern dies aus betrieblichen Gründen erforderlich ist und die Gesundheit der Arbeitnehmer nicht gefährdet wird.

(7) Auf Grund einer Regelung nach Absatz 2a oder den Absätzen 3 bis 5 jeweils in Verbindung mit Absatz 2a darf die Arbeitszeit nur verlängert werden, wenn der Arbeitnehmer schriftlich eingewilligt hat. Der Arbeitnehmer kann die Einwilligung mit einer Frist von sechs Monaten schriftlich widerrufen. Der Arbeitgeber darf einen Arbeitnehmer nicht benachteiligen, weil dieser die Einwilligung zur Verlängerung der Arbeitszeit nicht erklärt oder die Einwilligung widerrufen hat.

(8) Werden Regelungen nach Absatz 1 Nr. 1 und Nr. 4, Absatz 2 Nr. 2 bis 4 oder solche Regelungen auf Grund der Absätze 3 und 4 zugelassen, darf die Arbeitszeit 48 Stunden wöchentlich im Durchschnitt von zwölf Kalendermonaten nicht überschreiten. Erfolgt die Zulassung auf Grund des Absatzes 5, darf die Arbeitszeit 48

Stunden wöchentlich im Durchschnitt von sechs Kalendermonaten oder 24 Wochen nicht überschreiten.

(9) Wird die werktägliche Arbeitszeit über zwölf Stunden hinaus verlängert, muss im unmittelbaren Anschluss an die Beendigung der Arbeitszeit eine Ruhezeit von mindestens elf Stunden gewährt werden.

§ 8 Gefährliche Arbeiten

Die Bundesregierung kann durch Rechtsverordnung mit Zustimmung des Bundesrates für einzelne Beschäftigungsbereiche, für bestimmte Arbeiten oder für bestimmte Arbeitnehmergruppen, bei denen besondere Gefahren für die Gesundheit der Arbeitnehmer zu erwarten sind, die Arbeitszeit über § 3 hinaus beschränken, die Ruhepausen und Ruhezeiten über die §§ 4 und 5 hinaus ausdehnen, die Regelungen zum Schutz der Nacht- und Schichtarbeitnehmer in § 6 erweitern und die Abweichungsmöglichkeiten nach § 7 beschränken, soweit dies zum Schutz der Gesundheit der Arbeitnehmer erforderlich ist. Satz 1 gilt nicht für Beschäftigungsbereiche und Arbeiten in Betrieben, die der Bergaufsicht unterliegen.

§ 9 Sonn- und Feiertagsruhe

(1) Arbeitnehmer dürfen an Sonn- und gesetzlichen Feiertagen von 0 bis 24 Uhr nicht beschäftigt werden.

(2) In mehrschichtigen Betrieben mit regelmäßiger Tag- und Nachtschicht kann Beginn oder Ende der Sonn- und Feiertagsruhe um bis zu sechs Stunden vor- oder zurückverlegt werden, wenn für die auf den Beginn der Ruhezeit folgenden 24 Stunden der Betrieb ruht.

(3) Für Kraftfahrer und Beifahrer kann der Beginn der 24stündigen Sonn- und Feiertagsruhe um bis zu zwei Stunden vorverlegt werden.

§ 10 Sonn- und Feiertagsbeschäftigung

(1) Sofern die Arbeiten nicht an Werktagen vorgenommen werden können, dürfen Arbeitnehmer an Sonn- und Feiertagen abweichend von § 9 beschäftigt werden
1. in Not- und Rettungsdiensten sowie bei der Feuerwehr,
2. zur Aufrechterhaltung der öffentlichen Sicherheit und Ordnung sowie der Funktionsfähigkeit von Gerichten und Behörden und für Zwecke der Verteidigung,
3. bis 16. (...)

(2) bis (4) (...)

§ 11 Ausgleich für Sonn- und Feiertagsbeschäftigung

(1) Mindestens 15 Sonntage im Jahr müssen beschäftigungsfrei bleiben.

(2) Für die Beschäftigung an Sonn- und Feiertagen gelten die §§ 3 bis 8 entsprechend, jedoch dürfen durch die Arbeitszeit an Sonn- und Feiertagen die in den §§ 3, 6 Abs. 2 und § 7 bestimmten Höchstarbeitszeiten und Ausgleichszeiträume nicht überschritten werden.

(3) Werden Arbeitnehmer an einem Sonntag beschäftigt, müssen sie einen Ersatzruhetag haben, der innerhalb eines den Beschäftigungstag einschließenden Zeitraums von zwei Wochen zu gewähren ist. Werden Arbeitnehmer an einem auf einen Werktag fallenden Feiertag beschäftigt, müssen sie einen Ersatzruhetag haben, der innerhalb eines den Beschäftigungstag einschließenden Zeitraums von acht Wochen zu gewähren ist.

(4) Die Sonn- oder Feiertagsruhe des § 9 oder der Ersatzruhetag des Absatzes 3 ist den Arbeitnehmern unmittelbar in Verbindung mit einer Ruhezeit nach § 5 zu gewähren, soweit dem technische oder arbeitsorganisatorische Gründe nicht entgegenstehen.

§ 12 Abweichende Regelungen

In einem Tarifvertrag oder auf Grund eines Tarifvertrags in einer Betriebs- oder Dienstvereinbarung kann zugelassen werden,

1. abweichend von § 11 Abs. 1 die Anzahl der beschäftigungsfreien Sonntage in den Einrichtungen des § 10 Abs. 1 Nr. 2, 3, 4 und 10 auf mindestens zehn Sonntage, im Rundfunk, in Theaterbetrieben, Orchestern sowie bei Schaustellungen auf mindestens acht Sonntage, in Filmtheatern und in der Tierhaltung auf mindestens sechs Sonntage im Jahr zu verringern,
2. abweichend von § 11 Abs. 3 den Wegfall von Ersatzruhetagen für auf Werktage fallende Feiertage zu vereinbaren oder Arbeitnehmer innerhalb eines festzulegenden Ausgleichszeitraums beschäftigungsfrei zu stellen,
3. abweichend von § 11 Abs. 1 bis 3 in der Seeschifffahrt die den Arbeitnehmern nach diesen Vorschriften zustehenden freien Tage zusammenhängend zu geben,
4. abweichend von § 11 Abs. 2 die Arbeitszeit in vollkontinuierlichen Schichtbetrieben an Sonn- und Feiertagen auf bis zu zwölf Stunden zu verlängern, wenn dadurch zusätzliche freie Schichten an Sonn- und Feiertagen erreicht werden.

§ 7 Abs. 3 bis 6 findet Anwendung.

§ 13 Ermächtigung, Anordnung, Bewilligung

(...)

§ 14 Außergewöhnliche Fälle

(1) Von den §§ 3 bis 5, 6 Abs. 2, §§ 7, 9 bis 11 darf abgewichen werden bei vorübergehenden Arbeiten in Notfällen und in außergewöhnlichen Fällen, die unabhängig vom Willen der Betroffenen eintreten und deren Folgen nicht auf andere Weise zu beseitigen sind, besonders wenn Rohstoffe oder Lebensmittel zu verderben oder Arbeitsergebnisse zu misslingen drohen.

(2) Von den §§ 3 bis 5, 6 Abs. 2, §§ 7, 11 Abs. 1 und 3 und § 12 darf ferner abgewichen werden,

1. wenn eine verhältnismäßig geringe Zahl von Arbeitnehmern vorübergehend mit Arbeiten beschäftigt wird, deren Nichterledigung das Ergebnis der Arbeiten gefährden oder einen unverhältnismäßigen Schaden zur Folge haben würden,

2. bei Forschung und Lehre, bei unaufschiebbaren Vor- und Abschlussarbeiten sowie bei unaufschiebbaren Arbeiten zur Behandlung, Pflege und Betreuung von Personen oder zur Behandlung und Pflege von Tieren an einzelnen Tagen, wenn dem Arbeitgeber andere Vorkehrungen nicht zugemutet werden können.
3. Wird von den Befugnissen nach den Absätzen 1 oder 2 Gebrauch gemacht, darf die Arbeitszeit 48 Stunden wöchentlich im Durchschnitt von sechs Kalendermonaten oder 24 Wochen nicht überschreiten.

§ 15 Bewilligung, Ermächtigung

(1) Die Aufsichtsbehörde kann
1. eine von den §§ 3, 6 Abs. 2 und § 11 Abs. 2 abweichende längere tägliche Arbeitszeit bewilligen
   a) für kontinuierliche Schichtbetriebe zur Erreichung zusätzlicher Freischichten,
   b) für Bau- und Montagestellen,
2. eine von den §§ 3, 6 Abs. 2 und § 11 Abs. 2 abweichende längere tägliche Arbeitszeit für Saison- und Kampagnebetriebe für die Zeit der Saison oder Kampagne bewilligen, wenn die Verlängerung der Arbeitszeit über acht Stunden werktäglich durch eine entsprechende Verkürzung der Arbeitszeit zu anderen Zeiten ausgeglichen wird,
3. eine von den §§ 5 und 11 Abs. 2 abweichende Dauer und Lage der Ruhezeit bei Arbeitsbereitschaft, Bereitschaftsdienst und Rufbereitschaft den Besonderheiten dieser Inanspruchnahmen im öffentlichen Dienst entsprechend bewilligen,
4. eine von den §§ 5 und 11 Abs. 2 abweichende Ruhezeit zur Herbeiführung eines regelmäßigen wöchentlichen Schichtwechsels zweimal innerhalb eines Zeitraums von drei Wochen bewilligen.

(2) Die Aufsichtsbehörde kann über die in diesem Gesetz vorgesehenen Ausnahmen hinaus weitergehende Ausnahmen zulassen, soweit sie im öffentlichen Interesse dringend nötig werden.

(2a) Die Bundesregierung kann durch Rechtsverordnung mit Zustimmung des Bundesrates
1. Ausnahmen von den §§ 3, 4, 5 und 6 Absatz 2 sowie von den §§ 9 und 11 für Arbeitnehmer, die besondere Tätigkeiten zur Errichtung, zur Änderung oder zum Betrieb von Bauwerken, künstlichen Inseln oder sonstigen Anlagen auf See (Offshore-Tätigkeiten) durchführen, zulassen und
2. die zum Schutz der in Nummer 1 genannten Arbeitnehmer sowie der Sonn- und Feiertagsruhe notwendigen Bedingungen bestimmen.

(3) Das Bundesministerium der Verteidigung kann in seinem Geschäftsbereich durch Rechtsverordnung mit Zustimmung des Bundesministeriums für Arbeit und Sozialordnung aus zwingenden Gründen der Verteidigung Arbeitnehmer verpflichten, über die in diesem Gesetz und in den auf Grund dieses Gesetzes erlassenen Rechtsverordnungen und Tarifverträgen festgelegten Arbeitszeitgrenzen und beschränkungen hinaus Arbeit zu leisten.

(3a) (...)

(4) Werden Ausnahmen nach den Absätzen 1 oder 2 zugelassen, darf die Arbeitszeit 48 Stunden wöchentlich im Durchschnitt von sechs Kalendermonaten oder 24 Wochen nicht überschreiten.

§ 16 Aushang und Arbeitszeitnachweise

(1) Der Arbeitgeber ist verpflichtet, einen Abdruck dieses Gesetzes, der auf Grund dieses Gesetzes erlassenen, für den Betrieb geltenden Rechtsverordnungen und der für den Betrieb geltenden Tarifverträge und Betriebs- oder Dienstvereinbarungen im Sinne des § 7 Abs. 1 bis 3 und des § 12 an geeigneter Stelle im Betrieb zur Einsichtnahme auszulegen oder auszuhängen.

(2) Der Arbeitgeber ist verpflichtet, die über die werktägliche Arbeitszeit des § 3 Satz 1 hinausgehende Arbeitszeit der Arbeitnehmer aufzuzeichnen und ein Verzeichnis der Arbeitnehmer zu führen, die in eine Verlängerung der Arbeitszeit gemäß § 7 Abs. 7 eingewilligt haben. Die Nachweise sind mindestens zwei Jahre aufzubewahren.

§ 17 Aufsichtsbehörde

(1) Die Einhaltung dieses Gesetzes und der auf Grund dieses Gesetzes erlassenen Rechtsverordnungen wird von den nach Landesrecht zuständigen Behörden (Aufsichtsbehörden) überwacht.

(2) Die Aufsichtsbehörde kann die erforderlichen Maßnahmen anordnen, die der Arbeitgeber zur Erfüllung der sich aus diesem Gesetz und den auf Grund dieses Gesetzes erlassenen Rechtsverordnungen ergebenden Pflichten zu treffen hat.

(3) Für den öffentlichen Dienst des Bundes sowie für die bundesunmittelbaren Körperschaften, Anstalten und Stiftungen des öffentlichen Rechts werden die Aufgaben und Befugnisse der Aufsichtsbehörde vom zuständigen Bundesministerium oder den von ihm bestimmten Stellen wahrgenommen; das gleiche gilt für die Befugnisse nach § 15 Abs. 1 und 2.

(4) Die Aufsichtsbehörde kann vom Arbeitgeber die für die Durchführung dieses Gesetzes und der auf Grund dieses Gesetzes erlassenen Rechtsverordnungen erforderlichen Auskünfte verlangen. Sie kann ferner vom Arbeitgeber verlangen, die Arbeitszeitnachweise und Tarifverträge oder Betriebs- oder Dienstvereinbarungen im Sinne des § 7 Abs.1 bis 3 und des § 12 vorzulegen oder zur Einsicht einzusenden.

(5) Die Beauftragten der Aufsichtsbehörde sind berechtigt, die Arbeitsstätten während der Betriebs- und Arbeitszeit zu betreten und zu besichtigen; außerhalb dieser Zeit oder wenn sich die Arbeitsstätten in einer Wohnung befinden, dürfen sie ohne Einverständnis des Inhabers nur zur Verhütung von dringenden Gefahren für die öffentliche Sicherheit und Ordnung betreten und besichtigt werden. Der Arbeitgeber hat das Betreten und Besichtigen der Arbeitsstätten zu gestatten. Das Grundrecht der Unverletzlichkeit der Wohnung (Artikel 13 des Grundgesetzes) wird insoweit eingeschränkt.

(6) Der zur Auskunft Verpflichtete kann die Auskunft auf solche Fragen verweigern, deren Beantwortung ihn selbst oder einen der in § 383 Abs. 1 Nr. 1 bis 3 der Zivilprozessordnung bezeichneten Angehörigen der Gefahr strafrechtlicher Verfol-

gung oder eines Verfahrens nach dem Gesetz über Ordnungswidrigkeiten aussetzen würde.

§ 18 Nichtanwendung des Gesetzes

(1) Dieses Gesetz ist nicht anzuwenden auf
1. leitende Angestellte im Sinne des § 5 Abs. 3 des Betriebsverfassungsgesetzes sowie Chefärzte,
2. Leiter von öffentlichen Dienststellen und deren Vertreter sowie Arbeitnehmer im öffentlichen Dienst, die zu selbständigen Entscheidungen in Personalangelegenheiten befugt sind,
3. Arbeitnehmer, die in häuslicher Gemeinschaft mit den ihnen anvertrauten Personen zusammenleben und sie eigenverantwortlich erziehen, pflegen oder betreuen,
4. den liturgischen Bereich der Kirchen und der Religionsgemeinschaften.

(2) Für die Beschäftigung von Personen unter 18 Jahren gilt anstelle dieses Gesetzes das Jugendarbeitsschutzgesetz.

(3) Für die Beschäftigung von Arbeitnehmern auf Kauffahrteischiffen als Besatzungsmitglieder im Sinne des § 3 des Seemannsgesetzes gilt anstelle dieses Gesetzes das Seemannsgesetz.

§ 19 Beschäftigung im öffentlichen Dienst

Bei der Wahrnehmung hoheitlicher Aufgaben im öffentlichen Dienst können, soweit keine tarifvertragliche Regelung besteht, durch die zuständige Dienstbehörde die für Beamte geltenden Bestimmungen über die Arbeitszeit auf die Arbeitnehmer übertragen werden; insoweit finden die §§ 3 bis 13 keine Anwendung.

§ 20 Beschäftigung in der Luftfahrt

(...)

§ 21 Beschäftigung in der Binnenschifffahrt

(...)

§ 21a Beschäftigung im Straßentransport

(...)

§ 22 Bußgeldvorschriften

(1) Ordnungswidrig handelt, wer als Arbeitgeber vorsätzlich oder fahrlässig
1. entgegen § 3 oder § 6 Abs. 2, jeweils auch in Verbindung mit § 11 Abs. 2, einen Arbeitnehmer über die Grenzen der Arbeitszeit hinaus beschäftigt,
2. entgegen § 4 Ruhepausen nicht, nicht mit der vorgeschriebenen Mindestdauer oder nicht rechtzeitig gewährt,

3. entgegen § 5 Abs. 1 die Mindestruhezeit nicht gewährt oder entgegen § 5 Abs. 2 die Verkürzung der Ruhezeit durch Verlängerung einer anderen Ruhezeit nicht oder nicht rechtzeitig ausgleicht,
4. einer Rechtsverordnung nach § 8 Satz 1, § 13 Abs. 1 oder 2, § 15 Absatz 2a Nummer 2 oder § 24 zuwiderhandelt, soweit sie für einen bestimmten Tatbestand auf diese Bußgeldvorschrift verweist,
5. entgegen § 9 Abs. 1 einen Arbeitnehmer an Sonn- oder Feiertagen beschäftigt,
6. entgegen § 11 Abs. 1 einen Arbeitnehmer an allen Sonntagen beschäftigt oder entgegen § 11 Abs. 3 einen Ersatzruhetag nicht oder nicht rechtzeitig gewährt,
7. einer vollziehbaren Anordnung nach § 13 Abs. 3 Nr. 2 zuwiderhandelt,
8. entgegen § 16 Abs. 1 die dort bezeichnete Auslage oder den dort bezeichneten Aushang nicht vornimmt,
9. entgegen § 16 Abs. 2 Aufzeichnungen nicht oder nicht richtig erstellt oder nicht für die vorgeschriebene Dauer aufbewahrt oder
10. entgegen § 17 Abs. 4 eine Auskunft nicht, nicht richtig oder nicht vollständig erteilt, Unterlagen nicht oder nicht vollständig vorlegt oder nicht einsendet oder entgegen § 17 Abs. 5 Satz 2 eine Maßnahme nicht gestattet.

(2) Die Ordnungswidrigkeit kann in den Fällen des Absatzes 1 Nr. 1 bis 7, 9 und 10 mit einer Geldbuße bis zu fünfzehntausend Euro, in den Fällen des Absatzes 1 Nr. 8 mit einer Geldbuße bis zu zweitausendfünfhundert Euro geahndet werden.

§ 23 Strafvorschriften

(1) Wer eine der in § 22 Abs. 1 Nr. 1 bis 3, 5 bis 7 bezeichneten Handlungen
1. vorsätzlich begeht und dadurch Gesundheit oder Arbeitskraft eines Arbeitnehmers gefährdet oder
2. beharrlich wiederholt,

wird mit Freiheitsstrafe bis zu einem Jahr oder mit Geldstrafe bestraft.

(2) Wer in den Fällen des Absatzes 1 Nr. 1 die Gefahr fahrlässig verursacht, wird mit Freiheitsstrafe bis zu sechs Monaten oder mit Geldstrafe bis zu 180 Tagessätzen bestraft.

§ 24 Umsetzung von zwischenstaatlichen Vereinbarungen und Rechtsakten der EG

Die Bundesregierung kann mit Zustimmung des Bundesrates zur Erfüllung von Verpflichtungen aus zwischenstaatlichen Vereinbarungen oder zur Umsetzung von Rechtsakten des Rates oder der Kommission der Europäischen Gemeinschaften, die Sachbereiche dieses Gesetzes betreffen, Rechtsverordnungen nach diesem Gesetz erlassen.

§ 25 Übergangsregelung für Tarifverträge

Enthält ein am 1.1.2004 bestehender oder nachwirkender Tarifvertrag abweichende Regelungen nach § 7 Abs.1 oder 2 oder § 12 Satz 1, die den in diesen Vorschriften festgelegten Höchstrahmen überschreiten, bleiben diese tarifvertraglichen Bestimmungen bis zum 31. Dezember 2005 unberührt. Tarifverträgen nach Satz 1 stehen durch Tarifvertrag zugelassene Betriebsvereinbarungen sowie Regelungen nach § 7 Abs. 4 gleich.

4.3 Tarifvertragliche Regelungen für Einrichtungen der Länder

4.3.1 Tarifvertrag für den öffentlichen Dienst der Länder (TV-L) vom 12. Oktober 2006 in der Fassung des Änderungstarifvertrages Nr. 6 vom 12. Dezember 2012

(...)

§ 6 Regelmäßige Arbeitszeit

(1) ¹Die durchschnittliche regelmäßige wöchentliche Arbeitszeit ausschließlich der Pausen

a) wird für jedes Bundesland im Tarifgebiet West auf der Grundlage der festgestellten tatsächlichen durchschnittlichen wöchentlichen Arbeitszeit im Februar 2006 ohne Überstunden und Mehrarbeit (tariflich und arbeitsvertraglich vereinbarte Arbeitszeit) wegen der gekündigten Arbeitszeitbestimmungen von den Tarifvertragsparteien nach den im Anhang zu § 6 festgelegten Grundsätzen errechnet,

b) beträgt im Tarifgebiet West 38,5 Stunden für die nachfolgend aufgeführten Beschäftigten:

    aa) Beschäftigte, die ständig Wechselschicht- oder Schichtarbeit leisten,

    bb) Beschäftigte an Universitätskliniken, Landeskrankenhäusern, sonstigen Krankenhäusern und psychiatrischen Einrichtungen, mit Ausnahme der Ärztinnen und Ärzte nach Buchstabe d,

    cc) Beschäftigte in Straßenmeistereien, Autobahnmeistereien, Kfz-Werkstätten, Theatern und Bühnen, Hafenbetrieben, Schleusen und im Küstenschutz,

    dd) Beschäftigte in Einrichtungen für schwerbehinderte Menschen (Schulen, Heime) und in heilpädagogischen Einrichtungen,

    ee) Beschäftigte, für die der TVöD gilt oder auf deren Arbeitsverhältnis vor der Einbeziehung in den TV-L der TVöD angewandt wurde,

    ff) Beschäftigte in Kindertagesstätten in Bremen,

    gg) Beschäftigte, für die durch landesbezirkliche Vereinbarung eine regelmäßige wöchentliche Arbeitszeit von 38,5 Stunden festgelegt wurde,

c) beträgt im Tarifgebiet Ost 40 Stunden,

d) beträgt für Ärztinnen und Ärzte im Sinne des § 41 (Sonderregelungen für Ärztinnen und Ärzte an Universitätskliniken) im Tarifgebiet West und im Tarifgebiet Ost einheitlich 42 Stunden.

²Bei Wechselschichtarbeit werden die gesetzlich vorgeschriebenen Pausen in die Arbeitszeit eingerechnet. ³Die regelmäßige Arbeitszeit kann auf fünf Tage, aus dringenden betrieblichen/dienstlichen Gründen auch auf sechs Tage verteilt werden. ⁴Die unterschiedliche Höhe der durchschnittlichen regelmäßigen wöchentlichen Arbeitszeit nach Satz 1 Buchstaben a und b bleibt ohne Auswirkung auf das Tabellenentgelt und die in Monatsbeträgen festgelegten Entgeltbestandteile.

(2) ¹Für die Berechnung des Durchschnitts der regelmäßigen wöchentlichen Arbeitszeit ist ein Zeitraum von bis zu einem Jahr zugrunde zu legen. ²Abweichend von Satz 1 kann bei Beschäftigten, die ständig Wechselschicht- oder Schichtarbeit zu leisten haben, sowie für die Durchführung so genannter Sabbatjahrmodelle ein längerer Zeitraum zugrunde gelegt werden.

(3) ¹Soweit es die betrieblichen/dienstlichen Verhältnisse zulassen, wird die/der Beschäftigte am 24. Dezember und am 31. Dezember unter Fortzahlung des Tabellenentgelts und der sonstigen in Monatsbeträgen festgelegten Entgeltbestandteile von der Arbeit freigestellt. ²Kann die Freistellung nach Satz 1 aus betrieblichen/dienstlichen Gründen nicht erfolgen, ist entsprechender Freizeitausgleich innerhalb von drei Monaten zu gewähren. ³Die regelmäßige Arbeitszeit vermindert sich für jeden gesetzlichen Feiertag, sowie für den 24. Dezember und 31. Dezember, sofern sie auf einen Werktag fallen, um die dienstplanmäßig ausgefallenen Stunden.

> Protokollerklärung zu § 6 Absatz 3 Satz 3:
> Die Verminderung der regelmäßigen Arbeitszeit betrifft die Beschäftigten, die wegen des Dienstplans am Feiertag frei haben und deshalb ohne diese Regelung nacharbeiten müssten.

(4) Aus dringenden betrieblichen/dienstlichen Gründen kann auf der Grundlage einer Betriebs-/Dienstvereinbarung im Rahmen des § 7 Absatz 1, 2 und des § 12 Arbeitszeitgesetz von den Vorschriften des Arbeitszeitgesetzes abgewichen werden.

Protokollerklärung zu § 6 Absatz 4:

In vollkontinuierlichen Schichtbetrieben kann an Sonn- und Feiertagen die tägliche Arbeitszeit auf bis zu zwölf Stunden verlängert werden, wenn dadurch zusätzliche freie Schichten an Sonn- und Feiertagen erreicht werden.

(5) Die Beschäftigten sind im Rahmen begründeter betrieblicher/dienstlicher Notwendigkeiten zur Leistung von Sonntags-, Feiertags-, Nacht-, Wechselschicht-, Schichtarbeit sowie – bei Teilzeitbeschäftigung aufgrund arbeitsvertraglicher Regelung oder mit ihrer Zustimmung – zu Bereitschaftsdienst, Rufbereitschaft, Überstunden und Mehrarbeit verpflichtet.

(6) ¹Durch Betriebs-/Dienstvereinbarung kann ein wöchentlicher Arbeitszeitkorridor von bis zu 45 Stunden eingerichtet werden. ²Die innerhalb eines Arbeitszeitkorridors geleisteten zusätzlichen Arbeitsstunden werden im Rahmen des nach Absatz 2 Satz 1 festgelegten Zeitraums ausgeglichen.

(7) ¹Durch Betriebs-/Dienstvereinbarung kann in der Zeit von 6 bis 20 Uhr eine tägliche Rahmenzeit von bis zu zwölf Stunden eingeführt werden. ²Die innerhalb der täglichen Rahmenzeit geleisteten zusätzlichen Arbeitsstunden werden im Rahmen des nach Absatz 2 Satz 1 festgelegten Zeitraums ausgeglichen.

(8) Die Absätze 6 und 7 gelten nur alternativ und nicht bei Wechselschicht- und Schichtarbeit.

(9) Für einen Betrieb/eine Verwaltung, in dem/der ein Personalvertretungsgesetz Anwendung findet, kann eine Regelung nach den Absätzen 4, 6 und 7 in einem landesbezirklichen Tarifvertrag getroffen werden, wenn eine Dienstvereinbarung nicht

einvernehmlich zustande kommt und der Arbeitgeber ein Letztentscheidungsrecht hat.

(10) ¹In Verwaltungen und Betrieben, in denen auf Grund spezieller Aufgaben (zum Beispiel Ausgrabungen, Expeditionen, Schifffahrt) oder saisonbedingt erheblich verstärkte Tätigkeiten anfallen, kann für diese Tätigkeiten die regelmäßige Arbeitszeit auf bis zu 60 Stunden in einem Zeitraum von bis zu sieben Tagen verlängert werden. ²In diesem Fall muss durch Verkürzung der regelmäßigen wöchentlichen Arbeitszeit bis zum Ende des Ausgleichszeitraums nach Absatz 2 Satz 1 ein entsprechender Zeitausgleich durchgeführt werden. ³Die Sätze 1 und 2 gelten nicht für Beschäftigte gemäß §§ 41 bis 43.

(11) ¹Bei Dienstreisen gilt nur die Zeit der dienstlichen Inanspruchnahme am auswärtigen Geschäftsort als Arbeitszeit. ²Für jeden Tag einschließlich der Reisetage wird jedoch mindestens die auf ihn entfallende regelmäßige, durchschnittliche oder dienstplanmäßige Arbeitszeit berücksichtigt, wenn diese bei Nichtberücksichtigung der Reisezeit nicht erreicht würde. ³Überschreiten nicht anrechenbare Reisezeiten insgesamt 15 Stunden im Monat, so werden auf Antrag 25 v.H. dieser überschreitenden Zeiten bei fester Arbeitszeit als Freizeitausgleich gewährt und bei gleitender Arbeitszeit im Rahmen der jeweils geltenden Vorschriften auf die Arbeitszeit angerechnet. ⁴Der besonderen Situation von Teilzeitbeschäftigten ist Rechnung zu tragen. ⁵Soweit Einrichtungen in privater Rechtsform oder andere Arbeitgeber nach eigenen Grundsätzen verfahren, sind diese abweichend von den Sätzen 1 bis 4 maßgebend.

§ 7 Sonderformen der Arbeit

(1) ¹Wechselschichtarbeit ist die Arbeit nach einem Schichtplan, der einen regelmäßigen Wechsel der täglichen Arbeitszeit in Wechselschichten vorsieht, bei denen Beschäftigte durchschnittlich längstens nach Ablauf eines Monats erneut zur Nachtschicht herangezogen werden. ²Wechselschichten sind wechselnde Arbeitsschichten, in denen ununterbrochen bei Tag und Nacht, werktags, sonntags und feiertags gearbeitet wird. ³Nachtschichten sind Arbeitsschichten, die mindestens zwei Stunden Nachtarbeit umfassen.

(2) Schichtarbeit ist die Arbeit nach einem Schichtplan, der einen regelmäßigen Wechsel des Beginns der täglichen Arbeitszeit um mindestens zwei Stunden in Zeitabschnitten von längstens einem Monat vorsieht, und die innerhalb einer Zeitspanne von mindestens 13 Stunden geleistet wird.

(3) Bereitschaftsdienst leisten Beschäftigte, die sich auf Anordnung des Arbeitgebers außerhalb der regelmäßigen Arbeitszeit an einer vom Arbeitgeber bestimmten Stelle aufhalten, um im Bedarfsfall die Arbeit aufzunehmen.

(4) ¹Rufbereitschaft leisten Beschäftigte, die sich auf Anordnung des Arbeitgebers außerhalb der regelmäßigen Arbeitszeit an einer dem Arbeitgeber anzuzeigenden Stelle aufhalten, um auf Abruf die Arbeit aufzunehmen. ²Rufbereitschaft wird nicht dadurch ausgeschlossen, dass Beschäftigte vom Arbeitgeber mit einem Mobiltelefon oder einem vergleichbaren technischen Hilfsmittel ausgestattet sind.

(5) Nachtarbeit ist die Arbeit zwischen 21 Uhr und 6 Uhr.

(6) Mehrarbeit sind die Arbeitsstunden, die Teilzeitbeschäftigte über die vereinbarte regelmäßige Arbeitszeit hinaus bis zur regelmäßigen wöchentlichen Arbeitszeit von Vollbeschäftigten (§ 6 Absatz 1 Satz 1) leisten.

(7) Überstunden sind die auf Anordnung des Arbeitgebers geleisteten Arbeitsstunden, die über die im Rahmen der regelmäßigen Arbeitszeit von Vollbeschäftigten (§ 6 Absatz 1) für die Woche dienstplanmäßig beziehungsweise betriebsüblich festgesetzten Arbeitsstunden hinausgehen und nicht bis zum Ende der folgenden Kalenderwoche ausgeglichen werden.

(8) Abweichend von Absatz 7 sind nur die Arbeitsstunden Überstunden, die

a) im Falle der Festlegung eines Arbeitszeitkorridors nach § 6 Absatz 6 über 45 Stunden oder über die vereinbarte Obergrenze hinaus,

b) im Falle der Einführung einer täglichen Rahmenzeit nach § 6 Absatz 7 außerhalb der Rahmenzeit,

c) im Falle von Wechselschicht- oder Schichtarbeit über die im Schichtplan festgelegten täglichen Arbeitsstunden einschließlich der im Schichtplan vorgesehenen Arbeitsstunden, die bezogen auf die regelmäßige wöchentliche Arbeitszeit im Schichtplanturnus nicht ausgeglichen werden, angeordnet worden sind.

§ 8 Ausgleich für Sonderformen der Arbeit

(nicht abgedruckt)

§ 9 Bereitschaftszeiten

(1) [1]Bereitschaftszeiten sind die Zeiten, in denen sich die/der Beschäftigte am Arbeitsplatz oder einer anderen vom Arbeitgeber bestimmten Stelle zur Verfügung halten muss, um im Bedarfsfall die Arbeit selbständig, gegebenenfalls auch auf Anordnung, aufzunehmen; in ihnen überwiegen die Zeiten ohne Arbeitsleistung. [2]Für Beschäftigte, in deren Tätigkeit regelmäßig und in nicht unerheblichem Umfang Bereitschaftszeiten fallen, gelten folgende Regelungen:

a) Bereitschaftszeiten werden zur Hälfte als tarifliche Arbeitszeit gewertet (faktorisiert).

b) Sie werden innerhalb von Beginn und Ende der regelmäßigen täglichen Arbeitszeit nicht gesondert ausgewiesen.

c) Die Summe aus den faktorisierten Bereitschaftszeiten und der Vollarbeitszeit darf die Arbeitszeit nach § 6 Absatz 1 nicht überschreiten.

d) Die Summe aus Vollarbeits- und Bereitschaftszeiten darf durchschnittlich 48 Stunden wöchentlich nicht überschreiten.

[3]Ferner ist Voraussetzung, dass eine nicht nur vorübergehend angelegte Organisationsmaßnahme besteht, bei der regelmäßig und in nicht unerheblichem Umfang Bereitschaftszeiten anfallen.

(2) [1]Die Anwendung des Absatzes 1 bedarf im Geltungsbereich eines Personalvertretungsgesetzes einer einvernehmlichen Dienstvereinbarung. [2]§ 6 Absatz 9 gilt entsprechend.

(3) ¹Für Hausmeisterinnen/Hausmeister und für Beschäftigte im Rettungsdienst und in Rettungsdienstleitstellen, in deren Tätigkeit regelmäßig und in nicht unerheblichem Umfang Bereitschaftszeiten fallen, gilt Absatz 1 entsprechend; Absatz 2 findet keine Anwendung. ²Für Beschäftigte im Rettungsdienst und in Rettungsdienstleitstellen beträgt in diesem Fall die zulässige tägliche Höchstarbeitszeit zwölf Stunden zuzüglich der gesetzlichen Pausen.

> Protokollerklärung zu § 9 Absatz 1 und 2:
> Diese Regelung gilt nicht für Wechselschicht- und Schichtarbeit.

§ 10 Arbeitszeitkonto
(nicht abgedruckt)

§ 11 Teilzeitbeschäftigung

(1) ¹Mit Beschäftigten soll auf Antrag eine geringere als die vertraglich festgelegte Arbeitszeit vereinbart werden, wenn sie
a) mindestens ein Kind unter 18 Jahren oder
b) einen nach ärztlichem Gutachten pflegebedürftigen sonstigen Angehörigen
tatsächlich betreuen oder pflegen und dringende dienstliche beziehungsweise betriebliche Belange nicht entgegenstehen. ²Die Teilzeitbeschäftigung nach Satz 1 ist auf Antrag auf bis zu fünf Jahre zu befristen. ³Sie kann verlängert werden; der Antrag ist spätestens sechs Monate vor Ablauf der vereinbarten Teilzeitbeschäftigung zu stellen. ⁴Bei der Gestaltung der Arbeitszeit hat der Arbeitgeber im Rahmen der dienstlichen beziehungsweise betrieblichen Möglichkeiten der besonderen persönlichen Situation der/des Beschäftigten nach Satz 1 Rechnung zu tragen.

(2) Beschäftigte, die in anderen als den in Absatz 1 genannten Fällen eine Teilzeitbeschäftigung vereinbaren wollen, können von ihrem Arbeitgeber verlangen, dass er mit ihnen die Möglichkeit einer Teilzeitbeschäftigung mit dem Ziel erörtert, zu einer entsprechenden Vereinbarung zu gelangen.

(3) Ist mit früher Vollbeschäftigten auf ihren Wunsch eine nicht befristete Teilzeitbeschäftigung vereinbart worden, sollen sie bei späterer Besetzung eines Vollzeitarbeitsplatzes bei gleicher Eignung im Rahmen der dienstlichen beziehungsweise betrieblichen Möglichkeiten bevorzugt berücksichtigt werden.

> Protokollerklärung zu Abschnitt II:
> ¹Gleitzeitregelungen sind unter Wahrung der jeweils geltenden Mitbestimmungsrechte unabhängig von den Vorgaben zu Arbeitszeitkorridor und Rahmenzeit (§ 6 Absatz 6 und 7) möglich; dies gilt nicht bei Schicht- und Wechselschichtarbeit. ²In den Gleitzeitregelungen kann auf Vereinbarungen nach § 10 verzichtet werden. ³Sie dürfen keine Regelungen nach § 6 Absatz 4 enthalten. ⁴Bei In-Kraft-Treten dieses Tarifvertrages bestehende Gleitzeitregelungen bleiben unberührt.

(...)

§ 41 Sonderregelungen für Ärztinnen und Ärzte an Universitätskliniken

Nr. 1
Zu § 1 – Geltungsbereich –

(1) ¹Diese Sonderregelungen gelten für Ärztinnen und Ärzte einschließlich Zahnärztinnen und Zahnärzte (Beschäftigte), die an einer Universitätsklinik überwiegend Aufgaben in der Patientenversorgung wahrnehmen. ²Sie gelten auch für Ärztinnen und Ärzte, die in ärztlichen Servicebereichen in der Patientenversorgung eingesetzt sind.

(2) Ob und inwieweit diese Sonderregelungen auf andere Ärztinnen und Ärzte im Landesdienst (zum Beispiel an psychiatrischen Krankenhäusern) übertragen werden, ist auf Landesebene zu verhandeln.

(3) Soweit in § 40 geregelte Tatbestände auch für Ärztinnen und Ärzte an Universitätskliniken einschlägig sein könnten, sind sie in die Regelungen dieses § 41 vollständig aufgenommen worden.

> Protokollerklärungen zu Nr. 1 Absatz 1:
> 1. Zu den ärztlichen Servicebereichen in der Patientenversorgung zählen zum Beispiel Pathologie, Labor und Krankenhaushygiene.
> 2. Der Tarifvertrag für das Universitätsklinikum Schleswig-Holstein (Beschäftigungspakt) vom 20. Oktober 2004 bleibt unberührt.

Nr. 2
Zu § 3 – Allgemeine Arbeitsbedingungen –

§ 3 gilt in folgender Fassung:

(...)

„(9) ¹Zu den Pflichten der Beschäftigten gehört es auch, ärztliche Bescheinigungen auszustellen. ²Die Beschäftigten können vom Arbeitgeber verpflichtet werden, im Rahmen einer zugelassenen Nebentätigkeit von leitenden Ärztinnen und Ärzten oder für Belegärztinnen und Belegärzte innerhalb der Einrichtung ärztlich tätig zu werden.

(10) ¹Zu den Pflichten der Beschäftigten aus der Haupttätigkeit gehört es, am Rettungsdienst in Notarztwagen und Hubschraubern teilzunehmen. ²Für jeden Einsatz in diesem Rettungsdienst erhalten die Beschäftigten einen nicht zusatzversorgungspflichtigen Einsatzzuschlag in Höhe von 15,41 Euro. ³Dieser Betrag verändert sich zu demselben Zeitpunkt und in dem gleichen Ausmaß wie das Tabellenentgelt der Entgeltgruppe Ä 1 Stufe 2.

> Protokollerklärungen zu § 3 Absatz 10:
> 1. Beschäftigte, denen aus persönlichen Gründen (zum Beispiel Vorliegen einer anerkannten Minderung der Erwerbsfähigkeit, die dem Einsatz im Rettungsdienst entgegensteht, Flugunverträglichkeit) oder aus fachlichen Gründen die Teilnahme am Rettungsdienst nicht zumutbar beziehungsweise untersagt ist, dürfen nicht zum Einsatz im Rettungsdienst herangezogen werden.
> 2. Der Einsatzzuschlag steht nicht zu, wenn den Beschäftigten wegen der Teilnahme

am Rettungsdienst außer den tariflichen Bezügen sonstige Leistungen vom Arbeitgeber oder von einem Dritten (zum Beispiel private Unfallversicherung, für die der Arbeitgeber oder ein Träger des Rettungsdienstes die Beiträge ganz oder teilweise trägt, Liquidationsansprüche) zustehen. ²Die Beschäftigten können auf die sonstigen Leistungen verzichten.
3. Der Einsatzzuschlag beträgt:
– 16,97 Euro ab 1. April 2011
– 17,36 Euro ab 1. Januar 2012.21

(11) Zu den Pflichten der Beschäftigten aus der Haupttätigkeit gehören auch die Erstellung von Gutachten, gutachtlichen Äußerungen und wissenschaftlichen Ausarbeitungen, die nicht von einem Dritten angefordert und vergütet werden.

(12) ¹Für die Nebentätigkeiten der Beschäftigten finden die Bestimmungen, die für die Beamten des jeweiligen Landes jeweils gelten, sinngemäß Anwendung. ²Die Beschäftigten können vom Arbeitgeber verpflichtet werden, als Nebentätigkeit Unterricht zu erteilen sowie Gutachten, gutachtliche Äußerungen und wissenschaftliche Ausarbeitungen zu erstellen, die von einem Dritten angefordert und vergütet werden. ³Dies gilt auch im Rahmen einer zugelassenen Nebentätigkeit des leitenden Arztes. ⁴Steht die Vergütung für das Gutachten, die gutachtliche Äußerung oder wissenschaftliche Ausarbeitung ausschließlich dem Arbeitgeber zu, so haben die Beschäftigten entsprechend ihrer Beteiligung einen Anspruch auf einen Teil dieser Vergütung. ⁵In allen anderen Fällen sind die Beschäftigten berechtigt, für die Nebentätigkeit einen Anteil der Vergütung anzunehmen, die von dem Dritten zu zahlen ist. ⁶Die Beschäftigten können die Übernahme der Nebentätigkeit verweigern, wenn die angebotene Vergütung offenbar nicht dem Umfang ihrer Beteiligung entspricht. ⁷Im Übrigen kann die Übernahme der Nebentätigkeit nur in besonders begründeten Ausnahmefällen verweigert werden.

(13) Auch die Ausübung einer unentgeltlichen Nebentätigkeit bedarf der vorherigen Genehmigung des Arbeitgebers, wenn für sie Räume, Einrichtungen, Personal oder Material des Arbeitgebers in Anspruch genommen werden.

(14) ¹Werden für eine Nebentätigkeit Räume, Einrichtungen, Personal oder Material des Arbeitgebers in Anspruch genommen, so haben die Beschäftigten dem Arbeitgeber die Kosten hierfür zu erstatten, soweit sie nicht von anderer Seite zu erstatten sind. ²Die Kosten können in einer Nebenabrede zum Arbeitsvertrag pauschaliert werden."

Nr. 3
Zu § 6 – Regelmäßige Arbeitszeit –
1. § 6 Absatz 1 bis 5 gelten in folgender Fassung:

„(1) ¹Die durchschnittliche regelmäßige wöchentliche Arbeitszeit ausschließlich der Pausen beträgt 42 Stunden. ²Die regelmäßige Arbeitszeit kann auf fünf Tage, aus notwendigen betrieblichen/dienstlichen Gründen auch auf sechs Tage verteilt werden.

(2) ¹Für die Berechnung des Durchschnitts der regelmäßigen wöchentlichen Arbeitszeit ist ein Zeitraum von einem Jahr zugrunde zu legen. ²Abweichend kann

bei Beschäftigten, die ständig Wechselschicht- oder Schichtarbeit zu leisten haben, sowie für die Durchführung so genannter Sabbatjahrmodelle, ein längerer Zeitraum zugrunde gelegt werden.

(3) [1]Soweit es die betrieblichen/dienstlichen Verhältnisse zulassen, werden Beschäftigte am 24. Dezember und am 31. Dezember unter Fortzahlung des Tabellenentgelts und der sonstigen in Monatsbeträgen festgelegten Entgeltbestandteile von der Arbeit freigestellt. [2]Kann die Freistellung nach Satz 1 aus betrieblichen/dienstlichen Gründen nicht erfolgen, ist entsprechender Freizeitausgleich innerhalb von drei Monaten zu gewähren. [3]Die regelmäßige Arbeitszeit vermindert sich für den 24. Dezember und 31. Dezember, sofern sie auf einen Werktag fallen, um die dienstplanmäßig ausgefallenen Stunden. [4]Die Arbeitszeit an einem gesetzlichen Feiertag, der auf einen Werktag fällt, wird durch eine entsprechende Freistellung an einem anderen Werktag bis zum Ende des dritten Kalendermonats ausgeglichen, wenn es die betrieblichen Verhältnisse zulassen; der Ausgleich soll möglichst aber schon bis zum Ende des nächsten Kalendermonats erfolgen. [5]Kann ein Freizeitausgleich nicht gewährt werden, erhalten die Beschäftigten je Stunde 100 v.H. des Stundenentgelts; Stundenentgelt ist der auf eine Stunde entfallende Anteil des monatlichen Entgelts der jeweiligen Entgeltgruppe und Stufe nach der Entgelttabelle. [6]Ist ein Arbeitszeitkonto eingerichtet, ist eine Buchung gemäß § 10 Absatz 3 zulässig. [7]In den Fällen des Satzes 4 steht der Zeitzuschlag von 35 v.H. (§ 8 Absatz 1 Satz 2 Buchstabe d) zu. [8]Für Beschäftigte, die regelmäßig nach einem Dienstplan eingesetzt werden, der Wechselschicht- oder Schichtdienst an sieben Tagen in der Woche vorsieht, vermindert sich die regelmäßige Wochenarbeitszeit um ein Fünftel der arbeitsvertraglich vereinbarten durchschnittlichen Wochenarbeitszeit, wenn sie an einem gesetzlichen Feiertag, der auf einen Werktag fällt, nicht wegen des Feiertags, sondern dienstplanmäßig nicht zur Arbeit eingeteilt sind und deswegen an anderen Tagen der Woche ihre regelmäßige Arbeitszeit erbringen müssen. [9]In den Fällen des Satzes 8 gelten die Sätze 4 bis 7 nicht.

> Protokollerklärung zu § 6 Absatz 3 Satz 3:
> Die Verminderung der regelmäßigen Arbeitszeit betrifft die Beschäftigten, die wegen des Dienstplans frei haben und deshalb ohne diese Regelung nacharbeiten müssten.

(4) Aus dringenden betrieblichen/dienstlichen Gründen kann auf der Grundlage einer Betriebs-/Dienstvereinbarung im Rahmen des § 7 Absatz 1, 2 und des § 12 Arbeitszeitgesetz von den Vorschriften des Arbeitszeitgesetzes abgewichen werden.

(5) [1]Die Beschäftigten sind im Rahmen begründeter betrieblicher/dienstlicher Notwendigkeiten verpflichtet, Sonntags-, Feiertags-, Nacht-, Wechselschicht-, Schichtarbeit sowie – bei Teilzeitbeschäftigung aufgrund arbeitsvertraglicher Regelung oder mit ihrer Zustimmung – Bereitschaftsdienst, Rufbereitschaft, Überstunden und Mehrarbeit zu leisten. [2]Beschäftigte, die regelmäßig an Sonn- und Feiertagen arbeiten müssen, erhalten innerhalb von zwei Wochen zwei arbeitsfreie Tage. [3]Hiervon soll ein freier Tag auf einen Sonntag fallen."

2. § 6 Absatz 10 gilt in folgender Fassung:

"(10) ¹Unter den Voraussetzungen des Arbeitszeit- und Arbeitsschutzgesetzes, insbesondere des § 5 Arbeitsschutzgesetz, kann die tägliche Arbeitszeit im Schichtdienst auf bis zu 12 Stunden ausschließlich der Pausen ausgedehnt werden, um längere Freizeitintervalle zu schaffen oder die Zahl der Wochenenddienste zu vermindern. ²In unmittelbarer Folge dürfen nicht mehr als vier Zwölf-Stunden-Schichten und innerhalb von zwei Kalenderwochen nicht mehr als acht Zwölf-Stunden-Schichten geleistet werden. ³Solche Schichten können nicht mit Bereitschaftsdienst (§ 7 Absatz 3) kombiniert werden."

3. Nach § 6 Absatz 11 wird folgender Absatz 12 eingefügt:

"(12) Wird den Beschäftigten durch ausdrückliche Anordnung des Arbeitgebers eine Sonderfunktion innerhalb der Klinik übertragen (zum Beispiel Transplantationsbeauftragte/Transplantationsbeauftragter, Strahlenschutzbeauftragte/Strahlenschutzbeauftragter, sind sie für diese Tätigkeit und die Fortbildung hierzu in erforderlichem Umfang von ihren sonstigen Aufgaben freizustellen."

4. Zu § 6 gelten folgende Protokollerklärungen:

"Protokollerklärungen zu § 6:
1. ¹Die Tarifvertragsparteien erwarten, dass den Beschäftigten bei der Festlegung der Arbeitszeit ein angemessener zeitlicher Anteil der Arbeitszeit für ihre wissenschaftliche Tätigkeit in Forschung und Lehre zugestanden wird. ²Die in den Hochschulgesetzen der Länder geregelten Mindestzeiten für die Ausübung wissenschaftlicher Tätigkeit bleiben unberührt.
2. Die Tarifvertragsparteien erwarten, dass die Kliniken zusammen mit den Beschäftigten nach Wegen suchen, die Beschäftigten von bürokratischen, patientenfernen Aufgaben zu entlasten und deren Arbeitsabläufe besser zu organisieren.
3. Die Tarifvertragsparteien erwarten, dass in den Kliniken unter Einbeziehung der Beschäftigten intensiv alternative Arbeitszeitmodelle entwickelt werden, die sowohl den gesetzlichen Anforderungen als auch veränderten betrieblichen Anforderungen entsprechen.
4. ¹Die Arbeitszeiten der Beschäftigten sollen objektiv dokumentiert werden. ²Die konkrete Anwendung wird durch Pilotprojekte geprüft."

Nr. 4
Zu § 7 – Sonderformen der Arbeit –

1. § 7 Absatz 1 gilt in folgender Fassung:

"(1) ¹Wechselschichtarbeit ist die Arbeit nach einem Schichtplan, der einen regelmäßigen Wechsel der täglichen Arbeitszeit in Wechselschichten vorsieht, bei denen die/der Beschäftigte durchschnittlich längstens nach Ablauf eines Monats erneut zu mindestens zwei Nachtschichten herangezogen wird. ²Wechselschichten sind wechselnde Arbeitsschichten, in denen ununterbrochen bei Tag und Nacht, werktags, sonntags und feiertags gearbeitet wird. ³Nachtschichten sind Arbeitsschichten, die mindestens zwei Stunden Nachtarbeit umfassen."

2. § 7 Absätze 3 und 4 gelten in folgender Fassung:

"(3) ¹Beschäftigte sind verpflichtet, sich auf Anordnung des Arbeitgebers außerhalb der regelmäßigen Arbeitszeit an einer vom Arbeitgeber bestimmten Stelle aufzuhalten, um im Bedarfsfall die Arbeit aufzunehmen (Bereitschaftsdienst). ²Der Arbeitgeber darf Bereitschaftsdienst nur anordnen, wenn zu erwarten ist, dass zwar Arbeit anfällt, erfahrungsgemäß aber die Zeit ohne Arbeitsleistung überwiegt.

(4) ¹Rufbereitschaft leisten Beschäftigte, die sich auf Anordnung des Arbeitgebers außerhalb der regelmäßigen Arbeitszeit an einer dem Arbeitgeber anzuzeigenden Stelle aufhalten, um auf Abruf die Arbeit aufzunehmen. ²Der Arbeitgeber darf Rufbereitschaft nur anordnen, wenn erfahrungsgemäß lediglich in Ausnahmefällen Arbeit anfällt. ³Rufbereitschaft wird nicht dadurch ausgeschlossen, dass Beschäftigte vom Arbeitgeber mit einem Mobiltelefon oder einem vergleichbaren technischen Hilfsmittel ausgestattet sind. ⁴Durch tatsächliche Arbeitsleistung innerhalb der Rufbereitschaft kann die tägliche Höchstarbeitszeit von zehn Stunden überschritten werden (§§ 3, 7 Absatz 1 Nr. 1 und Nr. 4 Arbeitszeitgesetz)."

3. § 7 erhält folgende Absätze 9 bis 11:

„(9) ¹Wenn in die Arbeitszeit regelmäßig und in erheblichem Umfang Bereitschaftsdienst fällt, kann im Rahmen des § 7 Absatz 1 Nr. 1 und Nr. 4 Arbeitszeitgesetz die tägliche Arbeitszeit im Sinne des Arbeitszeitgesetzes abweichend von den §§ 3 und 6 Absatz 2 Arbeitszeitgesetz über acht Stunden hinaus auf bis zu 24 Stunden (8 Stunden Volldienst und 16 Stunden Bereitschaftsdienst) verlängert werden, wenn mindestens die Zeit über acht Stunden als Bereitschaftsdienst abgeleistet wird. ²Die Verlängerung setzt voraus:

a) eine Prüfung alternativer Arbeitszeitmodelle,
b) eine Belastungsanalyse gemäß § 5 Arbeitsschutzgesetz und
c) gegebenenfalls daraus resultierende Maßnahmen zur Gewährleistung des Gesundheitsschutzes.

³Die tägliche Arbeitszeit darf bei Ableistung ausschließlich von Bereitschaftsdienst an Samstagen, Sonn- und Feiertagen maximal 24 Stunden betragen, wenn dadurch für den Einzelnen mehr Wochenenden und Feiertage frei sind.

(10) ¹Unter den Voraussetzungen des Absatzes 9 Satz 2 Buchstabe a bis c und bei Einhaltung der Grenzwerte des Absatzes 9 kann im Rahmen des § 7 Absatz 2a Arbeitszeitgesetz eine Verlängerung der täglichen Arbeitszeit über acht Stunden hinaus auch ohne Ausgleich erfolgen. ²Dabei ist eine wöchentliche Arbeitszeit von bis zu maximal durchschnittlich 58 Stunden in der Bereitschaftsdienststufe I und von bis zu maximal durchschnittlich 54 Stunden in der Bereitschaftsdienststufe II zulässig. ³Durch Tarifvertrag auf Landesebene kann in begründeten Einzelfällen eine durchschnittliche wöchentliche Höchstarbeitszeit von bis zu 66 Stunden vereinbart werden. ⁴Für die Berechnung des Durchschnitts der wöchentlichen Arbeitszeit ist ein Zeitraum von einem Jahr zugrunde zu legen.

(11) ¹In den Fällen, in denen Teilzeitarbeit (§ 11) vereinbart wurde, verringern sich die Höchstgrenzen der wöchentlichen Arbeitszeit in Absatz 10 – beziehungsweise in den Fällen, in denen Absatz 10 nicht zur Anwendung kommt, die Höchstgrenze von 48 Stunden – in demselben Verhältnis wie die Arbeitszeit dieser Teilzeitbeschäftigten zu der regelmäßigen Arbeitszeit der Vollbeschäftigten verringert worden ist. ²Mit Zustimmung der/des Beschäftigten oder aufgrund von

dringenden dienstlichen oder betrieblichen Belangen kann hiervon abgewichen werden."
Niederschriftserklärung zu § 41 Nr. 4 (betreffend § 7 Absatz 10 TV-L):
Die Tarifvertragsparteien gehen davon aus, dass es für die Vereinbarung einer durchschnittlichen wöchentlichen Höchstarbeitszeit von bis zu 66 Stunden einen Bedarf geben kann.
Niederschriftserklärung zu § 41 Nr. 4, § 42 Nr. 5 und § 43 Nr. 4 (betreffend § 7 Absatz 1 TV-L):
Der Anspruch auf die Wechselschichtzulage ist auch erfüllt, wenn unter Einhaltung der Monatsfrist zwei Nachtdienste geleistet werden, die nicht zwingend unmittelbar aufeinander folgen müssen.

Nr. 5
Zu § 8 – Ausgleich für Sonderformen der Arbeit –
(nicht abgedruckt)

§ 43 Sonderregelungen für die nichtärztlichen Beschäftigten in Universitätskliniken und Krankenhäusern

Nr. 1
Zu § 1 – Geltungsbereich –
Diese Sonderregelungen gelten für Beschäftigte (mit Ausnahme der Ärztinnen und Ärzte, Zahnärztinnen und Zahnärzte, die unter § 41 oder § 42 fallen), wenn sie in Universitätskliniken, Krankenhäusern oder sonstigen Einrichtungen und Heimen, in denen die betreuten Personen in ärztlicher Behandlung stehen, beschäftigt werden.

Nr. 2
Zu § 3 – Allgemeine Arbeitsbedingungen –
§ 3 Absatz 5 gilt in folgender Fassung:
„(5) ¹Der Arbeitgeber ist bei begründeter Veranlassung berechtigt, Beschäftigte zu verpflichten, durch ärztliche Bescheinigung nachzuweisen, dass sie zur Leistung der arbeitsvertraglich geschuldeten Tätigkeit in der Lage sind. ²Bei dem 80 beauftragten Arzt kann es sich um einen Amtsarzt handeln, soweit sich die Betriebsparteien nicht auf einen anderen Arzt geeinigt haben. ³Die Kosten dieser Untersuchung trägt der Arbeitgeber. ⁴Der Arbeitgeber kann die Beschäftigten auch bei Beendigung des Arbeitsverhältnisses untersuchen lassen. ⁵Auf Verlangen der Beschäftigten ist er hierzu verpflichtet. ⁶Beschäftigte, die besonderen Ansteckungsgefahren ausgesetzt oder in gesundheitsgefährdenden Bereichen beschäftigt sind, sind in regelmäßigen Zeitabständen ärztlich zu untersuchen."

Nr. 3
Zu § 6 – Regelmäßige Arbeitszeit –
1. § 6 Absatz 1 Satz 2 gilt nicht.

2. § 6 Absatz 3 gilt in folgender Fassung:

„(3) ¹Soweit es die betrieblichen/dienstlichen Verhältnisse zulassen, werden Beschäftigte am 24. Dezember und am 31. Dezember unter Fortzahlung des Tabellenentgelts und der sonstigen in Monatsbeträgen festgelegten Entgeltbestandteile von der Arbeit freigestellt. ²Kann die Freistellung aus betrieblichen/dienstlichen Gründen nicht erfolgen, ist entsprechender Freizeitausgleich innerhalb von drei Monaten zu gewähren. ³Die regelmäßige Arbeitszeit vermindert sich für den 24. Dezember und 31. Dezember, sofern sie auf einen Werktag fallen, um die dienstplanmäßig ausgefallenen Stunden. ⁴Die Arbeitszeit an einem gesetzlichen Feiertag, der auf einen Werktag fällt, wird durch eine entsprechende Freistellung an einem anderen Werktag bis zum Ende des dritten Kalendermonats ausgeglichen, wenn es die betrieblichen Verhältnisse zulassen; der Ausgleich soll möglichst aber schon bis zum Ende des nächsten Kalendermonats erfolgen. ⁵Kann ein Freizeitausgleich nicht gewährt werden, erhält die/der Beschäftigte je Stunde 100 v.H. des Stundenentgelts; Stundenentgelt ist der auf eine Stunde entfallende Anteil des monatlichen Entgelts der jeweiligen Entgeltgruppe und Stufe nach der Entgelttabelle. ⁶Ist ein Arbeitszeitkonto eingerichtet, ist eine Buchung gemäß § 10 Absatz 3 zulässig. ⁷In den Fällen des Satzes 4 steht der Zeitzuschlag von 35 v.H. (§ 8 Absatz 1 Satz 2 Buchstabe d) zu. ⁸Für Beschäftigte, die regelmäßig nach einem Dienstplan eingesetzt werden, der Wechselschicht- oder Schichtdienst an sieben Tagen in der Woche vorsieht, vermindert sich die regelmäßige Wochenarbeitszeit um ein Fünftel der arbeitsvertraglich vereinbarten durchschnittlichen Wochenarbeitszeit, wenn sie an einem gesetzlichen Feiertag, der auf einen Werktag fällt, nicht wegen des Feiertags, sondern dienstplanmäßig nicht zur Arbeit eingeteilt sind und deswegen an anderen Tagen der Woche ihre regelmäßige Arbeitszeit erbringen müssen. ⁹In den Fällen des Satzes 8 gelten die Sätze 4 bis 7 nicht.

> **Protokollerklärung zu § 6 Absatz 3 Satz 3:**
> Die Verminderung der regelmäßigen Arbeitszeit betrifft die Beschäftigten, die wegen des Dienstplans frei haben und deshalb ohne diese Regelung nacharbeiten müssten."

3. § 6 Absatz 5 gilt in folgender Fassung:

„(5) ¹Die Beschäftigten sind im Rahmen begründeter betrieblicher/dienstlicher Notwendigkeiten verpflichtet, Sonntags-, Feiertags-, Nacht-, Wechselschicht-, Schichtarbeit sowie - bei Teilzeitbeschäftigung aufgrund arbeitsvertraglicher Regelung oder mit ihrer Zustimmung - Bereitschaftsdienst, Rufbereitschaft, Überstunden und Mehrarbeit zu leisten. ²Beschäftigte, die regelmäßig an Sonn- und Feiertagen arbeiten müssen, erhalten innerhalb von zwei Wochen zwei arbeitsfreie Tage. ³Hiervon soll ein freier Tag auf einen Sonntag fallen."

4. § 6 Absatz 10 gilt nicht.

Nr.4
Zu § 7 – Sonderformen der Arbeit –

1. § 7 Absatz 1 gilt in folgender Fassung:

„(1) ¹Wechselschichtarbeit ist die Arbeit nach einem Schichtplan, der einen regelmäßigen Wechsel der täglichen Arbeitszeit in Wechselschichten vorsieht, bei denen die/der Beschäftigte durchschnittlich längstens nach Ablauf eines Monats erneut zu mindestens zwei Nachtschichten herangezogen wird. ²Wechselschichten sind wechselnde Arbeitsschichten, in denen ununterbrochen bei Tag und Nacht, werktags, sonntags und feiertags gearbeitet wird. ³Nachtschichten sind Arbeitsschichten, die mindestens zwei Stunden Nachtarbeit umfassen."

2. § 7 Absätze 3 und 4 gelten in folgender Fassung:

„(3) ¹Beschäftigte sind verpflichtet, sich auf Anordnung des Arbeitgebers außerhalb der regelmäßigen Arbeitszeit an einer vom Arbeitgeber bestimmten Stelle aufzuhalten, um im Bedarfsfall die Arbeit aufzunehmen (Bereitschaftsdienst). ²Der Arbeitgeber darf Bereitschaftsdienst nur anordnen, wenn zu erwarten ist, dass zwar Arbeit anfällt, erfahrungsgemäß aber die Zeit ohne Arbeitsleistung überwiegt.

(4) ¹Rufbereitschaft leisten Beschäftigte, die sich auf Anordnung des Arbeitgebers außerhalb der regelmäßigen Arbeitszeit an einer dem Arbeitgeber anzuzeigenden Stelle aufhalten, um auf Abruf die Arbeit aufzunehmen. ²Der Arbeitgeber darf Rufbereitschaft nur anordnen, wenn erfahrungsgemäß lediglich in Ausnahmefällen Arbeit anfällt. ³Rufbereitschaft wird nicht dadurch ausgeschlossen, dass Beschäftigte vom Arbeitgeber mit einem Mobiltelefon oder einem vergleichbaren technischen Hilfsmittel ausgestattet sind. ⁴Durch tatsächliche Arbeitsleistung innerhalb der Rufbereitschaft kann die tägliche Höchstarbeitszeit von zehn Stunden überschritten werden (§§ 3, 7 Absatz 1 Nr. 1 und Nr. 4 Arbeitszeitgesetz)".

3. § 7 erhält folgende Absätze 9 bis 12:

"(9) Abweichend von den §§ 3, 5 und 6 Absatz 2 Arbeitszeitgesetz kann im Rahmen des § 7 Arbeitszeitgesetz die tägliche Arbeitszeit im Sinne des Arbeitszeitgesetzes über acht Stunden hinaus verlängert werden, wenn mindestens die acht Stunden überschreitende Zeit im Rahmen von Bereitschaftsdienst geleistet wird, und zwar wie folgt:

a) bei Bereitschaftsdiensten der Stufen A und B bis zu insgesamt maximal 16 Stunden täglich; die gesetzlich vorgeschriebene Pause verlängert diesen Zeitraum nicht,

b) bei Bereitschaftsdiensten der Stufen C und D bis zu insgesamt maximal 13 Stunden täglich; die gesetzlich vorgeschriebene Pause verlängert diesen Zeitraum nicht.

(10) ¹Auf Grund einer Dienst-/Betriebsvereinbarung kann im Rahmen des § 7 Absatz 1 Nr. 1 und Nr. 4 Arbeitszeitgesetz die tägliche Arbeitszeit im Sinne des Arbeitszeitgesetzes abweichend von den §§ 3 und 6 Absatz 2 Arbeitszeitgesetz über acht Stunden hinaus auf bis zu 24 Stunden ausschließlich der Pausen verlängert werden, wenn in die Arbeitszeit regelmäßig und in erheblichem Umfang Bereitschaftsdienst fällt. ²Die Verlängerung setzt voraus:

a) eine Prüfung alternativer Arbeitszeitmodelle,
b) eine Belastungsanalyse gemäß § 5 Arbeitsschutzgesetz und

c) gegebenenfalls daraus resultierende Maßnahmen zur Gewährleistung des Gesundheitsschutzes.

³Für einen Betrieb/eine Verwaltung, in dem/der ein Personalvertretungsgesetz Anwendung findet, kann eine Regelung nach Satz 1 in einem landesbezirklichen Tarifvertrag getroffen werden, wenn eine Dienstvereinbarung nicht einvernehmlich zustande kommt und der Arbeitgeber ein Letztentscheidungsrecht hat.

(11) ¹Unter den Voraussetzungen des Absatzes 10 Satz 2 kann im Rahmen des § 7 Absatz 2a Arbeitszeitgesetz eine Verlängerung der täglichen Arbeitszeit über acht Stunden hinaus auch ohne Ausgleich erfolgen. ²Dabei ist eine wöchentliche Arbeitszeit von bis zu maximal durchschnittlich 58 Stunden in den Bereitschaftsdienststufen A und B und von bis zu maximal durchschnittlich 54 Stunden in den Bereitschaftsdienststufen C und D zulässig. ³Für die Berechnung des Durchschnitts der wöchentlichen Arbeitszeit gilt § 6 Absatz 2 Satz 1.

Protokollerklärung zu § 7 Absatz 11:

¹Die Tarifvertragsparteien sind sich einig: Das In-Kraft-Treten des Tarifvertrages kann nicht der Anlass sein, die bestehenden betrieblichen und für die Beschäftigten günstigeren Regelungen zur Arbeitszeit zu kündigen und zu verändern. ²Ziel ist es, die Belastungen durch eine entsprechende Arbeitszeitgestaltung zu verringern. ³Für jede Änderung der betrieblichen Regelungen, die zu einer längeren Arbeitszeit führen, ist zwingende Voraussetzung: Im Rahmen des § 7 Absatz 2a Arbeitszeitgesetz

– muss eine Prüfung alternativer Arbeitszeitmodelle erfolgen,
– muss eine Belastungsanalyse gemäß § 5 Arbeitsschutzgesetz vorliegen und
– müssen gegebenenfalls daraus resultierende Maßnahmen zur Gewährleistung des Gesundheitsschutzes umgesetzt werden

und für diese Maßnahme müssen dringende dienstliche oder betriebliche Gründe vorliegen. ⁴Mit dem Personal- oder Betriebsrat soll eine einvernehmliche Regelung getroffen werden.

(12) ¹In den Fällen, in denen Teilzeitarbeit (§ 11) vereinbart wurde, verringern sich die Höchstgrenzen der wöchentlichen Arbeitszeit in Absatz 11 - beziehungsweise in den Fällen, in denen Absatz 11 nicht zur Anwendung kommt, die Höchstgrenze von 48 Stunden - in demselben Verhältnis wie die Arbeitszeit dieser Teilzeitbeschäftigten zu der regelmäßigen Arbeitszeit der Vollbeschäftigten verringert worden ist. ²Mit Zustimmung der/des Beschäftigten oder aufgrund von dringenden dienstlichen oder betrieblichen Belangen kann hiervon abgewichen werden."

Niederschriftserklärung zu § 41 Nr. 4, § 42 Nr. 5 und § 43 Nr. 4 (betreffend § 7 Absatz 1 TV-L):
Der Anspruch auf die Wechselschichtzulage ist auch erfüllt, wenn unter Einhaltung der Monatsfrist zwei Nachtdienste geleistet werden, die nicht zwingend unmittelbar aufeinander folgen müssen.

Nr.5
Zu § 8 – Ausgleich für Sonderformen der Arbeit –
(nicht abgedruckt)

4.3.2 TV Ärzte/UK

Tarifvertrag für Ärztinnen und Ärzte an Universitätskliniken (TV-Ärzte) vom 05. November 2011 zwischen der Tarifgemeinschaft deutscher Länder und dem Marburger Bund.

(…)

§ 6 Regelmäßige Arbeitszeit

(1) ¹Die durchschnittliche regelmäßige wöchentliche Arbeitszeit ausschließlich der Pausen beträgt 42 Stunden. ²Die regelmäßige Arbeitszeit kann auf fünf Tage, aus notwendigen betrieblichen/dienstlichen Gründen auch auf sechs Tage verteilt werden.

(2) ¹Für die Berechnung des Durchschnitts der regelmäßigen wöchentlichen Arbeitszeit ist ein Zeitraum von einem Jahr zugrunde zu legen. ²Abweichend kann bei Ärzten, die ständig Wechselschicht- oder Schichtarbeit zu leisten haben, ein längerer Zeitraum zugrunde gelegt werden.

(3) ¹Soweit es die betrieblichen/dienstlichen Verhältnisse zulassen, werden die Ärzte am 24. Dezember und am 31. Dezember unter Fortzahlung des Tabellenentgelts und der sonstigen in Monatsbeträgen festgelegten Entgeltbestandteile von der Arbeit freigestellt. ²Kann die Freistellung nach Satz 1 aus betrieblichen/dienstlichen Gründen nicht erfolgen, ist entsprechender Freizeitausgleich innerhalb von drei Monaten zu gewähren. ³Die regelmäßige Arbeitszeit vermindert sich für den 24. Dezember und 31. Dezember, sofern sie auf einen Werktag fallen, um die dienstplanmäßig ausgefallenen Stunden. ⁴Die Arbeitszeit an einem gesetzlichen Feiertag, der auf einen Werktag fällt, wird durch eine entsprechende Freistellung an einem anderen Werktag bis zum Ende des dritten Kalendermonats ausgeglichen, wenn es die betrieblichen Verhältnisse zulassen; der Ausgleich soll möglichst aber schon bis zum Ende des nächsten Kalendermonats erfolgen. ⁵Kann ein Freizeitausgleich nicht gewährt werden, erhalten die Ärzte je Stunde 100 v.H. des Stundenentgelts. ⁶Stundenentgelt ist der auf eine Stunde entfallende Anteil des monatlichen Entgelts der jeweiligen Entgeltgruppe und Stufe nach der Entgelttabelle. ⁷In den Fällen des Satzes 4 steht der Zeitzuschlag von 35 v.H. (§ 8 Absatz 1 Satz 2 Buchstabe d) zu. ⁸Für Ärzte, die regelmäßig nach einem Dienstplan eingesetzt werden, der Wechselschicht- oder Schichtdienst an sieben Tagen in der Woche vorsieht, vermindert sich die regelmäßige Wochenarbeitszeit um ein Fünftel der arbeitsvertraglich vereinbarten durchschnittlichen Wochenarbeitszeit, wenn sie an einem gesetzlichen Feiertag, der auf einen Werktag fällt, nicht wegen des Feiertags, sondern dienstplanmäßig nicht zur Arbeit eingeteilt sind und deswegen an anderen Tagen der Woche ihre regelmäßige Arbeitszeit erbringen müssen. ⁹In den Fällen des Satzes 8 gelten die Sätze 4 bis 7 nicht.

> Protokollerklärung zu § 6 Absatz 3 Satz 3:
> Die Verminderung der regelmäßigen Arbeitszeit betrifft die Ärzte, die wegen des Dienstplans frei haben und deshalb ohne diese Regelung nacharbeiten müssten.

(4) Aus dringenden betrieblichen/dienstlichen Gründen kann auf der Grundlage eines Tarifvertrages auf Landesebene im Rahmen des § 7 Absatz 1, 2 und des § 12 Arbeitszeitgesetz von den Vorschriften des Arbeitszeitgesetzes abgewichen werden.

(5) [1]Die Ärzte sind im Rahmen begründeter betrieblicher/dienstlicher Notwendigkeiten verpflichtet, Sonntags-, Feiertags-, Nacht-, Wechselschicht-, Schichtarbeit sowie – bei Teilzeitbeschäftigung aufgrund arbeitsvertraglicher Regelung oder mit ihrer Zustimmung - Überstunden und Mehrarbeit zu leisten. [2]Ärzte, die regelmäßig an Sonn- und Feiertagen arbeiten müssen, erhalten innerhalb von zwei Wochen zwei arbeitsfreie Tage. [3]Hiervon soll ein freier Tag auf einen Sonntag fallen.

(6) [1]Durch Tarifvertrag auf Landesebene kann ein wöchentlicher Arbeitszeitkorridor von bis zu 45 Stunden eingerichtet werden. [2]Die innerhalb eines Arbeitszeitkorridors geleisteten zusätzlichen Arbeitsstunden werden im Rahmen des nach Absatz 2 Satz 1 festgelegten Zeitraums ausgeglichen.

(7) [1]Durch Tarifvertrag auf Landesebene kann in der Zeit von 6 bis 20 Uhr eine tägliche Rahmenzeit von bis zu zwölf Stunden eingeführt werden. [2]Die innerhalb der täglichen Rahmenzeit geleisteten zusätzlichen Arbeitsstunden werden im Rahmen des nach Absatz 2 Satz 1 festgelegten Zeitraums ausgeglichen.

(8) [1]Bei Dienstreisen gilt nur die Zeit der dienstlichen Inanspruchnahme am auswärtigen Geschäftsort als Arbeitszeit. [2]Für jeden Tag einschließlich der Reisetage wird jedoch mindestens die auf ihn entfallende regelmäßige, durchschnittliche oder dienstplanmäßige Arbeitszeit berücksichtigt, wenn diese bei Nichtberücksichtigung der Reisezeit nicht erreicht würde. [3]Überschreiten nicht anrechenbare Reisezeiten insgesamt 15 Stunden im Monat, so werden auf Antrag 25 v.H. dieser überschreitenden Zeiten bei fester Arbeitszeit als Freizeitausgleich gewährt und bei gleitender Arbeitszeit im Rahmen der jeweils geltenden Vorschriften auf die Arbeitszeit angerechnet. [4]Der besonderen Situation von Teilzeitbeschäftigten ist Rechnung zu tragen.

> Protokollerklärungen zu § 6:
> 1. [1]Die Tarifvertragsparteien erwarten, dass den Ärzten bei der Festlegung der Arbeitszeit ein angemessener zeitlicher Anteil der Arbeitszeit für ihre wissenschaftliche Tätigkeit in Forschung und Lehre zugestanden wird. [2]Die in den Hochschulgesetzen der Länder geregelten Mindestzeiten für die Ausübung wissenschaftlicher Tätigkeit bleiben unberührt.
> 2. Die Tarifvertragsparteien erwarten, dass die Kliniken zusammen mit den Ärzten nach Wegen suchen, die Ärzte von bürokratischen, patientenfernen Aufgaben zu entlasten und deren Arbeitsabläufe besser zu organisieren.
> 3. Die Tarifvertragsparteien erwarten, dass in den Kliniken unter Einbeziehung der Ärzte intensiv alternative Arbeitszeitmodelle entwickelt werden, die sowohl den gesetzlichen Anforderungen als auch veränderten betrieblichen Anforderungen entsprechen.

§ 7 Sonderformen der Arbeit

(1) [1]Wechselschichtarbeit ist die Arbeit nach einem Schichtplan, der einen regelmäßigen Wechsel der täglichen Arbeitszeit in Wechselschichten vorsieht, bei denen die Ärztin/der Arzt durchschnittlich längstens nach Ablauf eines Monats erneut zu

mindestens zwei Nachtschichten herangezogen wird. ²Wechselschichten sind wechselnde Arbeitsschichten, in denen ununterbrochen bei Tag und Nacht, werktags, sonntags und feiertags gearbeitet wird. ³Nachtschichten sind Arbeitsschichten, die mindestens zwei Stunden Nachtarbeit umfassen.

(2) Schichtarbeit ist die Arbeit nach einem Schichtplan, der einen regelmäßigen Wechsel des Beginns der täglichen Arbeitszeit um mindestens zwei Stunden in Zeitabschnitten von längstens einem Monat vorsieht, und die innerhalb einer Zeitspanne von mindestens 13 Stunden geleistet wird.

(3) ¹Unter den Voraussetzungen des Arbeitszeit- und Arbeitsschutzgesetzes, insbesondere des § 5 Arbeitsschutzgesetz, kann die tägliche Arbeitszeit im Schichtdienst auf bis zu 12 Stunden ausschließlich der Pausen ausgedehnt werden, um längere Freizeitintervalle zu schaffen oder die Zahl der Wochenenddienste zu vermindern. ²In unmittelbarer Folge dürfen nicht mehr als vier Zwölf-Stunden-Schichten und innerhalb von zwei Kalenderwochen nicht mehr als acht Zwölf-Stunden-Schichten geleistet werden. ³Solche Schichten können nicht mit Bereitschaftsdienst (§ 7 Absatz 4) kombiniert werden.

(4) ¹Die Ärzte sind verpflichtet, sich auf Anordnung des Arbeitgebers außerhalb der regelmäßigen Arbeitszeit an einer vom Arbeitgeber bestimmten Stelle aufzuhalten, um im Bedarfsfall die Arbeit aufzunehmen (Bereitschaftsdienst). ²Der Arbeitgeber darf Bereitschaftsdienst nur anordnen, wenn zu erwarten ist, dass zwar Arbeit anfällt, erfahrungsgemäß aber die Zeit ohne Arbeitsleistung überwiegt. ³Wenn in die Arbeitszeit regelmäßig und in erheblichem Umfang Bereitschaftsdienst fällt, kann im Rahmen des § 7 Absatz 1 Nr. 1 und Nr. 4 Arbeitszeitgesetz die tägliche Arbeitszeit im Sinne des Arbeitszeitgesetzes abweichend von den §§ 3 und 6 Absatz 2 Arbeitszeitgesetz über acht Stunden hinaus auf bis zu 24 Stunden (8 Stunden Volldienst und 16 Stunden Bereitschaftsdienst) verlängert werden, wenn mindestens die Zeit über acht Stunden als Bereitschaftsdienst abgeleistet wird. ⁴Die Verlängerung setzt voraus, dass zuvor

a) eine Prüfung alternativer Arbeitszeitmodelle und
b) eine Belastungsanalyse gemäß § 5 Arbeitsschutzgesetz stattgefunden hat sowie
c) gegebenenfalls daraus resultierende Maßnahmen zur Gewährleistung des Gesundheitsschutzes ergriffen worden sind.

⁵Die tägliche Arbeitszeit darf bei Ableistung ausschließlich von Bereitschaftsdienst an Samstagen, Sonn- und Feiertagen maximal 24 Stunden betragen, wenn dadurch für den Einzelnen mehr Wochenenden und Feiertage frei sind.

(5) ¹Unter den Voraussetzungen des Absatzes 4 Satz 4 Buchstabe a bis c und bei Einhaltung der Grenzwerte des Absatzes 4 kann im Rahmen des § 7 Absatz 2a Arbeitszeitgesetz eine Verlängerung der täglichen Arbeitszeit über acht Stunden hinaus auch ohne Ausgleich erfolgen. ²Dabei ist eine wöchentliche Arbeitszeit von bis zu maximal durchschnittlich 58 Stunden in der Bereitschaftsdienststufe I und von bis zu maximal durchschnittlich 54 Stunden in der Bereitschaftsdienststufe II zulässig. ³Durch Tarifvertrag auf Landesebene kann in begründeten Einzelfällen eine durchschnittliche wöchentliche Höchstarbeitszeit von bis zu 66 Stunden vereinbart wer-

den. ⁴Für die Berechnung des Durchschnitts der wöchentlichen Arbeitszeit ist ein Zeitraum von einem Jahr zugrunde zu legen.

(6) ¹Die Ärztin/Der Arzt hat sich auf Anordnung des Arbeitgebers außerhalb der regelmäßigen Arbeitszeit an einer dem Arbeitgeber anzuzeigenden Stelle aufhalten, um auf Abruf die Arbeit aufzunehmen (Rufbereitschaft). ²Der Arbeitgeber darf Rufbereitschaft nur anordnen, wenn erfahrungsgemäß lediglich in Ausnahmefällen Arbeit anfällt. ³Rufbereitschaft wird nicht dadurch ausgeschlossen, dass Ärzte vom Arbeitgeber mit einem Mobiltelefon oder einem vergleichbaren technischen Hilfsmittel ausgestattet sind. ⁴Durch tatsächliche Arbeitsleistung innerhalb der Rufbereitschaft kann die tägliche Höchstarbeitszeit von zehn Stunden überschritten werden (§§ 3, 7 Absatz 1 Nr. 1 und Nr. 4 Arbeitszeitgesetz).

(7) Nachtarbeit ist die Arbeit zwischen 21 Uhr und 6 Uhr.

(8) Mehrarbeit sind die Arbeitsstunden, die Teilzeitbeschäftigte über die vereinbarte regelmäßige Arbeitszeit hinaus bis zur regelmäßigen wöchentlichen Arbeitszeit von Vollbeschäftigten (§ 6 Absatz 1 Satz 1) leisten.

(9) Überstunden sind die auf Anordnung geleisteten Arbeitsstunden, die über die im Rahmen der regelmäßigen Arbeitszeit von Vollbeschäftigten (§ 6 Absatz 1) für die Woche dienstplanmäßig beziehungsweise betriebsüblich festgesetzten Arbeitsstunden hinausgehen und nicht bis zum Ende der folgenden Kalenderwoche ausgeglichen werden.

(10) Abweichend von Absatz 9 sind nur die Arbeitsstunden Überstunden, die im Falle von Wechselschicht- oder Schichtarbeit über die im Schichtplan festgelegten täglichen Arbeitsstunden einschließlich der im Schichtplan vorgesehenen Arbeitsstunden, die bezogen auf die regelmäßige wöchentliche Arbeitszeit im Schichtplanturnus nicht ausgeglichen werden, angeordnet worden sind.

(11) ¹In den Fällen, in denen Teilzeitarbeit (§ 11) vereinbart wurde, verringern sich die Höchstgrenzen der wöchentlichen Arbeitszeit in Absatz 5 – beziehungsweise in den Fällen, in denen Absatz 5 nicht zur Anwendung kommt, die Höchstgrenze von 48 Stunden – in demselben Verhältnis wie die Arbeitszeit dieser Teilzeitbeschäftigten zu der regelmäßigen Arbeitszeit der Vollbeschäftigten verringert worden ist. ²Mit Zustimmung der Ärztin/des Arztes oder aufgrund von dringenden dienstlichen oder betrieblichen Belangen kann hiervon abgewichen werden.

§ 8 Ausgleich für Sonderformen der Arbeit

(nicht abgedruckt)

§ 9 Ausgleich für Rufbereitschaft und Bereitschaftsdienst

(nicht abgedruckt)

§ 10 Sonderfunktionen, Dokumentation

(1) Wird den Ärzten durch ausdrückliche Anordnung des Arbeitgebers eine Sonderfunktion innerhalb der Klinik übertragen (zum Beispiel Transplantationsbeauf-

tragter, Strahlenschutzbeauftragter usw.), sind sie für diese Tätigkeit und die Fortbildung hierzu in erforderlichem Umfang von ihren sonstigen Aufgaben freizustellen.

(2) ¹Die Arbeitszeiten der Ärzte sollen objektiv dokumentiert werden. ²Die konkrete Anwendung wird durch Pilotprojekte geprüft.

§ 11 Teilzeitbeschäftigung

(1) ¹Mit Ärzten soll auf Antrag eine geringere als die vertraglich festgelegte Arbeitszeit vereinbart werden, wenn sie
a) mindestens ein Kind unter 18 Jahren oder
b) einen nach ärztlichem Gutachten pflegebedürftigen sonstigen Angehörigen
tatsächlich betreuen oder pflegen und dringende dienstliche beziehungsweise betriebliche Belange nicht entgegenstehen. ²Die Teilzeitbeschäftigung nach Satz 1 ist auf Antrag auf bis zu fünf Jahre zu befristen. ³Sie kann verlängert werden; der Antrag ist spätestens sechs Monate vor Ablauf der vereinbarten Teilzeitbeschäftigung zu stellen. ⁴Bei der Gestaltung der Arbeitszeit hat der Arbeitgeber im Rahmen der dienstlichen beziehungsweise betrieblichen Möglichkeiten der besonderen persönlichen Situation der Ärztin/des Arztes nach Satz 1 Rechnung zu tragen.

(2) Ärzte, die in anderen als den in Absatz 1 genannten Fällen eine Teilzeitbeschäftigung vereinbaren wollen, können von ihrem Arbeitgeber verlangen, dass er mit ihnen die Möglichkeit einer Teilzeitbeschäftigung mit dem Ziel erörtert, zu einer entsprechenden Vereinbarung zu gelangen.

(3) Ist mit früher Vollbeschäftigten auf ihren Wunsch eine nicht befristete Teilzeitbeschäftigung vereinbart worden, sollen sie bei späterer Besetzung eines Vollzeitarbeitsplatzes bei gleicher Eignung im Rahmen der dienstlichen beziehungsweise betrieblichen Möglichkeiten bevorzugt berücksichtigt werden.

> Protokollerklärung zu Abschnitt II:
> ¹Gleitzeitregelungen sind unter Wahrung der jeweils geltenden Mitbestimmungsrechte unabhängig von den Vorgaben zu Arbeitszeitkorridor und Rahmenzeit (§ 6 Absatz 6 und 7) möglich; dies gilt nicht bei Schicht- und Wechselschichtarbeit. ²Sie dürfen keine Regelungen nach § 6 Absatz 4 enthalten. ³Bei In-Kraft-Treten dieses Tarifvertrages bestehende Gleitzeitregelungen bleiben unberührt.

(...)

4.4 Tarifvertragliche Regelungen für kommunale Einrichtungen

4.4.1 TVöD-K (Durchgeschriebene Fassung des TVöD für den Dienstleistungsbereich Krankenhäuser im Bereich der Vereinigung der kommunalen Arbeitgeberverbände für den öffentlichen Dienst (TVöD-K) v. 1. August 2006 (in der Fassung vom 1. März 2012)

(...)

§ 6 Regelmäßige Arbeitszeit

(1) ¹Die regelmäßige Arbeitszeit beträgt ausschließlich der Pausen für

a) [nicht besetzt],

b) die Beschäftigten im Tarifgebiet West durchschnittlich 38,5 Stunden wöchentlich, im Tarifgebiet Ost durchschnittlich 40 Stunden wöchentlich.[6]

¹·¹Für Beschäftigte der Mitglieder des Kommunalen Arbeitgeberverbandes Baden-Württemberg beträgt die regelmäßige Arbeitszeit ausschließlich der Pausen abweichen von Absatz 1 Buchst. b durchschnittlich 39 Stunden wöchentlich. ¹·²Satz 1.1 gilt nicht für Auszubildende, Schülerinnen/Schüler sowie Praktikantinnen/Praktikanten der Mitglieder des Kommunalen Arbeitgeberverbandes Baden-Württemberg; für sie beträgt die regelmäßige Arbeitszeit ausschließlich der Pausen durchschnittlich 38,5 Stunden wöchentlich.[7] ²[nicht besetzt][8] ³Die regelmäßige Arbeitszeit kann auf fünf Tage, aus notwendigen betrieblichen/dienstlichen Gründen auch auf sechs Tage verteilt werden.

(1.1) ¹Die regelmäßige Arbeitszeit beträgt ausschließlich der Pausen für Ärztinnen und Ärztinnen durchschnittlich 40 Stunden wöchentlich. ²Absatz 1 Satz 3 findet Anwendung.[9]

(2) ¹Für die Berechnung des Durchschnitts der regelmäßigen wöchentlichen Arbeitszeit

– ist ein Zeitraum von bis zu einem Jahr zugrunde zu legen. ²Abweichend von Satz 1 kann

– bei Beschäftigten, die ständig Wechselschicht- oder Schichtarbeit zu leisten haben, ein längerer Zeitraum zugrunde gelegt werden.

(2.1) Die Arbeitszeiten der Ärztinnen und Ärzte sind durch elektronische Zeiterfassung oder auf andere Art und Weise zu dokumentieren.[10]

(3) ¹Soweit es die betrieblichen/dienstlichen Verhältnisse zulassen, wird die/der Beschäftigte am 24. Dezember und am 31. Dezember unter Fortzahlung des Entgelts nach § 21 von der Arbeit freigestellt. ²Kann die Freistellung nach Satz 1 aus betrieblichen/dienstlichen Gründen nicht erfolgen, ist entsprechender Freizeitausgleich innerhalb von drei Monaten zu gewähren. ³Die regelmäßige Arbeitszeit vermindert sich für jeden gesetzlichen Feiertag, sowie für den 24. Dezember und 31. Dezember, sofern sie auf einen Werktag fallen, um die dienstplanmäßig ausgefallenen Stunden.[11]

Protokollerklärung zu Absatz 3 Satz 3[12]:

Die Verminderung der regelmäßigen Arbeitszeit betrifft die Beschäftigten, die wegen des Dienstplans am Feiertag frei haben und deshalb ohne diese Regelung nacharbeiten müssten.

---

6 Entspricht § 44 Abs. 1 Satz 1 BT-K.
7 Sätze 1.1 und 1.2 entsprechen § 44 Abs. 1 Sätze 2 und 3 BT-K.
8 Entspricht § 48 Abs. 1 BT-K.
9 Entspricht § 44 Abs. 2 BT-K.
10 Entspricht § 44 Abs. 3 BT-K.
11 Satz 3 modifiziert wegen § 6.1.
12 Protokollerklärung modifiziert wegen § 6.1.

(4) Aus dringenden betrieblichen/dienstlichen Gründen kann auf der Grundlage einer Betriebs-/Dienstvereinbarung im Rahmen des § 7 Abs. 1, 2 und des § 12 ArbZG von den Vorschriften des Arbeitszeitgesetzes abgewichen werden.

Protokollerklärung zu Absatz 4:
In vollkontinuierlichen Schichtbetrieben kann an Sonn- und Feiertagen die tägliche Arbeitszeit auf bis zu zwölf Stunden verlängert werden, wenn dadurch zusätzliche freie Schichten an Sonn- und Feiertagen erreicht werden.

(4.1) ¹Unter den Voraussetzungen des Arbeitszeitgesetzes und des Arbeitsschutzgesetzes, insbesondere des § 5 ArbSchG, kann bei Ärztinnen und Ärzten die tägliche Arbeitszeit im Schichtdienst auf bis zu zwölf Stunden ausschließlich der Pausen ausgedehnt werden. ²In unmittelbarer Folge dürfen nicht mehr als vier Zwölf-Stunden-Schichten und innerhalb von zwei Kalenderwochen nicht mehr als acht Zwölf-Stunden-Schichten geleistet werden. ³Solche Schichten können nicht mit Bereitschaftsdienst kombiniert werden.[13]

(5) Die Beschäftigten sind im Rahmen begründeter betrieblicher/dienstlicher Notwendigkeiten zur Leistung von Sonntags-, Feiertags-, Nacht-, Wechselschicht-, Schichtarbeit sowie bei Teilzeitbeschäftigung aufgrund arbeitsvertraglicher Regelung oder mit ihrer Zustimmung zu Bereitschaftsdienst, Rufbereitschaft, Überstunden und Mehrarbeit verpflichtet.

(6) ¹Durch Betriebs-/Dienstvereinbarung kann ein wöchentlicher Arbeitszeitkorridor von bis zu 45 Stunden eingerichtet werden. ²Die innerhalb eines Arbeitszeitkorridors geleisteten zusätzlichen Arbeitsstunden werden im Rahmen des nach Absatz 2 Satz 1 festgelegten Zeitraums ausgeglichen.

(7) ¹Durch Betriebs-/Dienstvereinbarung kann in der Zeit von 6 bis 20 Uhr eine tägliche Rahmenzeit von bis zu zwölf Stunden eingeführt werden. ²Die innerhalb der täglichen Rahmenzeit geleisteten zusätzlichen Arbeitsstunden werden im Rahmen des nach Absatz 2 Satz 1 festgelegten Zeitraums ausgeglichen.

(8) Die Absätze 6 und 7 gelten nur alternativ und nicht bei Wechselschicht- und Schichtarbeit.

(9) Für einen Betrieb/eine Verwaltung, in dem/der ein Personalvertretungsgesetz Anwendung findet, kann eine Regelung nach den Absätzen 4, 6 und 7 in einem landesbezirklichen Tarifvertrag getroffen werden, wenn eine Dienstvereinbarung nicht einvernehmlich zustande kommt und der Arbeitgeber ein Letztentscheidungsrecht hat.

Protokollerklärung zu § 6:
Gleitzeitregelungen sind unter Wahrung der jeweils geltenden Mitbestimmungsrechte unabhängig von den Vorgaben zu Arbeitszeitkorridor und Rahmenzeit (Absätze 6 und 7) möglich. Sie dürfen keine Regelungen nach Absatz 4 enthalten.

---

[13] Entspricht § 44 Abs. 4 BT-K.

§ 6.1[14] **Arbeit an Sonn- und Feiertagen**

(nicht abgedruckt)

§ 7 **Sonderformen der Arbeit**

(1) [1]Wechselschichtarbeit ist die Arbeit nach einem Schichtplan, der einen regelmäßigen Wechsel der täglichen Arbeitszeit in Wechselschichten vorsieht, bei denen die/der Beschäftigte längstens nach Ablauf eines Monats erneut zu mindestens zwei Nachtschicht herangezogen wird.[15] [2]Wechselschichten sind wechselnde Arbeitsschichten, in denen ununterbrochen bei Tag und Nacht, werktags, sonntags und feiertags gearbeitet wird. [3]Nachtschichten sind Arbeitsschichten, die mindestens zwei Stunden Nachtarbeit umfassen.

(2) Schichtarbeit ist die Arbeit nach einem Schichtplan, der einen regelmäßigen Wechsel des Beginns der täglichen Arbeitszeit um mindestens zwei Stunden in Zeitabschnitten von längstens einem Monat vorsieht, und die innerhalb einer Zeitspanne von mindestens 13 Stunden geleistet wird.

(3) Bereitschaftsdienst leisten Beschäftigte, die sich auf Anordnung des Arbeitgebers außerhalb der regelmäßigen Arbeitszeit an einer vom Arbeitgeber bestimmten Stelle aufhalten, um im Bedarfsfall die Arbeit aufzunehmen.

(4) [1]Rufbereitschaft leisten Beschäftigte, die sich auf Anordnung des Arbeitgebers außerhalb der regelmäßigen Arbeitszeit an einer dem Arbeitgeber anzuzeigenden Stelle aufhalten, um auf Abruf die Arbeit aufzunehmen. [2]Rufbereitschaft wird nicht dadurch ausgeschlossen, dass Beschäftigte vom Arbeitgeber mit einem Mobiltelefon oder einem vergleichbaren technischen Hilfsmittel ausgestattet sind.

(5) Nachtarbeit ist die Arbeit zwischen 21 Uhr und 6 Uhr.

(6) Mehrarbeit sind die Arbeitsstunden, die Teilzeitbeschäftigte über die vereinbarte regelmäßige Arbeitszeit hinaus bis zur regelmäßigen wöchentlichen Arbeitszeit von Vollbeschäftigten (§ 6 Abs. 1 Satz 1 bzw. Abs. 1.1 Satz 1) leisten.

(7) Überstunden sind die auf Anordnung des Arbeitgebers geleisteten Arbeitsstunden, die über die im Rahmen der regelmäßigen Arbeitszeit von Vollbeschäftigten (§ 6 Abs. 1 Satz 1) für die Woche dienstplanmäßig bzw. betriebsüblich festgesetzten Arbeitsstunden hinausgehen und nicht bis zum Ende der folgenden Kalenderwoche ausgeglichen werden.

(8) Abweichend von Absatz 7 sind nur die Arbeitsstunden Überstunden, die

a) im Falle der Festlegung eines Arbeitszeitkorridors nach § 6 Abs. 6 über 45 Stunden oder über die vereinbarte Obergrenze hinaus,

b) im Falle der Einführung einer täglichen Rahmenzeit nach § 6 Abs. 7 außerhalb der Rahmenzeit,

c) im Falle von Wechselschicht- oder Schichtarbeit über die im Schichtplan festgelegten täglichen Arbeitsstunden einschließlich der im Schichtplan vorgesehenen

---

14 Entspricht § 49 BT-K.
15 Satz 1 ersetzt durch § 48 Abs. 2 BT-K.

Arbeitsstunden, die bezogen auf die regelmäßige wöchentliche Arbeitszeit im Schichtplanturnus nicht ausgeglichen werden,
angeordnet worden sind.

§ 7.1[16] Bereitschaftsdienst und Rufbereitschaft

(1) ¹[nicht besetzt][17] ²Der Arbeitgeber darf Bereitschaftsdienst nur anordnen, wenn zu erwarten ist, dass zwar Arbeit anfällt, erfahrungsgemäß aber die Zeit ohne Arbeitsleistung überwiegt.

(2) ¹Abweichend von den §§ 3, 5 und 6 Abs. 2 ArbZG kann im Rahmen des § 7 ArbZG die tägliche Arbeitszeit im Sinne des Arbeitszeitgesetzes über acht Stunden hinaus verlängert werden, wenn mindestens die acht Stunden überschreitende Zeit im Rahmen von Bereitschaftsdienst geleistet wird, und zwar wie folgt:

a) bei Bereitschaftsdiensten der Stufe I bis zu insgesamt maximal 16 Stunden täglich; die gesetzlich vorgeschriebene Pause verlängert diesen Zeitraum nicht,

b) bei Bereitschaftsdiensten der Stufen II und III bis zu insgesamt maximal 13 Stunden täglich; die gesetzlich vorgeschriebene Pause verlängert diesen Zeitraum nicht.

(3) ¹Im Rahmen des § 7 ArbZG kann unter den Voraussetzungen

a) einer Prüfung alternativer Arbeitszeitmodelle,

b) einer Belastungsanalyse gemäß § 5 ArbSchG und

c) ggf. daraus resultierender Maßnahmen zur Gewährleistung des Gesundheitsschutzes

aufgrund einer Betriebs-/Dienstvereinbarung von den Regelungen des Arbeitszeitgesetzes abgewichen werden. ²Für einen Betrieb/eine Verwaltung, in dem/der ein Personalvertretungsgesetz Anwendung findet, kann eine Regelung nach Satz 1 in einem landesbezirklichen Tarifvertrag getroffen werden, wenn eine Dienstvereinbarung nicht einvernehmlich zustande kommt (§ 38 Abs. 3) und der Arbeitgeber ein Letztentscheidungsrecht hat. ³Abweichend von den §§ 3, 5 und 6 Abs. 2 ArbZG kann die tägliche Arbeitszeit im Sinne des Arbeitszeitgesetzes über acht Stunden hinaus verlängert werden, wenn in die Arbeitszeit regelmäßig und in erheblichem Umfang Bereitschaftsdienst fällt. ⁴Hierbei darf die tägliche Arbeitszeit ausschließlich der Pausen maximal 24 Stunden betragen.

(4) ¹Unter den Voraussetzungen des Absatzes 3 Satz 1 und 2 kann die tägliche Arbeitszeit gemäß § 7 Abs. 2a ArbZG ohne Ausgleich verlängert werden, wobei

a) bei Bereitschaftsdiensten der Stufe I eine wöchentliche Arbeitszeit von bis zu maximal durchschnittlich 58 Stunden,

b) bei Bereitschaftsdiensten der Stufen II und III eine wöchentliche Arbeitszeit von bis zu maximal durchschnittlich 54 Stunden

zulässig ist.

(5) ¹Für den Ausgleichszeitraum nach den Absätzen 2 bis 4 gilt § 6 Abs. 2 Satz 1.

---

16 Entspricht § 45 BT-K.
17 Identisch mit § 7 Abs. 3.

(6) ¹Bei Aufnahme von Verhandlungen über eine Betriebs-/Dienstvereinbarung nach den Absätzen 3 und 4 sind die Tarifvertragsparteien auf landesbezirklicher Ebene zu informieren.

(7) ¹In den Fällen, in denen Beschäftigte Teilzeitarbeit gemäß § 11 vereinbart haben, verringern sich die Höchstgrenzen der wöchentlichen Arbeitszeit nach den Absätzen 2 bis 4 in demselben Verhältnis wie die Arbeitszeit dieser Beschäftigten zu der regelmäßigen Arbeitszeit der Vollbeschäftigten. ²Mit Zustimmung der/des Beschäftigten oder aufgrund von dringenden dienstlichen oder betrieblichen Belangen kann hiervon abgewichen werden.

(8) ¹Der Arbeitgeber darf Rufbereitschaft nur anordnen, wenn erfahrungsgemäß lediglich in Ausnahmefällen Arbeit anfällt. ²Durch tatsächliche Arbeitsleistung innerhalb der Rufbereitschaft kann die tägliche Höchstarbeitszeit von zehn Stunden (§ 3 ArbZG) überschritten werden (§ 7 ArbZG).

(9) § 6 Abs. 4 bleibt im Übrigen unberührt.

(10) ¹Für Beschäftigte in Einrichtungen und Heimen, die der Förderung der Gesundheit, der Erziehung, Fürsorge oder Betreuung von Kindern und Jugendlichen, der Fürsorge und Betreuung von obdachlosen, alten, gebrechlichen, erwerbsbeschränkten oder sonstigen hilfsbedürftigen Personen dienen, auch wenn diese Einrichtungen nicht der ärztlichen Behandlung der betreuten Personen dienen, gelten die Absätze 1 bis 9 mit der Maßgabe, dass die Grenzen für die Stufe I einzuhalten sind. ²Dazu gehören auch die Beschäftigten in Einrichtungen, in denen die betreuten Personen nicht regelmäßig ärztlich behandelt und beaufsichtigt werden (Erholungsheime).

§ 8 Ausgleich für Sonderformen der Arbeit
(nicht abgedruckt)

§ 8.1[18] Bereitschaftsdienstentgelt
(nicht abgedruckt)

§ 9 Bereitschaftszeiten
(1) ¹Bereitschaftszeiten sind die Zeiten, in denen sich die/der Beschäftigte am Arbeitsplatz oder einer anderen vom Arbeitgeber bestimmten Stelle zur Verfügung halten muss, um im Bedarfsfall die Arbeit selbständig, ggf. auch auf Anordnung, aufzunehmen und in denen die Zeiten ohne Arbeitsleistung überwiegen. ²Für Beschäftigte, in deren Tätigkeit regelmäßig und in nicht unerheblichem Umfang Bereitschaftszeiten fallen, gelten folgende Regelungen:

a) Bereitschaftszeiten werden zur Hälfte als tarifliche Arbeitszeit gewertet (faktorisiert).

b) Sie werden innerhalb von Beginn und Ende der regelmäßigen täglichen Arbeitszeit nicht gesondert ausgewiesen.

---

18 Entspricht § 46 BT-K.

c) Die Summe aus den faktorisierten Bereitschaftszeiten und der Vollarbeitszeit darf die Arbeitszeit nach § 6 Abs. 1 nicht überschreiten.
d) Die Summe aus Vollarbeits- und Bereitschaftszeiten darf durchschnittlich 48 Stunden wöchentlich nicht überschreiten.

³Ferner ist Voraussetzung, dass eine nicht nur vorübergehend angelegte Organisationsmaßnahme besteht, bei der regelmäßig und in nicht unerheblichem Umfang Bereitschaftszeiten anfallen.

(2) ¹Im Bereich der VKA bedarf die Anwendung des Absatzes 1 im Geltungsbereich eines Personalvertretungsgesetzes einer einvernehmlichen Dienstvereinbarung. ²§ 6 Abs. 9 gilt entsprechend. ³Im Geltungsbereich des Betriebsverfassungsgesetzes unterliegt die Anwendung dieser Vorschrift der Mitbestimmung im Sinne des § 87 Abs. 1 Nr. 2 BetrVG.

(3) Im Bereich des Bundes gilt Absatz 1 für Beschäftigte im Sinne des Satzes 2, wenn betrieblich Beginn und Ende der täglichen Arbeitszeit unter Einschluss der Bereitschaftszeiten für diese Beschäftigtengruppen festgelegt werden.

Protokollerklärung zu § 9:
Diese Regelung gilt nicht für Wechselschicht- und Schichtarbeit.

§ 10 Arbeitszeitkonto
(nicht abgedruckt)

§ 11 Teilzeitbeschäftigung

(1) ¹Mit Beschäftigten soll auf Antrag eine geringere als die vertraglich festgelegte Arbeitszeit vereinbart werden, wenn sie

a) mindestens ein Kind unter 18 Jahren oder
b) einen nach ärztlichem Gutachten pflegebedürftigen sonstigen Angehörigen

tatsächlich betreuen oder pflegen und dringende dienstliche bzw. betriebliche Belange nicht entgegenstehen. ²Die Teilzeitbeschäftigung nach Satz 1 ist auf Antrag auf bis zu fünf Jahre zu befristen. ³Sie kann verlängert werden; der Antrag ist spätestens sechs Monate vor Ablauf der vereinbarten Teilzeitbeschäftigung zu stellen. ⁴Bei der Gestaltung der Arbeitszeit hat der Arbeitgeber im Rahmen der dienstlichen bzw. betrieblichen Möglichkeiten der besonderen persönlichen Situation der/des Beschäftigten nach Satz 1 Rechnung zu tragen.

(2) Beschäftigte, die in anderen als den in Absatz 1 genannten Fällen eine Teilzeitbeschäftigung vereinbaren wollen, können von ihrem Arbeitgeber verlangen, dass er mit ihnen die Möglichkeit einer Teilzeitbeschäftigung mit dem Ziel erörtert, zu einer entsprechenden Vereinbarung zu gelangen.

(3) Ist mit früher Vollbeschäftigten auf ihren Wunsch eine nicht befristete Teilzeitbeschäftigung vereinbart worden, sollen sie bei späterer Besetzung eines Vollzeitarbeitsplatzes bei gleicher Eignung im Rahmen der dienstlichen bzw. betrieblichen Möglichkeiten bevorzugt berücksichtigt werden.

Protokollerklärung zu Abschnitt II:
Bei In-Kraft-Treten dieses Tarifvertrages bestehende Gleitzeitregelungen bleiben unberührt.

(...)

4.4.2 TVöD-B für Pflege und Betreuungseinrichtungen

Durchgeschriebene Fassung des TVöD für den Dienstleistungsbereich Pflege- und Betreuungseinrichtungen im Bereich der Vereinigung der kommunalen Arbeitgeberverbände (TVöD-B) vom 1. August 2006 (in der Fassung vom 3. März 2012)

§ 6 Regelmäßige Arbeitszeit

(1) ¹Die regelmäßige Arbeitszeit beträgt ausschließlich der Pausen für
a) [nicht besetzt],
b) die Beschäftigten der Mitglieder eines Mitgliedverbandes der VKA im Tarifgebiet West durchschnittlich 38,5 Stunden wöchentlich, im Tarifgebiet Ost durchschnittlich 40 Stunden wöchentlich; im Tarifgebiet West können sich die Tarifvertragsparteien auf landesbezirklicher Ebene darauf einigen, die regelmäßige wöchentliche Arbeitszeit auf bis zu 40 Stunden zu verlängern.

²[nicht besetzt][19]. ³Die regelmäßige Arbeitszeit kann auf fünf Tage, aus notwendigen betrieblichen/dienstlichen Gründen auch auf sechs Tage verteilt werden.

(2) ¹Für die Berechnung des Durchschnitts der regelmäßigen wöchentlichen Arbeitszeit ist ein Zeitraum von bis zu einem Jahr zugrunde zu legen. ²Abweichend von Satz 1 kann bei Beschäftigten, die ständig Wechselschicht- oder Schichtarbeit zu leisten haben, ein längerer Zeitraum zugrunde gelegt werden.

(3) ¹Soweit es die betrieblichen/dienstlichen Verhältnisse zulassen, wird die/der Beschäftigte am 24. Dezember und am 31. Dezember unter Fortzahlung des Entgelts nach § 21 von der Arbeit freigestellt. ²Kann die Freistellung nach Satz 1 aus betrieblichen /dienstlichen Gründen nicht erfolgen, ist entsprechender Freizeitausgleich innerhalb von drei Monaten zu gewähren. ³Die regelmäßige Arbeitszeit vermindert sich für den 24. Dezember und 31. Dezember, sofern sie auf einen Werktag fallen, um die dienstplanmäßig ausgefallenen Stunden.[20]

Protokollerklärung zu Absatz 3 Satz 3[21]:
Die Verminderung der regelmäßigen Arbeitszeit betrifft die Beschäftigten, die wegen des Dienstplans frei haben und deshalb ohne diese Regelung nacharbeiten müssten.

(4) Aus dringenden betrieblichen/dienstlichen Gründen kann auf der Grundlage einer Betriebs-/Dienstvereinbarung im Rahmen des § 7 Abs. 1, 2 und des § 12 ArbZG von den Vorschriften des Arbeitszeitgesetzes abgewichen werden.

---

19 Entspricht § 48 Abs. 1 BT-B.
20 Satz 3 modifiziert wegen § 6.1.10 Protokollerklärung modifiziert wegen § 6.1.
21 Protokollerklärung modifiziert wegen § 6.1.

> Protokollerklärung zu Absatz 4:
> In vollkontinuierlichen Schichtbetrieben kann an Sonn- und Feiertagen die tägliche Arbeitszeit auf bis zu zwölf Stunden verlängert werden, wenn dadurch zusätzliche freie Schichten an Sonn- und Feiertagen erreicht werden.

(5) Die Beschäftigten sind im Rahmen begründeter betrieblicher/dienstlicher Notwendigkeiten zur Leistung von Sonntags-, Feiertags-, Nacht-, Wechselschicht-, Schichtarbeit sowie – bei Teilzeitbeschäftigung aufgrund arbeitsvertraglicher Regelung oder mit ihrer Zustimmung – zu Bereitschaftsdienst, Rufbereitschaft, Überstunden und Mehrarbeit verpflichtet.

(6) ¹Durch Betriebs-/Dienstvereinbarung kann ein wöchentlicher Arbeitszeitkorridor von bis zu 45 Stunden eingerichtet werden. ²Die innerhalb eines Arbeitszeitkorridors geleisteten zusätzlichen Arbeitsstunden werden im Rahmen des nach Absatz 2 Satz 1 festgelegten Zeitraums ausgeglichen.

(7) ¹Durch Betriebs-/Dienstvereinbarung kann in der Zeit von 6 bis 20 Uhr eine tägliche Rahmenzeit von bis zu zwölf Stunden eingeführt werden. ²Die innerhalb der täglichen Rahmenzeit geleisteten zusätzlichen Arbeitsstunden werden im Rahmen des nach Absatz 2 Satz 1 festgelegten Zeitraums ausgeglichen.

(8) Die Absätze 6 und 7 gelten nur alternativ und nicht bei Wechselschicht- und Schichtarbeit.

(9) Für einen Betrieb/eine Verwaltung, in dem/der ein Personalvertretungsgesetz Anwendung findet, kann eine Regelung nach den Absätzen 4, 6 und 7 in einem landesbezirklichen Tarifvertrag getroffen werden, wenn eine Dienstvereinbarung nicht einvernehmlich zustande kommt und der Arbeitgeber ein Letztentscheidungsrecht hat.

> Protokollerklärung zu § 6:
> Gleitzeitregelungen sind unter Wahrung der jeweils geltenden Mitbestimmungsrechte unabhängig von den Vorgaben zu Arbeitszeitkorridor und Rahmenzeit (Absätze 6 und 7) möglich. Sie dürfen keine Regelungen nach Absatz 4 enthalten.

§ 6.1[22] Arbeit an Sonn- und Feiertagen

(nicht abgedruckt)

§ 7 Sonderformen der Arbeit

(1) ¹Wechselschichtarbeit ist die Arbeit nach einem Schichtplan/Dienstplan, der einen regelmäßigen Wechsel der täglichen Arbeitszeit in Wechselschichten vorsieht, bei denen die/der Beschäftigte längstens nach Ablauf eines Monats erneut zu mindestens zwei Nachtschichten herangezogen wird.[23] ²Wechselschichten sind wechselnde Arbeitsschichten, in denen ununterbrochen bei Tag und Nacht, werktags, sonntags und feiertags gearbeitet wird. ³Nachtschichten sind Arbeitsschichten, die mindestens zwei Stunden Nachtarbeit umfassen.

---

22 Entspricht § 49 BT-B.
23 Satz 1 ersetzt durch § 48 Abs. 2 BT-B.

(2) Schichtarbeit ist die Arbeit nach einem Schichtplan, der einen regelmäßigen Wechsel des Beginns der täglichen Arbeitszeit um mindestens zwei Stunden in Zeitabschnitten von längstens einem Monat vorsieht, und die innerhalb einer Zeitspanne von mindestens 13 Stunden geleistet wird.

(3) Bereitschaftsdienst leisten Beschäftigte, die sich auf Anordnung des Arbeitgebers außerhalb der regelmäßigen Arbeitszeit an einer vom Arbeitgeber bestimmten Stelle aufhalten, um im Bedarfsfall die Arbeit aufzunehmen.

(4) [1]Rufbereitschaft leisten Beschäftigte, die sich auf Anordnung des Arbeitgebers außerhalb der regelmäßigen Arbeitszeit an einer dem Arbeitgeber anzuzeigenden Stelle aufhalten, um auf Abruf die Arbeit aufzunehmen. [2]Rufbereitschaft wird nicht dadurch ausgeschlossen, dass Beschäftigte vom Arbeitgeber mit einem Mobiltelefon oder einem vergleichbaren technischen Hilfsmittel ausgestattet sind.

(5) Nachtarbeit ist die Arbeit zwischen 21 Uhr und 6 Uhr.

(6) Mehrarbeit sind die Arbeitsstunden, die Teilzeitbeschäftigte über die vereinbarte regelmäßige Arbeitszeit hinaus bis zur regelmäßigen wöchentlichen Arbeitszeit von Vollbeschäftigten (§ 6 Abs. 1 Satz 1) leisten.

(7) Überstunden sind die auf Anordnung des Arbeitgebers geleisteten Arbeitsstunden, die über die im Rahmen der regelmäßigen Arbeitszeit von Vollbeschäftigten (§ 6 Abs. 1 Satz 1) für die Woche dienstplanmäßig bzw. betriebsüblich festgesetzten Arbeitsstunden hinausgehen und nicht bis zum Ende der folgenden Kalenderwoche ausgeglichen werden.

(8) Abweichend von Absatz 7 sind nur die Arbeitsstunden Überstunden, die

a) im Falle der Festlegung eines Arbeitszeitkorridors nach § 6 Abs. 6 über 45 Stunden oder über die vereinbarte Obergrenze hinaus,

b) im Falle der Einführung einer täglichen Rahmenzeit nach § 6 Abs. 7 außerhalb der Rahmenzeit,

c) im Falle von Wechselschicht- oder Schichtarbeit über die im Schichtplan festgelegten täglichen Arbeitsstunden einschließlich der im Schichtplan vorgesehenen Arbeitsstunden, die bezogen auf die regelmäßige wöchentliche Arbeitszeit im Schichtplanturnus nicht ausgeglichen werden,

angeordnet worden sind.

§ 7.1[24] Bereitschaftsdienst und Rufbereitschaft

(1) [1][nicht besetzt][25] [2]Der Arbeitgeber darf Bereitschaftsdienst nur anordnen, wenn zu erwarten ist, dass zwar Arbeit anfällt, erfahrungsgemäß aber die Zeit ohne Arbeitsleistung überwiegt.

(2) [1]Abweichend von den §§ 3, 5 und 6 Abs. 2 ArbZG kann im Rahmen des § 7 ArbZG die tägliche Arbeitszeit im Sinne des Arbeitszeitgesetzes über acht Stunden hinaus verlängert werden, wenn mindestens die acht Stunden überschreitende Zeit im Rahmen von Bereitschaftsdienst geleistet wird, und zwar wie folgt:

---

24 Entspricht § 45 BT-B.
25 Identisch mit § 7 Abs. 3.

a) bei Bereitschaftsdiensten der Stufen A und B bis zu insgesamt maximal 16 Stunden täglich; die gesetzlich vorgeschriebene Pause verlängert diesen Zeitraum nicht,

b) bei Bereitschaftsdiensten der Stufen C und D bis zu insgesamt maximal 13 Stunden täglich; die gesetzlich vorgeschriebene Pause verlängert diesen Zeitraum nicht.

(3) ¹Im Rahmen des § 7 ArbZG kann unter den Voraussetzungen

a) einer Prüfung alternativer Arbeitszeitmodelle,

b) einer Belastungsanalyse gemäß § 5 ArbSchG und

c) ggf. daraus resultierender Maßnahmen zur Gewährleistung des Gesundheitsschutzes

aufgrund einer Betriebs-/Dienstvereinbarung von den Regelungen des Arbeitszeitgesetzes abgewichen werden. ²Für einen Betrieb/eine Verwaltung, in dem/der ein Personalvertretungsgesetz Anwendung findet, kann eine Regelung nach Satz 1 in einem landesbezirklichen Tarifvertrag getroffen werden, wenn eine Dienstvereinbarung nicht einvernehmlich zustande kommt (§ 38 Abs. 3) und der Arbeitgeber ein Letztentscheidungsrecht hat. ³Abweichend von den §§ 3, 5 und 6 Abs. 2 ArbZG kann die tägliche Arbeitszeit im Sinne des Arbeitszeitgesetzes über acht Stunden hinaus verlängert werden, wenn in die Arbeitszeit regelmäßig und in erheblichem Umfang Bereitschaftsdienst fällt. ⁴Hierbei darf die tägliche Arbeitszeit ausschließlich der Pausen maximal 24 Stunden betragen.

(4) ¹Unter den Voraussetzungen des Absatzes 3 Satz 1 und 2 kann die tägliche Arbeitszeit gemäß § 7 Abs. 2a ArbZG ohne Ausgleich verlängert werden, wobei

a) bei Bereitschaftsdiensten der Stufen A und B eine wöchentliche Arbeitszeit von bis zu maximal durchschnittlich 58 Stunden,

b) bei Bereitschaftsdiensten der Stufen C und D eine wöchentliche Arbeitszeit von bis zu maximal durchschnittlich 54 Stunden

zulässig ist.

(5) ¹Für den Ausgleichszeitraum nach den Absätzen 2 bis 4 gilt § 6 Abs. 2 Satz 1.

(6) Bei Aufnahme von Verhandlungen über eine Betriebs-/Dienstvereinbarung nach den Absätzen 3 und 4 sind die Tarifvertragsparteien auf landesbezirklicher Ebene zu informieren.

(7) ¹In den Fällen, in denen Beschäftigte Teilzeitarbeit gemäß § 11 vereinbart haben, verringern sich die Höchstgrenzen der wöchentlichen Arbeitszeit nach den Absätzen 2 bis 4 in demselben Verhältnis wie die Arbeitszeit dieser Beschäftigten zu der regelmäßigen Arbeitszeit der Vollbeschäftigten. ²Mit Zustimmung der/des Beschäftigten oder aufgrund von dringenden dienstlichen oder betrieblichen Belangen kann hiervon abgewichen werden.

(8) ¹Der Arbeitgeber darf Rufbereitschaft nur anordnen, wenn erfahrungsgemäß lediglich in Ausnahmefällen Arbeit anfällt. ²Durch tatsächliche Arbeitsleistung innerhalb der Rufbereitschaft kann die tägliche Höchstarbeitszeit von zehn Stunden (§ 3 ArbZG) überschritten werden (§ 7 ArbZG).

(9) § 6 Abs. 4 bleibt im Übrigen unberührt.

(10) ¹Für Beschäftigte gemäß § 1 Abs. 1 Buchst. d[26] gelten die Absätze 1 bis 9 mit der Maßgabe, dass die Grenzen für die Stufen A und B einzuhalten sind. ²Dazu gehören auch die Beschäftigten in Einrichtungen, in denen die betreuten Personen nicht regelmäßig ärztlich behandelt und beaufsichtigt werden (Erholungsheime).

(11) Für die Ärztinnen und die Ärzte in Einrichtungen nach Absatz 10 gelten die Absätze 1 bis 9 ohne Einschränkungen.

§ 8 Ausgleich für Sonderformen der Arbeit

(nicht abgedruckt)

§ 8.1[27] Bereitschaftsdienstentgelt

(nicht abgedruckt)

§ 9 Bereitschaftszeiten

(1) ¹Bereitschaftszeiten sind die Zeiten, in denen sich die/der Beschäftigte am Arbeitsplatz oder einer anderen vom Arbeitgeber bestimmten Stelle zur Verfügung halten muss, um im Bedarfsfall die Arbeit selbständig, ggf. auch auf Anordnung, aufzunehmen und in denen die Zeiten ohne Arbeitsleistung überwiegen. ²Für Beschäftigte, in deren Tätigkeit regelmäßig und in nicht unerheblichem Umfang Bereitschaftszeiten fallen, gelten folgende Regelungen:

a) Bereitschaftszeiten werden zur Hälfte als tarifliche Arbeitszeit gewertet (faktorisiert).
b) Sie werden innerhalb von Beginn und Ende der regelmäßigen täglichen Arbeitszeit nicht gesondert ausgewiesen.
c) Die Summe aus den faktorisierten Bereitschaftszeiten und der Vollarbeitszeit darf die Arbeitszeit nach § 6 Abs. 1 nicht überschreiten.
d) Die Summe aus Vollarbeits- und Bereitschaftszeiten darf durchschnittlich 48 Stunden wöchentlich nicht überschreiten.

³Ferner ist Voraussetzung, dass eine nicht nur vorübergehend angelegte Organisationsmaßnahme besteht, bei der regelmäßig und in nicht unerheblichem Umfang Bereitschaftszeiten anfallen.

(2) ¹Die Anwendung des Absatzes 1 bedarf im Geltungsbereich eines Personalvertretungsgesetzes einer einvernehmlichen Dienstvereinbarung. ²§ 6 Abs. 9 gilt entsprechend. ³Im Geltungsbereich des Betriebsverfassungsgesetzes unterliegt die Anwendung dieser Vorschrift der Mitbestimmung im Sinne des § 87 Abs. 1 Nr. 2 BetrVG.

(3) [nicht besetzt]

---

26 Entspricht § 40 Abs. 1 Buchst. d BT-B.
27 Entspricht § 45 Abs. 10 BT-B

Protokollerklärung zu § 9:
Diese Regelung gilt nicht für Wechselschicht- und Schichtarbeit.

§ 10 Arbeitszeitkonto
(nicht abgedruckt)

§ 11 Teilzeitbeschäftigung
(1) ¹Mit Beschäftigten soll auf Antrag eine geringere als die vertraglich festgelegte Arbeitszeit vereinbart werden, wenn sie
a) mindestens ein Kind unter 18 Jahren oder
b) einen nach ärztlichem Gutachten pflegebedürftigen sonstigen Angehörigen
tatsächlich betreuen oder pflegen und dringende dienstliche bzw. betriebliche Belange nicht entgegenstehen. ²Die Teilzeitbeschäftigung nach Satz 1 ist auf Antrag auf bis zu fünf Jahre zu befristen. ³Sie kann verlängert werden; der Antrag ist spätestens sechs Monate vor Ablauf der vereinbarten Teilzeitbeschäftigung zu stellen. ⁴Bei der Gestaltung der Arbeitszeit hat der Arbeitgeber im Rahmen der dienstlichen bzw. betrieblichen Möglichkeiten der besonderen persönlichen Situation der/des Beschäftigten nach Satz 1 Rechnung zu tragen.

(2) Beschäftigte, die in anderen als den in Absatz 1 genannten Fällen eine Teilzeitbeschäftigung vereinbaren wollen, können von ihrem Arbeitgeber verlangen, dass er mit ihnen die Möglichkeit einer Teilzeitbeschäftigung mit dem Ziel erörtert, zu einer entsprechenden Vereinbarung zu gelangen.

(3) Ist mit früher Vollbeschäftigten auf ihren Wunsch eine nicht befristete Teilzeitbeschäftigung vereinbart worden, sollen sie bei späterer Besetzung eines Vollzeitarbeitsplatzes bei gleicher Eignung im Rahmen der dienstlichen bzw. betrieblichen Möglichkeiten bevorzugt berücksichtigt werden.

Protokollerklärung zu Abschnitt II:
Bei In-Kraft-Treten dieses Tarifvertrages bestehende Gleitzeitregelungen bleiben unberührt.

(...)

4.4.3 TV Ärzte/VKA
(Tarifvertrag für Ärztinnen und Ärzte an kommunalen Krankenhäusern im Bereich der Vereinigung der kommunalen Arbeitgeberverbände (TV-Ärzte/VKA) vom 17. August 2006 in der Fassung des Änderungstarifvertrags vom 6. März 2013 zwischen der Vereinigung der kommunalen Arbeitgeberverbände und dem Marburger Bund)
(...)

§ 7 Regelmäßige Arbeitszeit

(1) ¹Die regelmäßige Arbeitszeit beträgt ausschließlich der Pausen durchschnittlich 40 Stunden wöchentlich. ²Die regelmäßige Arbeitszeit kann auf fünf Tage, aus notwendigen betrieblichen/ dienstlichen Gründen auch auf sechs Tage verteilt werden.

(2) ¹Für die Berechnung des Durchschnitts der regelmäßigen wöchentlichen Arbeitszeit ist ein Zeitraum von einem Jahr zugrunde zu legen. ²Abweichend von Satz 1 kann bei Ärztinnen und Ärzten, die ständig Wechselschicht- oder Schichtarbeit zu leisten haben, ein längerer Zeitraum zugrunde gelegt werden.

(3) ¹Soweit es die betrieblichen/ dienstlichen Verhältnisse zulassen, wird die Ärztin/ der Arzt am 24. Dezember und am 31. Dezember unter Fortzahlung des Entgelts nach § 22 von der Arbeit freigestellt. ²Kann die Freistellung nach Satz 1 aus betrieblichen/ dienstlichen Gründen nicht erfolgen, ist entsprechender Freizeitausgleich innerhalb von drei Monaten zu gewähren. ³Die regelmäßige Arbeitszeit vermindert sich für den 24. Dezember und 31. Dezember, sofern sie auf einen Werktag fallen, um die dienstplanmäßig ausgefallenen Stunden.

> Protokollerklärung zu Absatz 3 Satz 3:
> Die Verminderung der regelmäßigen Arbeitszeit betrifft die Ärztinnen und Ärzte, die wegen des Dienstplans frei haben und deshalb ohne diese Regelung nacharbeiten müssten.

(4) Aus dringenden betrieblichen/ dienstlichen Gründen kann auf der Grundlage einer Betriebs-/ Dienstvereinbarung im Rahmen des § 7 Abs. 1, 2 und des § 12 ArbZG von den Vorschriften des Arbeitszeitgesetzes abgewichen werden.

(5) ¹Die tägliche Arbeitszeit kann im Schichtdienst auf bis zu zwölf Stunden ausschließlich der Pausen ausgedehnt werden. ²In unmittelbarer Folge dürfen nicht mehr als vier Zwölf-Stunden-Schichten und innerhalb von zwei Kalenderwochen nicht mehr als acht Zwölf-Stunden-Schichten geleistet werden. ³Solche Schichten können nicht mit Bereitschaftsdienst kombiniert werden.

(6) Ärztinnen und Ärzte sind im Rahmen begründeter betrieblicher/ dienstlicher Notwendigkeiten zur Leistung von Sonntags-, Feiertags-, Nacht-, Wechselschicht-, Schichtarbeit sowie – bei Teilzeitbeschäftigung aufgrund arbeitsvertraglicher Regelung oder mit ihrer Zustimmung – zu Bereitschaftsdienst, Rufbereitschaft, Überstunden und Mehrarbeit verpflichtet.

(7) ¹Durch Betriebs-/Dienstvereinbarung kann ein wöchentlicher Arbeitszeitkorridor von bis zu 45 Stunden eingerichtet werden. ²Die innerhalb eines Arbeitszeitkorridors geleisteten zusätzlichen Arbeitsstunden werden im Rahmen des nach Absatz 2 Satz 1 festgelegten Zeitraums ausgeglichen.

(8) ¹Durch Betriebs-/Dienstvereinbarung kann in der Zeit von 6 bis 20 Uhr eine tägliche Rahmenzeit von bis zu zwölf Stunden eingeführt werden. ²Die innerhalb der täglichen Rahmenzeit geleisteten zusätzlichen Arbeitsstunden werden im Rahmen des nach Absatz 2 Satz 1 festgelegten Zeitraums ausgeglichen.

(9) ¹Über den Abschluss einer Dienst- bzw. Betriebsvereinbarung nach den Absätzen 4, 7 und 8 sind der jeweilige kommunale Arbeitgeberverband und der entsprechende Landesverband des Marburger Bundes unverzüglich zu informieren. ²Sie ha-

ben im Einzelfall innerhalb von vier Wochen die Möglichkeit, dem In-Kraft-Treten der Dienst- bzw. Betriebsvereinbarung im Hinblick auf die Ärztinnen und Ärzte im Geltungsbereich dieses Tarifvertrages zu widersprechen. ³In diesem Fall wird für Ärztinnen und Ärzte nach Satz 2 die Wirksamkeit der Dienst- bzw. Betriebsvereinbarung ausgesetzt und es sind innerhalb von vier Wochen Tarifverhandlungen zwischen dem jeweiligen kommunalen Arbeitgeberverband und dem Landesverband des Marburger Bundes über diesen Einzelfall aufzunehmen. ⁴Satz 3 gilt entsprechend, wenn eine Dienst- bzw. Betriebsvereinbarung im Hinblick auf die vom Geltungsbereich dieses Tarifvertrages erfassten Ärztinnen und Ärzte nicht zustande kommt und der jeweilige kommunale Arbeitgeberverband oder der jeweilige Landesverband des Marburger Bundes die Aufnahme von Tarifverhandlungen verlangt.

> Protokollerklärungen zu § 7:
> Gleitzeitregelungen sind unter Wahrung der jeweils geltenden Mitbestimmungsrechte unabhängig von den Vorgaben zu Arbeitszeitkorridor und Rahmenzeit (Absätze 7 und 8) möglich.

§ 8 Arbeit an Sonn- und Feiertagen
(nicht abgedruckt)

§ 9 Sonderformen der Arbeit
(1) ¹Wechselschichtarbeit ist die Arbeit nach einem Schichtplan/Dienstplan, der einen regelmäßigen Wechsel der täglichen Arbeitszeit in Wechselschichten vorsieht, bei denen die Ärztin/der Arzt längstens nach Ablauf eines Monats erneut zu mindestens zwei Nachtschichten herangezogen wird. ²Wechselschichten sind wechselnde Arbeitsschichten, in denen ununterbrochen bei Tag und Nacht, werktags, sonntags und feiertags gearbeitet wird. ³Nachtschichten sind Arbeitsschichten, die mindestens zwei Stunden Nachtarbeit umfassen.
(2) Schichtarbeit ist die Arbeit nach einem Schichtplan, der einen regelmäßigen Wechsel des Beginns der täglichen Arbeitszeit um mindestens zwei Stunden in Zeitabschnitten von längstens einem Monat vorsieht, und die innerhalb einer Zeitspanne von mindestens 13 Stunden geleistet wird.
(3) Nachtarbeit ist die Arbeit zwischen 21 Uhr und 6 Uhr.
(4) Mehrarbeit sind die Arbeitsstunden, die teilzeitbeschäftigte Ärztinnen und Ärzte über die vereinbarte regelmäßige Arbeitszeit hinaus bis zur regelmäßigen wöchentlichen Arbeitszeit von vollbeschäftigten Ärztinnen und Ärzten (§ 7 Abs. 1 Satz 1) leisten.
(5) Überstunden sind die auf Anordnung des Arbeitgebers geleisteten Arbeitsstunden, die über die im Rahmen der regelmäßigen Arbeitszeit von vollbeschäftigten Ärztinnen und Ärzten (§ 7 Abs. 1 Satz 1) für die Woche dienstplanmäßig bzw. betriebsüblich festgesetzten Arbeitsstunden hinausgehen und nicht bis zum Ende der folgenden Kalenderwoche ausgeglichen werden.
(6) Abweichend von Absatz 5 sind nur die Arbeitsstunden Überstunden, die

a) im Falle der Festlegung eines Arbeitszeitkorridors nach § 7 Abs. 7 über 45 Stunden oder über die vereinbarte Obergrenze hinaus,
b) im Falle der Einführung einer täglichen Rahmenzeit nach § 7 Abs. 8 außerhalb der Rahmenzeit,
c) im Falle von Wechselschicht- oder Schichtarbeit über die im Schichtplan festgelegten täglichen Arbeitsstunden einschließlich der im Schichtplan vorgesehenen Arbeitsstunden, die bezogen auf die regelmäßige wöchentliche Arbeitszeit im Schichtplanturnus nicht ausgeglichen werden, angeordnet worden sind.

§ 10 Bereitschaftsdienst und Rufbereitschaft

(1) ¹Die Ärztin/der Arzt ist verpflichtet, sich auf Anordnung des Arbeitgebers außerhalb der regelmäßigen Arbeitszeit an einer vom Arbeitgeber bestimmten Stelle aufzuhalten, um im Bedarfsfall die Arbeit aufzunehmen (Bereitschaftsdienst). ²Der Arbeitgeber darf Bereitschaftsdienst nur anordnen, wenn zu erwarten ist, dass zwar Arbeit anfällt, erfahrungsgemäß aber die Zeit ohne Arbeitsleistung überwiegt.

(2) Wenn in die Arbeitszeit regelmäßig und in erheblichem Umfang Bereitschaftsdienst der Stufen I oder II fällt, kann unter den Voraussetzungen einer

– Prüfung alternativer Arbeitszeitmodelle unter Einbeziehung des Betriebsarztes und
– ggf. daraus resultierender Maßnahmen zur Gewährleistung des Gesundheitsschutzes

im Rahmen des § 7 Abs. 1 Nr. 1 und 4, Abs. 2 Nr. 3 ArbZG die tägliche Arbeitszeit im Sinne des Arbeitszeitgesetzes abweichend von den §§ 3, 5 Abs. 1 und 2 und 6 Abs. 2 ArbZG über acht Stunden hinaus auf bis zu 24 Stunden verlängert werden, wenn mindestens die acht Stunden überschreitende Zeit als Bereitschaftsdienst abgeleistet wird.

(3) (aufgehoben)

(4) Die tägliche Arbeitszeit darf bei Ableistung ausschließlich von Bereitschaftsdienst an Samstagen, Sonn- und Feiertagen max. 24 Stunden betragen, wenn dadurch für die einzelne Ärztin/den einzelnen Arzt mehr Wochenenden und Feiertage frei sind.

(5) ¹Wenn in die Arbeitszeit regelmäßig und in erheblichem Umfang Bereitschaftsdienst fällt, kann im Rahmen des § 7 Abs. 2a ArbZG und innerhalb der Grenzwerte nach den Absätze 2 und 3 eine Verlängerung der täglichen Arbeitszeit über acht Stunden hinaus auch ohne Ausgleich erfolgen. ²Die wöchentliche Arbeitszeit darf dabei durchschnittlich bis zu 58 Stunden betragen. ³Durch Tarifvertrag auf Landesebene kann in begründeten Einzelfällen eine durchschnittliche wöchentliche Höchstarbeitszeit von bis zu 66 Stunden vereinbart werden.

(6) Für die Berechnung des Durchschnitts der wöchentlichen Arbeitszeit nach den Absätzen 2 bis 5 ist ein Zeitraum von sechs Monaten zugrunde zu legen.

(7) ¹Soweit Ärztinnen und Ärzte Teilzeitarbeit gemäß § 13 vereinbart haben, verringern sich die Höchstgrenzen der wöchentlichen Arbeitszeit nach den Absätzen 2 bis 5 in demselben Verhältnis, wie die Arbeitszeit dieser Ärztinnen und Ärzte zu der

regelmäßigen Arbeitszeit vollbeschäftigter Ärztinnen und Ärzte. ²Mit Zustimmung der Ärztin/des Arztes oder aufgrund von dringenden dienstlichen oder betrieblichen Belangen kann hiervon abgewichen werden.
(8) ¹Der Arzt hat sich auf Anordnung des Arbeitgebers außerhalb der regelmäßigen Arbeitszeit an einer dem Arbeitgeber anzuzeigenden Stelle aufzuhalten, um auf Abruf die Arbeit aufzunehmen (Rufbereitschaft). ²Rufbereitschaft wird nicht dadurch ausgeschlossen, dass der Arzt vom Arbeitgeber mit einem Mobiltelefon oder einem vergleichbaren technischen Hilfsmittel zur Gewährleistung der Erreichbarkeit ausgestattet wird. ³Der Arbeitgeber darf Rufbereitschaft nur anordnen, wenn erfahrungsgemäß lediglich in Ausnahmefällen Arbeit anfällt. ⁴Durch tatsächliche Arbeitsleistung innerhalb der Rufbereitschaft kann die tägliche Höchstarbeitszeit von zehn Stunden (§ 3 ArbZG) überschritten werden (§ 7 ArbZG).
(9) § 7 Abs. 4 bleibt im Übrigen unberührt.

§ 11 Ausgleich für Sonderformen der Arbeit
(nicht abgedruckt)

§ 12 Bereitschaftsdienstentgelt
(nicht abgedruckt)

§ 13 Teilzeitbeschäftigung
(1) ¹Mit Ärztinnen und Ärzten soll auf Antrag eine geringere als die vertraglich festgelegte Arbeitszeit vereinbart werden, wenn sie
a) mindestens ein Kind unter 18 Jahren oder
b) einen nach ärztlichem Gutachten pflegebedürftigen sonstigen Angehörigen
tatsächlich betreuen oder pflegen und dringende dienstliche bzw. betriebliche Belange nicht entgegenstehen. ²Die Teilzeitbeschäftigung nach Satz 1 ist auf Antrag auf bis zu fünf Jahre zu befristen. ³Sie kann verlängert werden; der Antrag ist spätestens sechs Monate vor Ablauf der vereinbarten Teilzeitbeschäftigung zu stellen. ⁴Bei der Gestaltung der Arbeitszeit hat der Arbeitgeber im Rahmen der dienstlichen bzw. betrieblichen Möglichkeiten der besonderen persönlichen Situation der Ärztin/des Arztes nach Satz 1 Rechnung zu tragen.
(2) Ärztinnen und Ärzte, die in anderen als den in Absatz 1 genannten Fällen eine Teilzeitbeschäftigung vereinbaren wollen, können von ihrem Arbeitgeber verlangen, dass er mit ihnen die Möglichkeit einer Teilzeitbeschäftigung mit dem Ziel erörtert, zu einer entsprechenden Vereinbarung zu gelangen.
(3) Ist mit früher vollbeschäftigten Ärztinnen und Ärzten auf ihren Wunsch eine nicht befristete Teilzeitbeschäftigung vereinbart worden, sollen sie bei späterer Besetzung eines Vollzeitarbeitsplatzes bei gleicher Eignung im Rahmen der dienstlichen bzw. betrieblichen Möglichkeiten bevorzugt berücksichtigt werden.

§ 14 Arbeitszeitdokumentation

Die Arbeitszeiten der Ärztinnen und Ärzte sind durch elektronische Verfahren oder auf andere Art in geeigneter Weise objektiv zu erfassen und zu dokumentieren.

Protokollerklärung zu Abschnitt II:

Bei In-Kraft-Treten dieses Tarifvertrages bestehende Gleitzeitregelungen bleiben unberührt.

(...)

4.5 Regelungen für kirchliche Einrichtungen

4.5.1 AVR Caritas

Hinweis:
Die Regelungen der Anlagen 30 bis 33 der AVR Caritas für Krankenhäuser und Pflege- und Betreuungseinrichtungen entsprechen hinsichtlich der Anordnung von Bereitschaftsdienst und Rufbereitschaft sowie der diesbezüglichen Nutzung arbeitszeitgesetzlicher Abweichungsoptionen (Verlängerung der täglichen Arbeitszeit durch Bereitschaftsdienst etc.) den tarifvertraglichen Bestimmungen für kommunale Einrichtungen (TVöD-K; TVöD-B; TV-Ä/VKA). Es wird insoweit auf die vorstehend abgedruckten tarifvertraglichen Regelungen Bezug genommen.

4.5.2 Arbeitsvertragsrichtlinien des Diakonischen Werkes der Evangelischen Kirche in Deutschland (AVR DW EKD)

Arbeitsvertragsrichtlinien (AVR)

1. Anlage 8 AVR - Bereitschaftsdienst und Rufbereitschaft

Die Anlage 8 erhält folgende Fassung:

Bereitschaftsdienst und Rufbereitschaft

A) Regelung für Ärztinnen, Ärzte, Zahnärztinnen, Zahnärzte, Hebammen, Entbindungspfleger, medizinisch-technische Assistentinnen und Gehilfinnen, Mitarbeiterinnen und Mitarbeiter im Pflegedienst sowie Mitarbeiterinnen und Mitarbeiter im Rettungsdienst.

(1) Die Mitarbeiterinnen und Mitarbeiter sind verpflichtet, sich auf Anordnung der Dienstgeberin bzw. des Dienstgebers außerhalb der vertraglichen Soll-Arbeitszeit an einer von der Dienstgeberin bzw. vom Dienstgeber bestimmten Stelle aufzuhalten, um im Bedarfsfall die Arbeit aufzunehmen (Bereitschaftsdienst). Die Dienstgeberin bzw. der Dienstgeber darf Bereitschaftsdienst nur anordnen, wenn zu erwarten ist, dass zwar Arbeit anfällt, erfahrungsgemäß aber die Zeit ohne Arbeitsleistung überwiegt.

(2) Durch Bereitschaftsdienst kann die tägliche Arbeitszeit auf bis zu 16 Stunden verlängert werden, wenn mindestens die 10 Stunden überschreitende Zeit im Rahmen von Bereitschaftsdienst geleistet wird; die gesetzlich vorgeschriebene Pause verlängert diesen Zeitraum nicht. Dabei dürfen bei Bereitschaftsdiensten der Stufen B bis D im Durchschnitt nur 6, höchstens aber 8 Einsätze pro Monat und max. 72 Ein-

sätze im Kalenderjahr angeordnet werden. Für Teilzeitkräfte mit bis zu 16 Stunden durchschnittlicher wöchentlicher Arbeitszeit dürfen für Bereitschaftsdienste der Stufen B bis D im Durchschnitt nur 3 Einsätze pro Monat, max. 36 Einsätze im Kalenderjahr angeordnet werden. Unter den Voraussetzungen einer Prüfung alternativer Arbeitszeitmodelle, einer Belastungsanalyse gem. § 5 ArbSchG und den daraus ggf. resultierenden Maßnahmen zur Gewährleistung des Gesundheitsschutzes kann durch Dienstvereinbarung die tägliche Arbeitszeit auf bis zu 24 Stunden verlängert werden. Die tägliche Arbeitszeit kann bis zu 24 Stunden verlängert werden, wenn mindestens die 8 Stunden überschreitende Zeit im Rahmen von Bereitschaftsdienst geleistet wird unter Beibehaltung der Regelungen des Unterabs. 1 im Übrigen. Die Dienstvereinbarung muss vorsehen, dass entweder im Anschluss an eine über 16-stündige Arbeitszeit dem Mitarbeiter bzw. der Mitarbeiterin 24 Stunden Ruhezeit gewährt werden muss oder der Ausgleichszeitraum auf 6 Monate beschränkt wird. Durch Dienstvereinbarung kann weiterhin die tägliche Arbeitszeit auch ohne Ausgleich über 8 Stunden verlängert werden. In der Dienstvereinbarung ist der Personenkreis festzulegen, der von dieser Möglichkeit Gebrauch machen kann. Die Verlängerung der Arbeitszeit ohne Ausgleich kann nur mit der schriftlichen Einwilligung der Mitarbeiterin bzw. des Mitarbeiters erfolgen. Die Einwilligung kann mit einer Frist von 6 Monaten schriftlich widerrufen werden. Die durchschnittliche wöchentliche Höchstarbeitszeit je Kalenderjahr darf dabei 58 Stunden nicht überschreiten. Erreicht die tatsächliche wöchentliche Arbeitszeit 60 Stunden, muss dem Mitarbeiter bzw. der Mitarbeiterin in der darauf folgenden Woche mindestens 2 × 24 Stunden Ruhezeit gewährt werden. In Notfällen kann von den Regelungen der Unterabsätze 1 bis 3 abgewichen werden, wenn sonst die Versorgung der Patienten und Patientinnen nicht sichergestellt wäre. In den Fällen, in denen der Mitarbeiter bzw. die Mitarbeiterin Teilzeitarbeit gem. § 29a AVR vereinbart hat, verringern sich die Höchstgrenzen der Arbeitszeit in den Unterabsätzen 1 bis 3 in dem selben Verhältnis, wie die Arbeitszeit dieser Mitarbeiter und Mitarbeiterinnen zu der regelmäßigen Arbeitszeit der Vollzeitbeschäftigten verringert worden ist. Dabei werden sowohl die Höchstarbeitsstunden als auch die Bereitschaftsdienste ab einem Wert von 0,5 auf die nächste volle Stunde bzw. den nächsten vollen Dienst auf-, bei Werten, die unter 0,5 liegen, wird auf die nächste volle Stunde bzw. den nächsten vollen Dienst abgerundet. Mit Zustimmung des Mitarbeiters bzw. der Mitarbeiterin oder aufgrund von dringenden dienstlichen oder betrieblichen Belangen kann hiervon abgewichen werden.

(3) Zum Zwecke der Entgeltberechnung wird die Zeit des Bereitschaftsdienstes einschließlich der geleisteten Arbeit wie folgt als Arbeitszeit gewertet:

B) Regelung für andere Mitarbeiterinnen und Mitarbeiter
(1) Rufbereitschaft und Bereitschaftsdienst darf für Mitarbeiterinnen und Mitarbeiter, denen überwiegend die Betreuung oder Erziehung der in Heimen untergebrachten Personen obliegt, angeordnet werden, für andere Mitarbeiterinnen und Mitarbeiter nur aus dringenden betrieblichen Erfordernissen.
(2) Die Mitarbeiterinnen und Mitarbeiter sind verpflichtet, sich auf Anordnung der Dienstgeberin bzw. des Dienstgebers außerhalb der vertraglichen Soll-Arbeitszeit an

einer von der Dienstgeberin bzw. vom Dienstgeber bestimmten Stelle aufzuhalten, um im Bedarfsfalle die Arbeit aufzunehmen (Bereitschaftsdienst). Die Dienstgeberin bzw. der Dienstgeber darf Bereitschaftsdienst nur anordnen, wenn zu erwarten ist, dass zwar Arbeit anfällt, erfahrungsgemäß aber die Zeit ohne Arbeitsleistung überwiegt.

(3) Durch Bereitschaftsdienst kann die tägliche Arbeitszeit auf bis zu 16 Stunden verlängert werden.

Durch Dienstvereinbarung kann die tägliche Arbeitszeit auf bis zu 24 Stunden verlängert werden. Die Dienstvereinbarung muss vorsehen, dass entweder im Anschluss an eine über 16-stündige Arbeitszeit dem Mitarbeiter bzw. der Mitarbeiterin 24 Stunden Ruhezeit gewährt werden muss oder der Ausgleichszeitraum auf 6 Monate beschränkt wird.

Durch Dienstvereinbarung kann weiterhin die tägliche Arbeitszeit auch ohne Ausgleich über 8 Stunden verlängert werden. In der Dienstvereinbarung ist der Personenkreis festzulegen, der von dieser Möglichkeit Gebrauch machen kann. Die Verlängerung der Arbeitszeit ohne Ausgleich kann nur mit der schriftlichen Einwilligung der Mitarbeiterin bzw. des Mitarbeiters erfolgen. Die Einwilligung kann mit einer Frist von 6 Monaten schriftlich widerrufen werden. Die durchschnittliche wöchentliche Höchstarbeitszeit je Kalenderjahr darf dabei 58 Stunden nicht überschreiten. Erreicht die tatsächliche wöchentliche Arbeitszeit 60 Stunden, muss dem Mitarbeiter bzw. der Mitarbeiterin in der darauf folgenden Woche mindestens 2 x 24 Stunden Ruhezeit gewährt werden. In den Fällen, in denen der Mitarbeiter bzw. die Mitarbeiterin Teilzeitarbeit gem. § 29a AVR vereinbart hat, verringern sich die Höchstgrenzen der Arbeitszeit in den Unterabsätzen 1 bis 3 in dem selben Verhältnis, wie die Arbeitszeit dieser Mitarbeiter und Mitarbeiterinnen zu der regelmäßigen Arbeitszeit der Vollzeitbeschäftigten verringert worden ist. Dabei werden sowohl die Höchstarbeitsstunden als auch die Bereitschaftsdienste ab einem Wert von 0,5 auf die nächste volle Stunde bzw. den nächsten vollen Dienst auf-, bei Werten, die unter 0,5 liegen, wird auf die nächste volle Stunde bzw. den nächsten vollen Dienst abgerundet. Mit Zustimmung des Mitarbeiters bzw. der Mitarbeiterin oder aufgrund von dringenden dienstlichen oder betrieblichen Belangen kann hiervon abgewichen werden.

(4) Der Bereitschaftsdienst einschließlich der geleisteten Arbeit wird mit 25 v.H. als Arbeitszeit gewertet und durch Gewährung von Freizeit abgegolten; dabei wird eine angefangene halbe Stunde als halbe Stunde gerechnet.

Leistet die Mitarbeiterin bzw. der Mitarbeiter in einem Kalendermonat mehr als acht Bereitschaftsdienste, wird die Zeit eines jeden über acht hinausgehenden Bereitschaftsdienstes mit zusätzlich 15 v. H. als Arbeitszeit gewertet.

(5) Ist die Abgeltung des Bereitschaftsdienstes durch Freizeit im Laufe eines Monats nicht möglich, so wird für die nach Abs. 4 ermittelte Arbeitszeit das Überstundenentgelt gezahlt. Überstundenentgelt i. S. d. Anlage 8 B. ist das Überstundenentgelt nach der Anlage 9.

(6) Die Mitarbeiterinnen und Mitarbeiter sind verpflichtet, sich auf Anordnung der Dienstgeberin bzw. des Dienstgebers außerhalb der regelmäßigen Arbeitszeit an ei-

ner der Dienstgeberin bzw. dem Dienstgeber anzuzeigenden Stelle aufzuhalten, um auf Abruf die Arbeit aufzunehmen (Rufbereitschaft). Die Dienstgeberin bzw. der Dienstgeber darf Rufbereitschaft nur anordnen, wenn erfahrungsgemäß lediglich in Ausnahmefällen Arbeit anfällt.

Die Zeit der Rufbereitschaft wird mit 12,5 v. H. als Arbeitszeit gewertet und durch Gewährung von Freizeit abgegolten; dabei wird eine angefangene halbe Stunde als halbe Stunde gerechnet.

Die innerhalb der Rufbereitschaft anfallende Arbeit einschließlich einer etwaigen Wegezeit wird daneben voll als Arbeitszeit gewertet und durch zusätzliche Freizeit abgegolten. Für die Heranziehung zur Arbeit außerhalb des Aufenthaltsortes werden mindestens drei Stunden angesetzt. Wird die Mitarbeiterin bzw. der Mitarbeiter während der Rufbereitschaft mehrmals zur Arbeit herangezogen, wird die Stundengarantie nur einmal, und zwar für die kürzeste Inanspruchnahme, angesetzt.

Ist aus dienstlichen Gründen ein Freizeitausgleich nach Unterabs. 2 und/oder Unterabs. 3 im Rahmen der regelmäßigen Arbeitszeit bis zum Ende des nächsten Kalendervierteljahres nicht möglich, erfolgt die Abgeltung der Rufbereitschaft durch zusätzliches Entgelt. Für die nach Unterabs. 2 und/oder Unterabs. 3 errechnete Arbeitszeit wird je Stunde das

Überstundenentgelt gezahlt.

(7) Kürzungen der Ruhezeiten in Einrichtungen zur Behandlung, Pflege und Betreuung von Personen durch Inanspruchnahmen während der Rufbereitschaft, die nicht mehr als die Hälfte der Ruhezeit betragen, müssen innerhalb von längstens acht Wochen ausgeglichen werden.

(8) Bereitschaftsdienst und Rufbereitschaft sollen - auch zusammen -, von Ausnahmefällen abgesehen, nicht mehr als zwölfmal im Monat angeordnet werden.

C) Regelungen für Mitarbeiterinnen und Mitarbeiter im Rettungsdienst

Für Mitarbeiterinnen und Mitarbeiter im Rettungsdienst gilt der Abschnitt A mit Ausnahme der Begrenzung der Anzahl der Einsätze nach § 2 Unterabsatz 1 der Anlage 8 A.

> Anmerkungen:
> 1. zu Anlage 8 A. Abs. 1 und Anlage 8 B. Abs. 1
> Der im Anschluss an die dienstplanmäßige Arbeitszeit angeordnete Bereitschaftsdienst beginnt nach Beendigung der Vollarbeit. Kann eine Tätigkeit zum dienstplanmäßigen Ende der Vollarbeit nicht unterbrochen werden, ist die anschließende Zeit als Vollarbeit bis zur Beendigung der begonnen Tätigkeit zu werten,
> 2. zu Anlage 8 A. Abs. 2 und Anlage 8 B. Abs. 3
> Der Ausgleich einer Arbeitszeitverlängerung über 8 Stunden hinaus muss so erfolgen, dass im Durchschnitt 8 Stunden werktäglich innerhalb des maßgeblichen Ausgleichszeitraums nicht überschritten werden. Das bedeutet grundsätzlich, dass die Summe der vom einzelnen Dienstnehmer im Ausgleichszeitraum tatsächlich geleisteten Arbeitsstunden die Summe der für diesen Zeitraum zulässigen Gesamtarbeitszeit nicht überschreitet. Die zulässige Gesamtarbeitszeit ergibt sich aus der Summe der in den Ausgleichszeitraum fallenden Werktage multipliziert mit 8 Stunden.

Werktag ist jeder Kalendertag, der kein Sonntag oder gesetzlicher Feiertag ist. Dabei ist die Lage des Werktages nicht mit der Lage des Kalendertages identisch. Ein Werktag beginnt nicht notwendig um 0 Uhr, sondern dauert vom Beginn der üblichen Arbeitszeit des einzelnen Dienstnehmers 24 Stunden lang. Ob der Werktag für den Betrieb oder den betreffenden Mitarbeiter bzw. die betreffende Mitarbeiterin ein Arbeitstag ist, ist bei der Ermittlung der in den Ausgleichszeitraum fallenden Werktage unerheblich. Es zählt jeder Werktag, auch wenn er – regelmäßig oder gelegentlich – arbeitsfreier Tag ist.

Gesetzliche Urlaubstage einschließlich der zusätzlichen Urlaubstage für Schwerbehinderte sind bei der Berechnung der durchschnittlich 8-stündigen werktäglichen Arbeitszeit pro Kalenderjahr als Tage mit einer Regelarbeitszeit von 8 Stunden zu berücksichtigen oder aber sie sind bei der Ermittlung der Zahl der ausgleichsfähigen Arbeitstage in Abzug zu bringen.

Krankheitstage sind ebenso wie gesetzliche Urlaubstage bei der Berechnung des Durchschnitts als Tage mit einer Regelarbeitszeit von 8 Stunden zu berücksichtigen oder aber bei der Ermittlung der Zahl der ausgleichsfähigen Arbeitstage in Abzug zu bringen; als Ausgleichstage kommen sie nicht in Betracht.

Tage sonstiger Arbeitsbefreiung wie unbezahlter Sonderurlaub, oder Tage des unberechtigten Fernbleibens von der Arbeit können dagegen als Ausgleichstage herangezogen werden. Das bedeutet, dass sie bei der Berechnung des Jahresdurchschnitts als ein Ausgleichstag berücksichtigt werden.

3. zu Anlage 8 Abs. 2 Unterabsatz 3 und Anlage 8 B. Abs. 3 Unterabsatz 3
Der Personenkreis ist in der Dienstvereinbarung abstrakt zu beschreiben, z.B. durch Festlegung von Berufsgruppen in Abteilungen oder auf Stationen, wie z.B. „Ärzte in der Chirurgie" oder „Pädagogen in der Wohngruppe".

(…)

4.5.3 Kirchlich-Diakonische Arbeitsvertragsordnung (KDAVO)

(…)

§ 13 Regelmäßige Arbeitszeit

(1) Die regelmäßige Arbeitszeit einer Mitarbeiterin oder eines Mitarbeiters in Vollzeitbeschäftigung beträgt ausschließlich der Pausen durchschnittlich 40 Stunden wöchentlich.

(2) [1]Für die Berechnung des Durchschnitts der regelmäßigen wöchentlichen Arbeitszeit ist ein Zeitraum von zwölf Monaten zu Grunde zu legen. [2]Einzelvertraglich oder durch Dienstvereinbarung kann in begründeten Fällen ein kürzerer oder ein längerer Zeitraum zu Grunde gelegt werden.

(3) Abweichend von Absatz 1 kann im Hausmeisterdienst und bei anderen Beschäftigungen, in denen regelmäßig in erheblichem Umfang Arbeitsbereitschaft anfällt, vereinbart werden, dass die regelmäßige Arbeitszeit bei Vollzeitbeschäftigung durchschnittlich 48 Stunden wöchentlich beträgt.

(4) Abweichend von Absatz 1 richtet sich die regelmäßige Arbeitszeit für Lehrkräfte an allgemein bildenden Schulen sowie an Berufsfach- und Fachschulen nach

den Bestimmungen für die entsprechenden Beamtinnen und Beamten im jeweiligen Bundesland.

(5) ¹Die Absätze 1 und 2 finden keine Anwendung für Pfarrdiakoninnen, Pfarrdiakone sowie Pfarrerinnen und Pfarrer im Angestelltenverhältnis. ²Für sie gelten die entsprechenden Regelungen des Pfarrdienstrechts der Evangelischen Kirche in Hessen und Nassau.

§ 14 Arbeitszeitkonten
(nicht abgedruckt)

§ 15 Teilzeitbeschäftigung, Erweiterte Vollzeitbeschäftigung
(nicht abgedruckt)

§ 16 Arbeitszeit an Samstagen und Vorfesttagen
(nicht abgedruckt)

§ 17 Tägliche Arbeitszeit

(1) ¹Die tägliche Arbeitszeit soll acht Stunden nicht überschreiten. ²Sie kann auf zehn Stunden, in begründeten Fällen durch Dienstvereinbarung auf zwölf Stunden, verlängert werden, wenn innerhalb von einem Jahr im Durchschnitt acht Stunden werktäglich nicht und zehn Stunden nicht öfter als siebenmal im Monat überschritten werden.

(2) ¹In Heimen und Wohngruppen der Jugendhilfe sind für sozialpädagogische Fachkräfte unbeschadet des Absatzes 1 Satz 2 tägliche Arbeitszeiten bis zu 14 Stunden zulässig. ²Dabei soll die tägliche Arbeitszeit von mehr als zehn Stunden höchstens siebenmal im Monat erreicht werden. ³Mehr als zwei tägliche Arbeitszeiten von mehr als zwölf Stunden dürfen nicht aufeinander folgen. ⁴Hierbei ist der Gesundheitsschutz der Mitarbeiterinnen und Mitarbeiter zu gewährleisten.

(3) ¹Durch Dienstvereinbarung kann zugelassen werden, die werktägliche Arbeitszeit auch ohne Ausgleich über acht Stunden zu verlängern, wenn in die Arbeitszeit regelmäßig und in erheblichem Umfang Arbeitsbereitschaft oder Bereitschaftsdienst fällt und durch besondere Regelungen sichergestellt wird, dass die Gesundheit der Mitarbeiterinnen und Mitarbeiter nicht gefährdet wird. ²Die Arbeitszeit darf nur verlängert werden, wenn die Mitarbeiterin oder der Mitarbeiter schriftlich eingewilligt hat. ³Die Mitarbeiterin oder der Mitarbeiter kann die Einwilligung mit einer Frist von sechs Monaten schriftlich widerrufen. ⁴Der Arbeitgeber darf eine Mitarbeiterin oder einen Mitarbeiter nicht benachteiligen, weil sie oder er die Einwilligung zur Verlängerung der Arbeitszeit nicht erklärt oder die Einwilligung widerrufen hat.

§ 18 Beginn und Ende der Arbeitszeit

(nicht abgedruckt)

§ 19 Ruhepausen

(1) ¹Die Arbeit ist durch im Voraus feststehende Ruhepausen von mindestens 30 Minuten bei einer Arbeitszeit von mehr als sechs bis zu neun Stunden und 45 Minuten bei einer Arbeitszeit von mehr als neun Stunden insgesamt zu unterbrechen. ²Die Ruhepausen nach Satz 1 können in Zeitabschnitte von jeweils mindestens 15 Minuten aufgeteilt werden. ³Länger als sechs Stunden hintereinander dürfen Mitarbeiterinnen und Mitarbeiter nicht ohne Ruhepause beschäftigt werden. ⁴In Einrichtungen mit Schichtarbeit und bei der Behandlung, Pflege und Betreuung von Personen können, wenn es die Tätigkeit erforderlich macht, die vorgeschriebenen Ruhepausen in Kurzpausen (Arbeitsunterbrechungen von weniger als 15 Minuten) von angemessener Dauer aufgeteilt werden.

(2) Werden unmittelbar vor Beginn der dienstplanmäßigen bzw. betriebsüblichen täglichen Arbeitszeit oder in ihrem unmittelbaren Anschluss mindestens zwei Arbeitsstunden geleistet, ist eine viertelstündige, werden mehr als drei Arbeitsstunden geleistet eine halbstündige Pause zu gewähren, die auf die Arbeitszeit anzurechnen ist.

§ 20 Ruhezeit

(1) Nach Beendigung der täglichen Arbeitszeit ist eine ununterbrochene Ruhezeit von mindestens elf Stunden einzuplanen.

(2) Die Ruhezeit kann auf mindestens neun Stunden verkürzt werden, wenn die Art der Arbeit dies erforderlich und die Kürzung der Ruhezeit durch eine entsprechende Verlängerung einer anderen Ruhezeit innerhalb von acht Wochen ausgeglichen wird.

(3) Die Kürzung der Ruhezeit infolge einer Inanspruchnahme während der Rufbereitschaft kann für Mitarbeiterinnen und Mitarbeiter in Einrichtungen zur Behandlung, Pflege und Betreuung von Personen, in Gaststätten, in der Landwirtschaft und der Tierhaltung sowie für Mitarbeiterinnen und Mitarbeiter, die Datenverarbeitungsanlagen und -systeme aufrecht zu erhalten haben, innerhalb eines Zeitraumes von acht Wochen zu anderen Zeiten ausgeglichen werden, wenn die Inanspruchnahme nicht mehr als die Hälfte der Ruhezeit beträgt.

(4) ¹Überschreitet die werktägliche Arbeitszeit einschließlich des Bereitschaftsdienstes insgesamt eine Dauer von zwölf Stunden, so ist im unmittelbaren Anschluss an die Beendigung der Arbeitszeit eine Ruhezeit von mindestens elf Stunden zu gewähren. ²Die Absätze 2 und 3 finden auf diesen Fall keine Anwendung.

(5) ¹Ärztinnen, Ärzte und Pflegekräfte sowie Mitarbeiterinnen und Mitarbeiter im medizinisch- technischen sowie im pharmazeutisch-technischen Dienst in Krankenhausbetrieben oder vergleichbaren Einrichtungen, die nicht zum Bereitschaftsdienst herangezogen werden, dürfen im Kalendermonat zu bis zu zwölf Rufbereitschaften herangezogen werden. ²Diese Zahl darf ausnahmsweise überschritten werden, wenn sonst die Versorgung der Patientinnen und Patienten nicht sichergestellt wäre.

§ 21 Mehrarbeit
(nicht abgedruckt)

§ 22 Überstunden
(nicht abgedruckt)

§ 23 Bereitschaftsdienst

(1) ¹Die Mitarbeiterin oder der Mitarbeiter ist verpflichtet, zusätzlich zu der regelmäßigen Arbeitszeit auf Anordnung Bereitschaftsdienst zu leisten. ²Während des Bereitschaftsdienstes hält sich die Mitarbeiterin oder der Mitarbeiter an einer vom Arbeitgeber bestimmten Stelle auf, um bei Bedarf die Arbeit aufzunehmen. ³Der Arbeitgeber darf Bereitschaftsdienst nur anordnen, wenn zu erwarten ist, dass zwar Arbeit anfällt, erfahrungsgemäß aber die Zeit ohne Arbeitsleistung überwiegt.

(2) Arbeitszeit und Bereitschaftsdienst dürfen zusammen 48 Stunden wöchentlich im Durchschnitt von zwölf Kalendermonaten nicht übersteigen.

(3) Mitarbeiterinnen und Mitarbeiter, die ständig Wechselschichtarbeit leisten, sollen im Anschluss an eine Nachtschicht nicht zum Bereitschaftsdienst herangezogen werden.

(4) Für die Feststellung der Anzahl der Bereitschaftsdienste zählen alle innerhalb von 24 Stunden vom Dienstbeginn des einen bis zum Dienstbeginn des folgenden Tages oder innerhalb eines anders eingeteilten gleichlangen Zeitraums von 24 Stunden als ein Bereitschaftsdienst der Mitarbeiterin oder des Mitarbeiters.

(5) ¹Leistet dieselbe Mitarbeiterin oder derselbe Mitarbeiter vom Dienstende am Samstag bis zum Dienstbeginn am Montag zusammenhängend Bereitschaftszeiten (Wochenendbereitschaftsdienst), so zählt dieser Wochenendbereitschaftsdienst als zwei Bereitschaftsdienste. ²Entsprechendes gilt für den Bereitschaftsdienst vom Dienstende vor dem Wochenfeiertag bis zum Dienstbeginn nach dem Wochenfeiertag.

(6) Für Mitarbeiterinnen und Mitarbeiter in Heimbetrieben und in betreuten Wohngruppen sollen Bereitschaftsdienste während der Nacht (Dienstende des Tagdienstes bis zum Beginn der Frühschicht) höchstens zwölf mal im Monat angeordnet werden.

(7) ¹Für Ärztinnen, Ärzte und Pflegekräfte sowie Mitarbeiterinnen und Mitarbeiter im medizinisch-technischen sowie im pharmazeutisch-technischen Dienst in Krankenhausbetrieben oder vergleichbaren Einrichtungen dürfen im Kalendermonat in den Stufen A und B nicht mehr als sieben, in den Stufen C und D nicht mehr als sechs Bereitschaftsdienste angeordnet werden. ²Leistet die Mitarbeiterin oder der Mitarbeiter auch Rufbereitschaft, gelten für die Feststellung der Anzahl der Bereitschaftsdienste zwei Rufbereitschaften als ein Bereitschaftsdienst. ³Diese Zahlen dürfen vorübergehend überschritten werden, wenn sonst die Versorgung der Patientinnen und Patienten nicht sichergestellt wäre.

§ 24 Rufbereitschaft

¹Die Mitarbeiterin oder der Mitarbeiter ist verpflichtet, sich auf Anordnung des Arbeitgebers mittels eines vom Arbeitgeber zu stellenden Mobiltelefons bereit zu halten, um auf Abruf die Arbeit an ihrem oder seinem jeweiligen Aufenthaltsort aufzunehmen (Rufbereitschaft). ²Der Arbeitgeber darf Rufbereitschaft nur anordnen, wenn erfahrungsgemäß lediglich in Ausnahmefällen Arbeit anfällt.

§ 25 Schichtarbeit

(1) In Einrichtungen, deren Aufgaben Sonntags-, Feiertags-, Wechselschicht-, Schicht- oder Nachtarbeit erfordern, muss dienstplanmäßig bzw. betriebsüblich entsprechend gearbeitet werden.

(2) ¹Bei Sonntags- und Feiertagsarbeit sollen zwei Sonntage im Monat arbeitsfrei sein, wenn die dienstlichen oder betrieblichen Verhältnisse es zulassen. ²Satz 1 gilt nicht für Mitarbeiterinnen und Mitarbeiter im Küster- und kirchenmusikalischen Dienst.

(3) ¹Die dienstplanmäßige bzw. betriebsübliche Arbeitszeit an einem Sonntag ist durch eine entsprechende zusammenhängende Freizeit an einem Werktag oder ausnahmsweise an einem Wochenfeiertag der nächsten oder der übernächsten Woche auszugleichen. ²Erfolgt der Ausgleich an einem Wochenfeiertag, wird für jede auszugleichende Arbeitsstunde das Stundenentgelt (§ 30 Abs. 3) gezahlt.

(4) Die dienstplanmäßige bzw. betriebsübliche Arbeitszeit an einem Wochenfeiertag soll auf Antrag einer Mitarbeiterin oder eines Mitarbeiters durch eine entsprechende zusammenhängende Freizeit an einem Werktag der laufenden oder der folgenden Woche unter Fortzahlung des Entgelts ausgeglichen werden, wenn die dienstlichen oder betrieblichen Verhältnisse es zulassen.

(5) Woche ist der Zeitraum von Montag 0 Uhr bis Sonntag 24 Uhr.

(6) Dienstplanmäßige Arbeit ist die Arbeit, die nach dem für einen Zeitraum festgelegten Dienstplan zu leisten ist.

(7) Arbeit an Sonntagen ist die Arbeit am Sonntag zwischen 0 Uhr und 24 Uhr; entsprechendes gilt für die Arbeit an Feiertagen, Vorfesttagen (§ 16 Abs. 2) und Samstagen.

(8) Wochenfeiertage sind die Werktage, die bundes- und landesgesetzlich zu gesetzlichen Feiertagen erklärt sind und für die Arbeitsruhe angeordnet ist.

(9) Nachtarbeit ist die Arbeit zwischen 21 Uhr und 6 Uhr des darauf folgenden Tages.

(10) ¹Wechselschichtarbeit ist die Arbeit nach einem Dienstplan, der einen regelmäßigen Wechsel der täglichen Arbeitszeit in Wechselschichten vorsieht, bei denen die Mitarbeiterin oder der Mitarbeiter durchschnittlich längstens nach Ablauf eines Monats erneut zur Nachtschicht herangezogen wird. ²Wechselschichten sind wechselnde Arbeitsschichten, in denen ununterbrochen bei Tag und Nacht, werktags, sonntags und feiertags gearbeitet wird.

(11) Schichtarbeit ist die Arbeit nach einem Dienstplan, der einen regelmäßigen Wechsel der täglichen Arbeitszeit in Zeitabschnitten von längstens einem Monat vorsieht.

§ 34 Vergütung des Bereitschaftsdienstes
(nicht abgedruckt)

§ 35 Vergütung der Rufbereitschaft
(nicht abgedruckt)

4.5.4 *Bundes-Angestellten-Tarifvertrag in kirchlicher Fassung[28] (BAT-KF)*
(in der Fassung der von der ARK beschlossenen Änderungen bis zum 23.11.2011)
(...)

§ 6[1] Regelmäßige Arbeitszeit

(1) [1]Die regelmäßige Arbeitszeit beträgt ausschließlich der Pausen durchschnittlich 39 Stunden wöchentlich. [2]Für die Berechnung des Durchschnitts der regelmäßigen wöchentlichen Arbeitszeit ist das Kalenderjahr zu Grunde zu legen. [3]Für Fehltage (Urlaub, unverschuldete Arbeitsunfähigkeit, Arbeitsbefreiung nach § 28 oder anderen entsprechenden Regelungen) wird die durchschnittliche tägliche Arbeitszeit der/des Mitarbeitenden angerechnet. [4]Ein Zeitguthaben bzw. eine Zeitunterschreitung von bis zu 100 Stunden wird in das nächste Kalenderjahr übertragen. [5]Bei nicht vollbeschäftigten Mitarbeitenden ist die in Satz 4 genannte Zahl entsprechend dem Verhältnis der vereinbarten durchschnittlichen regelmäßigen Arbeitszeit zur regelmäßigen Arbeitszeit eines entsprechenden vollbeschäftigten Mitarbeitenden zu kürzen. [6]Die verbleibenden Stunden des tatsächlichen Zeitguthabens der/des Mitarbeitenden werden mit dem auf eine Stunde entfallenden Entgelt (§ 12) zuzüglich dem Zuschlag für Überstunden (§ 8 Abs. 1 Buchstabe a) vergütet. [7]Im Zusammenhang mit der Beendigung des Arbeitsverhältnisses ist ein Zeitguthaben ganz oder teilweise durch Entgelt nach Satz 6 oder durch zusammenhängende Freizeit unter Fortzahlung dieser Bezüge auszugleichen.

Protokollerklärung zu Absatz 1:
1. Für Mitarbeitende in Krankenhäusern beträgt die regelmäßige Arbeitszeit 38 1/2 Stunden wöchentlich. Als Krankenhäuser gelten:
   a) Krankenhäuser, einschließlich psychiatrischen Fachkrankenhäusern;
   b) medizinische Institute von Krankenhäusern
      oder

---

28 Die Neufassung berücksichtigt die „Redaktionellen Anpassungen der Arbeitsrechtsregelung zur Neufassung des BAT-KF, des MTArb-KF und Übergangsregelungen im Zuge der Neufassung des Bat-KF und MTArb-KF vom 22. Oktober 2007 (KABl. 2007 S. 322)"

c) sonstige Einrichtungen (z. B. Reha-Einrichtungen, Kureinrichtungen), in denen die betreuten Personen in ärztlicher Behandlung stehen, wenn die Behandlung durch in den Einrichtungen selbst beschäftigte Ärztinnen oder Ärzte stattfindet.

2. Bei Mitarbeitenden im Erziehungsdienst werden – soweit gesetzliche Regelungen bestehen, zusätzlich zu diesen gesetzlichen Regelungen – im Rahmen der regelmäßigen durchschnittlichen wöchentlichen Arbeitszeit im Kalenderjahr 19,5 Stunden für Zwecke der Vorbereitung und Qualifizierung verwendet. Bei Teilzeitmitarbeitenden gilt *Satz 1* entsprechend mit der Maßgabe, dass sich die Stundenzahl nach Satz 1 in dem Umfang, der dem Verhältnis ihrer individuell vereinbarten durchschnittlichen Arbeitszeit zu der regelmäßigen Arbeitszeit vergleichbarer Vollzeitmitarbeitender entspricht, reduziert. Im Erziehungsdienst tätig sind insbesondere Mitarbeitende als Kinderpflegerin/Kinderpfleger bzw. Sozialassistentin/Sozialassistent, Heilerziehungspflegehelferin/Heilerziehungspflegehelfer, Erzieherin/Erzieher, Heilerziehungspflegerin/Heilerziehungspfleger, im handwerklichen Erziehungsdienst, als Leiterinnen/Leiter oder ständige Vertreterinnen/Vertreter von Leiterinnen/Leiter von Kindertagesstätten oder Erziehungsheimen sowie andere Mitarbeitende mit erzieherischer Tätigkeit in der Erziehungs- oder Eingliederungshilfe. Soweit Berufsbezeichnungen aufgeführt sind, werden auch Mitarbeitende erfasst, die eine entsprechende Tätigkeit ohne staatliche Anerkennung oder staatliche Prüfung ausüben. Mitarbeitende im handwerklichen Erziehungsdienst müssen in Einrichtungen tätig sein, in denen auch Kinder oder Jugendliche mit wesentlichen Erziehungsschwierigkeiten zum Zwecke der Erziehung, Ausbildung oder Pflege betreut werden und für Kinder oder Jugendliche erzieherisch tätig sein.

3. [1]Bei einem erheblichen Arbeitsausfall im Sinne des § 170 SGB III kann der Arbeitgeber nach Abschluss einer Dienstvereinbarung gemäß § 36 MVG die arbeitsvertraglich vereinbarte Arbeitszeit für die gesamte Einrichtung oder für Teile davon kürzen. [2]Die Mitarbeitervertretung ist über die beabsichtigte Einführung von Kurzarbeit umfassend zu informieren. [3]Die betroffenen Mitarbeiterinnen und Mitarbeiter sind mindestens eine Woche vorher über die geplanten Maßnahmen zu unterrichten. [4]Dies soll in einer Mitarbeiterversammlung erfolgen. [5]Die Dienstvereinbarung muss unter anderem Folgendes regeln:

a) Persönlicher Geltungsbereich; Arbeitnehmer, die sich in einer Ausbildung oder einem Praktikum befinden, sind in die Kürzung nur insoweit einzubeziehen als das Ausbildungsziel durch die Kürzung nicht gefährdet wird;

b) Beginn und Dauer der Kurzarbeit; dabei muss zwischen dem Abschluss der Dienstvereinbarung und dem Beginn der Kurzarbeit ein Zeitraum von einer Woche liegen;

c) Lage und Verteilung der Arbeitszeit.

[6]In Einrichtungen ohne Mitarbeitervertretung ist die Kurzarbeit mit jeder betroffenen Mitarbeiterin, jedem betroffenen Mitarbeiter gesondert zu vereinbaren. [7]Vor der Einführung von Kurzarbeit sind Zeitguthaben nach § 6 BAT-KF unbeschadet der Regelung des § 170 Absatz 4 SGB III abzubauen. [8]Für die Berechnung des Entgelts gemäß Abschnitt III des BAT-KF und des Entgelts im Krankheitsfall

gemäß § 21 BAT-KF gilt § 18 BAT-KF entsprechend. [9]Für die Anwendung sonstiger Bestimmungen des BAT-KF sowie für die Jahressonderzahlung bleibt die Kürzung der arbeitsvertraglich vereinbarten Arbeitszeit und die sich daraus ergebende Minderung des Entgelts außer Betracht. [10]Der Arbeitgeber hat den Arbeitsausfall der zuständigen Agentur für Arbeit nach Maßgabe der gesetzlichen Vorschriften anzuzeigen und einen Antrag auf Kurzarbeiter Geld zu stellen. [11]Der Arbeitgeber hat der Mitarbeitervertretung die für eine Stellungnahme erforderlichen Informationen zu geben. [12]Die Arbeitsrechtliche Kommission Rheinland, Westfalen, Lippe ist über Beginn undEnde von Kurzarbeit zu informieren.

(2) [1]Soweit es die betrieblichen/dienstlichen Verhältnisse zulassen, wird die/der Mitarbeitende am 24. Dezember und am 31. Dezember unter Fortzahlung des Entgelts nach § 12 von der Arbeit freigestellt. [2]Kann die Freistellung nach Satz 1 aus betrieblichen/dienstlichen Gründen nicht erfolgen, ist entsprechender Freizeitausgleich innerhalb von drei Monaten zu gewähren. [3]Die regelmäßige Arbeitszeit vermindert sich für jeden gesetzlichen Feiertag, sowie für den 24. Dezember und 31. Dezember, sofern sie auf einen Werktag fallen, um die dienstplanmäßig ausgefallenen Stunden.

> Protokollerklärung zu Absatz 2 Satz 3:
> Die Verminderung der regelmäßigen Arbeitszeit betrifft die Mitarbeitenden, die - wegen des Dienstplans frei haben und deshalb ohne diese Regelung nacharbeiten müssten.

(3) [1]Ruhepausen können in Schichtbetrieben auf Kurzpausen von angemessener Dauer aufgeteilt werden. [2]Die Zeit dieser Pausen wird als Arbeitszeit gerechnet. [3]Nach Beendigung der täglichen Arbeitszeit müssen die Mitarbeitenden eine ununterbrochene Ruhezeit von mindestens elf Stunden haben. [4]Die Ruhezeit kann um bis zu zwei Stunden verkürzt werden, wenn die Art der Arbeit dies erfordert und die Kürzung der Ruhezeit innerhalb von dreizehn Wochen ausgeglichen wird.

(4) [1]Die Mitarbeitenden sind im Rahmen begründeter betrieblicher/dienstlicher Notwendigkeiten verpflichtet, Sonntags-, Feiertags-, Nacht-, Wechselschicht-, Schichtarbeit sowie - bei Teilzeitbeschäftigung aufgrund arbeitsvertraglicher Regelung oder mit ihrer Zustimmung – zu Bereitschaftsdienst, Rufbereitschaft, Überstunden und Mehrarbeit zu leisten. [2]Mitarbeitende, die regelmäßig an Sonn- und Feiertagen arbeiten müssen, erhalten innerhalb von zwei Wochen zwei arbeitsfreie Tage; hiervon soll ein freier Tag auf einen Sonntag fallen. [3]Die dienstplanmäßige bzw. betriebsübliche Arbeitszeit an einem Sonntag ist durch eine entsprechende zusammenhängende Freizeit an einem Werktag oder ausnahmsweise an einem Wochenfeiertag der nächsten oder der übernächsten Woche auszugleichen. [4]Erfolgt der Ausgleich an einem Wochenfeiertag, wird für jede auszugleichende Arbeitsstunde die Stundenvergütung gezahlt. [5]Die dienstplanmäßige bzw. betriebsübliche Arbeitszeit an einem Wochenfeiertag soll auf Antrag des Mitarbeitenden durch eine entsprechende zusammenhängende Freizeit an einem Werktag der laufenden oder der folgenden Woche unter Fortzahlung der Vergütung und der in Monatsbeträgen festgelegten Zulagen ausgeglichen werden, wenn die dienstlichen oder betrieblichen Verhältnisse es zulassen.

(5) ¹In Krankenhäusern und anderen Einrichtungen zur stationären oder ambulanten Behandlung, Pflege und Betreuung von Personen kann die tägliche Arbeitszeit im Schichtdienst und im Wechselschichtdienst auf bis zu 12 Stunden ausschließlich der Pausen verlängert werden. ²In unmittelbarer Folge dürfen nicht mehr als vier Schichten und innerhalb von zwei Kalenderwochen nicht mehr als acht Schichten mit einer über zehn Stunden hinaus verlängerten Arbeitszeit geleistet werden. ³Solche Schichten können nicht mit Bereitschaftsdienst kombiniert werden. ⁴Schichten mit einer über zehn Stunden hinaus verlängerten Arbeitszeit setzen eine

– Prüfung alternativer Arbeitszeitmodelle
– Belastungsanalyse gemäß § 5 Arbeitsschutzgesetz und
– ggf. daraus resultierende Maßnahmen zur Gewährleistung des Gesundheitsschutzes

voraus.

(6) ¹Wenn in die Arbeitszeit regelmäßig und in erheblichem Umfang Bereitschaftsdienst fällt, kann unter den Voraussetzungen einer

– Prüfung alternativer Arbeitszeitmodelle,
– Belastungsanalyse gemäß § 5 Arbeitsschutzgesetz und
– ggf. daraus resultierender Maßnahmen zur Gewährleistung des Gesundheitsschutzes

im Rahmen des § 7 Abs. 1 Nr. 1 und 4, Abs. 2 Nr. 3 Arbeitszeitgesetz die tägliche Arbeitszeit im Sinne des Arbeitszeitgesetzes abweichend von den §§ 3, 5 Abs. 1 und 2 und 6 Abs. 2 ArbZG über acht Stunden hinaus auf bis zu 24 Stunden verlängert werden, wenn mindestens die acht Stunden überschreitende Zeit als Bereitschaftsdienst abgeleistet wird. ²In Einrichtungen der stationären Kinder- und Jugendhilfe kann die Arbeitszeit auf bis zu 24 Stunden verlängert werden, wenn mindestens die 16 Stunden überschreitende Zeit als Bereitschaftsdienst abgeleistet wird. ³Dabei muss die Arbeitszeit nach längstens zehn Stunden durch einen Bereitschaftsdienst von mindestens acht Stunden unterbrochen werden.

(7) ¹Wenn in die Arbeitszeit regelmäßig und in erheblichem Umfang Bereitschaftsdienst fällt, kann mit schriftlicher Zustimmung des/der Mitarbeitenden im Rahmen des § 7 Abs. 2a und Abs. 7 Arbeitszeitgesetz und innerhalb der Grenzwerte nach Absatz 6 eine Verlängerung der täglichen Arbeitszeit über acht Stunden hinaus auch ohne Ausgleich erfolgen. ²Die wöchentliche Arbeitszeit darf dabei durchschnittlich im Kalenderjahr bis zu 60 Stunden betragen.

(8) ¹Bei Dienstreisen gilt nur die Zeit der dienstlichen Inanspruchnahme am auswärtigen Geschäftsort als Arbeitszeit. ²Für jeden Tag einschließlich der Reisetage wird jedoch mindestens die auf ihn entfallende regelmäßige, durchschnittliche oder dienstplanmäßige Arbeitszeit berücksichtigt, wenn diese bei Nichtberücksichtigung der Reisezeit nicht erreicht würde. ³Überschreiten nicht anrechenbare Reisezeiten insgesamt 15 Stunden im Monat, so werden auf Antrag 25 v. H. dieser überschreitenden Zeiten bei fester Arbeitszeit als Freizeitausgleich gewährt und bei gleitender Arbeitszeit im Rahmen der jeweils geltenden Vorschriften auf die Arbeitszeit angerechnet. ⁴Der besonderen Situation von Teilzeitbeschäftigten ist Rechnung zu tragen.

§ 7 Sonderformen der Arbeit

(1) ¹Wechselschichtarbeit ist die Arbeit nach einem Schichtplan, der einen regelmäßigen Wechsel der täglichen Arbeitszeit in Wechselschichten vorsieht, bei denen Mitarbeitende durchschnittlich längstens nach Ablauf eines Monats erneut zur Nachtschicht herangezogen werden. ²Wechselschichten sind wechselnde Arbeitsschichten, in denen ununterbrochen bei Tag und Nacht, werktags, sonntags und feiertags gearbeitet wird. ³Nachtschichten sind Arbeitsschichten, die mindestens zwei Stunden Nachtarbeit umfassen.

(2) ¹Schichtarbeit ist die Arbeit nach einem Schichtplan, der einen regelmäßigen Wechsel des Beginns der täglichen Arbeitszeit um mindestens zwei Stunden in Zeitabschnitten von längstens einem Monat vorsieht, und die innerhalb einer Zeitspanne von mindestens 13 Stunden geleistet wird.

(3) ¹Bereitschaftsdienst leisten Mitarbeitende, die sich auf Anordnung des Dienstgebers außerhalb der regelmäßigen Arbeitszeit an einer vom Arbeitgeber bestimmten Stelle aufhalten, um im Bedarfsfall die Arbeit aufzunehmen. ²Der Arbeitgeber darf Bereitschaftsdienst nur anordnen, wenn zu erwarten ist, dass zwar Arbeit anfällt, erfahrungsgemäß aber die Zeit ohne Arbeitsleistung überwiegt.

(4) ¹Rufbereitschaft leisten Mitarbeitende, die sich auf Anordnung des Arbeitgebers außerhalb der regelmäßigen Arbeitszeit an einer dem Arbeitgeber anzuzeigenden Stelle aufhalten, um auf Abruf die Arbeit aufzunehmen. ²Rufbereitschaft darf angeordnet werden, wenn nur in Ausnahmefällen Arbeit anfällt. ³Rufbereitschaft wird nicht dadurch ausgeschlossen, dass der Mitarbeitende vom Arbeitgeber mit einem Mobiltelefon oder einem vergleichbaren technischen Hilfsmittel ausgestattet sind.

(5) Nachtarbeit ist die Arbeit zwischen 21 Uhr und 6 Uhr.

(6) ¹Überstunden sind die Arbeitsstunden, die der Angestellte über den dienstplanmäßigen oder betriebsüblichen Umfang hinaus geleistet hat, soweit sie die regelmäßige Arbeitszeit (§ 6 Abs. 1 und die entsprechenden Sonderregelungen hierzu) in der Woche überschreiten und später als am Vorvortag angeordnet sind. ²Sie werden als Arbeitszeit im Sinne von § 6 Abs. 1 angerechnet. ³Im Übrigen wird der Zeitzuschlag für Überstunden (§ 8 Abs. 1 Satz 2 Buchst. a) gezahlt, soweit nicht § 8 Satz 4 angewendet wird. ⁴Überstunden sind auf dringende Fälle zu beschränken und möglichst gleichmäßig auf die Angestellten zu verteilen.

Literaturverzeichnis

Andreas, Manfred: Fachübergreifende Bereitschaftsdienste nur unter besonderen Voraussetzungen zulässig. In: ArztRecht 2005, S. 205 ff.

Anzinger, Rudolf: Kommentar zum Arbeitszeitgesetz, 3. Aufl., 2009.

Baeck, Ulrich/Deutsch, Markus: Arbeitszeitgesetz, Kommentar, 2. Aufl., 2004.

Beermann, Beate: Bilanzierung arbeitswissenschaftlicher Erkenntnisse zur Nacht- und Schichtarbeit, in: Amtliche Mitteilungen der Bundesanstalt für Arbeitsschutz, Sonderausgabe 1/96.

Bock, Rolf-Werner: „Delegation ärztlicher Aufgaben auf nichtärztliche Mitarbeiterinnen und Mitarbeiter – juristische Aspekte", in: Mitteilungen der Deutschen Gesellschaft für Chirurgie 2007, S. 62/63.

Buschmann, Rudolf/Ulber, Jürgen: Arbeitszeitgesetz, Basiskommentar mit Nebengesetzen, 7. Aufl., 2011.

Dieterich, Thomas (Hrsg.) u.a.: Erfurter Kommentar zum Arbeitsrecht, 13.Aufl., 2013 (zit.: Verfasser, in: …).

Dobberahn, Peter: Das neue Arbeitszeitrechtsgesetz, Rechtsquellen, Grundregeln, wichtige Anlagen, 2. Aufl., 1996.

Herrmann, Lars: Zeitgemäße Schichtpläne, 2004.

Ignor, Alexander /Rixen, Stephan (Hrsg.), Handbuch Arbeitsstrafrecht, 2. Aufl., 2008.

Kraegeloh, Wolfgang: Arbeitszeitgesetz (kommentierte Ausgabe), 1995.

Neumann, Dirk/Biebl, Josef: Arbeitszeitgesetz, Kommentar, 16. Aufl., 2012

Rixen, Stephan: Europarechtliche Grenzen des deutschen Arbeitszeitrechts, in: EuZW 2001, S. 421ff.

Roggendorff, Peter: Arbeitszeitgesetz und ergänzende Bestimmungen, 1994.

Schliemann, Harald: Arbeitszeitgesetz, Kommentar, 2. Aufl., 2013.

Schlottfeldt, Christian: Das novellierte Arbeitszeitgesetz nach der Jaeger-Entscheidung des EuGH, in: ZESAR 2004, S. 160 ff.

Schlottfeldt, Christian: „Aktiver Bereitschaftsdienst"? - Der Begriff des Bereitschaftsdienstes in Arbeitszeitgesetz, Tarifrecht und Rechtsprechung, in: ZESAR 2010, S. 411 ff.

Schlottfeldt, Christian/Kutscher, Jan: Freizeitausgleich für Bereitschaftsdienst: arbeitszeitrechtliche Aspekte der Anrechnung von Bereitschaftsdienstzeit auf die Regelarbeitszeit, in: NZA 2009, S. 697 ff.

Schulte-Sasse, Uwe, Bruns, Wolfgang: Fachübergreifender Bereitschaftsdienst – Lebensgefahr als Folge von Kosteneinsparungen. ArztRecht 2006, S. 116 ff.

Steffen, Erich: Der sogenannte Facharztstatus aus der Sicht der Rechtsprechung des BGH, in: MedR 1995, S. 360 ff.

Ulsenheimer, Klaus: „Leitlinien, Richtlinien, Standards" – Risiko oder Chance für Arzt und Patient?, in: Bayerisches Ärzteblatt 1998, S. 51 f f.

Ulsenheimer, Klaus: Haftungsrechtliche Probleme beim fachübergreifenden Bereitschaftsdienst. in: Mitteilungen der Deutsche Gesellschaft für Chirurgie 2005, S. 126 ff.

Stichwortverzeichnis

12-Stunden-Schichtsystem 161
24-Stunden-Dienst
- Organisatorische Maßnahmen 119
- Übergabeproblematik 120
24-Stunden-Dienste 42

A

Abwesenheitsplanung 175
Arbeitgeber
- Aufsichtspflicht 87
- Direktionsrecht 93
- Haftungsrecht 91
Arbeitsbereitschaft
- Begriff 27
- Bereitschaftszeiten als A. 60
Arbeitszeitflexibilisierung 167
- Abwesenheitsplanung 176
- Äquivalenzprinzip 174
- Flexi-Spielregeln 172
- Tages-Flexibilität 173
Arbeitszeitformen
- Abgrenzung 27
Arbeitszeit-Ge-samtbilanz
- Nachtdienst mit Bereitschaftsdienst 138
Arbeitszeit-Gesamtbilanz
- Spätdienst mit B. 130
Arbeitszeitgesetz
- Geltungsbereich 19
- Nebentätigkeiten 24
- Vergütungsneutralität des A. 26
Arbeitszeitkonten Siehe Zeitkonten 178
Arbeitszeitmodell
- Der Weg zum neuen A. 187
Arbeitszeitmodelle
- Mitarbeiterorientierung 169
- Serviceorientierung 169
- Wirtschaftlichkeit 169
Arbeitszeitnachweise
- Anfertigung durch Mitarbeiter 89

- gemäß ArbZG 87
Arbeitszeitorganisation
- Entlastung 168
- Optimierungspotenziale 167
Arbeitszeitprojekt
- Basisdaten 188
- Dienstplansimulation 196
- Personalbedarfsermittlung 194
- Projektfahrplan 188
- Projektziel 187
- Regeldienstbesetzung 193
- Vorgehen 187
Arbeitszeitverlängerung
- Schichtdienst 59
Aufsichtsbehörde
- Bewilligung der Arbeitszeitverlängerung 80
- öffentliches Interesse 81
- Sanktionspraxis 89
Aufzeichnungspflicht
- des Arbeitgebers 87
Ausgleichszeitraum
- Berechnung bei opt-out 66

B

Belastungsanalyse
- Bereitschaftsdienst 51, 56, 58
Bereitschaftsdienst
- Analyse der Inanspruchnahmen 47
- B. vs. regelhafte Tätigkeit 37
- Begriff 27
- Belastungsanalyse 47
- Bereitschaftsdienstschwelle 51, 112
- Erhaltung der Vergütung für B. 113
- Freizeitausgleich 98
- Grundmodell Kurzdienst + Nacht-B. 152
- Grundmodell Nachtdienst mit B. 135

- Grundmodell Regeldienst mit B. 117
- Grundmodell Spätdienst mit B. 126
- Grundmodelle 115
- Kombination mit Vollarbeit 50
- maximale Inanspruchnahme 46
- Notarztdienst 155
- Vergütungsberechnung 97
- Vermeidung von Freizeitausgleich für B. 114
- Vor-/Nachteile Grundmodelle 148
- Wochenendabdeckung mit B. 122

Bereitschaftsdienstkosten 195
Bereitschaftsdienstmodelle
- Rahmenbedingungen 111

Betreuungseinrichtungen
- B. ohne Tarifbindung 78

Betriebliche Mitbestimmung
- Arbeitszeitmodelle 92
- Dienstpläne 92
- Grenzen 93
- Tendenzschutz 94

Betriebszeit
- Entkoppelung von Arbeitszeit 169

D

Dienstmodul
- Ausfallzeiten 152
- Begriff 137
- Gestaffelte D. 140
- Nachtdienst mit Bereitschaftsdienst 139, 140
- Wochenendabdeckung 146

Dienstplanung
- Verfahren 171

Direktionsrecht
- des Arbeitgebers 93

F

Fachübergreifender Bereitschaftsdienst
- Begriff 102
- Voraussetzungen 103

G

Gesundheitsschutzmaßnahmen
- Bereitschaftsdienstmodelle 56

H

Höchstarbeitszeit
- 12-Stunden-Schichten 60
- ausgleichsfreie Überschreitung (sog. opt-out-Regelung) 63
- Bereitschaftsdienst 36
- Nebentätigkeiten 30
- Notfälle 82
- Verlängerung über 12 Stunden 48
- werktägliche H. 29
- wöchentliche H. 63

J

Jugendhilfe
- Arbeitszeitmodell 49

N

Nebentätigkeit
- Anrechnung auf Höchstarbeitszeit 30

Nebentätigkeiten
- Geltung des ArbZG für N. 24

nicht tarifgebundene Betriebe
- Abweichung vom ArbZG 78

nicht-tarifgebundener Betrieb
- Geltungsbereich eines Tarifvertrages 79

Notarztdienst
- Modelle 155

Notaufnahme 160

Notfälle
- Begriff 82

O

OP-Auslastung 133
OP-Organisation
- OP-Laufzeiten 169

opt-out-Regelung
- nur für Bereitschaft 66
- Voraussetzungen 64

P

Patientenversorgung
- Kontinuität 106, 121, 122, 148, 160, 173, 174, 203, 246

Personalbedarf

– Schichtmodelle 163
Projektgruppe 187
Prüfungs-Dreisprung
– Alternative Arbeitszeitmodelle 55
– Inhalt 52

R
Rufbereitschaft
– Begriff 27
– kein opt-out für R. 69
– Vergütungsfragen 101
– Verlängerung der Arbeitszeit 60
– wöchentliche Arbeitszeit 61
Ruhepause
– Begriff 74
– Mindestdauer 74
– R. im Bereitschaftsdienst 75
Ruhezeit
– Ausgleichsruhezeit nach langen Diensten 73
– Begriff 70
– R. bei Rufbereitschaft 71
– Rufbereitschaft als R. 28
– Verkürzung auf 10 Stunden 71
– Verkürzung auf Ruhezeit 71

S
Schichtdienst
– arbeitsmedizinische Empfehlungen 165
– Begriff 59
– Modelle 159
– Personalbedarf 163, 164
– Schichtrhythmus 163
– Übergabeproblematik 162
– Vergütungsfragen 101
Schichtmodell
– Brutto-System 162
– Netto-System 162
Schichtrhythmus 163
Schichtsystem
– Ausfallzeiten 164

Servicezeit
– Modelle 168

T
Tagesdienst
– Flexibilisierung 166
– individuelle Arbeitszeiten 166
Tarifvertrag
– Geltungsbereich 79
Tendenzschutz
– Arbeitszeitfragen 96
– Einschränkung der Mitbestimmung 94
– Mitarbeiter als Tendenzträger 95
– Tendenzbetrieb 94
TVöD
– Grundmodelle Bereitschaftsdienst 41

U
Überstunden 180

V
Vergütungsberechnung 277
Vollarbeitszeit
– Begriff 27

W
Werktag
– Begriff 30
Wochenende
– Dienstmodelle 123

Z
Zeitkonten
– Prinzip 178
– Steuerung von Z. 178
Zeitkonto
– Ampelkonto 178
– Flexi-Zeitkonto 181
– Plan-Zeitkonto 180
– Tagesflexibilität 175